Reform of and Research on Teaching
of Chinese Language and Literature in
Normal Universities

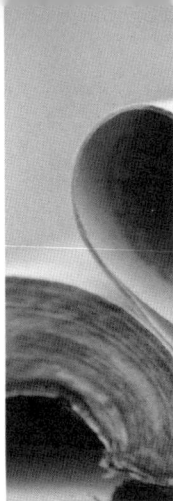

师范类汉语言文学专业教学改革与研究

——《人文教坛》选萃

傅惠钧 占梅英 陈青松 主编

浙江大学出版社
ZHEJIANG UNIVERSITY PRESS

图书在版编目（CIP）数据

师范类汉语言文学专业教学改革与研究:《人文教坛》选萃 / 傅惠钧,占梅英,陈青松主编. —杭州：浙江大学出版社,2018.11

ISBN 978-7-308-18223-2

Ⅰ.①师… Ⅱ.①傅… ②占… ③陈… Ⅲ.①汉语－教学改革－研究－师范学校 Ⅳ.①H191

中国版本图书馆 CIP 数据核字（2018）第 099778 号

师范类汉语言文学专业教学改革与研究
——《人文教坛》选萃

傅惠钧　占梅英　陈青松　主编

责任编辑	杨利军
文字编辑	马一萍
责任校对	陈静毅　张培洁　李瑞雪
封面设计	春天书装
出版发行	浙江大学出版社
	（杭州市天目山路 148 号　邮政编码 310007）
	（网址:http://www.zjupress.com）
排　　版	浙江时代出版服务有限公司
印　　刷	浙江良渚印刷厂
开　　本	710mm×1000mm　1/16
印　　张	30
字　　数	536 千
版 印 次	2018 年 11 月第 1 版　2018 年 11 月第 1 次印刷
书　　号	ISBN 978-7-308-18223-2
定　　价	98.00 元

教学工作是学院工作的中枢(代序)[①]

张先亮

经过较长时间的酝酿,《人文教坛》就要和大家见面了。她的出版,标志着学院工作尤其是教学工作进入了一个新的阶段,进入了一个更高的层次。她必将对学院工作,尤其对提高教学质量起到积极的作用。

人文学院是一个老学院、强学院。说她老和强,是因为人文学院由两个与学校同龄的老系合并而成,有一支实力强大的师资队伍。不仅拥有占全校近三分之一的教授、博士,而且有较高的教学科研水平。他们热爱教育,敬业爱岗,重视教学方法的改进和教学内容的更新,注重教书育人,在近半个世纪的办学历程中,一代代人文人积累了丰富的教学经验,并逐步形成了富有人文特色的传统,这是人文学院的宝贵财富。然而长期以来,我们对经验的总结重视不够,致使许多很好的经验没有用书面的形式保留下来,这不能不说是一大损失和遗憾。《人文教坛》在很大程度上可以弥补这一不足。

人文学院又是一个新学院。作为学院,与过去的系有很大的不同,不只是规模不同,办学形式、培养规格也不同,尤其进入 21 世纪,新的形势、新的人才标准,对我们提出了更高的要求,包括教育理念、教育方法、教育内容,等等。面对新学院,面对新世纪,需要我们去探索去研究的问题有很多很多。我们可以充分利用这个刊物,开展讨论,集思广益,这也是我们创办《人文教坛》的主要原因。

教学工作是学院的中心工作,是一切工作的中枢,抓住了它,就等于抓住了"牛鼻子"。而教学工作的核心问题是教学质量,质量的高低将直接影响学院发

[①]　本文原刊于《人文教坛》2002 年总第 1 期。张先亮教授时任人文学院院长。

展的好坏,乃至学院的生存。理由很简单,我们的任务是培养合格的人才,要实现这一点,必须通过教学:教学质量,直接影响人才的质量;人才质量,直接影响学生的就业;学生就业的情况,又影响到学院的生源。这是一个连环套,一环套一环,在这整个过程中,教师是关键,起着不可替代的作用。

作为大学教师,只有使自己成为一名学者,才能肩负起"传道授业解惑"之重任。要成为一名学者,并不是说评上教授就行,我认为教授不等于学者,学者的条件更高,他必须具备两个条件:人格力量和学术水平。只有"立人",才能"育人",没有高尚的人格力量,就难以挑起"传道"的责任。一个人的人格既体现在宏观上,也体现在微观上;既有无形的,也有有形的,所以教师的言语行为和非言语行为无不影响着学生,没有高尚的人格力量,不可能成为真正的学者,也不可能受到学生的欢迎和尊敬。教师的学术水平,包括教学水平和科研水平。要上好课并非易事,它要求教师有广博的知识,有很强的科研能力和语言的表达能力。教学是一门艺术,教师要成为一名教学的艺术家,需要做很多的工作。《人文教坛》为我们成为艺术家提供了一个新的舞台。

目前,教师的教学质量正受到各方面的冲击:一是招生规模迅速扩大,教师的教学任务繁重,还能否做到精益求精,保质保量;二是科研与个人利益直接挂钩,教师压力越来越大,受利益驱动,不少教师的兴奋点在科研上;三是评价机制不完善,教学不像科研,有比较明确的评价机制,教学质量的高低,很难一下子看得出,也很难用一个明确的、可操作的标准去衡量;四是受社会不良风气影响,有的教师的师德难以与教师的称谓相符。这种种原因,严重地影响了教学效果,影响到人才的培养,应引起我们的高度重视。

总之,教书育人是教师的天职,教学工作是学院工作的中心,教学质量是我们的生命。对此我们不能有丝毫的松懈、含糊和动摇。我们有理由相信,在人文人的关心爱护下,《人文教坛》将会办出我们的特色,成为学院的又一亮点。

前　言

　　《人文教坛》是浙江师范大学人文学院以探讨本科教学为主的一份教学刊物，创刊于 2002 年 3 月。关于刊物的定位，我们在《发刊词》中是这样表述的：

　　《人文教坛》是一份以反映人文学院教学情况、总结教学经验、探讨教学规律、交流教改信息为主要目的的不定期教学刊物。

　　人文学院是一个富有雄厚实力的学院，有着深厚的积累和优良的传统。尤其是学院有一个强大的教授群体，他们在多年的教学工作中积累了丰富的经验，这是一份十分宝贵的财富，有必要加以总结、继承和发扬；学院还有一个强大的博士群体，他们大多具有敏锐的思想，充满着创造的活力，在教学上有许多新的创意，值得实践、交流和切磋；学院的每一位老师在教学上都有自己的心得和体会，同样值得总结和交流。

　　不同的专业、不同的学科有着各自不同的教学特点与规律；基础课和选修课的教学，也存在着明显的差异；本科教学、研究生教学和函授教学更是各不相同。教学内容需要更新，教学方法需要创造，检测手段需要完善。这些问题，每一位老师都有实践，都有思考，都有探索。

　　教与学始终是一个整体。教学的主体是学生，他们在想些什么，他们需要什么样的教学，他们对我们的教学都有什么样的评价、要求和建议，在他们看来，我们的教学还存在什么问题。这些，是我们每位老师都必须了解的。

　　学院在教学管理方面，都有哪些思考，哪些要求，出台了什么政策，进行了怎样的教改实验，都取得了哪些教学成果。这些也需要大家了解。

《人文教坛》正希望在以上这些方面为大家提供一个发表、交流的园地。

刊物的主要栏目有"教授谈教学""博士谈教学""学科教学""教改动态""教学信息""研究生教学""函授教学""导师、班主任工作经验""学生窗口""教学相长""新教师名片""教学成果展示""教学花絮"等。

若这份小小的刊物能在营造我院良好的教学氛围,促进教风、院风的建设,提高教学水平和质量等方面起一些积极的作用,那正是我们的所愿!

刊物栏目在历年的编辑中有所调整,如增加了"焦点话题""专业建设""课程建设""治学之路""艺苑风景"等栏目,也改换了部分栏目,如"函授教学"等,但编辑宗旨基本不变。创刊以来,每年刊印一二期。这本小小的刊物,大体反映了人文学院成立以来本科教学工作所走过的探索历程。

本集子辑编了其中有关汉语言文学专业教学改革与研究的部分内容。我院汉语言文学专业在世纪之交高校大众化的背景下,及时抓住了发展的机遇,于 2003 年成功进入浙江省首批重点建设专业,开始了第一轮建设;在获得省重点专业验收之后,又及时升级,于 2009 年获批国家特色专业建设点,进入第二轮建设,经过几年的努力,取得了突破性进展;2013 年,在前一年取得省优势专业立项建设的基础上再获国家首批综合改革试点专业,进入第三轮建设,逐渐成为国内同类专业中最具特色和影响力的专业之一。这个过程,是学院班子和全体中文人不断探索与追求的过程。在十多年的改革与建设中,本专业以"造就'专业化'水平高、能适应新世纪社会需求的语文师资"为主要目标,努力探索高教新格局中及语文教改新背景下高师语文人才培养的成功之路,逐渐形成以"三师三全"为主要特征的培养模式。这个模式的特点表现在:以培养目标为导向,通过逐项过关的方式,对学生进行科学全面、严格有序的"师艺"训练,使之获得过硬的教师职业技能;通过高水平科研成果的教学资源转化和专业课程的师范化改革,对学生进行理论与实践并重、专业性与师范性兼及的"师才"培养,使之获得扎实的教师专业基础知识;以渗透和熏染为主要特点的教书育人、全员育人的方式,对学生进行潜移默化的"师魂"铸造,使之养成为人师表、热爱教育、热爱学生、诲人不倦、终身学习的教师职业品德;全程、全员、全方位体现专业教育的师范性。这种探索,为使师范类汉语言文学专业真正姓"师"做出了努力。实践证明,这对于语文师资培养"专业化"水平的提高,是极富成效的。

这里收录的文章,内容涉及汉语言文学专业教学改革与研究的多个方面,可以部分反映这种探索与追求所留下的足迹。根据栏目内容，本书将收录的100多篇文章分为"焦点话题""专业建设""课程与教材""教学研究""教学改革""实践课堂""治学之路""中学视角"等八个专题。部分栏目如"教学管理""艺苑风景"等，尽管也富有特色，但限于篇幅未能列入。

"焦点话题"收入29篇文章，分为4组。"大学何为"的话题聚焦于人文视角，针对现代大学越来越现实的价值取向和人文底蕴的式微，老师们倡导"教育的诗意"和"亲近大师，走近经典"。关于"师者何为"，尽管老师们的答案各不相同，但"建设理想化的人格自我"，"教，就是和学生一起学"，教师的职责在于"解释知识，传授思想"，以及"做一个懂教育的教师"等观点均富有启示和价值。而"教学与科研之关系"，是高校不可回避的话题，本组文章基本形成共识，即：教学与科研，犹如车之两轮、鸟之双翼，必须互动而进，缺一不可。高等教育大众化背景下，师范教育何去何从？"课程教学与师范特色"一组文章主要在这方面进行探索。老师们指出，作为师范专业必须突出"师范特色"，而这种特色不是"专业课程＋教师教育课程"所能完全体现的，尤其要"从专业课程教学中体现师范特色"。

"专业建设"收入6篇文章。本组文章借国家特色专业建设和国家综合改革试点专业建设的推力，构建和完善以"师范性"为主要特色的汉语言文学专业的培养模式和方案，并反映基于这一改革所取得的主要成绩及进一步努力的方向。主要亮色在于有效构建并实践了师范类汉语言文学专业"三师三全"的培养模式。

"课程与教材"收入16篇文章。本组文章重点总结国家和省级精品课程建设的成果与经验。"语言学概论"由一门普通课程建设成为国家精品课程，"现当代文学"成为全省最早的省级精品课程，其中"儿童文学课程体系建设"则获得国家级教学成果奖，这些课程在教学队伍建设、教学内容组织、教材编写、课堂教学创新、教学方法探索等方面均取得厚重的成果和成功的经验。同时，本组文章还涉及现代汉语、古代文学、文艺学、写作学等各门课程的体系、内容与方法的革新问题。

"教学研究"收入17篇文章。本组文章聚焦课堂教学，就语言、文学等各个学科不同类型的课程，从课堂教学的理念、态度、内容、方法、技术、设施等多个角度做出探讨。在尊重学生、因材施教，注重教育教学规律，吸收先进教学理念，激发兴趣唤起学习热情，强化基础知识与能力，提高课堂学术含量，积极对接基础教育，注重案例教学关注实践应用，倡导课堂对话与讨论，引导课外阅读、探究与写作,应用新的教学手段提高教学效率等诸方面,多有创造性的见解。

"教学改革"收入19篇文章。这是本专业长期探讨与实践的几个教学改革项目经验与成果的集中反映。"专业提高班"是高教大众化背景下一项带有针对性的教学改革,其理念、方法与目标在《缘起与目标》一文中有较为系统的阐述。这是本科阶段精英教育的一种模式创新,办班历时十余年,积累了富有价值的经验,也收获了人才成长的硕果,《天使的翅膀》一文从学生视角让我们看到这种探索的积极意义。"三级论文"是对本专业学生进行循序渐进的科研训练的一种实践探索。这项探索同样历时十余年,曾获得校教学成果一等奖。"对话教学"是针对师生课外交流时间和机会较少的现实而采取的一种补偿式教学改革,学科教师集体面对在本学科学习上存在困惑的学生,通过多方对话进行答疑解惑,并形成一种制度。

"实践课堂"收入14篇文章。本组文章聚焦以突显"师范性"为核心的课外实践活动。第一组反映两度获得"金刺猬奖"的"阿西剧社"校园话剧的编、导、演、排等创作活动并在活动中实现"立人"教育的实践;第二组总结"师范技能"培养的经验,尤其是"师范技能月"的组织开展和"教学技能大赛""汉字应用水平测试""即席演讲"等培训指导的成功经验;第三组探索"电影配音"和"课本剧编演"活动在学生人文素养和师范技能养成中的价值。尤需一提的是,这组文章中有5篇是由学生撰写的,从中可以深切体悟到他们在这些实践课堂中获得的无可替代的巨大收获。

"治学之路"收入7篇文章。这组文章多由学院资深教授撰写,旨在总结他们终身研治学术、教书育人的成功经验。栏目设置的目的是要将每一位人文学人的精彩人生凝聚起来,成为人文的财富。约写和编辑这组文章,深受感动。

最后一个专题是"中学视角",收入4篇文章,都是对中学语文学科问题的专题研究。

这里还需指出的是,"专业课程的师范化改革"是本专业教学改革与研究的一项重要内容。本专业在这方面的探索主要着力于两点:一是建设与基础教育相对接的"桥梁性"课程与教材;二是将师范性向包括基础课程在内的全部课程渗透。前一方面的内容,在本集子中体现得并不多。而本套"中国语言文学与语文教学书系",却正是这一探索的集中反映。本专业先后开设的"训诂学与语文教学""修辞学与语文教学""汉字学与语文教学""语文规范化与语文教学""文言词汇语法与语文教学""古代诗文与语文教学""现当代文学与语文教学"

"美学与语文教学""儿童文学与语文教学""鲁迅与语文教学""中学创造性写作"等十多门同类课程,在基础学科与语文教学之间全方位搭建"桥梁",实现专业培养对于基础教育教学的有效对接与提升、服务和引领,而本套书系呈现的系列"桥梁性"教材,正是在这些课程研发与开设的基础上形成的。

本集子的作者,主体是我院汉语言文学专业的任课教师,他们中有双肩挑的新老领导,如任远、梅新林、张先亮、吴泽顺、高玉、方卫平、陈玉兰、葛永海、陈青松、宋清秀等校、院领导;有资深教授,如王尚文、王嘉良、胡尹强、陈兰村、王克俭、陈耀东、刘宏球、张继定、黄灵庚等老先生;也有系主任、学科教研负责人等教研骨干,如刘永良、崔小敬、殷晓杰、曹禧修、刘彦顺、聂志平、赵山奎、于淑娟、钱淑英等教授;还有刚参加工作不久的年轻博士等,另有部分本科学生,这也从一个侧面反映出人文学院全员教研的历史传统。作者中有少部分已经调离学院,有两位则已仙逝,但他们对于学院教研工作和本专业建设的付出,不应被忘记。

本集子收录的文章,时间跨度有十多年之久。有的作品内容上带有一定的时间性,但考虑到能更真实反映本专业教学探索的历程,因而也被收录其中。

作为刊物主编,现在有机会选萃出版,甚为高兴。原刊中的文章在当初约写、编辑过程中多认真拜读过,这次选编,对入选文章又仔细通读了一遍,觉得其中多数在当下仍具有启示意义,希望本集子的出版能对学院教学工作的推进和本专业的建设起到积极的作用,也为我国师范类汉语言文学专业的教学改革提供有价值的参考。

感谢历任院长张先亮教授、吴泽顺教授、张涌泉教授的大力支持!也感谢梅英和青松两位副院长的辛勤付出!

傅惠钧

丁酉岁末

目　录

焦点话题

教学研究

中学视角

焦点话题

教育的诗意与诗化的教育

吴泽顺

中国的传统教育从来就不乏诗意。从孔子与弟子之间的闲暇问志、沂水之游，到"有教无类""君子不器"的教育思想，以及"不愤不启，不悱不发""举一反三"的教学方法，无不充满了自然、和谐与优雅的诗意。后来的书院式教育，大多在风景优美的自然环境中进行，除了苦读，师生学友之间的教学相长、相与问难、诗词唱和、曲水流觞等生活内容，更成为凸显中国传统教育之诗意的样本。随着现代教育模式的普及，这种诗意的教育便离我们决然而去。现在我们谈论最多的是课题、成果，就业、收入，无论是学生还是教师，都面临着无形的压力，这种压力，将师生们哪怕是文学专业师生们体内残余的一点诗意与浪漫都挤压得荡然无存。很难想象，一个开口闭口不离金钱的教师，一个只知照本宣科完成任务的教师，一个以生硬冷漠的方式对付课堂纪律的教师，会与诗意的浪漫与幽默有关系，如此"熏陶"出来的学生怎么会有人文情怀？

教育的方式与态度，从来就与教育的本质密切相关。关于教育的本质，鲁迅说："教育是要立人。"蔡元培说："教育是帮助被教育的人给他能发展自己的能力，完成他的人格，于人类文化上能尽一分子的责任，不是把被教育的人造成一种特别器具。"可见教育其实就是对被教育者的一种积极的影响，教育的最终目的是教会一个人拥有自我反思和自我发展的能力，让每个人都拥有一个快乐、幸福的人生。离开了这一终极目标，仅仅以为社会提供技术性劳动力和生产力为满足，必然造成教育功能的异化和人格精神的扭曲，各种恶俗便如野草一般在号称知识殿堂的高等教育领地疯长。

也许存在的就是合理的,作为教师个体,我们无法改变现行的教育体制,也很难摆脱社会现实的引力,但毕竟教育是传播人类文明的高尚事业,需要有人性的光辉照耀,作为人类灵魂的工程师,我们应该尽量减缓社会现实对学生心灵的伤害,尽可能避免成为推行某种非人性价值观的野蛮帮凶。所以,我们应该提倡一点诗化教育。诗化教育的任务正在于:建立和谐自然的师生关系,重建传统教育的某些价值观,用春风夏雨之温润代替冷漠呆板的模式教学,让人性之光芒照耀课堂;改善教育生态,营造宽松、自由、平等的课堂氛围,给学生更大更自由的个性发展空间,让他们从繁重的记忆性考试压力中解放出来;影响学生也勖勉自己崇尚优雅,以真、善、美为人生价值的基本参照,远离粗俗的功利追求,形成独立、健全的人格品质。优雅自然的诗化教育必将影响学生的一生。也许我们教给学生的记忆性知识,大部分都会被淡忘,但良师益友的一句话,一次鼓励的期盼,甚至一个微笑,却足以让他们铭记终身。正如爱因斯坦所说:"什么是教育? 当你把受过的教育都忘记了,剩下的就是教育。"我们不妨将爱氏此言,看作对诗化教育的一个幽默而形象的诠释。

(曾刊于 2010 年总第 7 期)

探寻底蕴,融合新知

范家进

"人文"两字在汉语里放在一起使用已经十分久远了,《易经》中就有这样的话:"文明以止,人文也。观乎天文,以察时变;观乎人文,以化成天下。"据学者的研究,"这里所谓人文,用现代汉语来解释,是指礼教文化,在字面上与 humanitas 甚为吻合"。humanitas 是意大利文,意指"人性修养"(参见阿伦·布洛克著《西方人文主义传统》中文版译序)。而据《2004:人文中国》一书编者的理解,"人文"是"人文主义"中的人文,贯穿其间的是一种"人文精神",其核心价值是独立、自由、平等(民主)、人权等。由学院老一辈学者提炼而成的院训"以人为本,以文育人"八个字,极富人文底蕴,也颇具现代阐释空间,遗憾的是记起它的人并不多,时时提起它的人就更少了。我希望借着这次"如何构建人文底蕴"的讨论,能促使更多的人想起它、提起它、讨论它,并不断地对其予以丰富和完善。

北京大学中文系主任温儒敏先生给学生推荐的 10 本"必读书目"[1],清晰地昭示了他对一个现代文科大学生应该具有怎样的人文素质和底蕴的理解。尽管大学的地理位置有中心和边缘之分,大学的办学层次与培养目标也有高低之别,但大学文科院系的一些基本内核应该是相通的,对于文科大学生的一些基本要求也应该是相通、相近或相似的。

至少在我本人看来,"亲近大师,走进经典",应该是大学中文系师生最基本

---

[1] 《论语》《孟子》《庄子》《红楼梦》《鲁迅全集》《共产党宣言》《圣经》,莎士比亚的戏剧,詹明信的《晚期资本主义的文化逻辑》和张中莉编著的《切·格瓦拉》,见温儒敏《一脚踏进人文殿堂》。

的求知方式甚至是最基本的生活内容之一。文学是对诗意世界的苦苦寻觅和不断迫近,是对损害诗意现象和事物的无情鞭挞和勇敢拒绝,是对数千年来维护了人类生存的那些深层底蕴的重新发现和再度亲近。因为人类的健康发展离不开诗与文学这一重要维度。健康、完美的人性必须是神性、理性、诗性的高度统一。因此康德才把人看成是知、情、意的统一体;马克思则认为审美地、艺术地把握世界是人类把握世界的四种方式之一(其他三种是科学、宗教、实践精神);海德格尔甚至把人在大地上"诗意地栖居"视为人类与其他动物之间的一个根本区别。而要发自内心地感悟诗意、亲近诗意、热爱诗意并调动起全身心的力量来提炼、酿造或阐释诗意,没有对中外文学和各种文化经典的真诚投入和不断研习,那只能是南辕北辙、舍本逐末的一厢情愿。在一片经历了长期战争与动乱的土地上成长起来的人们,内心的粗糙和荒凉自不待言;市场经济的双刃剑则把"金钱"两个大字放大无数倍后使其横亘在求知者眼前。在这样的历史和现实背景下来讲究一些诗意和美感,来谈论一些"剑胆琴心",或许不免显得有点奢侈。但大学之所以成为大学,文学之所以成为文学,人文之所以成为人文,离开了这些看似"奢侈"的东西,是根本无从成立的!就像一位资深望重的教授所说,地方性大学的人文学院应该责无旁贷地成为一个地方的人文知识和人文精神的中心和高峰,成为一个地方众望所归的人文思想库。而要追求和接近这一目标,研习经典、亲近大师,尽可能多地从中外人文典籍中接受熏陶,尽可能多地从中外人文大师的著作、思想和人格那里获得营养、汲取灵感,则是每一个人文求知人的题中应有之义。一个真正读懂了一两部经典的人,他的眼界、胸襟、思想、气度至少可以稍稍超越极端功利化的世俗世界,一个真正感受过人文大师的人格魅力和立身风范的人,他在为人处世上总可以拥有某些力量去勇敢地拒绝庸俗、阴暗与卑劣,因为他从真正的经典中领悟到了有高于个人当下现实生存的超越性标准,有更高的来自彼岸的眼光会俯视自己在现实地面上的生存挣扎和所作所为。其实这也丝毫没有什么神秘色彩,我们每个人的内心都存在着通常所说的良知、良心这类超越性素质,这种良知良心在人们庸庸碌碌的日常谋生中是时常会遭受蒙蔽、遮蔽和遗忘的——这时候真正的经典和大师会在你身边给予轻轻地依托和提醒,从而让你在世俗的生存中站稳脚跟、坚守自己的岗位和底线。正是意识到了人类文化经典的无法取代的作用,中外一流大学才特别重视引导求学者与经典之间展开对话。朱自清哪怕是在战争背景下的西南联大也在强调"中等以上的教育里,经典训练应该是一个必要的项目。经典训练的价值不在实用,而在文化"(参见其《经典常谈》);美国芝加哥大学的"社会思想委员会"则把学者"带领学生精读有深度、浓度与涵盖广的经典巨著"当作最基本的训练方法,因为他们认定真正的经典"都是对其时代之具体问题有感而发的著作,而它们的内容却又都有超时代、永恒的意义"(参见林毓生《中国传统的创造性转化》)。虽然时代、地域和国度不同,所培养的学生的层次有异,但从中外经典中了解人文知识的底蕴,从中探寻中外文明和文化的基础,却是任何时代任何地方的人文学子所必不可少的。

自然,在这"去精英化"的大众化时代,"亲近大师感受经典"并非人文学子的唯一学习内容,它是我们的起点而不是终点。世界在日新月异地变化,知识在层出不穷地累积和更新,我们无法拒绝对种种新知的吸收、对全球化趋势的应对,以及对日趋复杂的现实世界的审视和交往。但也正是在这样的复杂境遇下,我们尤其需要中外经典和大师所传播的信息和声音给我们提供直接和间接的启示和指引,因为它们毕竟是数千年人类文明的积淀和结晶,它们可以作为人类生存经验的底蕴启发我们融合新知的方式、校正我们应对复杂世界的正确路径、引导我们审视当今社会的应有眼光和气度。人类知识和文化的发展就像波涛汹涌、滚滚向前的大江长河,它既有汩汩不息的源头、坚韧扎实的河床、沉稳深厚的潜流,也有四处飞溅的浪花、随生随灭的泡沫以至裹挟而下的残枝败草,由于种种机缘来到这河边驻足观光,以及长住探险的人们究竟应该亲近些什么、发现些什么、学得些什么,答案应该不是太难寻找。

(曾刊于 2008 年总第 5 期)

读大学何为(外一篇)

王尚文

　　编辑问我:"大学何为?"大哉此问! 所给的篇幅只有 500 字,于是就冒昧加了一个字,变成"读大学何为"。清华老校长梅贻琦曾说:"所谓大学者,非有大楼之谓也,而有大师之谓也。"我们今天若是死死咬住"大师"二字不放,那么北大、清华可能也会让你失望。我以为不妨现实一点,把它理解为名师大家,当然,所谓"名"者"大"者,都是相对而言的。

　　读大学何为? 我的回答就是:跟名师,爱学术,读经典。

　　由此,我联想起了我今年 7 月 13 日的一段日记,"早晨由神农谷出发,至独山,见一牌坊,上书'浒膺天宠'四字,不识'浒'为何义,于是通过手机向灵庚兄请教,不及一分钟解决了疑问,不禁叹服现代通信之快捷也。……在九龙山午餐。山间一巨石,意态颇似佛祖,献华兄命诗,遂口占一绝:万峰汹涌接青天,银汉多情绕窗前。呼起九龙来脚下,佛陀说法数千年"。

　　打个比方,大师者,佛陀也,可遇而难求,但是,于某一门学问研究有高深造诣者,在大学里不乏其人。就我校人文学院而言,我可以负责任地说,名师大家确有不少,黄灵庚先生就是其中一位,他是我国楚辞研究界的一流学者,古汉语研究界的赫赫名家,"浒"为何义? 他就可以不假思索地脱口而出。能够跟他学古汉语,读《楚辞》,其乐无穷! 熏陶既久,你自然而然就会爱上古汉语,爱上《楚辞》,几年下来,必有所成。500 字已超,就此打住吧。

(曾刊于 2012 年总第 8 期)

旧联新说

去年美术大楼落成，让我写一副对联。老朋友开口，不好意思拒绝，只得献丑，勉为其难凑了两句：

登斯楼，尽赏万千红紫；
入吾门，当领一代风骚。

当时，我确实以为只是说说而已的大话。不久前，中文系主任范家进命我写一篇短文，认真一想，觉得这不应当是"大话"，而应当是我们追求的现实目标。

记得罗素说过，所谓教育，就是和年轻一代共享人类文明的遗产，也就是和学生们一起"尽赏万千红紫"。万千，状其多也。这又有两层含意：一是所赏的对象不是一枝一朵；二是所赏的结果，亦非一家一说，而是"一千个读者就有一千个哈姆雷特"。总之，是多元化，而非一元化。其实毛泽东早就说过"百家争鸣，百花齐放"的话，今天确实到了全面落实的时候了。我在衢县师范上学时，有一门功课叫"达尔文主义基础"，光讲米丘林-李森科的所谓"学说"如何伟大，将别的学派一概斥为资产阶级的伪科学，把我骗得团团转。可惜，骗，只能骗部分人于一时，而不能骗所有人于永远。还是鲁迅先生的"拿来主义"好。拿？拿来以后怎么办？不同的主张应该并存共荣。即使你以为他拿来的不是花而是草，也不打紧。因为你和我一样都有作为人的局限性。也许你"不是花而是草"的见解才真的"不是花而是草"呢。

大学，就是大张旗鼓地学习文化经典，和青年学生一起攀登精神的制高点，以领一代风骚。正因为大学以此为务，它必然成为读书人的精神家园。全国最好的大学是全国读书人的精神家园，像浙江师范大学这样的地方性大学应该成为这一地方读书人的精神家园。——写到这里，我就感到应当佩戴却始终没有佩戴的校徽，它的分量实在是太重了。忝为教师，我由衷地惭愧，且垂垂老矣，今后也不会有多大的长进。但我对我们的浙江师范大学却始终充满信心，就人文学院中的中文系而言，据我所知，在楚辞、史记、红楼梦和鲁迅等相关研究方面，都做出了堪称全国一流的水平，我为他们而感到骄傲，"到处逢人说项斯"。我要虚心向他们学习，即便退休之后也不马虎。

（曾刊于 2002 年总第 1 期）

大学何为？读书做梦谈恋爱

马俊江

中国现代大学观念的源头，是蔡元培的一句话：大学者，研究高深学问之所也。即：大学里的人皆应是读书做学问的人，老师是，学生也是。民国时期大学生读书治学是一时风气，本科生写出学术经典也不是什么稀罕事。例如北京大学出版社的社会学名著《四大门》，是李慰祖23岁于燕京大学毕业时上交的论文；李长之写《鲁迅批判》时也还在清华读书；葛兆光编过一本《学术薪火》，收录了20世纪30年代清华学生的论文，大家可以看看，那时的大学生在写怎样的文章。现在的大学生，谈学问少，谈就业多，大学的功能已悄然改变，但大学毕竟不是技工培训之所，进入大学者，其身份就是读书人。

读书人应该有梦。小时候我们都有做科学家之类的梦，从哪天开始，我们不再做梦，甚至开始嘲笑梦了呢？常听同学慨叹：现实很骨感啊。骨感到能让梦想之地变成不毛之地吗？正常的逻辑应该是，现实骨感，这个世界才更要有梦。否则，世界只能是永恒的今天，没有明天了。梦也不是白日梦，而是读书人的情怀，一种精神。做这样的梦，才会变成一个高尚的人、脱离低级趣味的人。

蔡元培的大学理念里还有一句常被人遗忘的话：以美育代宗教。我说的谈恋爱指的是美育，不单爱同桌的他，还要恋一切美，让生活艺术一点，用美浸润心灵。学校是个植物园，你不要做花草的路人甲；小城很干净，夜晚繁星密布，你可以伴着星群出去走走；也去看看阿西的演出；周末逛逛古子城的书摊儿古玩摊儿；当然别忘了，常去图书馆和资料室的书城里坐坐……

（曾刊于 2012 年总第 8 期）

潜于甘渊

于淑娟

不知不觉，我已经在大学校园里学习、工作、生活了整整 20 年。长长的林荫路、如茵的草坪、静穆的图书馆、热闹的运动场，以及如歌如画的四季风景……在刚刚踏入校门时，我就已感受到大学之美。但今天看来，这些仅仅是大学生活图景中的一部分，真正的大学另有一番景象。

大学是这样一所学校，司空见惯的老师、书本、课堂忽然间变了样子，不再只提供统一的刻板答案，而让你在聆听中思考、寻找与发现。如果你用心，就会如一枚干枯的茶叶忽然遇到热而柔和的水，心智逐渐清明，灵魂缓缓舒展，你会在略带苦涩的清新味道中，发现自己内心的充实与美好。

大学是这样一所学校，整日贴身紧随的压力忽然消失，班主任、父母都只是远远投来关注的目光，你会前所未有地感到天地的辽阔。如果能学着用成熟的目光打量这个世界与社会，以健全的心智来思考未来与人生，你会在日光下自己独立的影子中，感受到自己的坚强与力量。

《山海经·大荒南经》中有一处神水名为甘渊，这是神话世界中太阳洗浴的地方，是新的光明与热度的起点。如果拥有闪光的梦想，就在大学这个"甘渊"中经受知识与灵魂的洗礼吧，你终将成为这个世界的希望。

（曾刊于 2012 年总第 8 期）

群体中,孤独的限度意义

黄宝富

离乡土,别父母,异地求学、问学,事实上的物理间隔,在某种意义上,瞬息之际完成了大学生精神上的成人仪式。热闹纷乱的新生"报到"背后,体现出追求形态的人类迁徙,茫然无措的学子突然群聚在辽远的陌生域野,所呈现出的身份尴尬不言而喻。始业教育、身体训练、课堂教学及校园文化,往往分延或搁置了"未思的差异",你们开始认同和张扬"群体的追随",然而,忽略或位移了孤独的心灵空间,精神的静止和稳定,也不复存在。

在群体中学会常态的孤独、追求默许的孤独,甚至保持内在的孤独,是大学精神的一种必要和必须。孤独的散步者,审美内心的自由、漂泊和寂静,会凝望和超越视野中的自然形貌与文化风景。湖畔,看柳看水;草地,看天看云;林间,看路看树,在牧歌般的图景中看着自己。孤独的阅读者,"一盏孤灯、一卷经书、一方桌椅",能偏离繁华,能忍耐寂寞,能始终坚守,学识与涵养就会在虚静和坐忘中累积绵延。孤独的思想者,"学而不思则罔",独一无二的创新、特立独行的创意、天马行空的创造,与安静的、安宁的思考相关,与逍遥游的幻想和想象相关。

智慧的痛苦,在逐渐启蒙的求学之途中必然如影相随,孤独的意义,在于以后不再孤独。里尔克却说:"谁此时孤独,就永远孤独。"

(曾刊于 2012 年总第 8 期)

建设理想化的人格自我

王尚文

接到约稿信,由衷欣赏编者的创意,同时也感到深深的惭愧,作为一个有四十余年教龄的教师,特别是一个教学法教师,对"师者何为"这个几乎是常识性的问题,一时竟说不出个所以然来。

但,我不愿交白卷,哪怕献丑也罢。于是先从否定的方面想。如,教师不应该是屠夫,一位教育硕士在教学钱锺书的《读〈伊索寓言〉》时,讲到驴子跟狼的故事:驴子见狼,假装腿上受伤,对狼说,"脚上有刺,请你拔去了,免得你吃我时舌头被刺"。狼信以为真,专心寻刺,被驴踢伤逃去,因此叹气说,"天派我做送命的屠夫,何苦做送命的医生呢!"钱锺书评论道:"这当然幼稚可笑,他不知道医生也是屠夫的一种。"他要求学生就此联想开去,不料一位学生竟发言说:"老师,你也是屠夫。"理由是每当学生有一点与课本、教参、教师不同的见解时,不分青红皂白,几乎立即就遭到扼杀,这不是精神的屠夫吗?报载一位小学生写了一篇作文《捉老鼠》,"老鼠拼命地逃,一头撞在墙上,不省鼠事"。老师在"不省鼠事"的"鼠"字上打了一个大大的红叉,批曰:"只有'不省人事',哪有'不省鼠事'?!"这位教师难道就不是"不省师事"的屠夫吗?无怪"不要挡住我的阳光"成了一句名言。再如,教师不应当只是一张嘴,唾沫四溅地一味讲他之所学所知所信;教师不应当只是一双手,把一张文凭递给学生,或把一只饭碗交给学生。教师也不是"蜡烛","照亮了别人,毁灭了自己",何其悲壮!我想,如果真能照亮别人,哪怕只有一次,就已经算得人生价值的最高实现;更何况学生自己也是"蜡烛",只要点燃起来,就能够放出光和热,自己照亮自己。当然,教师也不是"园丁",因为学生不是任你修剪的花草树木……

说"不是什么"容易,说"是什么"就难了,如果一定要说的话,我想先该认清两个前提。首先,人是什么。人不是必然的动物,而是可能的动物,具有未完成性、未确定性,正如赫舍尔所指出的,"人的存在之谜不在于他现在是什么,而在于他能够成为什么"。人就是人的未来,存在先于本质。他存在着,他生活着,在自由自主的选择中不断实现他独自的本质。此其一。其二,世界是什么。是一列在预设的轨道上前进的列车吗?看来不是。于是有哲学家认为,历史是充满可能性的时间。世界不是静态的和封闭的秩序,不是人必须接受并必须适应的已知现实,而是一个有待努力解决的问题。

综合以上两点,即人是通过努力解决他自己的问题从而去努力解决世界的问题,也就是在通过选择将一己的可能性转化为现实性的同时,将世界的可能性转化为现实。由此看来,教师的任务似乎是与学生一起努力探索并建设理想化的人格自我(这是一个伴其一生的过程),以便学生自己做出明智的选择。这个理想化的人格自我,以良知为其定向系统,以学识为其能源系统。教师正是在与学生的交往中去建设理想化人格自我的同时,启发、引导、帮助学生建设理想化的人格自我——虽不能至,心向往之。

（曾刊于 2004 年总第 3 期）

学问的境界

吴泽顺

　　古之儒者立身处世,讲立德、立功、立言,即便是做学问,也与这三者密不可分,不是一味地追名逐利。著书为稻粱谋,在君子眼里,恐怕只能算等而下之的事情。我国传统的小学,古代称作朴学,从事朴学研究的学者,大多为朴实敦厚的儒者。许慎费二十年之功著《说文解字》,想到的是"文字者,经艺之本,王政之始,前人所以垂后,后人所以识古"的社会作用;郑玄远离官场,遍注群经,为的是整理今古文之异,泽惠后世。许郑之学,千古流芳,自然达到了一种境界。

　　当然,做学问也要讲究兴趣,没有兴趣,也是做不出好学问来的。清代的乾嘉学派,他们继承许郑的精神,高张汉帜,标榜汉学,希望名垂史册,但他们大多为业余爱好者,只是在政务之余才研究自己喜欢的学问。如王念孙著《广雅疏证》,就是在京官和陕西地方官任上利用闲暇完成的。除了自己著书立说,他还以其爱好影响了儿子王引之,以至于父子二人经常切磋学问,互相激励,这在封建社会不失为一段佳话。王念孙与段玉裁为好友,同为戴震门人,段氏为了撰著和出版《说文解字注》,在县令任上弄得穷愁拮据,王念孙便伸出友情之手,为段注的刊印鼎力资助。因为在他看来,段氏的研究成果是有益于学术和世道人心的。这父子之间、同门之间为着共同的兴趣爱好而同声相应、同气相求,也是学问的一种境界。

　　传统小学古朴深奥,在古代作为经学的附庸,自然是一门显学,但自近代以还,西学东渐,小学的功用大打折扣,所以常有人会问,这东西研究来有什么用?章太炎也是远绍许、郑,近承清初朴学大师顾炎武的一位大学者,与其弟子黄侃以"章黄学派"名称海内,在其革命的生涯中,仍坚持小学的研究,并将这种研究与民族的复兴紧密联系起来。章太炎认为中国人要爱惜历史，"这个历史，是就广义说的，其中可以分为三项：一是语言文字，二是典章制度，三是人物事迹"。如果从中"晓得中国的长处"，那么，"就是全无心肝的人，那爱国爱种的心，必定风发泉涌，不可遏抑的"（东京留学生欢迎会演说辞）。这是对爱国主义的最好诠释。一个对自己民族的历史和语言文字都不热爱的人，是不可能成为一个真正的爱国者的。

章太炎在文字音韵训诂学领域卓有建树，除了直接受益于其师俞樾之外，也得益于顾炎武的影响。他在评价顾炎武的学术成就时说："原此考证六经之学，始自明末儒先，深隐蒿莱，不求闻达，其所治乃与康熙诸臣绝异。若顾宁人者，甄明古韵，纤悉寻求，而金石遗文，帝王陵寝，亦靡不殚精考索，惟惧不究。其用在兴起幽情，感怀先德。吾辈言民族主义者犹食其赐。且持论多求根据，不欲以空言义理以诬后人，斯乃所谓存诚之学。"（衡三老）以学术而"兴起幽情，感怀先德"，这是对顾炎武民族大义和学术境界的最好评价，也是对自己学术研究行为的一种期许。在戊戌政变后的血雨腥风中，知识分子的人格经受着痛苦的裂变，以康有为为代表的"志在干禄"的今文经学便成为其保皇与立宪的理论基础，自然受到了章太炎的严厉批判。可见同样是学问，确有纯正与利诱之分。学问的境界，往往因学者的境界而高下立现。

其实，说到"干禄"，今天的学者们大都逃不出这个误区，虽然时代不同了，但本质上并无大的区别。今天的所谓科研，必得在体制内方可成立，课题必须由政府认可，成果必须由政府发表，学问只为稻粱而谋，所以，学问的境界，是人们不需要考虑的问题。自由选择和个人兴趣不再是学术研究的根本动因，学在民间的人文传统被彻底颠覆，从根本上脐断了中国学术的历史传承，自然，没有学术大师和国学大师的慨叹也就不绝于耳。这是今人的不幸，抑或时代的悲哀，不得而知，但当我们在历史的星空仰望那些学术先贤们身影的时候，我们仍会情不自禁地对他们顿生"高山仰止，景行行止"之情，虽不能至，心向往之，毕竟世道人心古今是相通的。

（曾刊于 2012 年总第 8 期）

解释知识　传授思想

　　教师以教学为天职。在教学中不断摸索、积累经验并由此提高自己的教学质量，是教师天职的一部分。我院的《人文教坛》已成为教师们交流教学经验的园地，这里，我也乐于简单地介绍一下自己在教学中的一些做法和想法。

　　我在教学工作中的一条（我认为是很重要的）经验是：教学并非只是传授知识，完整的说法应该是解释知识和传授思想。后者也许比前者更为重要，当然它以前者为基础，也就是在解释知识的基础上传授思想。

　　有人可能会觉得我这个说法是故弄玄虚，因为通常讲的传授知识应该包括传授思想。古人也早已讲过，教师的职责就包括"传道"和"解惑"。

　　这样讲确实也不错，但我仍坚持自己的看法，因为在现实教学中我们往往忽视了传授思想。现在强调这一点，很有好处。

　　(1)强调传授思想的重要性会使我们更注意在教学中追求"基于教材但高于教材"的教学效果。我们在实际教学中，总是有意无意地把传授知识看成教学目的，似乎把书上的东西讲解清楚了，教学任务也就完成了；而所谓书上讲的东西，一般都被理解成教材里那一点点知识。我认为，知识，特别是文科知识的客观性只是相对的，很多知识经常在变。即使在未变的情况下，也是靠牺牲一些重要的不同观点而取得的。比如，中国封建社会的分期，现在教材中反映的主要是郭沫若的观点，其他如范文澜等人的观点则一般不提及。世界史上关于奴隶制、农奴制的争论及亚细亚生产方式的争论一直以来都非常激烈，教材一般是不反映这种争论的。一个称职的教师必须介绍这些教材不讲的东西，并说明这些不同观点的理由。这些理由的背后往往是不同的思想出发点或处理史料的方式和历史观念的不同。

（2）强调传授思想的重要性有助于学生从整体上全面认识教材的特点和优缺点。一般说来，把教材讲清楚，再把教材中有争议的东西也讲清楚，就是一个不错的教师了。但还有一点很重要：这些不同意见说明了什么问题？对任何一个具体问题的不同理解都可能涉及我们看待历史问题的基本态度或出发点。或者说，对一个或几个问题的不同论点，通常反映自身对某些大的问题的一般性的不同见解。在一本教材中，对某些问题的见解，往往反映了作者对整本教材的功能的看法。如果我们在讲课中注意到这一点，就必须致力于从整体上来理解教材，并同时致力于从整体上来理解其他的不同观点。换言之，任何观点都是从一定的理论体系出发的（尽管这些理论体系可能在许多方面是相同的），只有从其理论体系出发，才能更清楚地说明某一体系的基本主张并进而理解其各个具体观点。在教学中，我们如果能时时注意到这一点，学生就有可能经常感受到不同的理论体系的异同，从而加深对历史问题的理解，并更清楚地了解教材的特点和优缺点。

（3）强调传授思想的第三个理由是：历史教材中有大量可歌可泣的故事，这些历史故事本身蕴含着极其真实的人类感情，这些感情可能是崇高的，可能是卑鄙的，也可能是处于两者之间但能为人们所理解和接受的，因为它反映了大部分人通常有的情况。我们有必要把学生带入这些情感之中，他们从中可以真实地获得真善美的感受。这里，我们应该有意识地用生动的历史事实，而不是用说教的方法让学生感受这种真善美。这是一个一目了然的道理，但简单的东西并不一定就是人们有意识地追求的东西。是不是有意追求，其效果是不一样的。

要做到在解释知识的同时传授思想，就历史教学来说，有两点很重要。

（1）需要选择最有选择性、最有代表性的事例和历史情节，使用恰当而贴切的语言及一定的感情投入等来达到这一点。历史学强调知识的客观性，这是对的，但这决不意味着我们上历史课必须用所谓的"客观报道"一样的态度来讲解，决不意味着要求学生用同样的态度来掌握历史事实和掌握历史规律。如果这样的话，我们就很难达到应有的教学效果，历史教学和学习也会变得极其枯燥乏味。这里，渊博而广泛的历史知识和一定的语言使用能力很重要。

（2）要敢于把学生引入学科的前沿。在很多情况下，不应担心本科生不理解，听不懂。其实一个社会广泛关注的前沿性的问题本科生一般都是可以理解的，通常情况下，研究生与本科生的区别只在于前者是就前沿问题中的某些点深入下去,而后者则着重于对前沿问题的一般性的掌握。当然,我们的课堂教学时间是不宽裕的,不可能花费很长时间去讲授前沿问题。我的经验是,在适当的时机点一下前沿问题,不用讲得太多太细,有时会有意想不到的效果,一般不会出现老师的课学生听不懂之类的说法。这里有三个原因:课堂中要求学生掌握的基本内容是非常清楚明白的;所谓前沿问题往往是热点,或与热点有关,学生多多少少知道一些;学生的水平参差不齐,较优秀的学生一般很快就能理解,而中等的学生虽然不一定马上能领会,但他会感到这里面有名堂,感兴趣的话自己会设法去了解。文科的东西深浅是相对的,对我们师范院校的本科生与研究生来说,两者的差别有时不一定在程度上,而在于是否专门化上。当然,专门化有时也意味着深浅的区别,但有些专门的东西并非必然难一些。

（曾刊于 2003 年总第 2 期）

教，就是和学生一起学

王尚文

一

我们一般总是从积极的、正面的意义上运用"教育"一词，其实，它是中性的，甚至也有消极的例子，比如《儒林外史》中那个真诚地劝勉女儿为夫殉节的秀才，替"欧姆真理教"制造沙林毒气的年轻化学家不都是教育的牺牲品吗？车臣反叛武装经常招募未成年的儿童入伍，为了替主力开路，让他们一边去踩地雷阵，一边高喊："让我们在天堂相会吧！"读之，令人毛骨悚然。教育，应当使之成为人。但一不当心，也很有可能反其道而行之，使之成为非人。教育工作者事事时时处处都不能没有良知的引导。

二

"天不变，道亦不变"。这是自命为天意的代表者所编造出来的谎言。教育之道，《说文解字》认为是"上所施，下所效也"，韩愈说是"传道、授业、解惑"——"惑而不从师，其为惑也，终不解矣！"然而，爱因斯坦关于相对论之惑却是他自己解开的。

"苟日新，日日新，又日新。"以牛拉犁，我们中国最早，当然值得自豪；但至今仍然以牛拉犁从事耕作，却又让我们惭愧无地。该向人家学的，就得老老实实奉人家为师，包括"西方"。西方确实有人试图将中国妖魔化，我们不能以其人之道还治其人之身。马克思、恩格斯不也都是西方人吗？

"教，就是和学生一起学。"当我在课堂上向学生论证我的这一"发明"时，颇为自得。有一位学生还将它写成一篇论文发表了。但一看人家的，自得就变成了自惭。——读海德格尔，常有一头雾水之感，若有所悟地不多，但他关于教育的观点却于我心有戚戚焉："教难于学，乃因教所要求的是，让学。实际上，称职的教师要求学生去学的东西首先就是学本身，而非旁边的什么东西。""如果教者与学者之间的关系是本真的，那么就永远不会有万事通式的权威或代理人式的权威的一席之地了。"更妙的还是这一句："教师必须能够比他的学生更可教。"真为醍醐灌顶，有豁然开朗之感。教，原来就是教自己！

赵元任在一篇文章里说北京有一个曾在外国人家里帮佣的老太，不胜惊异地告诉旁人：外国人真怪，明明儿是"水"，他们偏偏不叫"水"，却叫什么"窝头"（water）。最可怕的就是教师心目中的这个"明明儿"是"窝头"。

三

让学，要解决两个问题。一是怎么"让"。"让"有"使动"之意，但"使动"之"使"并非强制，"使动"之"动"不应被动。学，要有学的动力，分数和文凭可以是动力，但主要的应该是学的兴趣，它来自学科本身的吸引和学者对专业的敬畏，只有这样的动力才是强大的、持久的、不竭的，这要靠教者的引导、启发、培养。过去把教师比成燃烧自己照亮学生的蜡烛，何其悲壮。其实，教师的功能主要不在照亮学生，而在"点燃"学生，点燃他们的意志、感情、智慧、信念，点燃他们的潜能，让他们自己照亮自己。——近年来，中小学的应试之风似有向高校蔓延之势，学习仅仅为了分数、文凭，这种倾向值得警惕。

二是学什么。不能只学教师之所学、所知、所信，而应是本学科的基本典籍，从而让学生站在巨人的肩膀上。把那些发黄发霉的讲稿毫不犹豫地锁进抽屉；站在学科的前沿，拓宽视野，放出眼光，反复掂量，选出一本或几本最有价值、常读常新的典籍和学生一起学。任铭善老师四十岁生日时，他就读于之江时的老师夏承焘送给他的一副对联："念尔嘉名，取人为善，与人为善；是余至乐，南面教之，北面师之。"既以生为生，又以生为师，用现在的话来说就是师生对话，通过视野交融而共同进入一个新的精神境界，就像曾点和他的学生浴乎沂，风乎舞雩，咏而归，确是人生之"至乐"。

四

过去我们曾以突出主体性为时髦，其实人只有在对话中才能真正成为主体。我以为，离开对话关系，主体性就有可能：一是虚假的，不是主体而自命为主体,不具主体性而自诩为富于主体性;二是不道德的,因为它以别人别物为客体,认识之,从而利用之。而事实则是,我们仅仅因为把别人别物当作主体来尊重、理解才称其为主体。确切地说,我们是主体间的存在。"仁"就是"两个人"之间相互尊重、理解、沟通、交融的对话关系。"仁"也可及于物,如"深林人不知,明月来相照""相看两不厌,只有敬亭山""只恐夜深花睡去,故烧高烛照红妆"。人和月、山、花也可以倾心对话,我们教师为什么不能和学生对话?

过去一味强调继承性、封闭性、统一性,不对!必须重视创造性、开放性和个性。我们要的是万紫千红,不要标准化的齿轮和螺丝钉。但我们又不是园丁,我们不能随意"修剪"学生,不能按自己心中固有的模式去"培养"他们。他们应该而且能够比我们活得更好,他们的未来由他们自己去安排吧。我们不能成为如恩格斯所说的"历史的堕力"。

(曾刊于 2003 年总第 2 期)

做一个懂教育的教师

郑 崧

教育离经过"黑色七月"洗礼的我们,离作为教师和即将作为教师的我们远吗? 似乎不远,而且很近。杜威说:"教育即生长,教育即生活。"我们生长和生活的过程就是一个不断接受教育的过程,而且其中很大一部分时间是在学校这样一种制度化机构中接受正式教育的。作为教师或未来的教师,我们又以新的形式与中国的教育联系在一起。那么,我们懂得教育规律,理解中国的教育问题吗? 对于这样一个与我们个人紧密相关,也是当今社会热点之一的问题,也许每一个人都能,而且觉得自己能谈出一些看法,并且佐之以大量的亲身经历或看到、听到过的事实。但是,真正能剖析出教育问题的复杂性,抓住其本质,站得高,谈得深的又有多少呢?

三年多前,我在获得了华东师范大学历史系世界中世纪史专业的硕士学位后,直接考入北京师范大学教育系,攻读外国教育史专业的博士学位(报考时准备得很仓促,考得当然也不理想,但因为是个冷门专业,竞争不激烈,更重要的是我那位导师看中了我的历史学的知识背景,所以我很幸运地被录取了。我觉得这一经历值得那些有志于继续深造的,特别是历史系的同学思考和借鉴)。当进入到这样一个全新的学校和学科之前,应该说我是谦虚的,我承认自己对它的无知,并且做好了"被洗脑"的准备。开始在北京师范大学的学习后,我慢慢地了解了这个学科的结构,接触了这个学科的话语和理论体系,思考了这个学科的特殊问题,听到了教育学家、教育心理学家、教育社会学家、教育法学家、课程论专家是怎样高屋建瓴、深入浅出地谈同一个教育问题的。

一转眼,在北京学习的三年时间很快就过去了。在博士毕业论文的答辩会上,答辩委员会中的一位教授开口讲的第一句话就是:"这篇论文,一看就不是学教育出身的人写的,而是学历史出身的人写的。"在几分肯定的背后,也说明这三年自己所接受的教育学的熏陶还不够。其中的原因是多方面的。首先是三年的时间对于真正全面熟悉教育学科的知识和理论体系是远远不够的,更何况我把其中很大一部分时间花在了课题和毕业论文的写作上;其次,导师安排的博士生课程没有充分考虑到我的教育学知识的缺陷,因此教育哲学、教育社会学、教育心理学这些教育学科最基本的课程我都没有系统学习过,更不用说教育学的其他课程了;第三,专业的性质。教育史专业是一个跨学科、交叉专业,既可以在历史学科的范畴内研究过去的教育问题,又可以在教育学科的范畴内研究教育的发展历史。回顾那三年的学习和研究,不得不承认,多年学习历史学科所形成的特殊的心理、情感、思维对我的影响更大。就这样,当我离开北京时,虽然头顶着"教育学博士"的头衔,但心是虚的,因为这个光环掩盖了我对教育学的无知。

回到浙江师范大学,许多人被我的这个"教育学博士"给"迷惑"和"欺骗"了。心虚的我屡屡声明:"你们最好还是承认我是历史学博士或教育史博士。"这个学期,学院里安排我给历史系大三的学生开历史教学论的课。对于我来说,这实在是一个难以完成的任务。在备课和上课的过程中,经验和理论的不足彻底地暴露出来。我不仅对课程论的原理一无所知,而且没有历史教育实践经验,甚至没有读过教育部刚刚颁布的有关历史教育的新课标和新的教学大纲。这种困窘迫使我思考一个问题:"我是一个'懂教育'的教师吗?"

对于这个问题,我想许多教师和我一样缺乏反思。究其原因,或者是认为自己就是干这一行的,怎么会不懂,故而没有去思考;或者是因为把教育简单地视为知识的传授,视其为不过如此的、经验性的事情;或者是因为没有反思的参照。由于缺少对实践的反思和对实践的创造性改进,所以许多教师的工作停留在低水平的机械重复上,甚至连自己也会日久生厌。同时,这还影响到教育质量的提高和社会对教师职业的评价。在律师、医生等职业走向专业化的时候,人们对教育和教师形象还存在着这样的看法:"只要认得字,就能教小学;只要有学问,就能教好学。"这种否定教师职业的不可替代性的看法实际上就是否定教师职业的专业性。

今天,教师的专业化已经成为国内外教育领域的一个热点问题,因为它不仅关系到教育的质量和持续发展,还关系到教师的地位、工作条件和社会形象。从我国未来的教师教育发展趋向看,教师职业的大门将是开放的,但同时会不断提高门槛。正如绝大多数人都会跑，都会唱，但优秀的运动员和歌唱家需要经过专业的训练一样，合格的教师也要接受特殊的培养。教师的职业从其知识构成上来说，必须拥有两类最基本的知识——学科知识和教育知识，这是教师职业特殊性的体现，即"双专业性"。从我们当前的教师教育情况看，教育知识的不足对教师专业化发展的阻碍更大。"教师有一桶水就能教给学生一碗水"的观念已经过时了。事实上，教师有多少"水"固然重要，但能否有效地把"水""浇"给学生更为重要。而且，现代教育更进一步提出了如何让学生学会自己寻找"水源"的问题。

一个专业的教师，或者说一个"懂"教育的教师要有深厚的文化基础、专精的学科知识结构，还应该把教育科学知识作为自身知识结构的重要组成部分。教育知识包括教育科学方面的理论知识（如现代教育教学思想和理论、课程论、教育心理学、教育管理学、教育研究方法、教育政策法规等）和教育的实践能力与技能。此外，我们还应关注基础教育的现状、改革的进程和存在的问题，因为我们以及我们的学生、未来的教师都是直接或间接地服务于基础教育的。苏联著名教育家马卡连柯曾说："当你能用十五种声调说'到这里来'时，你才是一个掌握了教育技巧的人。"这说明教师专业性的形成并不是容易的。不信，你按马卡连柯所说的试试看。

"教师"和"教书匠"的区别在于前者能够在教育教学规律的基础上进行创造性的活动。我相信，当我们自觉地用先进的教育理论和理念指导自己创造性地开展教学工作，当我们能经常性反思和研究自己的实践活动，并不断地加以改进时，我们会因为教师工作的挑战性、艺术性和富有人性而更加喜爱自己的这份职业。那么，让我们做一个懂教育的教师吧！

（曾刊于 2004 年总第 3 期）

教师是优化学生学风的最好榜样

周瑞法

在高校持续扩招,学生数量越来越多,教师教学科研任务日益繁重的情况下,要求各学科任课老师面对庞大的学生队伍根据教学对象的个性因材施教,希望通过教师的努力来进一步提高教学对象的全面素质,已越来越不现实。而社会对人才质量的要求越来越高,毕业生的素质越优秀,在就业中就越有竞争实力,这也是显见的事实。在这种矛盾之下,要提高学生的全面素质和整体实力,最重要的是要优化学生的学风,充分激发学生的潜能。通过学生主观能动性的发挥,来达到培养高素质毕业生的目的。

而要优化学生的学风,除了学校、学院的倡导、引导和各种形式的思想教育活动之外,教师的言传身教是最为重要的。因为教师在教学活动中的言行举止,既反映了教师对学术活动的意义的理解、把握,昭示着作为学人的治学态度,也为学生步入相关的学术殿堂提供范例。换句话说,教师的学术行为,既影响着学生的思想观念,也影响着学生的学习行为。正如许多毕业生所说,在他们的成长发展历程中,对他们影响最大的是老师(或是某位老师)对学术的虔诚与执着(如尽毕生之力追求学术的精专、"宁可累死在讲台也不能愧对学生"等),让他们感念至深的是老师学识的渊博(如"一字可通古达今"等),令他们留恋追忆的是师生间课后的问答争论甚至是老师对学生某一细节的严厉要求。"思想政治教育一日功,不如老师上课几分钟"等略带戏谑的说法,也从另一角度说明了老师对学生的影响尤其是对学生学习的影响是巨大的。

我想,这些道理和事实,本院所有老师都是了然于心、耳熟能详的。事实上,学院的许多老师尤其是年长的教授、学者都堪称是学生成长、成才的楷模。

正是受他们的影响，一批又一批的优秀人文学子茁壮成长；也因为他们的努力，人文学院的影响力波及校内外。但部分老师的力之所重、当前学生的特点以及本院学生的整体学习风气，又使我深深感到，重提教师在学生学风建设中的榜样作用，不仅必要而且十分急切。尽管我十分不愿伤及部分老师的自尊，但少数老师只重科研而不重教学，这也是明眼人一看即知的事实；人文学院的生源素质相对优秀，而长期不能突破的学生"考研"指标，已是学院难以言说之"痛"。不仅如此，曾有校友与我谈起，人文学院毕业生在省特级教师中所占比例偏低也应引起我们的足够重视；一方面是外在考评机制上对外语、计算机等知识的硬性要求，另一方面是迫于部分学生意愿而使相当部分的专业课考试范围越来越窄，使得公共知识的"硬"或"重"与专业课的"软"或"轻"显得越来越不协调，以至于前几年还只是苗头，诸如中文系学生没看过中国古代"四大名著"、历史系学生没看过《史记》等，已成为普遍的现实；作为文科学生上课的重要手段"记笔记"，相当部分学生已越来越生疏。至于说，带食物进课堂并在上课时坦然享用、手机声在课堂上不时响起等让老师"深恶痛绝"的现象，也依然在我院学生中存在。而所有这些现象的改变，仅有学院领导与思政、管理工作者的重视是断然不够的。只有全院所有教职工均予以重视，并通过日常的教学、教育活动持续引导，方能奏效。而全院所有教职工认识统一、步调一致的前提，就是要从本质意义上去把握：育人工作是学校所有工作的中心！

（曾刊于 2003 年总第 2 期）

老师可以干什么？

龚国庆

老师可以干什么？

我们从小就知道：老师是智慧的象征，他比别人懂得多，我们有不懂的事情可以问他，而他一般不会令你失望；老师是权威的象征，特别是当他是班主任的时候，他可以教训(委婉地说，是"批评")你，甚至在某种程度上可以决定你的命运，而他总有理(掌握着真理)。

可是，自从我自己当了老师之后，当了二十年老师之后，却仍然总是觉得自己知之甚少，不懂的东西则要多得多，而且，"有知"和"无知"相比，后者的增长速度要快得多，于是经常让自己也让学生失望；觉得自己没有任何真理在握的感觉，"教训"或"批评"人时，虽是一脸"师表"，但老是感觉底气不足，唯恐自己执于一偏，生怕自己的那一套已经"过时"。

于是，我再一次地问：老师可以干什么？

我想：他可以在使自己进一步知道自己无知的同时，也可以帮助学生进一步明白自己的无知，帮助他们使心中从小沉积下来的各种"说法"、各种天经地义的"定理"和"常识"走向"破碎"；可以帮助学生更加了解自己的限度，明白真理的不可穷尽，同时也更确定无疑地认识到，通过自己的不懈努力可以不断接近真理；可以通过观察古今中外的先贤志士及其人生实践，通过体会淋漓尽致的欢畅和水深火热的苦难，同时通过自己的言传身教或言行一致(于是老觉得自己做事不能"肆意妄为"或"胡作非为"，尽管经常不能免俗，经常要做错事或无聊事；有时觉得做一个"人师"真不"自由")，让学生理解高尚人格和优美人生的必要性和可能性，可以让学生多明白一些实践高尚人格和实现优美人生所需要的理想方向、方法技术。

于是，通过自己的一番自言自语，似乎得出了一个接近答案的答案。"好为人师"，如果说是出于对真理在握的自觉和对批评权的垄断，是"人之患"，可羞可耻，可以休矣；如果说是出于对真善美的追求和身体力行的自觉，则是一种无可非议、必须具有的职业自豪感。

这样说，对吗？不对吗？

（曾刊于 2004 年总第 3 期）

为师之难

牟学苑

所谓"学生"也者，或许其背后的一层意义便是"叛逆"。

而学生日常接触之人最多者，便是自己的老师。老师有师道之尊严而无军队之暴力，自然是他们"叛逆"的首选。

钱锺书在《围城》里说，学生无可瞧不起人之时，便来瞧不起自己的先生，可见此风古已有之。

我亦不能免俗。

上高中的时候便曾与语文老师为一句辛弃疾的词在课堂上争得面红耳赤（如今想来不过是依据的注解版本不同罢了），上大学的时候嫌老师讲课的声音打扰了自己读小说的清兴，便戴上耳塞听音乐，还张扬地将收音机天线在窗台上晃来晃去，即使到了读研究生的时候，也还免不了偶尔在"老板"眼皮底下"视接万里，精骛八极"一回。

只可惜中国有句老话，叫作"天道好还，报应不爽"。一毕业，从一所学校来到另一所学校，变了身份，不再是学生，成了先生。

于是才知道为师之难。

为师之难，难在备课。本以为自己虽非悬梁刺股之徒，凿壁偷光之辈，但毕竟也曾闭关几年，教几堂基础课还不是小菜一碟。但真正走上讲台才知道，研究与教学，实在是大相径庭。自己所长者，不过是几位作家，几个思潮而已，而仅中国文学一门课，却涵盖上下五千年，环游几万里，需十八般武艺，样样精通。没办法，只好放下架子，虚心接受再教育。先当学生，再当先生。而外国文学课的课时相对较少，更让备课难上加难。古人有云："书到用时方恨少"，我却深感

"书到用时方恨多"。许多作家作品其实都很重要,但限于课时,只好压缩甚至砍掉。一方面要保证课堂效果,一方面又不能让学生受到损失,这种选择甄别工作实在是大费心力。

为师之难,难在上课。"上课难,难于上青天"。做学生时,看不上先生干巴巴的课,以为他年自己做了先生,定可口吐莲花,舌绽春蕾,听得学生"肝胆皆冰雪""表里俱澄澈",正所谓佛祖拈花而迦叶微笑,"悠然心会,妙处难与君说"。但当真做了先生,才知道自己实习时那几节课是作不得数的。课不是准备几个星期才上一次,而是日日上,月月上,自己肚里一共就那么点东西,哪有那么多"妙处"堪与君说。原来总以为学生不听课是先生教得不好,做了先生才知道,即便先生讲得天上掉下钱来,也还是会有学生不来捡的。一日上课,早见一学生"昏死"过去,为不影响课堂秩序,只得隐忍。本以为是课程太枯燥,下课一问,才知道原来他是昨夜通宵上网,"浓睡不消残酒"。想想以孔夫子讲学之妙,还有"宰予昼寝",何况我等不才?只好罢了。

为师之难,难在课后。虽然每星期只上几次课,却并不轻松。备课、教学、科研、学习,一个也不能少;偶尔还得陪陪家人,做做家务,锻炼锻炼自己的鸡仔身材,几手都要抓,几手都要硬。若有学生找上门来,便须倒屣相迎,丝毫不可怠慢。每日只觉得时光荏苒,韶华易逝,却也无力挽留。范文正公若问:"然则何时而乐耶?"我必曰:"不知道。"

为师之难,其难在心。其实若是稀里糊涂把课上下来,这份职业倒也轻松。但正所谓"学高为师,身正为范",笔者虽无如此高的境界,却也知道做人要无愧于心,所以为师虽难,却也要难中取胜,把这份工作做对、做好。唯一耿耿于心的是自己做学生时的无知轻狂,只怕当年也颇让老师们苦笑了几回吧。如我等师范院校,今日之学生多半也要变成明日之先生,不知若干年后,自己的学生做了先生,会不会也如我今日一般心生懊悔。

(曾刊于 2004 年总第 3 期)

○教学与科研之关系

学术成果在教学中的转化与融化

梅新林

高水平的教学必须有高水平的科研支撑，必须有高浓度的学术含量。很难想象，没有对自己本专业的深入研究，没有对相关学科学术前沿的充分关注，没有对最新学术成果的及时汲取，怎能算得上是一位真正称职的大学教师。然而，假如一位教师仅仅具有很强的科研能力，不注意或不善于将其学术成果转化和融化到具体的教学内容与教学实践中去，那么，科研与教学还是两张皮，教学最终无法从科研中受益。因此，这里既有意识也有能力与策略问题。

要顺利实现学术成果在教学中的转化与融化，首先要求我们大学教师有这方面的意识。为此，我们一方面要把教学内容作为学术对象加以深入研究，比如在讲授中国文学史这门课程的过程中，不仅要对中国文学史中涉及的文学现象、流派、名家、名作等做深入的研究，而且要对目前通行的数种《中国文学史》教材进行比较研究，取其所长，补其所短，集其精华；另一方面，还要充分关注当今学术动态，紧密追踪学术前沿，努力吸取最新成果，然后融化为教学内容传播到同学中去。这样，就可以弥补教材滞后于学术进展的不足，使同学充分享受到最新的学术信息和成果，以培养他们关注和追踪学术前沿的敏锐性，从而为进一步培养他们的创新意识、创新精神和创新能力打下基础。

应该说，将学术成果转化与融化到教学之中，是大学教师的必备能力之一，这种能力的形成，既需要教师本人自觉的意识牵引，更需要广大教师坚持不懈的自我训练。从大学教师的角色要求来看，教学与科研是我们安身立命的不可或缺的两翼。因此,从成为大学教师的第一天起,我们就应该要求自己在教学与科研两个方面协调发展,同时并进。这样,我们才能不断强化与提高自己将学术成果转化与融入教学之中的能力与水平。其间,当然有一个循序渐进、不断累积的过程,也可能会产生投入过多、得不偿失的想法,因为"炒冷饭"毕竟要轻松得多。但是,只要我们长期坚持不懈,终有一天会突然产生一种质变的升华感:我们不仅提高了课堂教学的学术含量,而且提高了我们的学术水平,做到了教学、科研双丰收。种瓜得瓜,种豆得豆,辛勤的耕耘总会有丰厚的回报!

在学术成果向教学的转化与融化的过程中,还须根据各个专业与学科的特点选择最佳的方法和策略。就中国古代文学课程而论,是否可以从以下几个方面入手:一是直接引入学术界的最新研究成果于教学内容之中,假如这一最新研究成果是得到普遍认可的,则可以作为结论向学生讲授;假如还有争议,则可做简要的说明。二是可以选择比较典型的案例,向学生展示从旧成果到新成果的推绎过程,以及自己对此的评判,使学生的学术思维得到激发和训练。三是有选择地向学生介绍一些热点争鸣问题,以引起学生对热点争鸣问题的关注,增强他们观察、思考问题的能力。四是可在高年级适当插入一些专题讲座,这对培养学生的学年和毕业论文的选题、分析与表达能力会有很大的帮助。五是可以举办一些别开生面的讨论甚至辩论赛,古代文学教研室在这方面曾做过有益的尝试,效果不错。关键是要精心组织,保证质量,而不是流于形式。六是充分利用现代教育技术,增加课堂教学的信息量。因为中国古代文学课程教学内容本来就多,若再不时加入一些学术性内容,势必影响原定教学内容的顺利完成,所以既要做加法,也必须要做减法,要通过现代教育手段,将原来需手写板书的时间节省下来,用到教学内容的更新和充实上,并借此达到更佳的教学效果。

最后,要重点强调一下的是,将学术成果转化和融化于教学之中,首先是转化,然后是融化。所谓融化,就是彼此融化无迹,浑然一体。因此,简单地将学术成果搬到课堂上去,自己生吞活剥,或者故作深奥,而学生则不知所云,那是不可取的。教学的出色完成有赖于目标、过程、效果的有机统一,有赖于师生双方的密切配合和互动。教师之于学术成果的转化和融化是否成功,最终的评判权在学生一方。

(曾刊于 2003 年总第 2 期)

教学与治学断想

王嘉良

　　教书是教师的天职,无论从何种角度讲,教师完成教学任务都是第一位的,因此在"从业"范围内讨论教学问题的重要性是无须特别论证的。然而,基于教师(尤其是高校教师)职业的特殊性,对教学问题的认识仅仅止于"从业"要求显然没有触及问题的本质。"完成"教学任务是很容易做到的:照本宣科、不求甚解,是一种教学;随心所欲、不着边际,也是一种教学。如此这般完成教学任务,不能说它没有达到"天职"要求,而且有时还因其投合一部分学生的心理而得以顺利通行,但若是从遵行正常教学规律看问题,这显然没有真正达到教学要求。对于专业性极强的高校教学而言,每门课都有自己严谨的体系,各个专业又都面对着知识结构的不断更新和调整,因此教学活动偏离必须遵守的规则固然不可行,但若是固守程式,缺乏新变,也很难适应现代教学的发展。从这个意义上可以说,教师仅以"从业"心态对待教学是远远不够的,更重要的是要不断提高教师自身的素质,既要努力遵循教学规律,又必须有深厚的学养做支撑,唯其如此,方能在教学上胜任愉快,也方能真正完成教师这个职业所赋予的崇高使命。这样,便对教师提出了多方面的要求,有专业思想、教学态度方面的,更重要的是在专业积累、科学研究方面的。如果一个教师不搞科研、不做学问,不对自己从事的专业下较为切实的钻研功夫,恐怕是很难胜任教学的,至少不能算是很称职的教师。要使书教得好,教得出色,自己讲来得心应手,学生听得心服口服,仅仅照本宣科达不到如是境界;如果对自己的专业缺乏全面、深入的把握,同样不能从容裕如地驾驭教学活动。

　　在我看来,教学、科研,犹如车之两轮、鸟之双翼,必须互动而进,缺一不可。

对于高校教师而言,教学与治学是同样重要的,都不能有所偏废。倘若在强调教学中心地位时,便"悠悠万事,唯此为大",甚至指摘教师投入科研的力量过多,影响了教学,这是于理不通的;同样,在强调高校教师不可或缺的科研要求时,仅仅为科研而科研,甚至以此为由不重教学、应付教学,更是偏离了教师的职责所在。

问题的关键是如何实现教学与科研的结合,尤其是如何将科研成果转化为教学。就从事科研活动而论,高校教师不同于科学研究机构的专门科研人员之处是在于,教学是同自己执教的专业紧密相关,因此科研活动总是结合着教学活动而进行的。实现教学与科研的结合,联系最紧密的是教学科学研究,诸如课程论研究、教材改革与建设研究、教学方法研究,等等。这类研究,不应当仅仅只是教育学或教学法专业的专利,实际上也应当成为各类专业性课程深化教学的题中应有之义。而且因为教学研究结合着专业研究,使研究变得更为具体而切实,也许会产生更显著的效益。对于担负各门专业课(尤其是专业基础课)教学的教师而言,科学研究当然首先是本专业的理论研究,包括对本学科专业知识与理论的全面、深入的把握,对本专业中某个领域、某个重大课题的精深研究等,这些研究如果与教学研究相结合,所获得的收益也会超越科研本身。这当中,一个重要的命题便是在教学实践活动中,教学与科研如何紧密照应、互为转化。

这类有待深入研究的课题事实上是很多的,譬如在课堂教学中如何有效地运用教材讲清楚本门课的基础知识与基本理论,又使每堂课的教学有足够的容量与深度,便是颇值得研究与探讨的。通常可能出现的误区有两种:一是照本宣科,复述教材;二是以为教材为学生手头所有,重复教材便属多余,于是索性丢开教材,自讲一套。我以为这都不可取。教材作为一门课程的系统叙述,是按照既定的教学目的、教学要求编写的,它有其自身的完整性与体系性,是学生学好这门课程最基础最核心的内容。如果完全置教材于不顾,教学中只讲自己在科研中最得心应手的部分,把许多学生必须掌握的基础知识与基本理论都忽略了,就很难说是完成了基础课教学的任务。但的确也存在这样的问题:在一般情况下,大多数中文专业的学生都是读得懂课程教材的,具有学习自觉性的学生仅凭"自学"也可以掌握教材内容,这便给课堂教学增加了难度。倘若完全照本宣科,当然不能为学生所接受,即便严格按教材程序做生动形象的讲解而没有灌注开阔深入的知识面,也很难适应当今学生多方面的知识需求。如何摆脱这个困境,既注意到传授知识的体系性,又能满足学生对知识的深度需求,就很值得认真讨论。我觉得除了有认真的教学态度以外,至关重要的依然是如何处理好治学与教学的问题,即教学者只有具备了扎实的理论基本功和充分的学养支撑,具有对本专业(包括对教材)的熟练驾驭和宏观审视能力,方能较好地克服上述矛盾。照本宣科之病,在于学养的欠缺,自身缺乏对专业的深入理解,在教学上自然无法把握重点、难点,也不可能讲出自己确有深切体验的东西。另一个可能出现的弊端是,由于在治学上,对本专业某个"点"的研究可能会很深入,但对整个"面"的研究常常浅尝辄止,于是在教学上就表现为:讲"这一段"时随心所欲、头头是道,对"另一段"则兴趣不大,一晃而过,如此畸轻畸重,也很难照顾到整个课程教学的体系性。我认为,治学方法和教学方法不应当是千篇一律的,而应当尊重教师的个性特点,在教学中尽可能发挥自己的特长与优势,某些知识点的讲授能渗透着自己切实研究所得的经验与体会,当会使教学有所深化。然而,这一些都必须置于课程(尤其是基础课)教学要求的前提之下,知识面的拓展与知识点的深化两者必须同时兼顾。因此,较好的做法是,一方面,要有效地运用教材,充分利用教材较为全面把握知识面的优长,对"面"的知识都应有所概括有所提炼地讲述,即使限于课时只能做点到即止的讲解,也应当提示学生课后阅读教材,掌握本门课程必备的相关知识;另一方面,是侧重讲解本门课程的重点与难点,顾及这一头时,则尽可能提升学术含量,既可以吸收学术界最新研究成果,也可以讲授自己确有所得的研究体会,在教学内容中注入新机,以弥补教材"稳定性"所带来的不足,使教学见出新意与深度。后一侧面的强调,是对教学提出的高要求,在教学与治学关系的处理上是尤其需要下功夫予以研究探索的。

教学与治学的关系,是个挺复杂的话题,要真正处理好委实不易,上面提到的许多问题也是我在教学与科研活动中经常碰到且常常为之困扰不已的,现在有所思索,略陈愚见,以求正于方家。

（曾刊于 2003 年总第 2 期）

教学需要科研

黄灵庚

　　傅惠钧给我出了个难题：如何运用科研成果为教学服务。

　　吾乃何许人也？有何资格在此大放厥词？再三推辞不得，只好在此胡诌一气。若有不当处，祈同道者不吝指教。

　　我曾问学生：在中文系四年所有的课目中，哪门课最难？学生会异口同声地说，古汉语是最难学、最头痛的一门课。的确如此。这门课之所以难学，一是在于古代语言与现代语言差异太大，内容庞杂，一时不易掌握。二是古汉语的知识比较"实"，多是"一加一等于二"的问题，绝无"花架子"可以耍弄。三是内容比较枯燥，不允许"想象"，不需要"激情"，纯乎是字、词、句等一些枯燥无味的基本常识。可是，古汉语这门课又非常重要，将来学生毕业后，登上中学的讲台，要面对语文课本中数量巨大的文言文的教学任务。有鉴于此，执教古汉语课的教师，既要老老实实、原原本本、一丝不苟给学生传授这门课的基本内容，每个知识点都必须讲到位，一点含糊不得；又要设法诱发、调动学生学习古汉语的兴趣，活跃课堂气氛，使之成为学生最欢迎的课程之一。所以，教好这门课真不容易。

　　我没有现成经验，教了几十年的书，一辈子都是"摸着石头过河"。反思走过的路，觉得要教好这门课，一则要充分吃透《古代汉语》教材内容，二是尽量融入自己多年的研究心得、研究方法。吃透教材内容，就是要抓准这门课的重点、难点。这个问题很重要，既然是一门课，教师就不能仅凭自己兴致，既要顾及知识的完整性，又要突出重点。譬如，讲授古汉语的词汇，我始终以古汉语的常用词作为课堂讲授重点，在"平常普通"中寻找"问题"。如，《论语》中"有朋自远方来"的"朋"字作何解释？学生都说是"朋友"。我问：为何孔子不说"有友从远方来"？学生皆愕然。原来，"同志为友，同门为朋"，这在古代是有区别的。"朋"，指同出一师之门的同学。类此常用词，如病与疾、离与别、言与语、视与见、追与逐、变与化等，学生很容易"以今律古"，犯常识性错误。这也是学习古汉语的难点，需要帮助学生逐个解决。我是研究汉语词汇史的。在讲授这些常用词义时，时时向学生"兜售"自己的"一孔之见"。如，学生对古汉语里的"走"字用作"跑"的意思，不会有任何疑虑。可是，古代"走狗"一词是何意？"太史公牛马走"又作何解？他们不一定说得出来。我从古书中列出二十多个有"走狗"一词的句子，放在一起，然后给学生讲析："走狗"在古代是个褒义词，是指奔跑能力极强的狗，常常比喻国之栋梁；用作名词，又可以作官职解。"牛马走"，是司掌牛马的官。学生听后，印象极深。类似这样在课堂上触类旁通，将各种分散的知识点串联起来，既能开拓学生的视野，在平常处见不平常，丰富课堂内容，又能激发学生学习古汉语的兴趣，达到活跃课堂气氛的效果。

这些年，学习写古汉语论文的同学多起来了，这是好事。但与其他专业比较，还是较少。古汉语专业的论文确实难写，难在学生读书少，材料不易找。可是，古籍已进入数据化时代，读书方法较之前人大有改进，即从事古汉语词义研究，无须像以前的先生用做卡片的方法。譬如，有了四库全书电子检索系统，只需一分钟时间，就可以从这部七亿多字的丛书中找到自己所需要的全部材料。近七八年来，我运用各种数据系统来撰写论文，效率和质量都比先前大大提高。在这点上说，我真是尝到了"三个代表"之一"先进生产力"的甜头，今年四月二十五日，我出席北京六家高校主办的"古籍研究与电子数据化"大型研讨会，并荣幸地作为"六十左右"的代表人物在会上做中心发言。所以，我在课堂上，时时向学生"推荐"电子产品，希望学生学习古代汉语尽快走进数据化时代。尤其在多媒体课堂上，学生看了在各种数据上寻找材料的演示以后，就有一番跃跃欲试的冲动，极大地调动了他们的学习兴趣。这在过去的老先生看来，是无法想象的事情。

总之，教学、科研是相辅相成的，教学需要科研，没有将二者割裂开来的理由。一个教师，科研上去了，教学自然晔然有色；反之，科研上不去，他的课肯定上不好，学生必然不爱听。这个道理不用多说，谁都明白。

（曾刊于 2005 年总第 4 期）

选修课的开设与我的几本小书的问世

刘永良

《人文教坛》编辑部热情约稿,让我写点东西,谈谈教学与科研关系问题。说来赧颜,我在教学与科研方面,并没有什么突出成就,且有很多不足,没有多少发言权,因此肯定谈不出多深的道理。既然我多年来一直在高校从事教学与科研工作,并且开设过"《三国演义》研究""《红楼梦》研究""唐宋诗词研究"等多门选修课,况且在课堂讲授的基础上,又先后出版了《三国演义艺术新论》《漫说红楼》《红楼梦艺术与文化》和《唐宋诗词史稿》等几本小书,于是这里便以"选修课的开设和我的几本小书的问世"为题,谈一谈自己的体会,或许多少有助于阐明教学与科研相辅相成的关系,进而促进教学与科研工作。

一、"《三国演义》研究"与《三国演义艺术新论》

深受家父的影响,我自小喜欢《三国演义》。上大学后,又于中国古代文学尤其是古典小说与唐宋诗词有所偏重,而对《三国演义》更是偏爱有加。大学毕业后,留在高校做教员,主要从事中国古代文学的教学与研究工作,从此对《三国演义》由不自觉的偏爱,发展为自觉的研究,于是陆续发表了一些研究《三国演义》的文章。在这个基础上,我为内蒙古民族大学的学生开设了"《三国演义》研究"的选修课,没想到竟然大受学生的欢迎。这门课一直开到 2001 年 6 月底,因为此后我便调入浙江师范大学人文学院工作。

虽说是选修课,没有教材还是不行的。尽管我把我的有关《三国演义》研究的论文给学生打印出来,但是同学们仍然感到不满足,他们迫切需要有一本"《三国演义》研究"的教材。于是,我开始构思撰写《三国演义艺术新论》一书。

但是,《三国演义》家喻户晓,学术界对它的研究已经很透彻了,在一般人看来,几乎再没有什么可以研究的了,甚至我在读大学时的一位先生也曾婉言劝我不要在《三国演义》上花费更多的精力了,他认为那是得不偿失的。可是每当我想起听我讲授"《三国演义》研究"的同学们一双双渴求的眼睛时,我便有了信心,也有了力量,于是我还是毅然决然地开始了《三国演义艺术新论》一书的撰写。

《三国演义》是永远说不尽的,它精湛的艺术是一座蕴涵无穷的宝藏,其实人们对此并非研究得很透,很多问题还有待于我们深入开掘,于是我选取了艺术研究这一突破口。但是,对于《三国演义》的艺术研究,前人毕竟做了大量工作,再深入下去,的确是举步维艰了。于是我试图选取新的角度,运用新的观念,另辟蹊径,切实做出真正属于自己的文章。比如,关于《三国演义》的人物性格,我决不再谈如何生动和鲜明,而专门探讨其丰富、复杂和发展,并对鲁迅先生针对《三国演义》人物性格刻画的批评,提出了自己的不同看法。关于《三国演义》的故事情节,我决不再论其如何曲折和惊险,而是专就其"移植"现象来做文章,并且在主题思想的揭示、人物性格的刻画和情节结构的安排等方面,予以较为深入而系统的探究。此外,诸如《三国演义》的肖像描写、心理刻画、情感世界、语言艺术、诗词歌赋、饮酒描写和喜剧特征,学术界向来很少有人专论,于是我就这些问题做了较为深细的研究。虽然不能说所论都能正中肯綮,但毕竟还是能够给人以新意。

著名学者、中国"三国演义"学会会长陈辽先生对我的《三国演义艺术新论》一书给以很高的评价:"作为我国五大古典小说名著中的第一部《三国演义》(另四部为《水浒传》《西游记》《红楼梦》《儒林外史》),几百年来研究它的文章,数以千计;研究它的著作,数以百计。所以,要在《三国演义》研究领域内真正说出一些新东西,是很困难的。但是,刘永良先生的《三国演义艺术新论》仍然给了我新意迭出的鲜明印象。""人不论我论;人泛论我深论;人略论我细论。《三国演义艺术新论》有此三'论',自然也就卓然独立于几百年来的《三国演义》研究之林了!"(《〈三国演义艺术新论〉序》)学术前辈的高度评价,笔者实在不敢当,我愿以此来激励和鞭策自己,希望自己将来为《三国演义》的研究做出贡献。《三国演义艺术新论》出版不久,便又由台湾商鼎文化出版社在台湾再版发行,在我国台湾地区及海外引起了一定的反响。

二、"《红楼梦》研究"与《红楼梦艺术与文化》《漫说红楼》

《红楼梦艺术与文化》和《漫说红楼》两本小书的问世,也与选修课的开设有着密切的关系,甚至可以说,没有我开设的"《红楼梦》研究"这门选修课,就不会有这两本小书的出版。

20世纪90年代初,我为汉语言文学专业的学生开设了"《红楼梦》研究"这门选修课。这门课在课堂所讲的与开设"《三国演义》研究"所讲很不一样:讲授"《三国演义》研究"时,主要讲的都是我的研究心得,所讲内容与《三国演义艺术新论》基本一致;而讲授"《红楼梦》研究"则主要讲一些通论的内容,诸如《红楼梦》的时代、《红楼梦》的作者、《红楼梦》的版本、《红楼梦》前80回与后40回、《红楼梦》的思想、《红楼梦》的人物、《红楼梦》的结构、《红楼梦》的语言、红学及其论争等,内容很多,因而自己的观点很难展开讲。于是我便着手写作《红楼梦艺术与文化》一书。

在《红楼梦艺术与文化》一书中,我试图将研究《红楼梦》的艺术与研究《红楼梦》的文化结合起来,避免研究面过分狭窄。应该说尽管从前的红学界,对《红楼梦》的研究在很多方面都取得了可喜的成绩,但是就《红楼梦》的艺术和文化来说,红学界往往是或只研究《红楼梦》的艺术,或只研究《红楼梦》的文化,而把《红楼梦》的艺术和文化结合起来进行研究的则很少。因此,我不揣浅陋,试图从艺术与文化结合的角度,来研究《红楼梦》的深广意蕴,窃以为这或许是拓宽红学研究领域的一种有益尝试。于是,《红楼梦艺术与文化》一书在论述《红楼梦》的艺术时,没有离开《红楼梦》深广的文化内涵;在探讨《红楼梦》的文化时,也力求与《红楼梦》高超的艺术成就结合起来。如书中关于《红楼梦》的"生日描写""笑话探微"和"玩笑撷谈"几章,就是把《红楼梦》的艺术与文化紧密结合起来进行论述的。过生日、讲笑话、开玩笑在《红楼梦》中,既是一种艺术的表现,也是一种文化现象。如果我们只见其艺术,则忽略了其文化意蕴;如果我们只论其文化,则离开了其艺术价值。而把两者结合起来,则无疑会使我们的研究面更加宽广,也会使《红楼梦》的内蕴得以被深入挖掘。而书中关于《红楼梦》与中国古典戏曲、与唐宋诗词、与《金瓶梅》等篇章,我也力图在不同文学体裁、不同时代氛围、不同文化色彩的对比中,来展开对《红楼梦》艺术与文化的论述。同学们使用这样的参考教材,了解这些问题,这对开拓他们的思路,培养他们的创新意识,激发他们的研究兴趣,应该说是有好处的。

《漫说红楼》的确可以说是一本小书,但是书中所论的一个个问题,又的确是人们非常关注的,因此此书自人民文学出版社出版以来,一直畅销,多次印行,并且出版不久后,就在香港三联书店再版发行,影响较大。此书对青年学生与红学爱好者来说,读来还是有益的。

三、"唐宋诗词研究"与《唐宋诗词史稿》

"唐宋诗词研究"这门课,我讲授的时间最长。唐宋诗词,代表了中国古典诗词的最高成就,人们非常喜欢,因此向来选修这门课程的学生都非常多。在多年的教学实践中,我感到学生应该有一本适合他们使用的教材,于是我撰写并出版了《唐宋诗词史稿》一书。

关于唐宋诗词有争议的问题也不少,虽不像历史上红学论争那样,"一言不合,遂相龃龉,几挥老拳"(邹弢《三借庐笔谈》),但是有很多问题也照样众说纷纭,言人人殊,莫衷一是。因此,我在《唐宋诗词史稿》中,尽可能对一些有争议的问题予以关注,并力求给以较圆满的阐释,使学生从中得到启迪。如关于宋词中的婉约派与豪放派的问题,我在书中都做了较深入细致的阐发。

学知识最忌讳不系统,不深入,粗枝大叶,蜻蜓点水,走马观花,不求甚解。针对这种弊端,我在书中不论阐述什么问题,都力求做到系统深入,使学生读后,对一个问题的理解能够更加深细。比如,关于杜甫诗歌的风格,学生大都知道是沉郁顿挫,但如果深究一步,恐怕就难以说出个所以然了。于是我在书中关于杜甫诗歌风格这一节里,便先讲了"沉郁顿挫"的由来:

他在向唐玄宗投献《雕赋》的表文中说:"臣之述作,虽不能鼓吹六经,先鸣数子,至于沉郁顿挫,随时敏捷,扬雄枚皋之徒,庶可企及也。"再说明这里所说的"沉郁顿挫",是用来形容他的辞赋的。

然后再说出后来竟然用"沉郁顿挫"来形容他的诗歌:

宋代严羽《沧浪诗话》云:"李杜二公,正不当优劣。太白有一二妙处,子美不能道;子美有一二妙处,太白不能道。子美不能为太白之飘逸,太白不能为子美之沉郁。"首先以"沉郁"概括杜诗的风格。至清代,朱彝尊、翁方纲、吴瞻泰、方东树、陈廷焯等人,均以"沉郁顿挫"来概括杜诗的风格,世称允当。

接下再说明"沉郁顿挫"的内涵:

沉郁和顿挫本是两个不同的概念。清人吴瞻泰《杜诗提要》云:"沉郁者,意也;顿挫者,法也。"不无道理。一般说来,沉郁是就思想内容而言,指浩瀚博大的忧国忧民的思想、雄浑深远的意境和凝重深沉的感情色彩等;顿挫是就艺术形式而言,指波澜曲折的章法、遒劲刚健的语言和铿锵有力的节奏等。袁行霈主编的《中国文学史》称:"沉郁,是感情的悲慨壮大深厚;顿挫,是情感表达的波澜起伏、反复低回。""他的诗有一种深沉的忧思,无论写民生疾苦、怀友思乡,还是写自己的穷愁潦倒,感情都是深沉阔大的。他的诗,蕴涵一种厚积的感情力量,每欲喷薄而出时,他的仁者之心,他的儒家涵养所形成的中和处世的心态,便把这些喷薄欲出的悲怆抑制住了,使它变得缓慢、深沉,变得低回起伏。"在杜诗中,沉郁和顿挫二者是紧密地结合在一起的。

然后再说明形成这种艺术风格的主要因素:

时代环境的急转直下,个人生活的穷困潦倒,思想感情的浑厚深广和心胸气魄的宽广浩大等。

并且还要说明"沉郁顿挫"是杜甫诗歌的主导风格。

这种风格突出地体现在那些充满悲剧色彩、感情深厚、体制宏大的诗篇中。正因如此,杜诗无论抒情、咏物或叙事,都具有诗人鲜明的个性特征和主观感情色彩。沉郁顿挫是杜诗的主导风格,是就整体而言。如就每一首来说,又各有特征,或壮丽,或雄浑,或悲凉,或苍劲,或奔放,或轻灵……但基本都统一在沉郁顿挫的基调上。

我以为,这样来论述一个问题,是十分必要的。当学生仔细读过这一节,便会对杜甫诗歌风格问题有一个系统而深入的了解。

唐宋诗词艺术成就辉煌。我在《唐宋诗词史稿》一书中特别注重对诗词艺术的挖掘,力求使学生得到更多的美的熏陶。唐宋诗词名句甚多,有的名句真可谓千古名句,于是我在书中很注重对名句艺术的深入探讨。如书中关于宋祁"红杏枝头春意闹"和张先"云破月来花弄影"两句词的艺术分析,便力求深细。这样的分析,对学生深入理解作品的艺术魅力是有好处的。

总之,开设选修课的确促进了我自己的科研,如果不开设"《三国演义》研究""《红楼梦》研究"和"唐宋诗词研究"等选修课,或许我不会有《三国演义艺术新论》《红楼梦艺术与文化》《漫说红楼》和《唐宋诗词史稿》小书的短时间内先后问世。如果没有这几本小书的问世,或许也不会有在我在讲授和学生听课时所取得的较好的效果。由此可见,教学与科研的确是相辅相成的,它们好像鸟之双翼,车之双轮,不仅缺一不可,而且二者可以相互促进,不断提高。因此作为一名高校教员,我们理应对二者同等重视,而不能有所偏废。

(曾刊于 2005 年总第 4 期)

单桨难行船,双翅能飞天

——谈高校教学与科研的互动关系

蔡 伟

与基础教育界一样,高校师生对教学与科研的问题从认识到实践也或多或少地存在着分歧,甚至是较明显的冲突。有的人认为,学校应以教学为中心,教学工作是学校工作的重中之重,教师不是科研机构的专业研究人员,教师的主要任务是上好每一堂课,把受教育者培养成社会所需要的人才,搞科研需要花费大量的时间和精力,最终必定影响到教学。有的人则认为,大学之所以称"大",就在于它较高的科学水平和较强的科研力量,只有以科研为中心,才能使一所大学获得应有的地位和发展的潜力,因此,教师必须把更多的精力放在科研上,如果专注于教学,会影响教师的研究水平的发挥。可以说,不少大学已经在一定程度上丧失了传统教育学所倡导的坚持教学与科研相统一的原则。大学中教学和科研的矛盾与对立严重影响着人际关系的和谐发展,制约着高等学校教学工作的健康进行。

从本质上讲,教学与科研是相辅相成的,虽然它们分工不同,功能有异,但并不存在着谁主谁次,孰轻孰重的问题。教学与科研必须同步进行,离了哪一方,都将给高校的发展造成严重障碍,甚至带来致命的伤害。但是,要真正做到教学与科研互动共进,取长补短,并不是一件易事,它不但需要教师具备高尚的敬业奉献精神,具有扎实的教育理论功底,拥有丰富的教学实践经验,而且需要教师开动脑筋,积极创新,不断探索双向互动的方法与途径。

一、日常备课科研化

备课是课堂教学的第一个环节,也是教学成功的基本保证。然而,为数不少的高校教师并没有把备课当作一项严肃的教育研究工作来对待。有的教师备课只是抄教材,缺乏自己的观点主张不说,对别人的见解也不能进行高度的归纳分析,上课自然是照本宣科,缺乏己见。有的教师一生只写一次教案,虽然其中有个人见地,但不断地重复自己,不进行及时的修正更新,以至落后于时代的发展。更有甚者,把写教案当成小儿科,自恃才深学博,既不备课,也不总结,进了课堂信口开河,随意发挥,虽然经常会冒出一些闪光点,但由于缺乏积累和挖掘,结果始终不能形成自己独特的教学体系。

其实,备课不仅仅是为某一堂课的教学服务的,也不仅仅是对教学内容的整理和教学步骤的安排,它更是教师对教育教学方方面面思考与研究的过程。一个教师要获得教学的成功,必须对学生的学习心理、学习风格、学习兴趣、学习层次有相当的思考和研究,对教育教学的本质、对新技术下的教学手段与方法、对本学科的最新成果和前沿理论有足够的了解和掌握。这就决定了备课不是一项机械的复制工作,而是一种复杂的科学研究工作,它的每一个环节安排,每一个逻辑假设,每一个教学设计,都应当具有一定的科研含量,有时,甚至一个教案就是一篇高质量的论文。总之,只有把备课当作一项科研任务来进行,才能既保证备课的质量,又提升教师的科研素养,从而提高教学与研究的水平。

二、课堂教学课题化

教师认真备课,写出高质量的教案,不一定就能讲出优质的课。如果教师只是把课堂当作知识传达的场所,把自己的角色定位在"传教士"上,那么,即使他课前有了精心的准备,课堂教学效果也不一定尽如人意。而如果教师不以研究的态度来备课,那么,要达到较好的课堂教学效果更是痴人说梦。经常有教师抱怨现在的学生学习动力不足,厌学情绪严重,上课不是打瞌睡,便是开小差。造成这种状况的原因很多,但与我们的一些任课老师缺乏科研的背景,或者将研究与教学分离出来,导致教学手段落后,教学方法单一,教学程式刻板等是分不开的。

在信息技术高度发展的今天,学生获得知识的途径和速度并不在教师之下,如果我们继续沿袭传统的教学模式,是不可能让学生获得足够的发展的,也就是说,教师不能只满足于成为一个教学单一型的教师,而要努力成为一个教科复合型人才;教师也不能把教室只看作是教学的场所,还要把它当作是课题研究的实验基地。教师应以课堂为核心,以教学内容为基础,提出一系列高质量的能够引起学生兴趣的话题,然后对这些话题进行整合,从中精选出一些课题,在不同的教学阶段,围绕其中的某个课题,师生展开对话、讨论、辩论,从而发现新的问题,形成新的课题,如此循环往复,使课堂不再是单纯的"讲堂",也是一个"学堂",而且是一个"论坛"。如果教师坚持将课堂教学课题化,就能帮助学生以创新的眼光审视学科的基础知识,培养基本的研究意识和技能,提升学生的学习能力,发展其个性特长;同时,课题化的课堂教学是对教师研究成果的最佳检验,也为教师的后续研究提供丰富的资源。

三、教育科研实效化

作为大学教师,讲究理论的新颖度和深刻度,这完全是应该的,而且我们也反对将科研完全与经济性、实用性挂钩,把科研变成形而下的家庭作坊式的工作。但是我们必须注意到,任何科研,其目的都不是为了存于案头,束之高阁,或者仅供炫耀和消遣,而是要满足应用的需要,满足社会进步的需要。因此,无论是探索教育规律,还是研究教学模式,都要考虑研究成果的实际应用价值,包括它对教育工作者的启发指导。如果一项教育研究成果只是在做一些文字游戏,搞一点概念花样,则不但不能成为教学工作的利器,反而会搞乱教师的思想,使一些原本清晰的概念变得糊涂起来,甚至束缚了教师的手脚,那就只是研究者个人的悲哀,更是我们民族教育的悲哀。

一个有责任心的教师应当从科研的神坛上走下来,走出为科研而科研的个人小圈子,努力将自己的科研过程与课堂教学有机地结合起来,提高课堂教学的含金量,提高教育科研的质量。唯其如此,才能使教学与科研获得"双赢"的局面。

人的精力和时间是有限的,教学与科研在一定程度上发生冲突也就在所难免。这需要我们合理安排时间,避免顾此失彼的尴尬。

总之,教学与科研不是相互对立,水火不容,而是你中有我,我中有你,合则双赢,离则俱败。大学教师的成功之道就在于找到两者的结合点,实现教学与科研的全面互动。

(曾刊于 2005 年总第 4 期)

师范专业教学的随想录

黄灵庚

　　最近,国家教育部公布第四批高校特色专业名录,而我校"汉语言文学专业"榜上有名。这是一件值得庆贺的大喜事,作为人文学院的一名老教师,我既感到这项殊荣来之不易,要倍加珍惜,又觉得今后更要在"特色专业"上下苦功,真还有许多事情要做,要走的路程也很长。

　　我校"汉语言文学专业"的特色是什么? 不外乎"师范"二字。这道理既简单又明白:因为我校性质是师范院校,学生经过四年的专业学习,将走上中、小学语文教学的岗位。如果我们的课程设置、专业内容,一如普通院校的中文系,没有师范专业的特色,在剧烈的就业形势下,我们培养出来的毕业生即无优势可言。所以,加强师范专业的特色,是每位教师应承义务,责无旁贷,否则,良心上将如何面对自己的学生!

　　这个问题我思考了很久,做过一些尝试,深知做起来不是很容易,要花费很大精力,需要每个教师放下手上的课题,做出必要的牺牲和努力。但是,我们已经没有退路,必须一步一步扎扎实实走下去,到底应该做些什么事情呢?

　　首先,不管教哪门课程,都要好好了解、熟悉当前中、小学语文教学的整体状况,包括中、小学语文课本内容、课堂教学流程及教改进程,至少要把我国通行的几种语文课本找来好好读一读,熟悉其内容,然后研究一下,我们课堂传授的专业知识中的哪些东西可以结合进去,让学生学后感到将来工作时会有用处。这不是"无关紧要"或"多管闲事",我们的学生喜欢这样的特色课,我的"训诂学与语文教学"就基于这样的考虑。为了备好这门课、编好这本教材,我几乎把新中国成立以来所有的中学语文课本都找来读了一遍,弄清每篇入选课文的来龙去脉、利弊得失,然后结合古汉语基础知识讲授相关问题。学生听后感到"有些意思",也"有用"。这门课颇受欢迎,原定选课学生一百来人,而实际听课的学生最多时近二百人。这也是我所始料不及的。

其次,有无"专业特色",关键在于教材。我觉得现在有些学科的教材与普通中文系没有一点区别,跟我们的师范专业毫不沾边。别以为我校多了一个"中教法"就算是有师范专业特色了,那仅仅是教学方法,而中文专业本体内容不在其内。中文师范专业内容与普通中文系是有区别的。拿古代汉语来说,虽然基本原理无甚区别,但是师范专业所授内容多是入选中学课本的古文篇章或涉及中学语文专题内容,如"论语选读""史记选读"等,吴泽顺老师主编的古代汉语教材,就突出了这个"师范特色"。为了保证特色课程的学时,无特色的选修课可以取消。我建议学校、学院组织每个学科编写这样"特色"的课程与教材,在经费方面要加大投入。目前,设置有师范特色的课程及编纂一套有自己特色的教材已迫在眉睫,汉语言专业的教改成败,关键也在此一举。

最后,我们要密切和中学语文界保持联系。联系方式可以是多方面的,其中很重要的一条是轮流带学生实习制度。带实习不仅仅是"中教法"老师的事情,我以为中文专业的每位教师都应该参与,这也是了解、熟悉中学语文教学一条非常好的途径。在带学生实习中,与中学语文教师交朋友,探讨问题,真正了解当前中学语文教学中需要什么,我们教学中要做出怎样的调整。我们可以组织相关老师与相关重点中学申报教学方面的课题,过去我们有些老师就这样做了,如王尚文、张继定等老师组织、承担过很多中学语文教改方面的课题,社会影响也不错。这需要我们放下架子,虚心向中学语文教师学习,从中可以得到许多有益的知识和无穷乐趣。可以我院、我校名义组织重大学术活动,使我校真正成为浙派语文教学研究的中心。若条件成熟,可组织编写浙江省通用的中学语文教材。目前,我们不妨先做些调研工作,做好前期准备。

总之,把我们"汉语言文学专业"的特色建设好,要靠全体老师的努力与参与,我虽是将奔古稀的老人,仍然愿意与年轻博士一起参与其中,继续贡献自己一分力量。

(曾刊于 2009 年总第 6 期)

职业素养和文化修养

吴泽顺

什么是师范技能？从字面上理解，就是一个教师所必须具备的基本功。比如说规范的板书，准确流利的普通话，娴熟的教师口语，当然还有对教材内容的理解和讲授，课堂艺术的设计，师生的交流互动，等等。作为一个中学语文教师，我想，他还必须具备比较深厚的传统文化的修养。所以，师范技能的培养，不能仅仅理解为一种职业技术的训练，它应该包括两个层次的内容，一个是教师的专业素养，一个是教师的文化素养，二者缺一不可。

对一名中学语文教师而言，他必须在汉字、汉语、汉文化三个方面具有很好的素养。否则，就有可能误人子弟。在这一点上，希望能引起大家的高度重视。比如说，一个老师写板书，笔顺都不对，效果会如何？如果我们的老师上课，把皈依佛门的"皈"读成"返"，"鞭笞"读作"鞭苔"，学生会怎么看，这就好比一件雪白的衬衫上沾了一粒鸟粪，刺眼而且破坏了美感。台湾著名作家兼学者苏雪林女士，在她94岁写的回忆录《浮生九四》中，对自己在武汉大学执教时写了错别字和读了讹音做了深刻反省。我想这些，我们都应该引以为戒。很多明星、主持人专业素养都不错，但就是缺文化，动辄望文生义，开口就是讹音，比如"垂涎"的"涎"、"洗马"的"洗"，朱军在和毛新宇的访谈节目中，称毛的父亲为家父。张中行先生生前不愿给报刊投稿，原因是有的报刊编辑把通顺的句子改得不通，有的甚至把德色改为喜色，内子改为儿子，称男人的私生子为外子。至于把"七月流火"理解为酷热的就更多了。

其实，中国人很早就重视文字和语言的规范，秦始皇时代选拔文职官员就要考试写字，所谓六书八体，都有严格的要求。因为这关系到国家的统治。许慎在《说文解字序》中说,"盖文字者,经艺之本,王政之始。前人所以垂后,后人所以识古。故曰:'本立而道生。'知天下之至赜而不可乱也"。所以,他才穷一生精力来整理我们的汉字,编辑完成了我国第一部字典。

汉字、汉语和汉文化,是我们祖先留给我们的遗产,是我们民族赖以立于世界民族之林的根本。所以我们要爱护它。章太炎先生解释什么是爱国主义,其中一条就是热爱自己国家的语言文字。在信息化时代的今天,我们作为人文学院的一分子,有责任承担这一文化道义。

(在第二届师范技能月开幕式上的讲话,曾刊于 2012 年总第 9 期)

从专业课程教学中体现师范特色

王嘉良

我是于20世纪60年代初在师范院校接受的本科教育，毕业后又一直在师范院校任教，至今仍在师范大学本科教学第一线，前后已近半个世纪。"师范"这个名词总是与我形影相随，我的生命历程中也总有无法抹去的"师范"情结。今天说起师范教学来，虽然说不上对它的理解已达到非常深刻的程度，但毕竟身在其中，略知些许教学规律的特殊性。

一般而言，师范高校教学与综合性大学的最大区别，是培养目标的确定性和学生职业选择的确切定位。高师本科生经过四年学习，走出校门后非常明确的目标是当一个合格的中等学校教师，他们对自己未来担负的社会角色大抵都有确切的认知，这比任何"综合性"学校的培养目标都来得单一与实在。在我所接触的历年历届汉语言文学专业师范生中，也有有更高期望值而不甘于只当个"教书匠"的，或者还有做着"作家梦"的，这些当然也无可厚非，但那是少而又少，绝大多数学生对专业目标的定位是明确的，专业思想是巩固的。近年来随着教师地位的提高，师范专业越来越被看好，专业动员也不再费力；尤其是女学生的比例急剧攀升，对她们而言，当教师似乎是最适合的职业之一，她们对教师职业的坚定选择和学习阶段热衷于对教师技能的掌握，也使得师范专业能获得稳定发展，至少与我当年选择教师职业的时候需要领导与老师反复动员，已不可同日而语。这是当下我们这个专业的独特性所在，也是其独特的优势所在。

现在的问题是，基于特定的培养目标，作为高师教学者，应当采择何种合理的教学要求、教学内容与教学手段，以达成高师的教学目标？我在多年的高师教学实践中体会到，要达成既定教学目标，"师范性"应体现在各个教学活动中，使之成为灌注其间的一种鲜明的教学特色;应根据师范性教学特点建设课程,实施课程改革,无论是教材编写,或是教学目的设置、教学内容安排,都应紧紧围绕培养中等学校师资这一教学目标,只有这样,才能培养出适应中等教育的有用人才。

课程改革的理念,集中体现在教材中。因为"课本"是一课之本,有什么样的课本就有什么样的教学思路,新的教学思路也只有在新的教材中才能得到贯彻实施。这当中,编写出适用于师范教学的教材,是应着重考虑的。根据我的理解,高师教材同综合性大学教材的明显区别,是在于前者必须紧紧围绕培养中等学校师资这一目标而进行,须特别注重实践性和学生实际能力的培养,建构一种渗透实际应用能力培养的知识结构体系。我所执教的中国现当代文学课程,由文学史和作家作品两大块构成。这两大块的关系如何处理,比例如何搭配,就要考虑课程的师范性特点。文学史编写有两种:一种是偏重学术型的,一种是偏重教学型的,高师教材当然属于后一种。它应体现一定的学术性,但应以讲述基础知识、基本理论为主,尤其不应将有争议的学术问题搬到教材中。课程的教学对象为师范生,学生学了这门课程以后,既要掌握较为系统的文学史知识,又要培养熟练地阅读、分析文学作品的能力,而后一种能力恰恰同学生未来的中学教学直接相关,这在教材中应有显著体现。所以,编写高师中国现当代文学教材的恰当做法,是内容安排上简化文学史教学,侧重作家作品教学,把提高学生的文学作品分析能力放在重要的位置。为适应高师教学需要,我自20世纪80年代以来,先后主编、出版过五部适用于高师院校的中国现当代文学教材,大体上都遵循这一编写原则,这一原则已被人们普遍认可,且取得了较理想的社会效应。1997年,我主编了一部适于高师院校使用的《中国现当代文学史》,被列为经浙江省人民政府批准的全省高校首批重点建设教材(十部)之一,教材出版后获得了省人民政府颁发的优秀教学成果一等奖。90年代初,我与金汉先生联合主编的《中国现当代文学》教材,主要也是供高师院校的本、专科生使用,此书出版已近二十年,发行量甚大,至今仍不断再版,是我所有著作中发行量最大的一种,由此我深深体会到教材编写实在是一件非常有意义的工作。新世纪后,对于新教材的编著,我依旧在探究之中,又分别编写、出版了《中国现当代文学史》和《中国现当代文学作品选读》辅助教材,作为"面向21世纪"教材,由上海教育出版社于2004年7月出版,并于2009年8月修订再版。这套教材在文学史分期、文学思潮描述、重点作家作品论析等方面,体现了教学改革之思想,更切合师范性特点,在内容、体例、课时安排上紧扣教学环节,具有实际可操作性;辅助教材收入适量作品,针对每个作品写出"导读",作为具体教学内容纳入教学环节中,以强化文学作品分析的比重,受到师范生的欢迎。此教材出版使用后,已产生良好教学效应,教材已成为浙江、江西两省高师院校通用教材,初版发行一万余册,一度出现供不应求的现象。由此看来,只要用心探索师范教学的特点,从教材编写入手,是可以找到一些有益于师范教学门径的。

基于对师范生培养目标独特性的认知,在具体的教学环节中,教学内容安排、课时设置、教学方法采择,都应围绕培养中等学校师资这一教学目标而进行。课程的教学对象为师范生,教学内容安排注意知识传授与实际应用能力培养相结合,而以能力培养为重。我所讲授的中国现当代文学史,考虑到教学目的应以提高学生的教材分析能力为重点,因而在教学中突出了作家作品教学这一块。知识模块顺序:各时期文学叙述是先"史"后作家作品,共135学时,前者为40学时,后者为95学时,相对应的学时之比约为3∶7,在教学实践中应严格遵行。这样的课时安排,在师范教学中是较为适宜的。同时,还须注意课堂教学方法改革,注重形象性、直观性教学。"满堂灌"是大学教学的通病,似乎很难有效克服,这样的教学方法在目前中学教学中已难于流行,从这个意义上讲,改革现有教学方法,为未来的中学教学者树立良好的榜样,势在必行。在这方面,本课程已做了一些改革,如有的老师在讲授戏剧、小说名著《茶馆》《雷雨》《小井胡同》《野人》《子夜》《骆驼祥子》《家》等作品时,都辅之以影视作品片段播放,既激发学生的学习兴趣,也加深了其对文学作品的理解。此外,本课程在现代教育技术应用方面也已取得一定成效:课程的一半内容已制作成网络课件,在04届学生中开始采用多媒体教学;课程教学大纲、学习目标、相关资源(扩展性阅读书目)、课程综述、参考文献、参考书目、模拟试题、参考答案等相关内容已在网上陆续开通。当然这方面还有待于进一步完善。现代教育技术的运用,目前在中学教学中也很普遍,对此让学生有所熟悉与理解,对于提高他们将来的教学素质是大有助益的。现代教育技术应用应是未来教学发展的大趋势,高师教学与中等教育的接轨,在这方面大有潜力可挖。

根据师范性教学特点建设课程、组织教学,着眼于师范生综合素质的培养,注重实践性教学,侧重培养其对知识的实际应用能力和动手能力,也是至关重要的。学生综合素质的缺失,是当下高校教育中的严峻话题。许多用人单位反映,大学毕业生的专业基础比较扎实,善于解题却缺乏动手能力、创新能力及社会适应能力。师范教育亦然,而且更因其立足于人才培养的专业性特点,其在学习阶段的综合素质培养有更现实的意义。许多师范生走出校门后,专业知识学得很扎实,实际应用能力极差,适应不了中学教学任务,缘由就是大学学习阶段缺少必要的专业综合素质的培养与训练。因此,在师范教学中,灵活运用教学手段,适当拓展课堂教学内涵,使学生逐步积累师范教学技能,是应予充分重视的。

在课堂教学中,适当采用课堂讨论,变教师主讲为教师指导下的学生自由发言,让学生在课程学习中得到实际的锻炼,是行之有效的方法。具体的做法是通过对一个有争议的代表性作品的深入解读,让学生领会作家的创作意图和作品的丰富内涵,培养学生的独立思考能力和言语表达能力,初步养成研究性学习习惯和教师应具备的技能。教学步骤,采取教师提示、归纳与学生课堂讨论相结合的方式:在讲解某个作家的创作概况后,布置学生课后阅读一个作品(至少读三遍),参阅相关研究资料,提出几个思考题,要求写出发言提纲;尔后以两个学时组织课堂讨论,先由教师做出提示、概括,然后由学生自由发言,要求能围绕不同观点进行争鸣、交锋,教师应随时掌握讨论动向,做出紧扣论题的引导;最后教师归纳、总结。我在浙江师范大学初阳学院的中国现当代文学课程教学中,每年都组织一次鲁迅作品《伤逝》的课堂讨论,感觉收效是很明显的。一是有效地调动了学生的思维能力,让他们也能介入实际的教学活动,从中得到锻炼;二是得到一次综合塑造培养的机会,学生登上讲台发言,不光是对作品能理解、能分析,还能做到清晰地表达自己的意见,是教师技能的一种有效的训练。讨论课后,我还布置学生写作一篇研究性课程论文,篇幅要求 4000 字左右,这既有利于巩固课堂教学的学习成果,同时也是一次研究性学习实践的训练,这对于学生综合素养的培养可能会有更大效益。

师范生综合素养的培养,还应当注重实践性教学,拓展课堂教学内涵,让学生在课堂教学的延伸中学到更扎实的知识,得到更充分的锻炼。我所执教的中国现当代文学是一门现实性、当代性极强的课程,注重实践性教学,紧密关注文学发展现状,联系正在发生的各类文学现象,适当拓宽教学内容是必需的;而适当改革教学方法,变被动学习为主动学习,当有利于激发学生的学习兴趣,使之掌握更为灵活的教与学的方法,这对于将来也要当老师的师范生而言更属必要。开展"对话教学"活动即是其一。"对话教学"在中学已普遍施行,但在大学教学中却鲜有人做,我以为是不妨一试的。尽管大学与中学的教学要求有所不同,"对话"的内容、方法也应有所区别,但通过师生之间的"对话"求得教学问题的解决,则应是一致的。人文学院开展的"对话教学"活动,最早始于 2004 年 4 月,就是从我们现当代文学教研室开始的。"对话"要求学生提出问题,主要围绕教材和教学中的重点、难点、疑点问题,寻求解答,教师也是主要就此类问题做出回答。这种"集体辅导"的方式部分地弥补了平时辅导不足的弱点,既解决了学生学习中遇到的困难,也是对课堂教学内容的深化。

高师教学的改革和创新,注重实践性与现实联系性,是尽力拓展与延伸课堂教学内涵所必需的。这在实践性与现实性特强的师范教学与人文社会科学领域内,表现尤为突出:教学与研究必须与中学教学实际紧密联系,必须适应社会经济发展需要,这就要求课堂教学内容与社会发展、与中学教学改革保持一定的联系,就应有对教学方法、课程设置和教材建设等多方面的改革和更新。在教学方法上,不仅要注重知识的传授更要讲究科学的训练探究,使课堂教学内容富有弹性;教师在传授书本知识的同时,要及时更新和补充内容,积极引导学生关注本学科、本领域的前沿学术问题,尽可能多地掌握那些具有应用价值和再生潜力的知识和信息。在课程设置上,以"厚基础、宽口径"为目标,加强那些概括性强、适应面广、具有普遍意义的基础理论和基本技能的选修课程,拓宽学生的选择空间,建立灵活充实的课程体系等。实践证明,只要做出多方面的探索与尝试,高师教学的创新是可以逐步做到的。

（曾刊于 2009 年总第 6 期）

实施师范生课程与教学改革,顺应基础教育课程改革需要

童志斌

当前中小学基础教育阶段新课程改革步伐正稳步向前推进,作为承担培养未来新课程实施者重任的师范院校,除了遵循多年形成的培养目标与课程计划,完成原有的师范生培养任务外,自然也应该积极承担起新课程改革的参与者、实施者甚至是引导者、领导者的重任。我以为,为顺应当前新课程改革的要求,提高师范生培养的效益,应该在师范生课程设置与教学方面,采取相应的新举措。

顺应新课程需要,在相应学科教学过程当中进行必要的理念、知识、能力的渗透。以汉语言文学专业师范生课程来说,加强师范生在语言、文学方面的专业积累,当然是第一要务。根据我的感觉,目前的师范生在专业方面的投入不是太多,而是太少。他们在专业知识、能力方面的基本素养,还存在着不少漏洞。根据我的观察,中文专业大三、大四的本科生,普遍存在知识面相对狭小,专业知识不够牢固,专业素养相对欠缺的状况。对于不少属于学科常识性的知识往往也知之不多甚至茫然不知(当然个体差异是颇为明显的),在教育见习、实习试教时,在讲课过程中出现知识性错误,有时出现的是很低级的常识性错误。所以,在专业基础课程方面的教学,我们不是做得太多了,而是还很不够,应该进一步强化。

同时,笔者以为,在新课程改革的背景下,对于师范生,除了要进行与其他综合性高校的中文专业类似的语言、文学的教育之外,当务之急,还要顺应师范教育的特殊要求,提升"中小学教师"的专业素养,尤其是新课程背景下师范生的专业素养提升。考虑到学校师资与课程的实际情况,要在已有课程结构当中

再加大"课程与教学论"教师的数量、课程的比重,其空间殊为有限;而且,所谓的"中小学教师专业素养",事实上与师范生相关学科素养是密不可分的。所以,解决问题的合理办法,不在于另外开设专门性的专业课程,而在于将相关的学习内容、培养任务有机地融合到原有的各专业课程的学习内容与学习过程当中去。比如中文专业学生在进行"现代汉语"相关课程的学习时,任课教师有意识地将实际语文教学中最需要的音韵基础知识、语法修辞知识等纳入课堂教学中;针对中小学语文课程的实际,向学生介绍语言与言语相关理论、语用学理论,传授朗读指导理论与技巧等。在"古代汉语"课程教学中,针对中学文言文教学的要求,重点传授文言文教学所必需的文言实词、虚词、句式知识,使他们加强古今语言演变知识、文言释义(训诂)和文言翻译知识与技能的学习;在文学理论课程中,加强文学欣赏理论与技巧、文学解读理论知识的教学;在古代文学、现当代文学与外国文学相关课程教学中,有意识地加强与语文教材的联系,比如教材中特别强调的文学现象、文学人物,在讲课过程中进行专题重点讲解;在文学作品选教学过程中,对于已经作为教材课文的文学作品文本,着力讲解,引导学生反复体会——这些方面的理论知识储备与技能养成,都将为师范生日后更好地适应中小学语文教学打下坚实的基础。

要做到将相关的培养任务同原有相关学科课程教学"有机地融合",办法之一是化整为零,根据本课程教学内容与教学组织的实际相机体现;办法之二是针对中小学课程教学需要,采用专门设置教学专题的形式加以体现。在教学内容相对稳定成熟阶段,可以在相关的本科生教材当中专门设置针对中小学课程的章节;鉴于新课程改革本身尚在摸索推进过程当中,很多教学内容与操作也处于变化更新当中,所以,合理的做法是,由相关任课老师在教学过程中灵活把握。

特别是对于新课程改革重要举措之一的选修课程的设置,浙江师范大学的教师更加可以有一番作为。比如目前浙江省普通高中语文课程开设的五门选修课程(纳入高考评价)是"《论语》选读""语言文字应用""外国小说欣赏""现当代诗歌散文欣赏""中国古代诗歌散文欣赏",不少一线教师普遍感觉压力很大,因为,涉及的专业知识太丰富、太广泛、太新颖,部分老教师更是有捉襟见肘、"入不敷出"的尴尬感觉。令人遗憾的是,刚刚接受过系统的语言、文学理论课程学习,刚刚步入教学岗位的新教师,在这方面似乎也并没有表现出太大的优越性。原因在于在本科学习阶段,他们所接受的与当前教学实践"匹配""对口"的东西也并不多。要弥补这一点,师范院校在专业课程设置与教学实施方面,应该采取一些必要的对策。比如,是否可以开设专门针对这些重要选修课程的教师选修课程,有针对性地进行相关的学科知识、技能的强化?

当然,无论是采取什么对策,其前提在于,承担师范生培养任务的高校老师自身必须对新课程理念、新课程内容与进程,对于新教材的状况,有比较清晰的把握,至少,应该有一个基本的了解。什么叫"基本的了解"呢?简单地做一个衡量,师范院校的任课教师们是否都读过各学科的课程标准?是否对中考、高考的《考试大纲》和试题有一定的了解?是否阅读过中小学各学科的教材?

专家们对于当前中小学语文教学与学术界之间的非正常关系忧心忡忡:"语文教材对作品的阐释与学术界存有严重的隔膜,这正是当前学术界对语文教育'忧思'的最敏感处。"(《语文科课程论基础》)从文本解读的事实来看,"近十多年来,鲁迅研究学术界已经对此(按:指'对鲁迅的神化、曲解,简单、机械、庸俗化的理解')作过科学的清理,并且取得了一些新的研究成果,而一些中学课本的'提示''分析'仍不加分析地照搬五六十年代的观点,语文课中鲁迅作品的教学,与鲁迅研究学术之间,竟如此地隔膜,这是令人惊异的"(《语文教育门外谈》)。中小学语文教学与理论研究与学术成果之间存在"严重的隔膜"的事实,绝不只是存在于对语文教材文本所做的阐释这一特殊个案,可以说,这是普遍存在的事实。这种状况的存在,因素很复杂,中小学语文教师们当然有责任,不过,正如北大学者钱理群教授所做的反思:"当我发现这些问题时,丝毫没有责怪中学语文教员的意思,我想到的是研究者的责任:我们不仅应该注重学术水平的提高,不断攻占学术前沿阵地,同时也应该重视学术成果的普及——而中小学语文教学正是文学普及教育的最重要的阵地"(《语文教育门外谈》)。打破基础教育与高等教育(包括学术研究)之间的隔膜,"学者与中小学语文教师彼此应该互相合作,而前者应负更大责任"(《语文教育门外谈》)。——我们不说高校教师与研究者在这方面要"负更大责任",至少,必须承担起应有的责任,这是毋庸置疑的。值得我们思考的问题是,对于中小学语文教学,对于中小学语文新课程改革工程,高校教师,尤其是师范院校的教师,应该承担怎样的责任,应该怎样去承担责任呢?

我以为,要求师范院校所有学科的所有在职教师都成为中小学基础教育改革的专家,是不切实际的。不过,师范院校通过学校职能部门、各学院及各系职能部门,采取必要措施,比如邀请来自基础教育界(各级教育局、教研室)的业务专家或者是优秀一线教师等开设相关讲座,或者组织教师分批次到各基础教育实施单位进行实地考察,使高校教师对于当前基础教育新课程改革的实施状况有必要的了解,这是可以做到的。就学校而言,有意识地在开展教育科研方面,鼓励教师们关注基础教育,关注课程改革,对于在基础教育尤其是新课程改革方面进行的课题研究,提供必要的政策倾斜,也是完全可行的做法。另外,对于不同的学科,可以针对相关教研科室的实际情况,重点指定部分教师在这方面加大投入,鼓励他们成为基础教育的实践参与者或者理论指导者。对于部分特殊学科课程,对于老教师,其囿于精力之限,要想直接介入中小学的新课程改革,难度确实很大,所以,我以为,所谓的"加强",并非要求全员参与,完全可以将这方面的任务,更多地交由年轻老师来承担,这是务实的态度。这样操作,既具备可行性,而且,让年轻教师来承担这方面的工作,客观上也有助于年轻教师拓宽专业范围,在新的研究视野中找到突破点。事实上,也确乎有不少高校教师认为,放着语言、文学领域的理论性研究工作不做,去搞什么基础教育方面的实践研究,或者"低层次"的理论或者行动研究,是不务正业,是不思进取。可是,不用去强调基础教育在整个教育系统中的重要性,单是从出成果的功利角度来看,学界不容否认的事实是,像钟启泉、林崇德等全国顶尖的教育学、心理学专家,都将目光集中在基础教育领域,而且,不少并非从事教育领域研究的专家学者,也纷纷将基础教育的课程与教学相关研究作为自己的专业研究组成部分,或者是研究重点来对待。即以语文课程为例,作为全国新课程改革指导文件的《语文课程标准》,就是基本上由来自高校(华东师范大学、北京师范大学、华中师范大学)的教授专家组主持制定的,而眼下正在酝酿中的《语文课程标准》修订工作,是由北大温儒敏教授等主持的。北京大学的著名学者钱理群教授,著名作家、学者曹文轩教授,他们与浙江师范院校儿童文学专家方卫平教授、语文教育专家王尚文教授等合作编写的《新语文读本》,对全国范围内少年儿童的阅读与语文教材、语文教学产生了积极的影响。这些专家们,大多不是从事语文教学工作的。新课程改革的一项重大举措是,改变多年来实行的"一纲多本"的教材编写与使用格局,各省市甚至中小学校可以自行选择教材。目前在全国范围内使用的多种《语文》教材中,绝大部分是由高校教师主持或者参与编写完成的,比如影响最大的"人教版"教材,其主编就是北京大学袁行霈、温儒敏教授;人民出版社的《语文》教材,是北京师范大学童庆炳教授主编的。以上说的是必修教材,而作为新课程两大教学模块之一的选修课程的教材,由于其专业要求更高,则更是非得高校教师主持、参与不可。比如人教版的《语言文字应用》《外国小说欣赏》等选修教材,就是分别由北京大学的陆俭明、曹文轩等教授担纲主持编写的。正如钱理群先生所言:介入语文教育领域,"除了因为我做过十八年的中专语文教师,本就有缘之外,也是受到了五四新文化传统的影响——包括胡适、鲁迅、朱自清、叶圣陶等在内的一大批学术与文学前辈都对中小学语文教育表示过极大的关注"。

就我们浙江师范大学来说，具有全国影响的教授专家并不在少数，如果学校和各学院能够整合优势，相信，对于新课程改革的影响，将不是说仅仅作为参与者出现，完全可以而且应该以更高的姿态，成为基础教育新课程改革的领头雁。就个体来说，像人文学院的王尚文教授，作为语文课程与教学论的专任教师，他在语文教育界的地位与影响自不待言；其他像方卫平教授和黄灵庚教授，分别在儿童文学研究、楚辞研究领域做出了非凡的成就，他们也积极地参与到语文教育的研究领域当中来。黄灵庚教授除了在其古典文学、古代汉语研究专业领域内不断有重量级成果面世，还直接从事语文教材与教学研究工作。他多年前就担任了人教版《语文》教材的特约编审，并与张继定教授一道编写了《训诂学与语文教学》专著。针对新教材实际，今年刚刚又独立完成了全新版《训诂学与语文教学》的编写工作，相信，这本书将成为中学语文教师进行专业进修的必读书籍。

而且，我以为，参与基础教育新课程改革是完全可以大有作为的。目前浙江省普通初高中所用的初中教材与普通高中教材是来自不同出版社的（不同学科可以自行选择）。初中是人教版的，高中教材是苏教版的。两年前当确定以苏教版为我省高中语文教材时，不少一线教师觉得情感上有点不能接受，他们觉得，作为文化大省的浙江，理应有自己的教材。如果选用人教版教材，也还讲得过去，而采用另外一个省的教材，觉得于情于理都不太说得过去。说心里话，我对这种想法也是基本认同的。而且，从两年使用的情况看，大家对于苏教版《语文》教材的意见还是比较大的，普遍的反应是"新颖有余，实用不足"。部分老师更是简单地概括为"中看不中用"。

面对这样的情况，作为浙江省教师培养龙头学校的浙江师范大学，理应有所作为。而且，我以为，这已经不是要不要做的问题了，而是一个是否承担起应有的责任的问题。做了，当然有做得好做得不好的区别，可是，如果不做，说得严重一点，是一种失责。我相信，要做，我们是完全具备条件的。仍以语文为例，几年前，王尚文、傅惠钧老师曾经主持编写了一套浙江师范大学版的初中《语文》教科书，使用下来反响是很好的。普通高中教材，浙江师范大学人文学院完全有这个实力来完成。浙江师范大学在教育硕士培养方面，已经在介入基础教育方面积累了很丰富的经验，而且，已经取得了丰硕的成果，接下去要做的，不过是将辐射面由范围相对较小的教育硕士扩大为整个本科师范培养而已。

（曾刊于 2009 年总第 6 期）

学者型教师与教师型学者:《孔雀东南飞》教学反思

崔小敬

　　2009 年 12 月 6 日,按照学院有关安排,我和殷晓杰老师分别上了一堂古代文学与古代汉语的观摩课。这次观摩课探讨的主要是大学课堂如何与基础教育即中学语文相对接,对于这一问题,我在日常的古代文学教学中也偶有涉及,比如课堂上会根据上课内容加入一些中学虽已提及但未深化的知识并提示学生注意大学教育与中学教育的区别,但总的说来,没有进行过有意识的、有目的的深入思考和研究。因而无论是课前准备还是具体实施,这次观摩课对我而言都是一个新的挑战,也启发了我许多新的思考,尤其是对师范院校中教师的形象与价值定位有了新的认识。下面主要谈一下我准备此次观摩课时和课后的一些感想与反思。

　　接到公开课任务时,原定本学期授课内容的先秦两汉文学部分所余内容还有汉乐府、古诗十九首、汉赋三个章节,考虑到本次观摩课的主要目标和大一新生的知识背景,我选择了学生高中阶段已经学习过的《孔雀东南飞》为观摩课内容。(因新世纪以来许多中学使用了自编教材,故班级中约有三分之一的同学反映中学时未学习过《孔雀东南飞》,但通过课外阅读或影视剧等各种渠道了解其大致内容,对此我采用了布置课前预习并略加提示的方式来解决。)虽然探讨高等教育与基础教育的对接不一定必须采用二者共通的篇目,但从二者共通的篇目入手不失为一种事半功倍的方法。一方面,学生能温故而知新,自然而然地从对中学课堂的初步理解过渡到明白大学课堂中的深度阐释;另一方面,我们学院汉语言文学专业的学生毕业后大多从事中学语文教学工作,大学里相应的知识储备更方便他们将来学以致用。

因为我个人的研究方向偏向于明清小说,平时对秦汉文学研究关注不多,为更好地了解《孔雀东南飞》的研究现状,我将期刊网上能搜集到的 800 多篇论文基本上浏览了一遍。这些资料就作者身份和研究内容而言可分为两部分,一部分是古代文学学术界对于《孔雀东南飞》的研究动态和最新进展,一部分反映的是中学语文界对于《孔雀东南飞》的施教情况,包括课堂设计、教学重点与教学研究等,有些还附有详细的教案乃至板书设计等。二者相较,可以看到,受限于中学语文的基础教育性质与中学生的接受能力,近三十年来,《孔雀东南飞》的教学解读虽然经历了从政治性、工具性到人文性的重大变化,中学语文教学虽然已经开始关注并吸收相关学术研究成果(参见高丽玲《近三十年〈孔雀东南飞〉中婆媳形象、主题的教学解读的发展》,福建师范大学教育硕士学位论文,2007 年),但总的说来中学语文课堂对《孔雀东南飞》的解读与当代生机勃勃、新见迭出的学术研究仍是分离的、滞后的。大学的古代文学课堂可以被视为中学"文言文"或"古文"教学的继续和深化,但就本质而言,古代文学的讲授与学习又不仅仅是"文言文"或"古文"学习的纵向延伸与横向扩展,而是需要建立一种全新的思维方式,一种涵括文学本位、历史视野、文化观照的思维方式。就这一层面和角度而言,大学课堂对中学课堂的"超越"本身就是题中应有之义,如果前者不能超越后者,那大学也就失去了之所以为"大学"的意义。因而,就个人浅见,我觉得反而是在"对接"或"接轨"这一方面,我们做得还远远不够。一方面,大学课堂缺乏与中学课堂的有效衔接与过渡,两种教学模式切换过快,学生尤其是大一新生容易不适应;另一方面,大学课堂中学习到的知识如何转换成学生毕业后成为中学教师时可供利用的资源,缺乏有效的方法指导与途径引导,而事实上大学的知识储备只有真正转化成中学教师的有用资源,他们才算学有所成学有所得。

基于以上认识,在教学内容的设计上,除了对于作为古代文学教学主体部分的《孔雀东南飞》悲剧内涵的分析外,我主要注意了四点。

第一,简短的导入之后、正式授课前,增加了一段对《孔雀东南飞》中学教学解读历史的回顾,提示学生注意到不同时代下、不同语文课程目标下,大学课堂与中学语文课堂上对于《孔雀东南飞》的教学重点是不一样的。一方面为后面的解读提供一个事实和逻辑上的起点,另一方面也启发学生认识到对文学作品的解读从来不是定于一尊的,中学语文课堂上所谓的标准化答案事实上在很多情况下并不存在。

第二,字词问题一向是《孔雀东南飞》中学教学解读的重点和难点,但随着大学课程设置中古代文学与古代汉语的分离,相关的字词和语法知识学生在古代汉语的课堂上完全可以学到,因而未列入本节课的主要内容板块中,而是在课堂讲授中随时回顾与点拨,最后以课堂作业的形式,让学生课后自己整理与归纳。

第三,汉乐府作为《孔雀东南飞》的文体背景,在中学课堂中也占有较大比重。因本堂课的学生已在我前面的课上对汉乐府有所了解,因此本节课主要设定为巩固环节,汉乐府的重叙事、轻抒情,重场面铺排,描写人物时重服饰、轻相貌等一些特点都在《孔雀东南飞》中有所体现,通过讲授时的言语点拨,一方面使学生注意到《孔雀东南飞》一诗本身的特色,另一方面也回顾前面所学的汉乐府的有关知识。

第四,在课堂上所讲授的重要观点,均注明出处,并提供必要的参考文献。这样一方面显示了观点其来有自,另一方面也为有志于此的学生"导航",扩大了阅读空间。

在以上四点中,第一点基本上算是与中学教育衔接的直观体现,黄灵庚老师曾经在《师范专业教学的随想录》中提出不管教哪门课程,都要好好了解、熟悉当前中、小学语文教学整体状况,包括中、小学语文课本内容、课堂教学流程及教改过程,至少要把我们通行的几种语文课本找来好好读一读,熟悉其内容,然后研究一下,我们课堂传授的专业知识哪些东西可以结合进去,让学生学后感到在以后的工作中有用处。(《人文教坛》2009年第1期)我觉得黄老师提出的这一点非常好,虽然我这次的设计在形式上显得较为生硬,但基本上遵循了这一思路和原则。第二点和第三点主要体现的是中学课堂与大学课堂的区别,中学里的重点在大学里已不再是重点,后者的重点放在了对作品悲剧内涵的分析与人文性的解读上。而第四点,则是大学课堂与中学课堂相比明显的深化之处,中学生一般只需要接受一个所谓的"中心思想"或人物性格定位,而大学里体现出的是可自成一家之言的学术自由的氛围。

课前设计是一回事,而真正的课堂教学实施又往往是另一回事。很多教师都有这样的感触,"课堂永远是一门遗憾的艺术",无论课前做怎样精心、充分的准备,上完一堂课,走下讲台的那一瞬间,总是既充满了传道授业解惑的浓浓满足,又不免带有对某个问题的阐释、某段论述乃至某个发音未能准确到位的淡淡惘怅。我自知,在课堂教学上,我个人的优缺点都比较明显,优点是教学语言流畅自如、情感充沛、逻辑严密,教姿、教态端庄大方,PPT设计较为精美;缺点则是课堂节奏把握不太到位,信息量有时过大,语速如不加控制容易过快,有时会造成学生接受的困难。这些优缺点在这堂观摩课中也有一些显现,我原先设计的教学内容基本上在课堂教学中得到了实施,但因为对课堂时间的处理不够好,所以后半部分显得较为仓促。在观摩课后的评课环节,各位领导及老师既对我本堂课的优点做了肯定,也中肯地指出了许多不足,给出了许多意见,这些意见大致可分为两类:一类是针对本堂课的教学内容设计的,如葛永海老师提出的是否可在课堂上增加一点《孔雀东南飞》这样的古代文学作品与现代人格塑造的关系的内容;宋清秀老师提出的是否应增加对《孔雀东南飞》的文学之美讲解等;当然也有教师提出本节课的信息量较大,是否学生都能接受的问题。第二类是针对本堂课的具体讲授方式的,如慈波老师提出在对《孔雀东南飞》的中学解读情况进行讲解时应适当地举一些例子;曹禧修老师提出的朗读的体验式教学方法;吴泽顺、傅惠钧、陈国灿等老师均提出的本堂课没有板书,以致节奏太快,学生缺乏缓冲与思考的过程等。另外,还有一些老师提出了一些学术性的探讨,如赵山奎老师提出的关于"悲剧"的含义问题,孙群郎老师提出的焦仲卿与刘兰芝究竟属于社会悲剧还是属于个性悲剧的问题等。同时,大家的评课除了针对我本堂观摩课外,实际上也是以《孔雀东南飞》为个案,全方位、多层面地涉及了大学课堂如何与中学课堂对接的问题。可以说,各位老师的意见极大地启发了我对本次观摩课的更深层次的思考,不仅是对《孔雀东南飞》本身的,也包括对日常的古代文学教学的,同时更让我对我们这样一所师范院校中一线教师应有的形象和价值有了新的思考、认识和定位。

作为一所师范院校,我校的毕业生几乎百分之八十以上都会从事中学教育工作,因而探讨大学教育与中学教育的对接问题,不仅是让我们的学生更好、更顺利地进行大学学习的需要,也是增强我们毕业生的知识储备、提升毕业生的竞争力、提高毕业生服务中学能力的需要。当然,大学教育与基础教育的接轨,不仅仅涉及课堂教学一个方面,但课堂教学作为一个窗口,却是最能够探索接轨之路和积累经验教训的地方。作为一名教师,每个人对自己的角色定位和价值期待可能有所不同,但站在大学教育与中学教育的连接带上,作为大学的、师范院校的、工作在第一线的专职教师,我想我们不应该仅仅做一名教师,还应该做一名学者;不应该仅仅做一名学者,还应该首先是一名教师。换言之,学者型教师与教师型学者的复合才是我们师范院校教师的理想定位。

每个师范院校毕业的学生都会很熟悉一句话:"教师要给学生一碗水,自己首先得有一桶水。"事实确实如此,当一位合格的教师站在讲台上的时候,所讲出的也无非是他知识储备的百分之一、千分之一乃至万分之一,所谓"台上一分钟，台下十年功"也同样适用于教师这个行业。所谓学者型教师，就是不仅具有扎实的教师基本功、教育思想与教学个性，还要有深厚的本学科、本领域的研究根基与学术素养。随着现代学科体系的分化、专业门类的深细，一个现代人要想像古代学者那样天文地理无所不通，诗词歌赋无所不晓，经史子集无所不精是绝对不可能的，现代学者能够在本学科乃至相关学科做出成就来就已经很不容易了。具体到中国古代文学的研究中，治先秦的不通明清，搞小说的看不懂周诰殷盘，这种情况并非罕见，比如我平时偏向于明清小说研究，对秦汉文学的研究现状就不是太熟悉，这当然有个人才疏学浅的原因，但也不可否认学科分化过细的影响。作为一名中国古代文学史的一线教师，我更时时感受到知识的匮乏与滞后，虽然平时比较注意对学术前沿的了解，但并不敢保证自己能完全掌握学界的研究现状与动向。其他教师的情形比我应该要好一些，但不可否认，我们都面临同样严峻的问题，即如何在教学与科研的双重压力下保持二者的均衡发展，使自己的科研与教学相互配合，并成为教学的强有力后盾与保障。人文学院作为全校较早强调科研重要性并力抓科研、重奖科研的院系之一，应该说我院教师的科研水平与科研业绩在全校还是屈指可数的，其中有些科研成果也已经转化成了教学成果，如吴泽顺老师、傅惠钧老师、黄灵庚老师等都在这方面做出了突出的成绩，但就总体而论，还是有很多老师的科研与教学没有进入齐头并进、相互促进的轨道上来，而学者型教师的定位意味着我们的学术研究将成为课堂教学的深厚背景与扎实后盾，意味着我们的课堂教学不仅仅是传递知识的途径，更是激发思想火花的刀石。从我们的施教对象——当代大学生的角度来说，他们生活在一个信息爆炸、知识日新月异的时代，他们不再崇拜领袖，不再迷信权威，他们需要的不仅是一个单纯传递知识的机器，而是一名能教会他们思考、启发他们人生的领路人。关于知识与能力的问题，中国的教育界已经讨论了很多年，我们都已经承认如果不能获得运用所学知识去解决问题的能力，那么所谓知识也只是无用的废料，远远不能转换成对人生的启迪。作为一所师范院校，如果我们的学生在毕业后无法运用从大学中学到的知识来从事中学教育工作，我想那应该是我们教育的失败。

21世纪以来，为了应对新世纪教育的挑战，提高中小学教师的教育水平和教学质量，很多地区的教育界都提出了"学者型教师"的口号，甚至有些教育学者提出"学者型教师"是"21世纪教师的新形象"（赵新平《学者型教师——21世纪教师的新形象》，《教育理论与实践》2002年第4期）。我个人也认为这是未来教师发展的方向，至少是方向之一，这一口号虽然主要是针对中小学教师而提出的,但我觉得对于大学教师同样适用。当然,从广义上来说,大学教师基本上都是学者,但这并不代表所有大学教师的科研成果都能够转化为教学的资源与动力,现实生活中不乏科研业绩突出而教学略逊一筹的教师,这里面一方面涉及下面说到的教师型学者的问题,更多的则是对教学与科研两方面的关系认识与处理的不当。

所谓"教师型学者",似乎是我自创的一个词,但我在这里并不是要玩弄文字花样,而真正想强调的是,并非所有的学问渊博的学者都可以成为一名优秀的教师。正如德国著名学者马克斯·韦伯在《以学术为业》的报告中所说的:"每一位受着感情的驱策,想要从事学术的人,必须认识到他面前的任务的两重性。他不但必须具备学者的资格,还得是一名合格的教师,两者并不是相同的事情。一个人可以是一名杰出的学者,同时却是名糟糕透顶的老师。"韦伯所谓的"从事学术的人"专指大学教师,普通大学的教师尚且如此,更不用说我们作为师范院校的教师,作为培养与教育未来教师的教师了。教师作为一种特定的职业,除了需要具备专门学科的知识与技能之外,还需要一种为人师表的责任感、进取心。因为在我看来,教师不仅仅是一门谋生的职业,还是一项美丽纯洁的事业,更是一种需要投注毕生精力的专业。如果说,把教师这一工作当成职业是本能,当成事业是高度,那么当成专业则是境界。教师是以培养人才为"生"的,这"生"不仅是生活的"生",也是生命的"生",不管是古代的"传道授业解惑"也好,是传统的"点燃自己照亮别人"也好,还是现代的"帮助别人快乐自己"也好,教师始终面临着一个"生命中不可承受之重"的境遇,那就是他(她)的一言一行都会在有意无意中影响着学生,台下那一双双纯净的眼睛将来映出的是万里晴空还是满天阴霾,或许就取决于他(她)温暖的一语或无意的讥刺。因而教师型学者除了必须具备本学科的专业知识素养之外,还必须具备强烈的"得天下英才而育之"的美好心态,深厚的教育理论素养,广阔的教育前沿视野,敏感的教育问题意识等,而不仅仅是"能上课""会上课"而已。就一名教师而言,当他(她)面对学生的时候,他(她)所呈现出的不仅仅是他(她)的衣着打扮与形体外貌,而是他(她)的整个人格的全部,是他(她)过去所有学识、素养、文化、能力的总和;当他(她)精神奕奕、信心饱满地站在课堂上,以大方得体的仪态、清晰流畅的语言,或严肃,或活泼,或风趣,或深沉,引领学生进入一方方妙不可言的未知海洋时,他(她)的存在本身就是一个标杆、一面旗帜、一种方向,这就是所谓的"不言之教"。一位教师,不仅他(她)的课堂内容是一种教学,他(她)本身也应该成为教学的一部分,甚至是最潜移默化、最润物无声的那一部分。

　　这次观摩课给我提供了一个很好的学习与思考的机会,也让我想到了许多问题。我们学院有许多在教学方面取得了优异成绩的教师,他们一直是我学习的榜样和前进的方向,他们既是本学科专业领域中硕果累累的学者,也是课堂教学中备受欢迎的名师,在他们身上,我看到了学者型教师与教师型学者的复合。这种境界,这种完美,我虽未必能至,然心向往之,并将以此自勉。

(曾刊于 2010 年总第 7 期)

开设"古代汉语"公开课的总结与反思

殷晓杰

为探讨大学专业基础课教学如何与基础教育对接,如何在教学内容、教学方法等方面渗透为基础教育服务的思想,人文学院于 2009 年 12 月 7 日上午组织了本科生课堂教学观摩和研究活动,我担任了古代汉语公开课的教学任务。本文试对这次公开课教学的设计与实施,做一个简要的回顾与总结。

一、教学内容的选取

古代汉语课主要分为文学作品选和古汉语常识两部分。这两部分内容各有侧重,互为补充。本次公开课主要探讨文选类内容的教学如何与基础教育对接的问题。根据课程授课的进度,我选取了高中语文教材的经典篇目《劝学》。为了使讲课更富有针对性,我首先在教学内容的研读上花功夫,广泛搜集有关《劝学》的研究资料,如目前各高校古汉语教材对该篇的注解、现行中学语文教材与教参、黄灵庚先生的《训诂学与语文教学》相关内容、富金壁与牟维珍的《王力〈古代汉语〉注释汇考》相关部分、学术期刊网上与该篇教学和注释相关的学术论文等,特别关注中学语文教育界的有关研究成果,分析中学教学这篇文章时存在的有关语言学方面的问题。面对一篇同学们在中学阶段已经学习过的文章,首先必须要解决好一个"教什么"的问题。如果用串讲法进行全文讲解很可能是炒冷饭,这样,既重复劳动,又影响学生的学习兴趣。因此,我在研读和参考过程中特别注意提取课文中最有意义、最具探索价值的语言知识点,作为课堂讲解的切入点和论题。这些知识点或本身很重要,中学阶段未涉及;或中学已涉及,然语焉不详甚至有错;或众讼纷纭,莫衷一是,值得我们进一步探讨。

力图做到温故知新,以达到事半功倍的效果。比如:文中"用心一也……用心躁也"之句,可能因"用"字字面普通,现行中学语文教材对此字并未做任何解释。然而这可能导致学生理解上出现偏差,即将"用"理解成动词"使用"之义,实际不然。王引之《经传释词》卷一"用"字条:"用,词之以也。"《一切经音义》引《仓颉篇》曰:"用,以也。"以用一声之转,凡《公羊传》之释经皆言何以,《穀梁传》则或言何用,其实一也。用,词之由也。《诗经·君子阳阳》传曰:"由,用也。"由可训为用,用亦可训为由,一声之转也。《礼记·礼运》曰:"故谋用是作,而兵由此起。"用,亦由也,互文耳。用,词之为也。《诗经·雄雉》曰:"不忮嫉妒;忌恨不求贪求,何用不臧?"言何为不臧也。《节南山》曰:"国既卒斩,何用不监!"言何为不监也。《穀梁传·庄公六年》曰:"何用弗受",亦谓何为弗受也。由此可知,"用心"之"用"乃介词,由、因之义,此用法古文献中多见,有别于动词义。通过讲授,让学生掌握基本的古汉语知识,避免"以今律古"的错误。再如"青,取之于蓝,而青于蓝;冰,水为之,而寒于水",此句今天写作"青出于蓝而胜于蓝",一般解释为学生超过老师,后辈超过前辈。然而《荀子》中尚非此义,该句杨倞注:"以喻学则才过其本性也。"是说人靠学习,可更新、重塑自我。《北史·李谧传》:"初师事小学博士孔璠,数年后,璠还就谧请业。同门生为之语曰:'青成蓝,蓝谢青。师何常,在明经。'"意思是说,青成于蓝,蓝感谢青,老师无常,在于明经。此后"青出于蓝而胜于蓝"才用来比喻学生胜过老师。虽然同学们对这一说法耳熟能详,但往往会忽略其古今意义的差别,特别是影响到对《劝学》本意的理解,很有重申的必要。再如:"虽有槁暴,不复挺者……",受中学语文教育的影响,同学们普遍解释为:"即便又被晒干,也不会变直"。其实,"槁暴"一词,目前仍无定论:现行苏教版中学语文写作槁暴(gǎo pù),解释为"即使又被风吹日晒而干枯了";王力《古代汉语》教材认为槁暴(hào pù)通"薂暴",翘棱,木头由于受潮暴晒而变形,即今所谓"翘了";而王继如先生认为槁暴(hào bào)通"薂暴",木材缩耗,蒙在上面的皮革宽松暴起(《南京师范大学学报》1981年第2期)。各种说法未能定一,介绍给同学,能够开阔他们的视野,进而引发其继续探讨的兴趣。

二、教学过程的实施

整个教学过程,分题解、主体讲授和布置课外作业三个方面。首先由"劝学"题解进而介绍荀子及其著作,特别是介绍一些可供同学们参阅的古今注本,如杨倞的《荀子注》,王先谦的《荀子集解》,梁启雄的《荀子简释》等,因这些注本是学生进一步研读这篇文章所必须阅读的,实际上也是指引学生如何研读一篇文言文的路径,作为未来的中学老师,这方面显得十分重要。在主体教授的过程中,我首先要求学生示范朗读一遍课文,一方面是出于让学生理解这篇课文本身的需要,同时通过学生的朗读,教师也可以知道学生是否读懂了文章。事实上这位同学朗读时,出了一些差错,从这些差错中,我知道学生掌握知识的不足,并在讲授中予以纠正和强调;另一方面,朗读是一个师范生必须过关的一项技能,课堂上提供一定的机会让学生体验和训练有助于学生朗读能力的提高。在讲授基本知识的时候,突出重点知识的讲授,通过分析四个典型教学案例,以点带面,并运用讨论的方法,通过提问启发同学各抒己见,畅所欲言,在此基础上师生共同概括,得出结论。这样,让学生参与到教学中来才能更好地发挥学生学习的积极性和主动性,也可以活跃课堂气氛,同时给学生将来从事文言文的课堂教学一些有益的启示。在讲授的过程中,我还注意设计好课件和板书,力求简洁实用。最后的环节是布置课后作业。利用这一机会,将课堂上没有解决的问题布置给学生,引导学生在课外继续学习和研究相关问题。本次公开课除布置了"槁暴"音义问题探讨之外,还请同学们关注"而致千里"和"无以至千里"中"致"与"至"的区别与联系,即前者为使动用法,"使到达"义;而后者为主动用法,"到达"之义,不同的字形表达不同的语法意义。在整个教学过程中,我尽可能使自己的教学语言规范简练、富有启发性和感染力,教态力求做到自然大方,富有亲和力,与学生和谐互动。

三、教学效果的反思

结合公开课实际和课后评课的反馈意见来看,本次课基本实现了最初的设想,在基础课教学中努力实现与中学教育接轨的目标。这种接轨,首先体现在教学内容上,也体现在教学过程和方法上。当然以更高要求来看还有值得进一步改进之处。比如在教学内容方面,评课时有的老师提出还可进一步挖掘教材本身的语言点,如通行的《劝学》篇与《大戴礼记》中的《劝学》在语言表达上存在许多差异,逐项比较,可以发现这些差异有不少可以作为教学切入点来讲授,如通行本《劝学》中"冰,水为之,而寒于水",在《大戴礼记》中作"水则为冰,而寒于水"。所用句式不同,表意也有细微的区别,通过比较能加深学生对课文的理解。而这种对比教学,对学生以后在教学实践中也会很有启示作用。再如有的知识点的教学,还可进一步跟中学其他篇目所表现出来的知识点相联系,让学生对知识有更加系统的认识。另外,在语言点的讲授上,还有平均使用力量之嫌,因时间限制对所讲的语言点无法讲得深透。也许用断其一指的办法,讲深讲透几个问题,其余留给学生自己研究,做到举一反三,效果会更好。此外,也有老师提出,对接是要从整体上考虑的,要力求避免简单化倾向,这是很好的意见。

本次公开课教学,只是从一堂课出发来探讨与中学教学的对接问题。古代汉语课程如何从整体上来实现这种对接,这是一个很大的课题,需要全体古代汉语教师共同来探讨。比如,作为师范专业的古汉语课程,如何确定教学目标?教材的编写与普通大学中文专业应有什么不同?目前基础知识教学重点的选取和安排是否能满足基础教育教学的需要,应该做哪些改进?特别是如何在教学过程中让学生扎实掌握古汉语常用字词和基本句式,以让学生获得以不变应万变的教学能力?以《文选》的教学来说应该选择什么篇目来讲授,如何讲授?如此等等,都是我们讲授古汉语课程需要努力探讨的。下面是我的一点思考:

(1)关于教学目标的确定。师范类高校中文系学生的就业方向主要是中学语文教师。初、高中阶段正是语文学习最重要的基础阶段,因此作为培养中学师资的高等师范院校,在制定学科教学目标时,应将学生今后从业的实践能力的培养考虑在内,对古代汉语课而言,主要包括四个方面:①掌握古代汉语的基础知识,其中包含古代文化常识;②熟悉掌握相当数量的优秀文言文作品;③掌握文言文的一般教学法;④基本具备阅读古书的能力。

(2)关于教学内容的安排。对于师范生基础课教学而言,重新解构教学内容成了当务之急。我们认为古汉语应包含如下内容:①确定每单元文选必修篇目与自修篇目,其中把根据中学文言文或诗歌的选编作为确定文选必修篇目的第一要素;②确定必修的古汉语常识,把初学文言文必须掌握的用词和语法作为确定必修常用词和基础语法的第一要素;③适当讲授文言文教学的基本方法。

(3)关于教学方法的运用。古汉语教学中应摒弃满堂灌的单一授课模式,形成讲授与课堂讨论相结合、课件与板书应用相结合的教学方法。提倡传统与现代有机结合。这既是学习古汉语课程本身的需要,也是培养师范生适应基础教育教学的需要。

(4)对接和提升二者不可偏废。我们提倡大学基础课教学与基础教育对接,并不是将大学课堂做成中学课堂的简单"翻版",而是在对接基础上的提升。所谓"对接"是一种广义上的"对接",以解决教学实际问题为目的,而非狭隘的形式上的"对接"。知识点的设置上尽量不要"就事论事",多在知识的扩展和加深上下功夫,要反映学科发展的新思想、新概念、新成果,给学生以思考、创新的启发。

(曾刊于 2010 年总第 7 期)

论古代汉语课程对高中古文教学指导的作用

宋清秀

高校古代汉语课程是为中文系汉语言文学专业学生开设的一门主干专业基础课和工具课，其重要性毋庸置疑。如何发挥这门课程的重要作用，将古代汉语课程与中学文言文教学联系起来，使古代汉语对高中古文教学具有实际的指导作用，是一个非常值得关注和深入探讨的问题。

一、古代汉语课堂与高中古文教学对接的可能性

《古代汉语》课堂理论与文选教授重点的确定是发挥古代汉语课程对高中古文教学指导作用的基础。

作为古代汉语授课教师，首先要了解熟悉高中的古文篇目，将大学古代汉语文选与高中古文重合的篇目做重点讲解。

讲解的过程中首先引导学生注意以下几个问题：了解高中阶段古文授课时候学生必须要掌握的字词与语言现象，知道高中语文教师在备课的过程中掌握的字词与语言现象，备课过程中扩展的知识点与学生必须掌握的知识点如何有机地结合起来；同时，从大学"古代汉语"课堂出发，思考大学古代汉语课堂教师应该讲授什么，学生应该学会什么，如何协调教师讲课的广度、深度与学生知识拓展、实际教学能力提高之间的关系等问题。

头脑中本着这样的问题意识，在理论讲授与文选阅读过程中就会有一个落脚点，知道课堂的重点所在，使古代汉语课堂讲授具有一定的针对性。

学生古文阅读能力与讲授能力的训练是提高古代汉语课堂实效性的关键。

作为实践者的学习与作为旁观者的学习其效果是截然不同的，学生只有按

照老师制定的学习方法,在实际文选阅读的过程中才能发现自己的不足,而老师只有在备课的准备过程中才知道教学的辛苦与自己存在的问题,才能找到自己的着力方向。学生通过研读高中古文篇目发现问题,教师就学生的具体问题单独指导,提供解决问题的思路与参考文献,使学生能够顺利地解决这个问题,最后学生把这个问题的发现及解决的过程提炼成一篇读书笔记或者札记,在写作的过程中梳理自己的学习过程,理清自己的思路,可找到在学习古代汉语课程中自己的重点所在。

学生通过模拟上课的环节,明白不是所有的备课内容都是需要传达给学生的,解决备课的内容和教授的内容之间的矛盾,使学生明白课堂讲解的内容是经过自己的消化整理之后选择出来具有代表性的问题,并且能够把这些重点内容用简洁的语言、清晰的逻辑、深入浅出地表达出来,让他们不仅掌握讲授的重点内容,还有兴趣进一步探索研习课外知识。

二、课堂中应增加对文言文学习的理论方法的探求

古代汉语课堂教学应该与民国时期一些学者的文言文教学经验联系在一起。比如,注意引导学生研习胡适、朱自清、夏丏尊、叶圣陶等学者的古文教学理念,这样把文言文教学的传统理论与新时期的教学理论结合起来,使大学与中学的课堂能够在传统理论的基础上,形成个性化的新模式,提高大学古代汉语课程的实效性,从而真正对高中古文教学起到指导作用。

（曾刊于 2012 年总第 9 期）

教学语言的示范性

王洪钟

人们常把师范院校的办学理念概括为"学高为师、身正为范",如果仅仅将"学"理解为学术、学问，那么师范院校与其他综合类高校比较下来并无质的区别，但是作为培养基础教育师资的专门机构，高师院校的教师与其他高校教师的一大区别是他们除了传授专业知识之外，还要传授如何传授专业知识，即他们的教学活动本身就要对师范生形成一种教学的示范。因此，"学高为师"的"学"还应该宽泛地理解为教学。

目前的高师教育存在着向综合院校看齐的办学倾向，在一定程度上影响了师范特色的体现，影响了师范生师范特长的彰显。一个显而易见的道理是师范生的教师职业素养不是有限的几门教育类课程所能承担得了的，它具有潜移默化、日积月累的性质，因此所有学科的老师都承担着"传道、授业、解惑"之外的另一重任：教学示范。站在汉语言文学专业的角度，教师教学语言的示范性尤其重要。由于专业性质的不同，人们对中文专业教师的语言有更高的期待和要求是合情合理的——如果你的专业方向就是汉语言文学，而作为教师，你的教学语言既不规范又缺乏文学性，那又怎能令人心悦诚服地视你为名副其实的语文教师呢？而事实上语言学教师的教学语言往往干枯干瘪，文学教师的教学语言常常无羁无绊。关于中文教师教学语言的示范性问题，我想重点谈两个方面，一是增强语音的表现力，二是提高语言的书卷气。

一、增强语音的表现力

在大学里，课堂教学最重要的任务似乎是传授学科知识体系本身，至于如何呈现教学内容则仿佛是纯属个人教学风格的事儿，并无一定之规，何必费力伤神，怎么教、如何学一类的问题应该交给教育学、心理学、教学法这类课程去深究。持有这种想法的教师可能不在少数，由此必然带来对教学语言的漠视，很多人以为将书面语转换成有声语音即为教学，其实不然。书面的文字固然突破了语言在时间和空间上的限制，扩大了语言的交际功能和文化传承功能，但是，由于将诉诸听觉的语言变成了诉诸视觉的文字，原本附着于语音上的诸多与个体生命特征有关的信息，诸如真切的情感、独特的腔调、别致的趣味等，在转化为文字的过程不得不只留下无声无息、刻板单一的笔画符号，也留下许多令人悬想的空间，解码能力强（即语感强）的人自然可以品读出个中三昧，更多的人或许就只能浮光掠影得其大概了。而高明的教师，不仅能细致地感受到作者散落在字里行间的情感、腔调、趣味，还能运用自己的有声语言创造性地将它还原出来，使平面的文字变得立体而丰满，把灰色的符号点染得多彩而鲜亮，让沉默的生命重新飞扬起蓬勃的活力，这种化平淡为神奇的魅力即来自语音的表现力。教学语言对语音的基本要求是音量适度、语速恰当、重音准确、停顿合理。在此基础上，提高语音表现力的两个要素就是律感与情感。缺乏表现力的教学语言的共同特征是律感平、情感淡。

所谓律感平就是节奏感或韵律感平淡而没有起伏。"文似看山不喜平"，教学语言也是如此。讲授时假如始终保持同样的轻重快慢、抑扬停连，哪怕只有10分钟，相信其抑制大脑兴奋的功效绝不亚于一次成功的催眠。如何把握好教学语言的节奏，做到抑扬顿挫、轻重有序、张弛有度，既取决于教学者对教学内容的熟练与洞悉程度，也受制于教学者自身的语言感受力与语音表现力，后者完全可以通过耳濡目染及反复的模仿训练获得。

所谓情感淡是指教学过程中情绪不够饱满，缺乏激情。教学固然是一种认知活动，但仅有认知没有情感的教学是不完整的教学，这样的能力也许可以很好地操纵机器，却无法启动心灵的闸门。教师的天职是教书育人，不应该冷冰冰地进行知识发售，不善于运用语言表达情感的人永远不能成为一名出色的教师，哪怕他知识非常渊博。其实即使是缺乏情感资源的语言学课程，教师对于语言问题本身的倾情痴迷，对于课堂教学的激情投入、对于学生学习的热情关切同样可以感染学生，激发他们学习语言、研究语言的兴趣。

二、提高语言的书卷气

所谓书卷气，并不是指卖弄学问的"掉书袋"，而是指语言具有丰富的文化内涵。"言之无文,行而不远",表达相同的意思,可以选用的词语、句式很多,不同的选词用句体现不同的风格,透露不同的素养,产生不同的交流效果。用"障碍"与"绊脚石""拦路虎"的意味是不一样的,说"一片寂静"与说"东船西舫悄无声"的效果也是不一样的。作为中文教师,理应更加注意锤炼自己的教学语言,善于灵活运用更强表现力、更多附加义、更富文化内涵的词句,力求摆脱白开水一般的日常口语,为学生做好运用语言的表率。典雅含蓄的成语、意境优美的诗句、饱含哲理的谚语、简洁明快的惯用语、风趣幽默的歇后语应该多多出现在我们的教学语言中,富有汉语特色的双关、对偶、拈连、顶针、仿词、回环等修辞格应该多多运用在我们的教学语言中。

总之,我们的教学语言应该讲究诗意的捕捉和哲理的提炼,讲究话语的音律和节奏,讲究语气语调的轻重变化。只有优美丰富的教学语言才会让学生的心灵沐浴着明媚的文学之光,激起他们对祖国语言文字的由衷热爱。

（曾刊于 2010 年总第 7 期）

"演习课堂",教师教育课程教学方式变革的新思路

童志斌

一、教学事件回放

(一)背景说明

根据党的十七大关于"加强教师队伍建设,重点提高农村教师素质"的要求和《国家中长期教育改革和发展规划纲要》精神,为进一步加强教师培训,全面提高教师队伍素质,教育部、财政部决定从 2010 年起实施"中小学教师国家级培训计划"(以下简称"国培计划")。经过严格的申报评审,浙江师范大学顺利地从教育部获得了高中语文培训班的项目,全国范围内仅北京大学、上海师大等四所高等院校获得高中语文"国培计划"项目。

2010 年 11 月初,教育部、财政部"国培计划"浙江师范大学第一期高中语文骨干教师培训班在浙江师范大学顺利开班,来自云南与山西两省的 50 位学员聚集到金华参加"国培计划"。中旬,培训活动临近尾声,按照既定的课程安排,要为"国培"班安排一个单位时间的"文言文阅读教学"的专题讲座。不过,学员们提出要求,希望能够听到更多的教学公开课。经过协调,最终确定由我为学员们执教当前浙江省通用的苏教版高一册教材中的古代散文《始得西山宴游记》。

因为本项内容属临时变动,安排高中学生现场上课受到各种条件制约,经过进一步协调和商议,最终确定采用这样一个大胆的方案:上课内容等都按照高中课堂教学的要求来执行,只不过,这一次的"高中一年级学生"全部由浙江师范大学人文学院汉语言文学专业本科三年级的学生来扮演。

(二)事件过程

11 月 16 日上午 7 点 45 分,四十多位中文专业大三学生按时就座,全体国培学员作为听课教师环绕这个"班级"的学生就座,其他语文课程与教学论的硕士研究生及部分前来面授的教育硕士也来到现场观摩。人文学院副院长傅惠钧与教务办占梅英老师等都到现场进行组织协调。

8 点,"始得西山宴游记"课堂正式亮相。课堂上,起初怀着好奇心理的人文学院的本科生们渐渐进入状态,在上课老师的引导下,逐渐进入文本情境当中,也完全进入高中课堂的情境当中。同学们或自由朗读,或齐声朗读,或小组讨论,或个别发言,也有多个同学主动举手提出自己的疑问,或者陈述自己对相关问题的见解。

当然,由于大学生的学习习惯与高校普遍教学风格的影响,同学们多少还是有些拘谨,不能够完全像普通高中生那样"放开"表现,不过,整个教学观摩活动还是取得了圆满的成功,可以说,这半天的实际活动效果,远远超出了事前的预期。

大约两个课时的课文教学结束之后,本科学生因为另外有课先行离开,我与现场的全体国培学员一道进行了热烈融洽的互动交流,先后有十多位学员站起来发言,发表了自己的听课感受。学员们普遍对于本堂课所采用的文言文教学的理念及做法表示了认同与肯定。同时也对于本次活动的新颖安排表示了肯定,他们认为,这样的特殊的课堂,非常值得做进一步的探索与思考,对于中学一线教师来讲,也完全可以作为开展校本教研活动的新思路之一。

二、课后反思

作为本次教学事件的全程亲历者,本次活动也使我有了相当多的收获与思考。说实在话,本次活动最终做出这样的灵活安排,完全是意料之外的。如果不是国培班学员们临时提出想听公开课的要求,如果时间条件允许,按照常规操作,将本次教学放到某一高中学校的班级来执行,当然也可以顺顺当当地完成任务。不过,这样一次"纯属意外"的无心插柳之举,却给现场所有人包括我本人以极有意义的启迪和触发。这样的启发,既有中学语文教学方面的,也有"教师教育"方面的。

平常意义上说的教师教育,至少指平常所说的职前教育("师范教育"),以及职后教育("继续教育")。

"教师教育"的问题,从来没有像现在这样得到从领导到群众的普遍关注和重视。胡锦涛总书记曾指出："要把加强教师队伍建设作为教育事业发展最重要的基础工作来抓。"——强国必先强教，强教必先强师。《国家中长期教育改革和发展纲要（2010—2020）》也开宗明义强调："教育大计，教师为本。"

对于师范大学来说，如何应对新的历史时期、新的教育形势的要求，服务于基础教育，在职前教师教育与职后教师教育中担当起自己的责任，是全体成员所应该共同面对并做出认真解答的问题。

对于我们人文学院而言，无论是在应对师范生的培养新要求，还是在如何服务基础教育中承担更多的责任、发挥更大的作用方面，都还有许多值得研究的课题。

我个人感觉，在教师教育的课程内容与教学方式两方面进行积极的探索，都是相当有必要的。

"教师教育"因其培养功能的特殊性，必须重视实践能力的培养。最早的语文学科的教师教育，基本上采用"理论＋实践"的拼盘做法。"理论"学习基本就是"语文教学论"课程的学习，早先的"语文教学论"，由于理念与技术手段的制约，基本上采用由专业教师（以前称作"中教法"老师）独力讲授的教学方式。而"实践"能力的培养，基本上完全交给"教育实习"来完成。由于"教育实习"本身的特殊性，就学生个体而言，其实践能力的提升，主要不是来自师范院校的老师，而是更多地倚重于中小学的指导教师的师徒式的指导。

20世纪末21世纪初，案例教学、微格教学的理念与教学方式逐渐传入我国，带来了教师教育课程内容与教学方式的巨大转变。随着新理论的深入人心，也由于微格教室等硬件设施的建成与完善，最近几年，微格教学等教师教育课程，在师范生职前实践能力培养方面所发挥的作用越来越明显。其优点就在于，师范生在正式登上中小学的讲台之前，在高校里就获得很好的模拟上课、说课的实践操作机会。

而专业教师（"课程与教学论"教师）也会在相关的课程当中，突出运用案例教学的方式，让学生在课堂上通过观摩案例呈现（或者文字或者录像视频），间接获得教学现场感受——当然，不可否认，这样的"现场感"多是间接的，难免有"隔靴搔痒"之遗憾。而微格教学，由于较多地采用"说课"的方式，基本上采用口头呈现教学设计的方式来做象征性的课堂教学演练。较之于原先的"语文教学论"相关知识的单向传授，微格教学已经在提升实践效益方面有了极大的改观。不过，与教育实习的"实战"效果比起来，微格教学也还是有其不足。

随着2010年开始执行的新的实习制度，学生的实习时间由以往的7周延长为半年。2010年作为过渡,学生在中小学的实际实习时间为9周,然后,作为变通,另外增加了实习结束回到学校之后的"教育研习"板块。如何有效组织"教育研习",发挥教育研习在培养学生教育实践能力方面的应有作用,目前我们还仅仅处于摸索过程当中。

可以说,要想完全按照相关制度要求,将半年的实习时间全部放在中小学校进行,中小学校是存在相当大的接待难度的。采用"教育研习"的方式作为"教育实习"的必要补充,目前来看,是相当切实可行的思路。关键问题是,如何完善"教育研习"的学习内容与学习方式,显得相当迫切。其基本要求是:师范生不需要进入中小学校,照样可以获得教学实践的锻炼机会。

我以为,采用类似于前述国培班的教学方式,是较为可行的思路之一。当然,如果要照此执行,就必须将偶一为之的行为,经过科学的论证与精心设计之后,在活动内容及活动方式上,都得到相对的固定,以确保实效。

这一方式的特点是,在教学条件上,完全借助师范院校原有的教学资源(包括教学场地与学生),而不需要依赖中小学校。

根据我的施教体会,以大三学生来模拟高中学生,虽然跟实际的高中学生存在诸多差异,比如学生的认知水准状态、学生的参与热忱等。不过,如果选择的材料适宜,事前的规则制定充分,上述的缺陷也还是可以获得相当程度的弥补的。

为了教学(比如微格教学)或者活动(比如师范技能比赛)的需要,以往也会采取"模拟课堂"的形式。一般做法是,随机地寻找少量学生(一般情况是"因地制宜""就地取材",就由模拟教学执教者的同学担任),进行临时性的"配合"工作。因为"临时学生"基本上属于"友情客串",是来帮忙的,所以,这些"学生"基本上起一个象征性的作用,"聊胜于无"。讲台上的"老师"一般会在"上课"之前与他们进行必要的沟通,有的索性就是把相关问题及答案都分别交托给指定的学生,然后由他们配合自己,需要谁活动谁就活动,需要谁回答问题谁就回答问题,基本上属于"唱双簧"的性质。在这样的课堂里,这些来"客串"的学生,是不需要做真正的思考的,而讲台上的"老师",也是压根儿不需要严肃认真地考虑他们的"学情"从而采取有针对性的教学的。他们所要做的,就是按部就班地把事前安排好的程序,逐一展现出来——说白了,这样的"模拟课堂",基本上只剩下"模拟"而见不到真正的"课堂",更别说"教学"了。

相比较而言,我为国培班所上的两堂课,则与上述"模拟课堂"有着本质的不同。我试图用"演习课堂"或者"演习教学"来指称这样的教学方式。

其特征如下:课堂的"学生"为大学生,不过,学习内容(课文)等与学习方式均采用中学生的常规做法。上课的"教师"(可以是高校或者中小学的在职教师,也可以是职前学习的师范生),必须按照中小学教师备课与上课的常规,在课前精心备课,布置学生进行必要的预习。课前,根据"学生"的实际,确定教学目标、教学内容与教学方法、教学时间。课堂上,根据学生现场的反应,做出积极的教学应对。教学方法要尽量采用中小学校常用的提问解答、合作讨论、默读朗读、当堂写作等活动方式,来获得中小学课堂基本类似的实践体会——既然是"课堂教学",就一定要尽可能充分地体现中小学课堂的特点。所谓的"演习",当然是越"逼真",效果越好。其基本的判断依据是,这样的"课堂"上的"老师"与"学生",是否完全进入"课堂"的情境当中去。

要想求得"逼真"的效果,我以为,除了讲台上的"老师"要进入角色,现场"课堂"里的"学生"是否进入角色,也显得至关重要。

为了确保这样的课堂"演习"取得最佳效果,必须尽最大可能调动积极因素来求真实,力避传统"模拟课堂"的"唱双簧"的弊病。

比如,所选择的教学内容(可以是课文,也可以是其他的),必须是当下这批"学生"陌生的,符合"最近发展区"的要求,具有一定的学习难度,对于这批学生具有一定的挑战性,让"老师"与"学生"在课堂上都能够实实在在地面对学习"障碍",同时,也在课堂推进过程中不断地获得排除障碍获得成功的愉悦感、成就感。——当然,最终也经得起课后的评价,可以通过必要的方式,检测到这批学生对于相关学习任务的完成成果,以及在相关知识掌握、能力提升方面的变化。也就是说,可以证明,经历了这样的课堂之后,这批"学生"确实有"学习"过程存在。

从技术上说,在"演习课堂"当中,"老师"的"入境"较之于"学生"的入境,难度要大得多。为了确保这一点,必须想方设法确保这批"学生"在认识上、心理上有一种进入高中课堂、成为课堂主人翁(而不是好玩的、看热闹的局外人)的意识。

对此,我初步的设想是,考虑到目前教师教育类课程的开设情况,"语文教学论"课程置于大学二年级开设,"微格教学"置于大学三年级开设,教育实习放在大学四年级。是不是可以这样设计,将大学四年级的"演习课堂"活动(可以在9月份进驻中小学校之前的"试讲教学"阶段,也可以在11月份教育实习返回之后的"教育研习"阶段组织进行),同大二学生的"语文教学论"或者大三学生的"微格教学"课程的学习活动整合起来。这样,既可以确保大四学生获得

"演习课堂"的操练机会,又可以让未经历微格教学的大二学生或者未经历教育实习的大三学生,从前辈那里获得课堂教学的直观感受。

而对于参与"演习课堂"活动,以"学生"的身份进入课堂的大二或大三学生来说,这样的"设身处地"的角色改变,也可以使之在一定程度上了解如何把握"学情",如何针对学生的实际,采取积极的教学应对策略。

总体而言,这样的"演习课堂",直接受益者,当然是讲台上实施教学的"老师",同时也是"课堂"上的"学生"。如果设计合理的话,还有在现场观摩,进行实地课堂观察的其他大学生。

我以为,设计并组织这样的"演习课堂"活动,完全可以成为在新的形势下,顺应新要求的行之有效的教师教育的新思路、新阵地。

当然,以上思考,仅仅是笔者根据本人一次偶然的教学实践而谈的肤浅的认识,这样的"演习课堂"的合理性、实效性、可行性……都还有待于在实践过程中不断地摸索,不断地思考,不断地完善。

（曾刊于 2010 年总第 7 期）

在行动中思考,在研究中成长

——谈师范生如何成为优秀的语文老师

童志斌

我想跟那些准备做老师的年轻人谈一谈,在大学求学期间如何努力,才能成为一名好的中小学语文老师。

"师范生"的英文表达有 normal university student(师范大学学生),pre-service teacher(职前教师),student teacher(学生教师)等——我个人最认同的表达是"student teacher"。对于"师范生"来说,我们有着特殊的"双重身份"——我们当然是 student(学生),不过,同时也是 teacher(老师):是将要当"老师"的"学生",也是处于"学生"时期的"老师"。

所以,我们从现在开始,就应该进入"教师"的状态,同时,也应该进入"教学"的状态。我们不要总以为自己目前还是教学的局外人、旁观者,而要树立一种观念:我是教学的内行。当然,要想成为真正的内行,需要一个不断求索的过程。在课堂中能够"左右逢源"的老师,他们的功底并不是一蹴而就的,而是长期生活、学习积淀的成果。俗话说"书到用时方恨少",要想减少日后这样的"恨",就必须从现在开始积累。可以说,我们以前与现在,每天积累的点点滴滴,肯定会在将来某一天某一堂课中发挥作用。我总是这样认为,一个语文老师上一堂课,他的"备课"工作,不是昨天开始的,不是前天开始的,也不是上个礼拜开始的……实际上,他读大学期间就在为这一堂课"备课"了,或者可以说,更早一些,从读中学、读小学就开始在"备课"了。

可能年轻的朋友们会说,我现在还在读大学呢,离中小学的教学还远着呢。确实,我们目前还不在教学现场;不过,我们完全可以进入教学现场。而且,我认为,我们必须提早进入教学状态,从现在起,就进入教学状态。

一

首先,我举几个例子,我们来感受一下,如何为进入教学现场做准备。首先看来自初中语文教材的李白《送友人》一诗。

送友人
李白

青山横北郭,白水绕东城。

此地一为别,孤蓬万里征。

浮云游子意,落日故人情。

挥手自兹去,萧萧班马鸣。

末句"挥手自兹去,萧萧班马鸣"中的"班马",是什么意思呢?"班"解释为什么呢?课本注解为"离群的马"。我们一定觉得很惊讶。在我们的印象中,"班"应该是"一群、一批"的意思,比如说,"一班人"。如果你是语文老师,你会怎么给学生以指导呢?最简单的做法当然是:"同学们,请大家一定要记住啊,这里的'班'字意思很特别,'班马'是'离群的马'的意思,一定要记住啊!"这样做,好像也没什么不可以。

不过,一个真正优秀的语文老师,肯定不会满足于此,他会努力去探求,以期另有"作为"。首先,我们要问,为什么这个"班"字可以表达"离群"的意思呢?"班"这个字的本义是什么呢?"班"这个字形是由哪几部分构成的呢?我们要探究词义的源头。哪怕我们一开始也不清楚,我们也可以通过各种途径来探求。查了工具书等有关资料,我们可以明白:"班"字在《说文解字》中解释为:"分瑞玉,从珏从刀,布还切。"也就是,"班"的字形,是一把刀将玉分割开来,所以它有"分离"的意思。这样,"离群的马"的解释就可以落实了。李白这首诗的"创意"也就在于,他实际要抒发的是与友人分别时的不舍与哀伤,可是,他不说友人怎样,却说分别的马儿发出哀伤的嘶鸣声。经过这样的来龙去脉的分析,中学生再来读这句诗,再来读"班马鸣",就会有完全不一样的感觉了。所以,语文课程的特点就是这样,当我们拿到一篇课文时,教学内容并不是显而易见的,而是需要我们去开发、去挖掘的。而开发挖掘出什么,开发挖掘到什么深度,那就离不开语文老师的意识以及积累了。

尤其是,在语文课堂中,我们要讲出学生以为一望而知,其实可能是其一无所知的东西来。再举一例,高中教材《烛之武退秦师》中的第一段是这样的:

晋侯、秦伯围郑,以其无礼于晋,且贰于楚也。晋军函陵,秦军氾南。

佚之狐言于郑伯曰："国危矣，若使烛之武见秦君，师必退。"公从之。辞曰："臣之壮也，犹不如人；今老矣，无能为也已。"公曰："吾不能早用子，今急而求子，是寡人之过也。然郑亡，子亦有不利焉！"许之。

郑伯所说的最后两句话很有意思，如果不作"细读"，很可能也就浮皮潦草地过去了。他说："吾不能早用子，今急而求子，是寡人之过也。"细读之后我们可以发现，表示第一人称"我"，句中先后用了"吾"和"寡人"两个词。试问，为什么在同一个句子当中，同样"我"的意思，要用两个不同的词语呢？如果将"吾"与"寡人"调换位置可以吗？所谓"春秋笔法，微言大义"，我们应该对此进行细读，细作玩味。

从语言上来讲，"吾"是一般的人称代词，而"寡人"是国君的自称。郑伯（"公"）开口先说"吾不能早用子"，是诚恳地承认"我""不能早用子"的事实过失。然后接着说"今急而求子"，实在是不应该（"是寡人之过也"）。后面为什么用"寡人之过"呢？跟"是吾之过"有什么不一样呢？揣摩一下，我们是不是可以做这样的解读：前面说"不能早用子"的人是"我"（吾），后面郑伯在自我批评时，有意识地以"寡人之过"，含蓄地提醒烛老爷子：我确乎是有过失，不过，请您老人家千万体谅的是，"我"的过失，是作为一国之君的过失，属于"工作"上的失误。某种意义上说，要管理这么大的国家，怠慢了哪一个人，可能也是情有可原的。这样的表达，既诚恳地做了自我批评，同时也不动声色地为自己做了些辩护，同时也宽慰了烛之武的心。可谓一石三鸟，至为巧妙！

还有一例，来自欧阳修的《秋声赋》：

欧阳子夜读书，闻有声自西南来者，悚然而听之，曰："异哉！"初淅沥以萧飒，忽奔腾而砰湃，如波涛夜惊，风雨骤至。

"初淅沥以萧飒，忽奔腾而砰湃，如波涛夜惊，风雨骤至。"《古文观止》中记"秋声，无形者也，却写得形色宛然，异态百出"。秋声，是无声无息的，欧阳修却写出了千姿百态且似乎可以触摸到。那么这种质感怎样把握呢？其中，"如波涛夜惊，风雨骤至"中"惊"和"骤"就是一个很好的突破点。

如果单看"波涛夜惊，风雨骤至"的现代版表达，可能没有什么特别的感觉。

好像江河夜间波涛汹涌，暴风雨骤然来临。起初，听起来是淅淅沥沥的雨声夹杂着潇潇飒飒的风声，忽然（那声音）奔腾澎湃起来。

——苏教版《教师用书》译文

这两句话的意思，也就这样平常。可是，一追溯到"惊"与"骤"字的繁体字

字形,这里的意味就来了:

> 驚:形声。从馬,敬声。本义:馬受惊。
> 骤:形声。从馬,聚聲。馬疾步也。

原来,"惊"与"骤"本义都与"马"有关。所以,从这里我们可以想象到,作者在写"惊涛"时,眼前出现的是一幅波涛汹涌如群马受惊的场面;而耳畔传来的风雨声,也恰如万马奔腾一般宏大壮观。如此一来,什么是"形色宛然""异态百出"也就不言而喻了。

我以为,其实"初淅沥以萧飒,忽奔腾而砰湃"这一句,也有进一步细读玩味的空间。这是最近我读复旦大学申小龙先生的论著时获得的思路。

> 汉语词汇的以声象意为汉语诗歌音律形象的塑造提供了富有表现力的材料。中国古典诗歌在艺术地营造意象的同时,充分开掘词音的象征功能,使诗歌语言出神入化,动人心弦,音随意转,跌宕起伏。……一般说来,汉语中的塞音声母音节多用来模拟碰撞之声,如"啪""砰""滴答";擦音声母音节多用来模拟摩擦之声,如"嗞""沙""嗖"等;后鼻韵尾音节多用来模拟共鸣之声,如"轰""哐""通"等。
> ——申小龙《申小龙自选集》,广西师范大学出版社,1999:191-192.

循此思路,我们可以从语音的角度对《秋声赋》中的语句做新的解读。其中,"淅沥"与"萧飒"为擦音,而"奔腾"与"砰湃"为塞音,且为鼻韵。从语音的朗读中,我们可以感受到由起初细切微妙的"窸窸窣窣"声,慢慢转变为汹涌澎湃的"乒乒乓乓"声,当时秋声的奇妙的听觉形象也就真切地传达出来了。

从上述这几个例子中,大家是否受到一点启发:也就是通常所说的,老师要给学生一杯水,你自己得拥有一桶水。实际上,学生与老师在学识上的差异,并不仅仅是一杯水和一桶水这样简单的量的差别,质也有很大的差别。不要总是想着要将自己的知识"倾囊相授"于学生,那样我们肯定会落到捉襟见肘的尴尬境地。

二

究竟如何进入教学状态?我试着概括出以下几条路径,供年轻的 student teachers 参考。

第一,进入课标。无论教材怎么编,无论教学如何设计,无论评价如何开展,都必须围绕《课标》的基本要求,都不能脱离这个核心。所以,要认真研读

《课标》。要从《课标》当中获得对于语文课程性质、语文教学特征的基本认识。

第二，进入教材。对自己今后的工作方向有一个定位，熟悉自己应该熟悉的教材。比如，浙江省现行的小学、初中语文教材均为人教版教材。浙江省的高中语文教材分为必修与选修两块，其中，必修教材采用的是苏教版的教材。而选修课本中，《〈论语〉选读》采用的是语文版教材，《外国小说欣赏》《语言文字应用》《中国现代诗歌散文欣赏》和《中国古代现代散文欣赏》采用的是人教版教材。我们要通过各种途径去熟悉教材，研读课文，提早进入教学现场。

第三，进入高考。这里所说的"高考"主要是指高考试题，了解高考试题，也就可以了解教学的具体"环境"。况且，目前许多学校或教育局的教师招聘考试，就是以高考试题或者以高考模拟试题为笔试试题的。因此，我们师范生要将高考试卷做一个搜集整理，了解试卷的出题思路及现在教学所关注的"点"。

第四，进入期刊。要提早进入教学现场，离不开语文期刊；要做研究，也离不开期刊。成为一名研究型的老师，进入期刊更是必经之路。目前国内影响较大的期刊有《语文学习》《中学语文教学》《语文教学通讯》《语文建设》《中学语文教学参考》和人大复印资料《高中语文教与学》《初中语文教与学》，等等。每种杂志均有其办刊理念与栏目特色，阅读不同的语文期刊，我们会得到不同的收获。

第五，进入阅读。阅读包括对期刊的阅读、对教参的阅读以及其他"打底"的阅读。在2011年第11期的《语文学习》杂志中，王荣生老师提供了一份语文老师的阅读书目。另外，给大家推荐几本适合学生阶段阅读的书：《解读语文》（钱理群、孙绍振、王富仁），《名作细读——微观分析个案研究》（孙绍振），《中国现代经典短篇小说文本分析》《外国经典短篇小说文本分析》（刘俐俐）。阅读这些书，既可以获得文学的滋养，同时也可以获得很好的语文教学的引领。还有，特别建议大家一定要读一读《水浒传》金圣叹批评本，这不仅对我们阅读与写作有帮助，而且对我们日后指导学生阅读与写作有莫大的启迪。

第六，进入实践。师范生时期，除了为日后当老师做准备的阅读、研究，以提升学识素养之外，也完全可以做一些直接的"实践"训练。首先，练粉笔字，板书设计既要实用又要美观。大家要将练粉笔字作为一项持久的练习来进行。其次，练表达。作为老师，一定要口齿清晰，字正腔圆，表达娴熟。现在，我们应该养成大声朗读课文的习惯，这也是我们进入教师角色很重要的一项素养。课堂中的游刃有余，并不是临时的生成，而是需要一个过程，这个过程的开始时间，就是现在。

三

要想成为一个优秀的语文老师，作为师范生，也要学会利用各种教学资源，尤其是网络资源。比如，"汉典"网，它对汉字的注音、笔顺、解释及字源字形溯源，都有准确而详备的说明；人民教育出版社网站，以图片的格式收录了各个年级、学科及版本的教材，确保我们可以查阅到准确的文本资源。除此之外，有一些博客资源，如王尚文老师、孙绍振老师、吴非（王栋生）老师、朱昌元老师等，他们都开通了自己的博客。其中都会呈现出这些学者与优秀教师们对语文学科问题思考与研究，本身就是很好的学习资源。

还有一些我们校内的电子资源，建议大家要会使用。比如电子期刊库中的硕博论文，尤其是博士论文，在问题的深度和广度上都有充分的论述，另外，对硕博论文的参考文献，也要引起高度的重视。它可以为我们研究相关问题指明应该关注哪些已有成果、应该阅读哪些相关论著，为我们的研究指引方向。

另外，在我们进入教学的状态时，要把握各种成长与学习的机会。比如，在2011年第九期《语文学习》中有一个"长三角语文教育论坛'散文教学内容的确定'征文大赛启事"。有时，我们思考与研究的成果是需要表达出来的，所以，参加征文大赛是一种很重要的表达方式，这同时也可以让自己进入一种研究的状态。

我将研究与教学的关系理解为：只有先成为研究者，才能成为一个真正的老师。王尚文先生一直强调"教师应该比学生更可教"。我想，作为一个学习的人、思考的人和求索的人，必须具备研究的意识，研究的能力。当然，教学，必然是研究；研究，也是为了教学。教学的过程，就是研究的过程。从作为学生的研究到作为老师的研究是一个水到渠成的过程，我相信，一个会研究的学生，必然会是一个会教学、善教学的老师。

（曾刊于 2012 年总第 8 期）

专业建设

国家级特色专业汉语言文学建设的目标与任务

人文学院

2009 年 9 月 4 日,教育部、财政部联合下发教高函〔2009〕16 号《教育部 财政部关于批准第四批高等学校特色专业建设点的通知》,公布第四批高等学校特色专业建设点名单,我院汉语言文学专业榜上有名。

本次批准公布的高等学校特色专业建设点有北京大学"地理科学"等 671 个专业点。据了解,"十一五"期间,国家将择优重点建设 3000 个左右特色专业,并分"第一类特色专业建设点"和"第二类特色专业建设点"两类遴选。本次批准公布的特色专业建设点属"第一类特色专业建设点"。《通知》指出:"建设高等学校特色专业是优化专业结构,提高人才培养质量,办出专业特色的重要措施。项目承担学校和项目负责人要充分认识建设特色专业的重要意义,按照两部有关加强'质量工程'本科特色专业建设的要求,紧密结合国家、地方经济社会发展需要,改革人才培养方案、强化实践教学、优化课程体系、加强教师队伍和教材建设,切实为同类型高校相关专业和本校的专业建设与改革起到示范带动作用。"

下面是"任务书"的核心内容。

一、建设目标和思路

(一)目标

我们办专业的理念是:以现代大学教育的理念为指导,面向现代化、面向世界、面向未来,培养和造就适应市场经济、知识经济社会发展的高素质创新人才。使学生既有扎实的学科知识和专业特长,又有较强的创新精神和实践能力,既有丰富的人文底蕴,又有较强的科学精神,知识面宽、综合素质高、职业技能强,对于现代社会具有较强的适应性,并富有个性和可持续性发展的品质,真正成为新世纪的专业合格人才。本项改革将在这一理念指导下实施。其具体建设目标是:

深化课程体系改革,完善师范类汉语言文学专业的人才培养方案。形成一个以师范性为核心、充分服务于 21 世纪基础教育的专业教育、职业教育和通识教育优化组合的理论与实践并重、知识与能力兼顾的课程与教学体系。配合这个体系,打造一批重点课程、精品课程、网络课程,特别要建设一批富有师范内涵的专业课程,改革实践教学体系,探索创新教育途径,努力提高学生的实践与创新能力。根据培养方案需要,优化师资队伍建设,改善教学设施和教学手段。力图通过四至五年的努力,将我校汉语言文学专业建设成为课程设置合理、师范特色鲜明、毕业生基础知识扎实、师范技能过硬、在全国同类专业中具有较大影响的优秀师范专业。

(二)思路

本项改革,是以为基础教育培养优秀语文教师为基本着眼点,以进一步突出师范性为主要突破口的综合性整体改革。力图在强化专业内涵的基础上通过"专业教育师范化"深化师范类汉语言文学专业的建设。

当前,我国的师范教育体系正发生着重要变化,如中等师范教育被融入大学教育、师范大学着力发展综合性实力,以及综合大学拓展教师教育等。这种变化,对于教师教育来说有积极的一面,但教育模式的趋同化,评价机制的一体化,在客观上导致了教师教育师范性特点被严重削弱,高等学校的师范教育与基础教育相脱节的矛盾进一步显现出来。教师职业的不可替代性,在高等师范教育体系中未能得到充分的体现和落实。就师范类汉语言文学专业而言,教育部在《普通高等学校本科专业目录和专业介绍》中将之与非师范类汉语言文学专业做了区别,提出了特殊的培养要求:"本专业学生主要学习汉语言文学的基本理论和基本知识,受到教育及教学研究的基本训练,具有良好的人文素养和教师职业素养,初步具备从事本专业的教学能力和科研能力。"但在实践中,"良好的人文素养和教师职业素养""从事本专业的教学能力和科研能力"等方面的培养及成效都与实际要求存在着较大距离。有识之士注意到,就基础教育现状看,目前不是缺少教师,而是缺少优秀的教师。这一事实不能不说与目前师范教育存在的问题有关。

对于"师范性",有人认为只要在大学的课程体系里加进几门诸如"教育学"

"心理学"等师范类课程,就能体现了。其实,这是一种片面的认识。我们认为,师范性是大学师范教育的核心,并非只是通过几门所谓师范类课程即能够实现的。它是一种整体效应。教师教育既要培育受教育者的专业与职业素养,同时还要养成一种热爱教育、终身从事教育的精神。就专业教育而言,当然,一个专业自然有其最为基本的知识和理论,这是专业教育的基础,对于非师范同类专业教育也是通用的。但是作为师范教育,受基础教育课程性质与人才特点的制约,在教学内容的选取、教学重点的把握和教学方法的应用上,却有其特殊性,也就是说,对于教师教育来说,专业教育本身同样蕴含着师范性。因而应该在课程的整体设置和每门课程的具体实施中,努力体现或渗透师范性。随着对"语文"教学症结的反思和"语文"教育观念的更新,人们更加清醒地认识到,"语文"教学应该在语文素养的培养上着力。这就对语文教育者的语文素养提出了更高的要求。作为师范类汉语言文学专业,在专业教育中必须考虑如何更有效地提高师范生的语文素养。就目前状况来看,我们以为,在课程教学内容上有两点需要引起特别重视:一是在注重理论知识讲授的同时,应更注意引导学生阅读相关基本典籍,让学生在与经典的对话中提升自己的语文素养;二是专业理论知识的教学在重视基础性的同时,应更有意识强化师范性内涵,在教学内容上实现与基础教育的对接与提升。特别需要进一步开发蕴含丰富师范性内涵的专业课程(如黄灵庚教授的"训诂学与语文教学"课程及其教材等)。在学术能力方面,应在培养学生汉语言文学专业的基本学术能力的基础上,特别重视语文教育学术研究能力的养成。当然,传统所谓的师范类课程还需继续拓展并进一步赋予时代内涵,提高其实效性;通识教育中也同样存在如何渗透师范性的课题。

教师教育的"师范性"远不只是体现在课程体系上,在队伍建设、教学方法、教学手段、学业评价、实践环节等各个方面均需充分体现。只有这样,"师范教育"才能名副其实,才能真正具有不可替代性。国家教委将"师范专业"列入"特色"专业来建设,正体现了对教师教育"师范性"的重视。

基于以上认识,我们将以与基础教育实现"联动与对接"为推力,以改革人才培养方案为核心,从课程教学内容与方法、教师队伍建设、实践教学等各个环节进行全方位改革,让师范类汉语言文学专业真正姓"师",实现"专业教育师范化",从而实现为 21 世纪中小学语文教育培养具有不可替代性的优秀教师的目标。

二、建设方案

(一)课程建设

优化和完善以"师范性"为内核的专业教育、职业教育和通识教育"三位一体"的课程体系。

1.师范类课程

加强体系性。师范类课程兼顾教育理论与心理、教学管理与教学研究、教学技能与方法、教育实践等各个方面。重点建设教育学、教育心理学、语文学科教学论、班级经营、语文教育科研方法、教师语言艺术、三笔字技能、微格教学等基础性课程,以及教师专业成长理论、语文教育社会学、课堂教学创新论等系列选修课。

突出实践性。各门课程,特别是技能类课程,重视实践能力的培养,尤其是从事语文教学所必需的"听、说、读、写"基本能力的训练和课堂教学实战训练。在建立语文案例库的基础上,开好"案例"课,通过一个个具体案例还原课堂的真实流程,阐释教学原理和规律。

重视前沿性。开设语文教改前沿讲座(由教育家与特级教师讲授)、语文教改研究等课程,把学生引向语文教改前沿。

2.专业类课程

专业类课程,要实现从注重知识传授向更加重视能力和素质培养的转变,深入挖掘课程的师范性内涵,基础性与应用性并重。

(1)传统课程的改革与建设。①语言类课程:基础性知识进一步夯实,如古今汉语的语音、文字、词汇、语法等基础知识务必落实。对有些重要项目拟进行专项考核,比如《规范汉字表》中的"教育用字",古汉语常用字(词)(1000~1200个),要求逐个掌握,熟悉其基本用法。同时,语言类课程还要在语言能力的培养上着力,避免只讲知识而忽略应用。语用修辞等课程更应在提高学生语言能力方面发挥积极作用。古汉语课程要帮助学生实现借助工具书读懂一般古籍的目标。②文学类课程。注重对文学作品原典的阅读,强调自主阅读,个人感悟。要求一是精选一定数量的经典篇目为背诵篇目,为学生印制"背书手册",对背诵情况实行专项考核。二是确定一批精读书目,要求熟读并做相应读书笔记,以写促读。三是学生自选古代、现当代、外国各一位作家,系统阅读其作品、传记及相关评论,并写出论文。③写作课程。将写作课改为习作课。习作课不再仅是写作理论的传授,更重要的是引导学生练习文学创作和应用写作,让学生经常动笔、喜欢动笔,在不断的练习中探索规律、学会流畅地表达自己。

(2)新课程的进一步拓展。新课程的拓展,在专业需要的前提下突出两点,一是将科研成果转化为教学资源;二是开拓富有师范性内涵的专业学术领域。我们鼓励教师由某一特定学科出发结合基础教育的教学内容来开展学术研究,并将研究成果转化为课程。在这方面我们已经取得了成功的经验。目前本专业已有两门课程被教育部确定为师范教育优质资源:"训诂学与语文教学""语文新课程与教学的解放"。我们将继续开发此类课程。目前已经计划开设的有"语文规范化与语文教学""修辞学与语文教学""美学与语文教学""民俗文化与语文教学"等。这些课程将中学语文教学中普遍存在的语言、文学、文化现象运用相关学科理论进行提炼和阐释,其共同特点是在两者相对接的基础上,找到学生共同的兴趣点,通过专业学术资源的激活与转化,来解决基础教育的实际问题。课程既富有专业性,又蕴含师范性。比如"训诂学与语文教学",以训诂学思路进入中学语文课本,对古代常见词汇辨源析义,对症下药地解决了中学语文文言文字词教学的难点,极具实用价值且深受师范生和中学语文教师的欢迎。

3.通识类课程

通识课程如何面向基础教育也是我们需要探讨的课题。在日新月异的时代背景下,中学生的思维也日益活跃,这对师范生的通识课程设置提出了新的要求,宏观上说,学生应具有三种视野:传统视野、现代视野和国际视野。对应这三种视野,我们将开设中国文化史、经济学原理和科技前沿问题、欧美历史文化等一系列相关课程,以提高师范生的综合素质。

以上课程均被纳入国、省、校、院四级课程体系建设之中。目前,本专业已有3门省级精品课程,3门校级精品课程,43门院级精品课程。在本建设周期中计划建设1门国家级精品课程,增加2~3门省级精品课程,4~5门校级精品课程,8~10门院级精品课程。

(二)教材建设

根据以上课程改革与建设的思路,我们计划在已有实践的基础上,着力开发一批相关教材:包括师范类教材,如《中学语文案例教学研究》《中学语文课程标准与教材研究》《教师口语教程》等;蕴含师范性的专业教材:如《语文规范化与语文教学》《修辞学与语文教学》《美学与语文教学》《古诗文与语文教学》《民俗文化与语文教学》《教学语法与语法教学》等;学院对条件成熟的部分专业主干课教材也将有计划地进行建设:如《语言学概论》《现代汉语》《美学概论》等。

另外,建设若干门通识课教材。

(三)教学建设

1.课堂教学

(1)着力提升本专业教师的师范意识与能力,让大学课堂教学具有师范性与示范性。课堂教学的质量从根本上取决于教师。要实现师范性从只由师范性课程体现向全部课程渗透的转变,必须使师范意识和技能教育通过大学专业教师贯穿专业知识传授的各个环节,从而内化为高师专业教学的组成部分。本专业教师不仅要成为语文教学改革的引领者、指导者,更应成为践行者、示范者。要达成这一目标,首先要对教师上岗条件做出明确规定,对基本条件不合格的教师特别是青年教师要组织有关专家对他们进行专门培训;其次,开展经常性的教改研究,大力提倡教学方法和手段的改革,推进启发式教学,加强对话教学,强化现代教育技术的运用;同时,还要深入基础教育的课堂进行调研和讲课,熟悉中学语文教学过程与方法;另外,还需建立科学合理的课堂教学评价机制,以引导课堂教学的改革。

(2)将中学语文名师请入大学课堂,开设"基础教育现状与改革"等课程,进行观摩教学,以此推动大学课堂教学改革。

(3)由主课堂延伸到课外,实行三个课堂联动。开展常规性教师技能比赛,如书法、朗诵、演讲、论辩、创作、课件制作比赛等,要求人人参与。利用学生社团发展专业能力,提高师范技能。经常性带领学生走进基础教育课堂听课、研讨。同时鼓励学生多参与基础教育学术研讨活动。

(4)完善和优化师范教育的考核机制,考试实现由考知识向更加重视考能力和素质的转变。杜绝仅靠死记硬背课堂笔记就能得高分的现象,把特定的课外阅读书目纳入考试范围。建立对富有创造性学习成果的特殊评价机制。

2.实践教学

(1)教育见习与实习。把握实践教学环节,提高本专业学生教学实践和教育科研能力。进一步探讨和创新实习模式,充分发挥实习基地实践功能、研究功能、信息功能,建立"全程性"和"多样化"的实习模式。学生从大二至大三上学期,要求每学期都有一次中学教学实践经历,同时加强对大三下学期"教育见习"与大四上学期"教育实习"的管理和考核力度,切实提高实习效果。尽早培养学生的教学实践和研究意识,在实践中锻炼他们的语文教育研究能力。要求学生对中学语文教学的关注是持续的、全程的。

(2)论文写作。继续实行三级论文写作制度。即一、二年级写作课程论文,三年级写作学年论文,四年级写作毕业论文,通过循序渐进的训练,使学生掌握学术研究的基本规范和方法,确保毕业论文的质量。继续改革论文写作课程。本课程的教材编写和讲授改变常规做法,以本专业教授、博士的代表论文为教材,由作者讲授写作体会与自己的治学经验,通过现身说法的"案例"式教学提高学生论文写作水平。再次出版《文史论文写作文鉴》。同时在严格导师资格、加强规范管理、奖励优秀成果、营造科研氛围等方面做出进一步努力。

(3)课程实验。根据课程特点,就部分具有实验性的课程,如普通话口语交际、写作、语文案例教学等课程尝试通过实验方式来进行教学,建立文科实验平台。在改革的基础上制定并完善《实践教学大纲》。

(四)队伍建设

本专业专任教师中教授、副教授已达70%以上,并已实现青年教师博士化。在新一轮建设中将继续坚持"高层次""高质量"的导向。引进时除了把住科研关,要更为严格地把住教学关,要引进科研能力强、教学基本功过硬的青年教师。加强在职教师的培养,制定并实施青年教师培养计划。继续实行"四级人才培养制度"和"老带青"制度。制定教师队伍建设的若干规定。

以上,我们粗略构建一个以强化师范特色为突破口以培养优秀语文教育人才为着眼点的中文专业整改方案。改革内容涉及整个高师中文教育各个方面。这一建设方案中部分思路已付诸实践,并取得了良好的效果。在申请获准后,本方案将进一步修改并全面实行。我们希望,通过汇聚点滴思考,破旧立新,拓展思路,不断优化和完善专业建设方案,以期对我国高等师范教育的拓展和创新有所促进。

三、预期成果

本专业通过新一轮的建设,预期实现成果"六个一"。

1. 完善一个方案

完善一个课程结构合理、师范特色鲜明的师范类汉语言文学专业的培养方案。

2. 建设一组课程

建设一组与中学教学实际密切相关、对学生师范技能提高切实有效的课程。

3. 完成一套教材

完成一套既具有学术深度,又关注基础教育实际,具有科学性、前沿性和应用性的教材。

4. 打造一支队伍

打造一支科研与教学兼长、知识结构合理、师范意识鲜明、熟悉基础教育的师资队伍。

5. 推出一批成果

推出一批关乎高师中文教育改革与语文基础教育改革的富有创新性的教学研究成果。

6. 造就一批人才

造就一批专业知识丰富、师范技能突出、语文基本功过硬的能胜任基础教育语文教学的学生。

（曾刊于 2009 年总第 6 期,负责人:傅惠钧）

国家综合改革试点专业、浙江省优势专业"汉语言文学专业"建设思路

人文学院

2012 年 5 月 18 日,浙江省教育厅发表浙教高教〔2012〕70 号文件,公布了浙江省本科院校"十二五"优势专业建设项目的立项名单,我院汉语言文学专业名列其中。该项目的申报自 2012 年 2 月 27 日启动,我院相关院领导、系主任、学科负责人等举行了多次研讨会,热烈讨论专业建设的思路与方案。经过学校两轮汇报、评审与修正,我院设计的专业建设方案获得了学校相关专家的一致好评,并最终成功获得省教育厅立项。该项目于 2013 年 6 月 3 日,由教高司函〔2013〕56 号文件,公布为教育部"本科教育工程"地方高校第一批本科专业综合改革试点项目。下面是该项目的基本建设思路。

当前教育背景下,我国教师教育体系发生了重要变化,如中等师范教育融入大学教育、师范大学着力发展综合性,以及综合大学拓展教师教育等。这种变化对于教师教育来说有积极的一面,但教育模式的趋同化、评价机制的一体化,客观上导致了教师教育的师范性特点被严重削弱,而目前盛行的"专业课程＋师范课程"的师范生培养模式,对师范教育内涵的理解简单化、片面化,更缺乏师范文化的整体浸润,因而并不能实现对师范生师艺、师才、师德的全面有效培养,导致近年来高等学校的师范教育与基础教育相脱节的矛盾进一步显现。教师职业的不可替代性,在高等师范教育体系中未能得到充分体现和落实。就师范类汉语言文学专业而言,教育部在《普通高等学校本科专业目录和专业介绍》中提出:"本专业学生主要学习汉语言文学的基本理论和基本知识,受到教育及教学研究的基本训练,具有良好的人文素养和教师职业素养,初步具备从

事本专业的教学能力和科研能力。"但从同类专业办学的总体效果看,现实与目标之间还存在着较大距离,这不能不说与目前师范教育中存在的上述问题有关。

专业建设的核心是人才培养。"训练师艺,培育师才,铸造师魂,成就名师"是本专业建设长期坚持的基本思路。基于以上认识,本项目建设以"培养具有良好的专业素养和职业素养,具备较强的教学能力和科研能力的师范性中文人才"为根本,秉持"以一流的科研滋养一流的教学,以师范的教育造就师范的人才"的理念,以教学与科研联动、专业教育与基础教育对接为推力,以改革人才培养方案为核心,从教师队伍建设、课程体系、教材教法、实践教学、教学管理等各个环节进行全方位改革,将本专业建设成为省内一流、国内领先的优秀师范专业。

一、具体建设目标

1.培养方案

根据总目标,完善人才培养方案,形成一个以专业性和师范性为核心、充分服务基础教育的专业、职业与通识教育优化组合、理论与实践并重、人文底蕴和科学精神兼顾的富有特色的培养方案。

2.师资队伍

形成一支科研与教学互促双优、梯队合理的高水平教学团队。引进学科带头人和教学骨干5~8名,特别重视对具有国外执教经验的海归教师的引进。培养省级教学名师、教坛新秀2人以上。培育省级及以上优秀教学创新团队1个以上。聘请8~10名国内知名学者和中学特级教师为特聘教授和兼职教授。强化科研骨干的教学投入。

3.课程与教学资源

形成一个专业性与师范性复合交融的合理的课程教材体系。力争有2~3种教材进入国家"十二五"规划教材建设,有4~5门课程进入国家级和省级精品资源共享课、精品视频公开课,新建科研课题转化为教学资源的"研究性课程"和与基础教育对接的"桥梁性课程"各5~8门,出版配套教材5~8种。对已有课程的教学内容进行合理改革。建设3个重点资源库:文学类核心课程群资源库、语言类核心课程群资源库和中学语文教学资源库。

4.教学方式方法

建设探究式、讨论式、参与式、引导式的课堂教学,继续试验开办"文学提高班"和"语言提高班",推行"小班化教学"和"研究性课程",开展"对话教学"。实行导师制,强化因材施教。建立科研与教学互动机制,确保课堂的学术性和前沿性。着力倡导课堂教学的师范性与示范性。形成全员教研,争取有 5～8 项省级"教学改革研究项目"和"课堂教学改革项目"立项研究。出版 1～2 辑教师教研论文集。

5. 实践教学

构建全程性、循序性、多样性的实践教学系统。(1)建立专业课程实践教学体系;(2)改进教师技能实践教学与考核模式,分项与综合相结合,实现人人达标,建立 5～8 个综合性教师教育实践基地;(3)强化科研能力实践教学,完善"三级论文制",增订出版第 2 版《文史论文写作文鉴》,争取有较多的学生发表学术论文和文学作品,编辑出版学生论文集和作品集。

6. 教学管理

规范革新并重,强化过程管理,实现制度管人。以新的教学管理理念为指导修订有关教学管理规程,建立科学合理的教业和学业评价、奖励制度,并将上述各项教学改革与探索的成果制度化。

二、建设方案

浙江师范大学汉语言文学专业 2003 年入选浙江省首批重点建设专业,2008 年成为浙江省首批重点专业,2009 年成为国家特色专业建设点。经过近十年的立项建设,已具有扎实的基础和广泛的社会影响。其一,队伍建设成效显著,已建成一支高职称、高学历、高水平的结构合理的教师队伍。51 人中有教授 26 人、副教授 19 人、博士 40 人,长江学者、国家新世纪人才、国家先进教师、省功勋教师、省教学名师各 2 人,省教坛新秀 1 人,形成以 1 个国家级教学团队、3 个省级 A 类重点学科为核心的高水平教学群体。其二,科学研究成果丰硕。完成和在研国家基金项目 33 项,省部级社科规划项目 115 项;获得国家级奖 10 项,省部级奖 44 项;出版专著 131 部;发表权威、一级论文 314 篇,CSSCI 来源期刊论文 546 篇。其三,课程建设成绩突出,形成一个以"师范性"为主要特色的课程教学体系。建有国家级精品课程 1 门、省级 4 门、校级 2 门;国家级教材 7 部,省级 3 部;获国家级教学成果二等奖、省级一等奖各 3 项;国家精品课程语言学概论课程组受教育部全国教师网络培训中心邀请为全国同行授课。教学改革与研究形成特色,对话教学、专业提高班等系列成果获《中国教育报》等好评;面向基础教育的语文教学研究成效显著。其四,教学管理规范创新。

出台了一系列教学管理制度,如《教学奖励条例》《"三级论文"写作制度》《关于"专业提高班"试点工作的意见》《师范生专业技能培养与考核方案》等,初步形成科学管理机制。其五,人才培养全面丰收。历届毕业生大多成为学校的骨干教师、学科带头人、特级教师和社会各界知名人士;近五年学生各类竞赛获奖100余项;阿西剧社原创剧作连续两届获全国大学生戏剧最高奖"金刺猬奖";两人获省"十佳大学生"称号;省师范技能竞赛实现五连冠;学生吴雪岚的长篇小说《后宫甄嬛传》被改编为50集电视连续剧,产生广泛社会影响。在上述建设基础上,本专业经过多年探索与实践,还逐渐形成了较为鲜明的办学特色:一是以具有雄厚科研实力的教师群体为教学主体,形成了"教学促进科研,科研滋养教学"的良性生态,本专业授课教师中教授超过一半,人人为本科生开课,人均每学期开课2门以上。二是推进以培养优秀师范人才为目的的课程与教学改革和面向基础教育的语文教学研究,初步形成师范办学特色,毕业生绝大多数服务于基础教育领域,其中上千人成为高级教师,70余人成为特级教师。语文教学研究引领教改潮流,形成"浙派语文教育"中心,在省内和全国产生重要影响。

回顾来路,一步一个脚印,汉语言文学专业建设取得了不俗的成绩,但站在国家战略与社会发展的高度看,依然存在一些值得我们继续思考和探索的问题:一是在当前教学与科研"争夺"教师精力的形势下,如何更好地协调二者的关系,进一步优化教学团队的人员构成与科研、教学投入比例。二是目前课程与教材体系中,真正做到师范性与专业性兼顾、基础教育与高师教育衔接的尚不占多数,已投入使用并反映良好的课程与教材如何发挥其示范性和辐射性效应,从而推进本专业的进一步建设与改革。三是课堂教学与课外教学(实践)的关系虽然在理论上已有认识,但在实践中并未得到系统的贯彻,如何建立具有可操作性的学习模式,使得课堂教学与实践均在其中获得合理的地位并在教育管理体系中有所体现。四是当前高校的教师与学生业绩评价体系均极受诟病,本专业已有的管理制度改革虽初见成效,但并未能完全解决这一问题,如何建立更适合教师与学生自主、自由发展的管理与评价体系。基于以上困惑与问题,基于我们的改革理念与目标,本项目制定建设方案如下:

(一)培养和造就一支科研与教学互促双优的高水平教学团队

(1)坚持"三高"人才引进导向,严把教学、科研双关,重点引进具有海外学习或教学经历的学者。

(2)继续加强在职教师的培养和培训,坚持和完善"梯级"人才培养制度和

"老带青"制度;建好新博士课堂(磨砺师艺,站稳讲台);修订和继续推进青年教师培养"师·范"计划(育师之才,为师之师);继续推行青年教师教学比赛(青春做伴,展三尺讲坛风采;百舸争流,成学高身正典范);培养和培育教坛新秀、教学名师;选派优秀青年教师参与国际交流。

(3)分层次建设教学团队,以国家级精品课程为引领,带动课程教学团队建设;以国家级教学团队为引领,带动二级学科教学团队建设;以国家特色专业建设点为基础,强化一级学科教学团队建设。

(4)建好教授课堂,充分发挥其教学中坚、教研骨干作用。强化学术骨干的教学投入,推进以教学内容为对象的科学研究,有效促进科研成果转化为教学资源。

(5)构建"双通道","走出去,请进来",培养一支熟悉中学语文教学并具有发言权的教师队伍。有计划地请中学名师进大学课堂,特聘一批中学名师为兼职教授。

(二)健全和优化专业性与师范性复合交融的课程教材体系

1.课程建设

(1)师范类课程

进一步加强体系性。兼顾教育理论与心理、教学管理与研究、教学技能与方法、教育实践等各个方面。重点建设教育学、教育心理学、语文学科教学论、班级经营、语文教育科研方法、教师语言艺术、微格教学等基础性课程,以及教师专业成长理论、课堂教学创新论等系列选修课。

进一步突出实践性。各门课程,特别是技能类,重视实践能力的培养,尤其是从事语文教学所必需的"听、说、读、写"基本能力的训练和课堂教学实战训练。在建立语文教学资源库的基础上,开好"案例"课,通过一个个具体案例还原课堂的真实流程,阐释教学原理和规律。

进一步重视前沿性。由语文教育家与特级教师开设语文教改前沿讲座、教学研究等课程,把学生引向教改前沿。

(2)专业类课程

专业类课程,切实实现从注重知识传授向更加重视能力培养的转变,深入挖掘课程的师范性内涵,基础性与应用性并重。

1)已有课程的改革。①文学类课程。注重对文学作品原典的研读,强调自主阅读、个性感悟。②语言类课程。进一步强化基础性,重要项目采取专项考核,如"教育用字"、古汉语常用字词等;但更着力于语言应用能力的培养。③写作类课程。强化习作指导,不再仅是写作理论的传授,更重要的是引导学生练习文学创作和应用写作,在反复练习中探索规律,学会流畅表达。④学科平台课程。突出基础性和工具性。

2)新课程的建设。在专业需要的前提下突出三点:①将高水平的项目成果转化为研究性课程。这是本专业建设的传统,已有的课程如楚辞研究、鲁迅研究、文学语言研究、唐宋传奇研究等都是在国家社科基金项目研究基础上开设的。近年完成的二十多个国家项目中有不少都是新课程的优质资源,如汉字研究、语法史研究、江南美学研究等,均可转化为专门的研究性课程。鼓励教师带领学生开展研究性学习。②建设一批对接基础教育的桥梁性课程。鼓励教师开拓富有师范性内涵的专业学术领域,由某一特定学科出发结合基础教育的教学内容来开展学术研究,并将研究成果转化为课程。在这方面我们也已取得成功经验。目前本专业已有两门此类课程被教育部确定为师范教育优质资源:"训诂学与语文教学""语文新课程与教学的解放"。我们将继续开发同类课程,目前已开设或计划开设的有:"修辞学与语文教学""词汇学与语文教学""语文规范化与语文教学""美学与语文教学""中学创造性写作教学"等。这些课程将中学语文教学中普遍存在的语言、文学现象运用相关学科理论进行提炼和阐释,其共同特点是在两相对接的基础上,找到共同的兴趣点,通过专业学术资源的激活与转化,来解决基础教育的实际问题。课程既富有专业性,又蕴含师范性,具有"桥梁性"的特点。比如"训诂学与语文教学",以训诂学思路进入中学语文课本,对古代常见词汇辨源析义,对症下药地解决了中学文言文字词教学的难点,极具实用价值,深受师范生和中学语文教师的欢迎。③引进具有世界眼光和跨文化视野的双语课程与教材,适度实行双语授课。

(3)通识类课程

在日新月异的时代背景下,中学生的思维日益活跃,这对师范生的通识课程设置提出了新的要求,宏观上说,学生们应具有传统意识、现代精神和国际视野。与此对应,我们将开设中国文化史、经济学原理和科技前沿问题、欧美历史文化等系列相关课程,以提高师范生的综合素质。

以上课程均纳入国、省、校、院四级课程体系建设之中。在本建设周期中,以国家级和省级"精品开放课""精品资源共享课"为建设目标和导向,实行分层次、有重点的课程建设,在现有建设的基础上进行提升和突破,实现前述建设目标。

2.教材建设

根据以上课程改革与建设的思路,我们计划在已有实践的基础上,着力开发一批相关教材。

（1）专业类教材

强化语言、文学、文论等主干学科核心课程的教材建设，在"十一五"规划教材和省级重点教材的基础上，着力建设国家"十二五"规划教材和省重点教材。

（2）桥梁性教材

指与基础教育对接的专业性教材，计划出版系列教材丛书，如《修辞学与语文教学》《古代文学与语文教学》《美学与语文教学》《中学创造性写作教学》《教学语法与语法教学》等。

此外，建设若干种师范类和通识类教材。

3.课程教材资源库建设

围绕"专业核心课程群""精品资源共享课"和"桥梁性"课程的建设，开发具有层级性、立体化的课程与教材体系，建立开放共享的课程教学优质资源库。着重建立"文学类核心课程群资源库""语言类核心课程群资源库""中学语文教学资源库"。购置纸本、电子的原典、语料、中学语文教材教参及相关成果等基础性资源，分层级进行加工，对重点资源进行深度加工，形成一个资料全面、富有针对性交互性、高效实用的教学资源库网络。

（三）建立和完善教与学互动、内与外联动的教学生态圈

1.构建探究性、引导性、示范性的课堂教学体系

汉语言文学专业历来重视课堂教学的学术性、前沿性，要求授课教师及时吸收并融入学界和本人研究成果，同时注重探究式、讨论式、参与式、引导式的教学。在"专业提高班"十年实践的基础上，继续开办"文学提高班"和"语言学提高班"；有计划推行"小班化教学"和"研究性课程"，继续开展"对话教学"，多角度进行教改试验，并把探索成果及时推广到其他课程。通过课堂启发引导，让学生形成探究意识并有效掌握专业学习的方法，自主进行课外学习和探索。

着力倡导课堂教学的师范性与示范性。实现师范性只由师范类课程体现向全部课程渗透的转变，使师范意识、师范技能和先进教学方法的教育通过大学专业课教师贯穿专业知识传授的各个环节，从而内化为高师专业教学的组成部分。本专业教师不仅要成为语文教学改革的引领者、指导者，更要成为践行者、示范者。

2.构建全程性、循序性、多样性的实践教学体系

（1）专业课程实践教学。配合专业课程的学习，有针对性地开展实践。如

语言课的语言调查,文学课的文学创作,戏剧课的戏剧改编与排练,语文案例课的案例写作等,有计划地培养学生专业实践的能力。

(2)师范技能实践教学。着重培养学生的职业技能。从两个层次组织落实:一是师范技能分项实践。分解为"十项技能",依据修订后的本院《师范生专业技能培养与考核方案》和《师范生专业技能培养与考核大纲》从一年级开始逐项培养,逐项达标;二是师范能力综合实践。分见习、实习和研习三个层次,循序落实。学生从大二至大三上学期,要求每学期随课程教学有一次进中学教学观摩的经历,同时加强对大三下学期"教育见习"与大四上学期"教育实习"的管理和考核力度,切实提高实习效果,实习返校后进行反思研习。继续开展一年一度的"师范技能月"活动和师范技能竞赛活动,在省级师范技能竞赛"五连冠"的基础上再创佳绩。

(3)科研训练实践教学。着重培养学生专业综合能力和研究创新能力。继续推行行之有效的"大学生三级论文训练模式",通过循序渐进的训练,使学生掌握学术研究的基本规范和方法,确保毕业论文质量。继续改革论文写作课程,以本专业教授、博士的代表论文为教材,通过现身说法的"案例"式教学提高学生的论文写作水平。继续强调"教研论文写作",着重培养学生研究和解决教学问题的能力。

(四)探索和实施创新性与规范性兼具的教学管理机制

在管理上一手抓规范,一手抓改革。要将多年来建成的一套科学可行的常规管理制度落到实处,同时又要继续探索新的管理机制,并在这种探索的基础上形成新的制度。

1.构建差异性、发展性、教学育人兼顾的教学业绩评价体系

完善教师教业的考评机制,致力于"三个兼顾":(1)在现行一体化评价体系的基础上,重视不同专业和课程类型的不同评价标准,兼顾差异性评价;(2)在现行鉴定性评价的基础上,重视教师的成长与进步,兼顾发展性评价;(3)在现行教学评价的基础上,重视教师的育人天职,兼顾"育人"评价。修订《人文学院教学考核与奖励条例》。

2.构建过程性、针对性、灵活性的学业评价体系

优化学生学业的考核机制,致力于"四个转变":(1)实现由考知识为主向更加重视考能力的转变,杜绝仅靠死记硬背课堂笔记就能得高分的现象;(2)实现由期末一次性考试向过程性考试与期末考试结合的转变,以强化课程的过程性学习;(3)实现由考课内知识为主向课内课外知识兼及的转变,把特定的课外阅

读和实践纳入考试范围;(4)实现由相对单一向灵活多样的考试方式的转变,不同的课程采取不同的考核方式,闭卷与开卷、笔试与面试,考试与考查,正规与随机,灵活进行,特别要建立针对创造性学习成果的特殊评价机制。制订《关于学生学业评价的若干规定》。

此外,以新的教学管理理念为指导,修订和制定《教学管理规程》《关于教师引进与培养的若干规定》《"三级论文"写作实施意见》《"专业提高班"培养方案》《师范生专业技能培养与考核方案及实施细则》《实践教学大纲》《关于教研工作的实施意见》等。

以上,我们粗略构建一个以培养优秀语文教育人才为着眼点的汉语言文学专业整改方案。这一建设方案的部分内容已付诸实践,并取得初步成效。

我们坚信,通过我们的实践与探索,一定能将本专业的建设推上一个新台阶,为探索我国现阶段师范教育改革之路做出我们应有的贡献。

(曾刊于 2012 年总第 8 期,傅惠钧、崔小敬执笔)

当代教育格局中师范教育的困惑与思考

崔小敬

百年树人，师范院校作为未来教师的摇篮，一直在高等教育体系中占有重要地位。近二十年来，为适应国际竞争的大环境，中国的高等教育进行了一系列深化改革。体现在整体格局上，就是出现了很多师范院校以建设综合化、研究型大学为目标，而综合性大学则大力创办师范类专业，一时之间，师范院校与综合性大学的界限变得不那么清晰了。作为一所具有五十多年历史的师范院校，我们在面临新的机遇的同时，也面临着严峻的挑战，到目前为止，我校现有六十一个专业中，已有半数以上不再是师范专业，而且新的非师范专业还在不断扩招中。那么，在"德高为师，身正是范"的师范文化由浓趋淡的今天，在师范性不再作为师范类高校评价指标的今天，我们的师范教育应该何去何从？伴随着综合性大学的师范生与师范学院的师范生涌入同一个人才市场，伴随着教师资格证制度向全社会放开，我们师范院校的毕业生如何增强自身实力，在21世纪的人才竞争中取得不可替代的优势？我们在教育教学的整个过程中，如何更好地强化自身的师范性？

一、师范性与大学的综合化、研究型之路

在当代高等院校普遍向综合化、研究型大学转型的时代背景和教育格局下，师范院校的师范特色无形中会遭到一定程度的挤压乃至忽视，这是所有师范院校所共同面临的严峻局面，那么怎样在与学校整体发展方向保持一致的同时仍然坚持特色的办学之路，就成为我们师范院校的管理者、决策者和一线教师所应该思考的重要问题。北京师范大学文学院书记指出从国际办学潮流来

看,师范院校走综合化道路是一种趋势,现在世界范围内专门进行教师教育的学校已逐渐被综合性大学里的教育学院这样的机构所取代。在当前条件下,我们只能采用"两条腿"走路,既要坚持师范特色,也要走综合化道路。北京师范大学文学院康震老师强调,大学走研究型道路与其师范性属性并不矛盾,师范性要体现得好,其前提应该是研究性,我们的师范生首先必须是一个汉语言文学专业的优秀毕业生。首都师范大学则自2010年推出通识教育模式,即成立良乡校区基础学部,新生进校第一年实行通识教育,用一个学年的时间把通识课程全部学完,后三年的时间则用来学习专业课程。首都师范大学教务处王处长强调指出,所有的师范生首先应该是一个合格的本专业的毕业生,师范生的专业素质的训练不仅不能削弱,而且必须进一步强化,首都师范大学的师范生在学分设置上就要比非师范生高30分。可以说,我们这些师范院校的教师一致认为,作为未来要到中学传道授业解惑的教师,我们的师范生首先必须具有扎实过硬的专业素质,这是强调师范性的前提和根底,也是我们的师范毕业生以后能在工作上有长远发展的前提和基础。

目前师范特色建设的一个瓶颈问题就是相关教材的匮乏,除原有各课程的教材教法如《中学语文教法》《中学历史教法》等之外,鲜有能够将高等院校的优质教学资源转化为中学课堂上的可利用资源的,很多刚刚上岗的年轻教师大多都是在工作中自己摸索、总结。我院黄灵庚教授的《训诂学与语文教学》是沟通中学教育与大学课堂这方面工作的极好尝试,该书出版后得到了中学语文界的一致肯定和赞誉。《训诂学与语文教学》既讲授训诂学的基本常识,又将训诂学知识与中学语文教学实践相联系,使中学语文教师可以在已有的古汉语知识的基础上学有所得学以致用,而且书中的很多例句都特意选择中学语文课本中的典型例证,因而具有明确的工具性与针对性。北京师范大学文学院康震教授介绍了文学院学者目前在编撰的一系列"桥梁性"课程教材,提出这些课程教材应发挥这样一种功能,即在大学教学与中学课堂之间架设起一道桥梁,使中学教学中所涉及的知识点基本上都能在这一教材中找到,让一个在大学里学习了这些课程的师范生毕业后到中学能够快速成为一名合格乃至优秀的语文教师,课堂上学习到的专业知识可以直接转化为中学课堂的优质教学资源。康震老师进一步指出,就这些教材本身而言,它们既是研究性的,也是师范性的,二者之间没有矛盾。这些年北京师范大学文学院之所以在教改上取得了比较显著的成果,与老师们前些年积累的各种研究经验有关,如果没有老师们多年来对于师范教学的研究基础,北京师范大学就不可能成为全国最好的师范大学;而如果现在放弃了师范大学的师范性,就没有自己的特色了。因此,师范院校未来的道路都应该是"加强研究性,突出师范特色"。

二、师范技能的培养

作为未来的中学教师,师范生不同于非师范生的地方就在于前者需要某些必备的师范技能,包括语言表达、仪表姿态、对教材的理解与分析、课件的设计与制作、对课堂的掌控等,这些技能都需要师范生在平时的学习中训练与培养。我院组织的多次与基础教育对接的教学观摩活动,以及刚刚落下帷幕的师范技能月活动都在这方面做出了良好的努力与尝试,这些活动既提高了我院教师服务于基础教育的思想认识,也在学生中间营造了锻炼师范技能的良好氛围,从教师与学生两个层面上深化了对师范特色的理解。在师范技能的培养与训练方面,首都师范大学与北京师范大学也都提供了一些非常好的经验与做法,大致可以归纳为三个层面:一是强化与中学的相互联系;二是紧抓师范技能的实践环节;三是现代技术手段的采用。

以上做法中,有些是我们学院也已经采取和正在采取的,如以各种方式加强与中学的联系,定期或不定期聘请优秀中学教师做讲座或授课,组织学生到中学进行课堂观摩,重视师范生实习等。但他们有一些新的尝试值得我们借鉴,如在与中学的联系方面,首都师范大学充分利用北京本地的优质中学教师资源,开展了多种专项活动,如设有"特级教师工作室",由各学院推荐,学校教务处牵头,聘请一些中学特级教师为本校兼职教师,担任教育硕士的指导教师和特级教师系列讲座的成员,目前已经组建了一支相对稳定的队伍;另外首都师范大学的"双通道"合作共同体建设,即把大学—中小学建设为一个共同体,第一通道是师范生进入合作共同体直接促进他们的专业成长,第二通道是大学建设合作共同体,大学教师在中小学教育现场汲取鲜活的实践智慧,反哺大学教师教育,改进大学教师教育课程,提升师范生专业水平。

在师范技能的实践环节方面,北京师范大学在正常的课堂教学之外,利用第二课堂举办了许多有声有色的活动,如以"未来教育家"命名的社团活动,包括各类教师素质比赛、办刊物、写作、演讲等;利用学生寒暑假返乡期间进行的当地教育情况调研;以宿舍、班级为单位的板书、PPT课件、说课比赛等。特别值得注意的是,北京师范大学充分发挥本校教育硕士、教育博士多的优势,积极组织博士、硕士与师范本科生的互助团队,共同开展研究活动,让前者在教师素质方面引领后者。

另外,北京师范大学和首都师范大学都介绍了跨校区同步视频教学观摩的构想与实践,即在中学里建设好一些视频课堂,而大学里的师范生可在特定的视频教室中同步观看中学的教学实况。与传统见习或实习模式相比,采用现代技术手段的好处是极明显的,一方面,它最大限度地保证了中学课堂的真实性,并降低了大量师范生涌入教室对中学课堂教学的干扰;另一方面,扩大了见习师范生的数量和范围,理论上人人都可以获得多次至多所中学、多个教师课堂的见习机会。除了跨校区同步视频教学观摩外,北京师范大学还利用现代网络成立了远程实习基地,建立了远程指导系统、案例库、交流平台等,在很大程度上减少了实习期间教师与学校的大量物力、人力投入,并扩大了实习的范围。可以说,现代技术手段在师范技能教育上的开发和利用大有可为,而这一点,限于物质条件,我们目前关注的仍然不够,这都是值得我们以后学习和借鉴的。

三、当代教育格局下有关师范教育的思索

北京师范大学与首都师范大学作为国内师范院校中的佼佼者,在师范教育上的先进经验值得我们进行多方面的学习和借鉴,当然,因二者均地处中国的核心城市——北京,在政治、经济、文化、学术、交通等等资源方面拥有我们不可企及的先天优势,因而某些我们认为非常好的做法不具有可移植性,比如二者异常丰富的校园讲座文化,可以请到诸多全国乃至世界知名的学者与学生近距离交流,这是地处金华的我们在短时间内难以达到的。然而,他山之石,可以攻玉,人文学院这次有关师范特色办学理念的调研活动,时间短,任务重,责任大,然而在兄弟院校的积极配合与我院老师的虚心求教下,此次北京之行成功而高效。通过这次交流,我们更加深刻地认识到,在当代教育格局下,师范院校依然任重而道远,我们不仅要适应国际竞争的新局势,适应学校向综合化、研究型大学的整体转型,更要为自己做好准确的目标定位,传承"学高为师,身正是范"的师范精神,打好专业根基,坚持师范性特色,培养具有现代综合素质的师范性人才。换言之,我们的师范教育必须以专业素养为基石,以师范技能为两翼,以综合能力为后盾。没有深厚宽广的专业素养,我们的师范生就缺乏立身之本;没有扎实过硬的师范技能,我们的师范生就不能适应未来教师的角色转换和担当起知识传承的重任;没有全面提升的综合能力,我们的师范生就不能在未来的市场和职场竞争中保持长足的发展势头。

人文学院此次北京之行的 15 人中,既有学院的领导者、决策者,也有教务、学生工作方面的管理者,还有始终处于教学第一线的现任教师,这种团队组成

使得我们在面对首都师范大学和北京师范大学丰富多样的师范教育经验时,能够各有专攻,各有侧重,全方位地吸纳对方的长处为我们所用。如负责学生工作的尹浩冰老师特别关注首都师范大学和北京师范大学在学生第二课堂活动中对于师范技能的培养,而教务办的占梅英老师则对两校的课程体系、学分设置、学生课题申报等问题记录特别详细。虽然由于时间短暂,许多问题未及充分深入地交流,但其他各专业的老师也均结合自己的专业方向提出了具有明确针对性的问题,显示出老师们在日常教学和研究中对师范教育这一关系到学院发展前景问题的深入思考,这既是我院一向重视师范教育、积极探讨师范教育特色的优良传统,也是我院今后继续发展师范教育、更好地服务于基础教育的动力源泉。

（曾刊于 2012 年总第 8 期）

关于"教学团队"建设的一点体会

高　玉

　　我是 2005 年开始接手中国现当代文学学科教学管理工作的,到 2009 年年底把工作交给曹禧修老师,前前后后有五年的时间。这五年里,我在教学管理上花了不少时间和精力,也有所收获。我牵头组织的"中国现当代文学教学团队"2009 年 1 月被列为校级教学团队,这是人文学院在教学团队上新的突破。2009 年 12 月,该团队被列为浙江省省级教学团队,实现了人文学院省级教学团队零的突破。2010 年 7 月,该团队依托省高校人文社科重点研究基地扩充组建后,被批准为国家教学团队,这也是浙江师范大学第二个国家级教学团队。

　　能够在不到两年的时间内完成从校级教学团队到省级教学团队再到国家级教学团队的"三级跳",这首先是得益于学院领导、学校教务处领导、学校领导及其他相关职能部门的大力支持,同时也与学科全体老师的共同努力分不开。当然,任何一种成功,因素都是多方面的,团队申报也是如此,比如学科长期的积淀包括学术上的积淀和教学研究方面的积淀就是非常重要的原因,但是,我们的主观努力也是非常重要的。同时,我们的成功实际上也是建立在新的教学工作的理念的基础上的。

　　从 1987 年走上教学岗位开始,到现在我已经有二十一年的教龄了。这二十一年我对教学的体会可以说是不断地加深。记得最初走上讲台的时候,很有些模仿"名士"的意味,讲自己对问题的看法,讲自己感兴趣的东西,有时还在课堂上发些有关现实的牢骚,实际上是"哗众取宠"。但随着对学问理解的加深,才慢慢体会到这其实很浅薄,主要是当初自己所谓的"研究"和"看法"并不成熟,并没有经过充分的论证,所讲的很多问题,对学生的"求学"来说其实是很不负责任的。我也慢慢体会到,课堂上还是应该讲课程最基本的东西、被广泛认同的观点,要具有知识性和完整性。我现在的想法是,当一个老师真正有自己的研究,从方法到具体的材料再到具体的观点上都非常成熟的时候,讲自己的东西当然是最理想的,也是非常有效果的,不仅仅只是在讲知识,同时也是在思维上训练学生。但当一个老师在学术积累和学术成就各方面都不理想时,按部就班地讲授别人和前人的研究成果,给学生传授和讲解最新的知识、最基本的问题和观点,这反而是非常实在的,非常稳妥的,不是最好,但也称得上是很好。真正把教材上的精华讲清楚,讲明白,这其实是很高的要求,能够做到这一点,应该说已经是非常优秀的老师了。所以我的感想是,教学上能够创新当然很好,但创新并不容易,也并非轻而易举就能奏效,所以,扎实才是最重要的,在扎实的基础上有所创新,这才是教学上应有的常态。

　　一般情况下,老师认为教学主要是上课,课讲好了就行了。从一定意义上说,这没有错,讲课永远是第一位的。但教学其实是一个比较细致而复杂的工作,除了上课以外,其他工作也是非常重要的,这一点我通过教学管理工作深有体会。前几年,教育部搞教学评估,从我接触的有限的范围来看,大家意见是比较多的,主要是觉得形式主义太严重,特别是一些补救性的"造假"让人深恶痛绝。这当然只是问题的一方面,但另一方面,教学评估有它合理的地方,它的出发点是对的,它实际上是针对多年来教学中普遍存在的问题,更重要的目的是通过评估促进教学改革,加强教学管理。我们学校也参加了教育部的本科教学评估,我被学校教务处列为学校教学评估专家委员会委员,做了一些工作,包括各种检查、预评估等,不仅仅只是看了人文学院的一些教学方面的材料,也看了其他学院的各种教学材料。这对于我个人来说,收获是很大的。我们的本科教学中存在的问题的确是很多,且存在于各个环节,各个方面,包括教材、备课、课程论文、学年论文、毕业论文、考试等。以考试为例,比如有的课程考试在题型上存在很大的问题,就是两道题,像是博士研究生考试。有的老师批阅试卷,只有一个总分,其实是随便给的分,根本就没有认真看每一道题。有的老师为了让学生及格,竟然空白题目也给了分。有的科目考试大面积不及格,有的科目考核大面积90分以上,还有大量的统分错误,各种不规范,等等。所以,我的体会是,教学是一项非常烦琐而又严格的工作。

　　教学团队建设其实也是这样,很多工作都非常琐碎,它当然以学科建设作为基础,以长期的教学研究和实践为基础,但除此之外,其他细致而耐心的工作也非常重要。授课当然是一种水平和能力,但很多具体的工作却不是光靠水平和能力就能做好,而是态度的问题。所以,教学团队的组织、申报,说难也难,说它不难也不难。困难在于,它首先需要有充分的材料和成果,如果没有平时大量的细致的工作,没有特色,没有教材、精品课程等方面的长期建设,仅靠填表是不可能获得国家级教学团队的。不难在于,组织和申报教学团队,很大程度上是一个技术活,与科研相比,它不需要太多的创造性,主要是舍得花时间和功夫,平时在教学工作中养成良好的习惯,注意保存资料,规范各项工作。其实,我觉得很多学科在教学上都非常有特色,也做了很多工作,但缺乏有意识地准备一些材料,缺乏有意识地做一些事情,所以到了真正填表申报的时候,才发现缺少太多的东西。

我认为,对于教学团队建设来说,重要的是平时的积累,要有意识地在教学方面进行探索和准备。

一是教学上一定要有特色。我们的团队就是发扬学科优良传统,充分利用独特资源,发挥地缘优势,从而形成了三个方面的特色:第一,以厚实的科研基础作为依托,科研反哺教学。第二,儿童文学研究与教学全国领先。第三,浙江地域文学研究与教学独具特色。

二是一定要注重课程建设,课程设置要有特色。在课程设置上,我们的团队强调现当代文学的贯通,注重师范性,开展多层次教学,因材施教。近三十年来开设了中国现代文学、中国当代文学、儿童文学概论、童话美学、戏剧影视文学、现代民间文学等七十多门专业基础课和专业选修课,其中"中国现当代文学"在 2002 年被列为校级精品课程,2003 年被列为省级精品课程。

三是在教学方式上,要注意改革和探索。在教学上,我们的团队非常注重当下性,注重介绍文学界当下的创作和研究现状,尤其是对 20 世纪 90 年代以来文学及研究的介绍,团队特别强调文学教学对创作实践的指导。团队教学方法多样,主要有"直观性教学""对话教学""研究性教学"等。在教学手段上,本团队充分利用多媒体信息技术。"对话教学"本来就是我们人文学院的一大教学特色,以此为基础,我们学科又对它做了一些改进,比如请著名学者来参加我们的对话教学,效果就非常好。

四是要注重教材建设。我们的团队多年来非常注重教材建设,承担多项省部级、校级教材建设项目。早在 90 年代初,学科就积极探索教材改革,主编出版了《中国现代文学新编》《新编中国当代文学发展史》等多种教材。新世纪以来,又实施新教材编写计划,经几年努力,编著出版了《中国当代文学发展史》《中国现当代文学名著导读》《中国现当代文学史》等各种层次的教材,并根据使用效果进行修订。学科目前正在重新编写一套史论著作和文学史教材,把中国现当代文学分为十个阶段,学科成员主要是中青年教师,每人分一部分进行深入研究,每人准备写一部阶段性的"史论"著作,在这种研究基础上,再集体编写一部中国现当代文学史和一部作品选读。

五是要注重人才队伍建设。近几年,学科引进了好几位博士,在引进的过程中,我们特别强调严把教学关。目前来看是非常成功的,在很短的时间内,他们的教学就走向了成熟,教学效果非常好,大有长江后浪推前浪的趋势。我一直强调,新进的老师,首先要过教学关,我原来想"教学关"恐怕要三四年的时间才能过,现在看来,青年老师完成这个过程比预想加快了,时间也提前了,这也特别有助于他们腾出时间来做科研。我有信心,学科不论是科研还是教学,都将进入一个良性发展的良好时期。

(曾刊于 2010 年总第 7 期)

师范类汉语言文学专业"三师三全"培养模式的探索与实践^①

傅惠钧

一、成果背景

在当前高等教育的大背景下,我国教师教育体系发生了重要的变化,如中等师范教育被融入大学教育、师范大学着力发展综合性,以及综合大学拓展教师教育等。这种变化,对于教师教育来说有积极的一面,但由于教育模式的趋同化,评价机制的一体化,在客观上导致了教师教育师范性特点被严重削弱,而目前盛行的"专业课程+师范课程"的培养模式,对师范教育内涵的理解简单化、片面化,且缺乏师范文化的浸染,因而并不能实现对师范生师艺、师才、师德的全面有效培养。高等学校的师范教育与基础教育相脱节的矛盾进一步显现出来。教师职业的不可替代性,在高等师范教育体系中未能得到充分体现和落实。就师范类汉语言文学专业而言,教育部在《普通高等学校本科专业目录和专业介绍》中提出:"本专业学生主要学习汉语言文学的基本理论和基本知识,受到教育及教学研究的基本训练,具有良好的人文素养和教师职业素养,初步具备从事本专业的教学能力和科研能力。"但从同类专业办学的总体看,事实与目标还存在着较大距离。这不能不说与目前师范教育存在的问题有关。

针对以上现实,本项目旨在通过改革培养模式,在高等教育新格局中寻找一条高师语文人才培养的成功之路。其改革的核心在于让师范类汉语言文学专业真正姓"师",充分体现师范人才培养的特点。本项目的启动始于世纪初本

---

① 本文为国家特色专业建设总结,也是国家级教学成果奖培育项目总结。

专业确定为省重点建设专业之时,至今已届十年。

二、主要内容

本项目以"三师三全"为特点,构建了一个行之有效的师范类汉语言文学人才培养的创新模式。所谓"三师"是指"训练师艺、培育师才、铸造师魂"。"艺",是指"技艺""技术""技能","师艺"是从师不可缺少的职业基本功,是一名好教师必备的基础条件!"才",指"才力""才学""才能","师才"是指从师必有的本学科基础知识和基本理论的修养与运用能力,包括专业思维力和创造力,体现为师的专业根底。"魂"是指"精神""道德""情怀","师魂"是指为师的精神品格与道德情怀,即终生热爱教育事业、热爱学生,学而不厌、诲人不倦、为人师表,富有崇高的师德师风和坚定的职业理想等。"三全"是指"全程、全员、全方位实施师范性专业教育"。"全程"实施,是指本科生自入学开始直至毕业全过程实施;"全员"实施,是指全体教育教学人员共同参与实施;"全方位"实施,是指师艺、师才、师德等不同层面和教育教学的各个不同环节全面实施。这个模式的特点是:以逐项过关方式,对学生进行科学全面、严格有序的"师艺"训练,使之获得过硬的教师职业技能;通过高水平科研成果的教学资源转化和专业课程的师范化改革,对学生进行理论与实践并重、专业性与师范性兼及的"师才"培养,使之获得扎实的教师专业基础;以渗透和熏染为主要特点的教书育人、全员育人的方式,对学生进行潜移默化的"师魂"铸造,使之养成为人师表、热爱教育、热爱学生、诲人不倦、终身学习的教师职业品德;全程、全员、全方位体现专业教育的师范性。

本项目从高师语文人才培养的整体需要出发,从不同层次提出具体措施,推进培养模式的系统改革,让师范类汉语言文学专业真正体现师范性的特点。主要方法有:

(一)分项达标,内外联动,全程训练师艺

本专业研制出台了《师范生专业技能培养方案》和《考核大纲》,成立了师范技能培养与考核教研室,将普通话朗读、即席演讲、常用字应用、三笔字书写、教研论文写作、教学设计与多媒体课件制作、说课与模拟上课等"十项技能",分年级逐项培养,逐项达标。每个项目的培养,讲座辅导和自习相结合,注重循序渐进,科学训练。达标考试力求规范,例如"常用字应用"项目,根据国家语委"汉字应用水平考试"的有关规则和要求进行考核,做到科学合理。同时通过改革,循序开展见习、实习和研习三个不同层次师范能力综合实践。具体实施中课内

与课外互动、校内与校外联动,确保了训练的高效性。

(二)改革课程,改进教学,有效培育师才

1. 开设富有本专业特色的系列师范类课程

本专业的语文教学研究引领我国语文教改潮流,在国内产生重要影响。语感论、言语教学论、语文教改研究、语文新课程研究、语文教材编写与研究、教师语言艺术等领域均取得显著成果,而这些成果均有效地转化为课程,将他们引导到语文学科研究的前沿,使他们学到最先进的语文教育思想与方法。

2. 开设对接中学语文的系列桥梁性课程

如训诂学与语文教学、修辞学与语文教学、词汇学与语文教学、语文规范化与语文教学、儿童文学与语文教学等一系列课程,运用相关学科理论对接中学语文,通过学术资源的激活与转化,解决语文教学的实际问题。

3. 将高水平项目成果转化为系列研究性课程

本专业近年完成了 20 多个国家项目,许多成为新课程的优质资源,如楚辞研究、鲁迅研究、文学语言研究、汉字研究、近代汉语研究、唐宋传奇研究等课程都是在国家项目研究基础上开发的,这些课程有效引导学生开展研究性学习并走进学术前沿。

4. 实现师范性向全部课程的渗透

传统专业课程的开设深入挖掘课程的师范性内涵,实现师范性向全部课程的渗透。如现代汉语课程的教学,对"教育用字""教学语法""语文规范化"等知识的讲授有效与中学语文课程对接,同时,整个课程,特别是"语用修辞"部分更注重语言能力的培养。写作课程着重引导学生练习文学创作和应用写作,让学生勤动笔、爱动笔,在不断的练习中学会流畅地表达自己。

5. 改进教学方法

推行探究式、讨论式、启发式教学,开展"专业提高班"和"对话教学"等教改实践,培养学生自主学习的方法。

(三)教书育人,全员育人,共同铸造师魂

利用多种途径培养学生终身热爱教育的情怀,养成高尚的教师情操。

1. 发挥名师效应,培养职业理想

本专业有一支师德高尚的师资队伍,有国家级先进教师、省功勋教师、省教学名师、校教学名师等多人,经常对学生进行职业理想与职业行为规范的教育,

以名师的人格魅力影响学生。

2.结合专业教学开展师德师风教育

教师根据语言、文学等不同学科的特点渗透师德师风教育,在知识的传授中给学生以熏染。

3.强调课堂教学的示范性

教师不但在教学方面给学生做出示范,更在师德师风方面给以示范。

4.重视教育性课程建设

开设有关教师成长、职业规划、职业礼仪等的课程与讲座,系统讲授教师职业成长与职业规范的知识。

三、成果创新点

本项成果的创新点主要体现在以下三个方面:

(一)模式创新

本项目建立了一个以"三师三全"("训练师艺、培育师才、铸造师魂","全程、全员、全方位实施师范性专业教育")为特点的科学、系统的师范类汉语言文学专业培养的创新模式,使本专业学生在师艺师才、师德师风等不同层次得到有计划、全方位的培养与提升,以成就优秀师范人才。

(二)课程创新

建立系列独具特色的师范类课程、桥梁性课程和研究性课程;实现师范性向全部课程的渗透。特别是桥梁性课程与教材的建设,架起了学科与中学语文之间的桥梁,达到专业性与师范性的有效融合。

(三)管理创新

1.项目制

在着力建好科学合理的培养方案和精干敬业的指导团队的基础上,实行师艺训练"十项技能"分项负责、目标管理制度,既发挥团队力量,又调动教师个人积极性和责任心,切实增强了培养的有效性。

2.合作制

学院教学与思政两个系统通力合作,形成一个统一认识、统一规划、协同落实的培养机制。教学系统偏重于第一课堂的教育教学活动;思政系统偏重于第二、三课堂的教育教学活动,如利用社团、主题班会等。

3. 循环制

本项目在强化"全程"性的同时推行重点环节周期循环活动,主要有一年一度的"师范技能月"活动和一年一度的"师范技能竞赛"活动。特别是"师范技能月"活动,已进行多届,对于培养师范技能、营造师范文化环境,具有十分重要的作用,取得显著成效。

四、推广应用情况

本项目成果已经产生广泛的社会影响,作为浙江省师范类汉语言文学专业的龙头在全省乃至全国产生重要的辐射和影响。

《训诂学与语文教学》《语文新课程与教学的解放》《中学语文教学研究》《儿童文学教程》等五种课程教材列入教育部教师教育优秀课程资源库或教育部师范司规划教材,推荐全国师范院校同类专业使用。

《语言学概论》《中国现当代文学史》两种专业教材列入省重点教材,推广到全省同类专业使用,《教师口语艺术》教材,《中国教育报》发文高度评价,成为在全国富有影响的师范性教材。

体现本项目部分特色的"儿童文学课程体系的建设与实践"和"现代教师RPT能力培养的创新与实践"等两项成果分别获第六届高等教育国家级教学成果奖二等奖;《美育论》《教学语法应用研究》等六种专业教材获省部级奖。

浙江省师范技能竞赛本专业学生实现"五连冠",另有八人获得二、三等奖;本专业有两名学生连续获得浙江省"十佳大学生"称号;本专业学生原创剧作连续两届获得全国大学生戏剧节"金刺猬"奖;本专业学生创作的《后宫甄嬛传》改编成电视剧在全国各大电视台热播。以上各项具体成果的取得,国内重要媒体多有报道,产生广泛影响。

(曾刊于 2012 年总第 8 期)

浙江师范大学人文学院师范生专业技能培养方案

人文学院

随着高等教育的不断发展,师范教育在新的时代背景下,面临着新的挑战。为了进一步提高教师教育的专业化水平,保持和强化师范特色,更好地适应基础教育改革发展的需要,科学、系统地培养师范生的专业技能,有效提高我院师范生的综合竞争实力,特制订本培养方案。

一、指导思想

以科学发展观为指导,落实教育部《关于进一步深化本科教学改革全面提高教学质量的若干意见》(教高〔2007〕2号)和《国家中长期教育改革和发展规划纲要》(2010—2020年)的精神,坚持"面向基础教育、服务基础教育"的宗旨,以师范生专业技能的培养为着力点,强化和深化教师教育的改革与创新,为促进教育教学质量稳步提高,实现我院教师教育专业化目标提供切实的保障。

二、制定依据

本方案的制定,主要依据国家教委《高等师范学校学生的教师职业技能训练大纲(试行)》(1994)和我校出台的《关于教师教育改革的指导意见》《教师教育改革实施方案(试行)》(2008),以及我院"国家特色专业建设方案"。

三、基本原则

师范生专业技能培养方案的制定及其实施遵循以下原则:

(一)整体性原则

师范生专业技能与专业理论知识是不可分割的整体,它们不是简单的加合关系。师范生的专业技能作为一种综合能力,它以专业理论知识的学习和应用为基础,没有扎实的专业理论知识,也就很难达到高水平的专业技能。而专业技能本身也具有整体性,从基本的书写、表达,到专业教学和班主任工作等,不同层次和类型的专业技能,相关相连、密不可分。因而,必须做到多元协调,全面推进,才能使师范生专业技能的培养目标更好地实现。

(二)互补性原则

目前我校正探索教师教育体制改革,教师教育学院在有关教师教育课程的开设、教育实习和班主任工作技能等方面承担了具体任务,校普通话培训测试中心(由我院负责)承担了全校普通话水平等级测试工作,本培养方案将综合考虑这些因素,在专业技能项目的设置上相互补充、形成合力。在整体规划时,专业实习和班主任工作技能等有关项目,不再纳入本方案的具体实施中。本方案确定培养和考核内容时,在重视师范生一般专业技能的同时,更注重我院中文、历史和人文教育等各专业的特点,这与教师教育学院注重师范生通识性教育也是一种互补。

(三)实践性原则

师范生专业技能尽管以知识作为基础,但最终需要在实践层面体现出来。各项技能的水平只有在实践中才能得到切实有效的指导与提高,最终也只能在教学实践中得到检验。因而,师范生专业技能培养应以实践活动为中介,注重有针对性的实际训练,以实践促进专业技能的全面提升。

(四)循序性原则

师范生专业技能培养是一个循序渐进的过程。不同阶段的师范生,在专业技能发展中具有不同的要求与特点,专业技能培养要注重探讨不同阶段师范生的基础和特点,有针对性地进行训练与指导,做到因材施教、稳步提高。

四、目标和内容

(一)培养目标

通过对师范生专业技能分阶段、有重点地培养与训练,其在口语和书面语表达、常用汉字使用、三笔字书写、教育技术应用、教学设计与操作、教学管理与研究、专业品质以及个人才艺等方面的基本素质得以全面提高,毕业时达到专业技能合格乃至优秀的水平。

(二)主要内容

师范生专业技能培养的内容主要可分为以下几个部分,分别是普通话口语和书面语表达技能、常用字应用和三笔字书写技能、教学工作技能、班主任工作技能等。根据上文所确立的原则,本方案重点落实以下内容。

1.普通话口语和书面语表达技能

要求能说较标准的普通话,达到国家语委和省语委规定的普通话水平等级要求,能用较标准的普通话进行交谈和朗读,能掌握各种教育教学口语形式的表达技能;书面表达要求能做到思路清晰、语句准确流畅、正确使用标点符号和行文格式、行文内容符合相应的语体要求。具体项目如下:

(1)朗读

朗读是师范生的一项基本专业技能。朗读优秀的作品,可以使师范生学习艺术语言的表达技巧,丰富词汇,同时养成正确的发音习惯,提高运用普通话交流思想、表达情感的能力。

朗读要求发音规范,吐字清晰、圆润,语流畅达,语调富于变化,感情基调把握准确,朗读技巧处理得当,能很好地表现文章内容,并富有个性,态势语运用恰当,表现力强,表情自然大方。

朗读练习与考核的篇目选自现行中学语文教材。

本项目要求在大一阶段过关。

(2)备稿演讲

演讲是展现师范生综合素质与职业风采的重要形式。备稿演讲,旨在培养学生在精心准备之下,能脱离文稿流畅自如地表达的能力。

演讲应做到:内容结合实际、主题鲜明、立意新颖;表达清晰流畅,声音圆润饱满,节奏富于变化;态势端庄大方,表情丰富多彩。

本项目要求在大二阶段过关。

(3)即兴演讲

即兴演讲是随情应景、不凭借文稿,主题明确且富有艺术地表情达意的口语交际活动,是师范生应具备的高级口语表达技能。

本项目在备稿演讲培训与考核的基础上进行。内容以解决教育教学问题为主,论题涉及班主任工作技能、典型教育教学案例、重要教育教学规律等。它是对师范生学科知识广度、教学思想深度、材料综合能力、临场表达技巧和应变能力的集中训练和考察。

即兴演讲要求主题鲜明,内容正确,材料充实,理论得当,逻辑严密,情感充沛,语言准确、生动、流畅,合乎教育、教学和言语交际规律。

本项目要求在大三阶段过关。

(4)书面表达技能

书面语表达能力的培养与训练在课程论文、学年论文和毕业论文"三级论文"实施过程中落实,在基础写作课中进行专项训练。

书面表达要求主题鲜明,表述清晰,逻辑严密,语言准确、流畅,格式符合文体规范。本项目特设专项考核,以命题作文的形式,统一考察。

书面表达基本技能要求在大一阶段第二学期过关。

2.常用字应用和三笔字书写技能

(1)常用字应用

熟练掌握常用字的正确应用,是书面语表达的基础,因而也是师范生专业技能之一。

要培养学生规范用字的意识,提高规范用字的能力。要求学生掌握 4000 个常用字的正确读音、规范写法和基本意义,做到会读、会写、会用。尤其要正确掌握常用字的字形结构、笔画名称、笔顺规则,辨析容易写错、写别的字和多音多义字。要求学生能熟练利用部首法、音序法快速准确查检规范汉字。

本项目要求配合现代汉语第一学期的学习内容,在大一阶段过关。

(2)三笔字

三笔字是指钢笔字、粉笔和毛笔字。分属硬笔与软笔。要求学生熟练掌握硬笔楷书和行书的书写技能,倡导学生学习并掌握软笔书法。

学生的汉字书写,要求做到正确、规范、美观,不但要讲究笔法,还要讲究章法和布局。熟练掌握汉字书写技巧,有效提高书写水平。

钢笔字要求在大一阶段过关,粉笔字要求在大二阶段过关。

3.教学工作技能

教学工作技能,是指备课、上课等基本教学环节所必备的技能,包括教学设计、教学实施、多媒体课件制作、板书、说课等多项内容。要求能结合学科特点科学制订教案;能根据教学任务和学生特点有效实施教学;能合理有效应用各种教学技术和板书设计;能初步运用本专业知识和教育学、心理学原理进行教学研究;等等。重点是:

(1)教学设计与多媒体课件

教学设计是教师对教学过程的各个部分的整体计划,它集中体现教师的教学思路,是教学的前期准备工作,师范生必须具备良好的教学设计能力。通过训练,学生应达到以下要求。

理解教学设计的概念,了解各种教学设计方法;能够制定合理的教学目标,正确分析、组织和处理教材,了解学生学习特点,掌握分析学生学习的方法;根据教学目标、教学内容和学生实际选择合适的教学媒体,课堂教学活动设计充实、多样;制定的课程教学计划和教案规范、得当;能根据教学需要选择和设计作业的内容和形式;了解课堂教学评价的依据和标准,能够正确认识和评价自己和他人的教学。

多媒体课件是用于实施教学活动的教学软件。它以其形象、直观、生动、快捷、高效的特点与功能,对优化课堂教学,推进素质教育产生了重要作用。师范生应能够根据所指定的教学内容制作课件。课件取材适宜,内容科学、正确、规范;课件演示符合现代教育理念;课件设计具有一定的新颖性,能体现教学设计思想,知识点结构清晰,能调动学生的学习热情;操作简便、快捷,适用于课堂教学;恰当运用多媒体效果,画面设计具有较高艺术性。

本项目要求在大二阶段过关。

(2)说课、模拟上课与板书

说课,是一种重要的教学技能,要求师范生能系统地阐述自己的教学构想及其理论依据。可分为说教材、说教法、说过程等环节。说教材要求阐明教学内容,分析教学目标,明确教学重点和难点;说教法要求说明所选择的教学方法及其选择的理由;说过程要求阐述各个教学环节的具体安排并说明安排的理据。

模拟上课,是课堂教学训练的重要方法,也是教学技能的重要体现。要求做到:教学目标明确,要求具体,符合大纲精神和学生实际;知识传授正确明白,重点难点处理恰当;教学方法正确,能按新课程教学理念处理教学内容,讲求师生互动、讲练结合,提倡自主探究、合作学习,注重学生能力培养;教学过程安排合理,教学环节紧凑,层次清晰有序;创造性地使用教材,教学特色鲜明;教学语言准确规范、简洁生动,教态亲切自然、仪表举止得体,注重体态交流;教学效果明显,教学目标达成度高。

板书,也是重要的专业技能之一。板书内容要能够反映教学设计意图,突显重点、难点,能调动学生主动性和积极性;构思巧妙,富有创意,构图自然,形象直观,教学辅助作用显著;书写快速流畅,字形大小适度,清楚整洁,美观大方,不写错别字。

本项目要求在大二阶段过关。

（3）教学研究

教学研究是师范生应具备的基本能力之一。要求学生能初步运用本专业知识和教育教学原理进行教学研究。鼓励学生在学年论文和毕业论文写作中选择教学研究的选题。要求每位学生在教育实习之前完成一篇年度或专题学科教研综述，或教材研究论文，旨在引导学生关注教学研究的前沿成果，熟悉并探究教材内容，初步学习教学研究的方法，养成学科教研的专业敏感性。

4.班主任工作技能

班主任工作技能，指班级管理、思想品德教育和组织课外活动等方面的技能。班主任工作技能培养的基本要求是：能制订班级工作计划、组织与建设班集体、组织与指导班会和团队活动；组织和指导学生参加课外活动、社会实践等；运用观察、谈话、调研等方法了解学生的思想和心理变化；指导学生日常行为规范，正确对学生进行操行评定；在组织和指导学生开展课外音、体、美活动中具有某一方面的才艺和专长。

根据互补性原则，班主任工作技能培养在本方案中不做重点安排，在"即兴演讲"环节适当体现。即兴演讲的论题要求设计班主任工作案例，学生依据教育理论做出正确判断，并选择合适的应对措施，通过即兴演讲方式予以表现。

另外，个人才艺是体现教师个人魅力的重要因素，在班主任工作中具有不容忽视的作用。本方案设立"个人才艺"培养与考核项，由师范生自愿提出考核要求。考核成绩作为附加分，计入师范技能总分。个人才艺包括书法、绘画、篆刻、唱歌、跳舞、表演、手工、乐器、曲艺、剪纸、根艺等，学院将积极倡导并创造一定的条件发展学生个人才艺。

（三）计划安排

1.项目权重

以上项目总分合计 100 分。各项权重如下：

朗读 5％；备稿演讲 5％；即兴演讲 10％；书面表达技能 5％；常用字应用 15％；三笔字 5％；教学设计与多媒体课件 20％；说课、模拟上课与板书 30％；教学研究 5％。

2.时间安排

师范生专业技能实施时间安排表

考核项目	学　　期					
	一	二	三	四	五	六
朗读	√	√				
备稿演讲			√	√		
即兴演讲					√	
书面表达		√				
常用字应用	√	√				
钢笔字	√	√				
粉笔字			√	√		
教学设计与多媒体课件				√	√	
说课、模拟上课与板书				√	√	
教学研究					√	√

五、组织管理

（1）学院成立师范技能培养与考核领导小组，负责对师范生专业技能培养进行统一组织与协调。

（2）学院成立师范生专业技能培养教研室，负责师范生专业技能的具体培养与考核。

（3）学院教务办协同学工办、师范生专业技能培养教研室，组织培养方案的具体实施。

（4）学生的专业技能考核成绩纳入学生的年度综合测评，以能力专项计分。

（5）学院在每个学期的工作计划和总结中，将师范生专业技能培养列为重要的内容，加强管理，严格实施，讲求实效。

六、保障措施

1.制度保障

学院建立规范、稳定的师范生专业技能培养与考核制度，健全运行机制。

学院依据本方案制定《人文学院师范生专业技能考核大纲》。

　　学院建立专业技能考核证书制度,分为"人文学院师范生专业技能考核合格证书""人文学院师范生专业技能考核优秀证书"两种。

　　建立优秀学生重点培养制度。

　　学院确定每年4月为师范技能月,以营造氛围,推进工作。

　　加强对本项工作的研究,积极推行项目负责制,在研究中实施,在实施中研究。

　　2.设施保障

　　学院为师范生专业技能的培养提供设施保障,如配备必要的学习用品、提供教学活动场所、教研办公场所等。

　　3.师资保障

　　学院加强师资队伍建设工作,确保各项专业技能有专门的指导教师。

　　4.资金保障

　　学院加大师范生专业技能培养的经费投入,以确保各项活动的顺利进行。

2011 年 4 月

(曾刊于 2012 年总第 9 期,傅惠钧、于淑娟执笔)

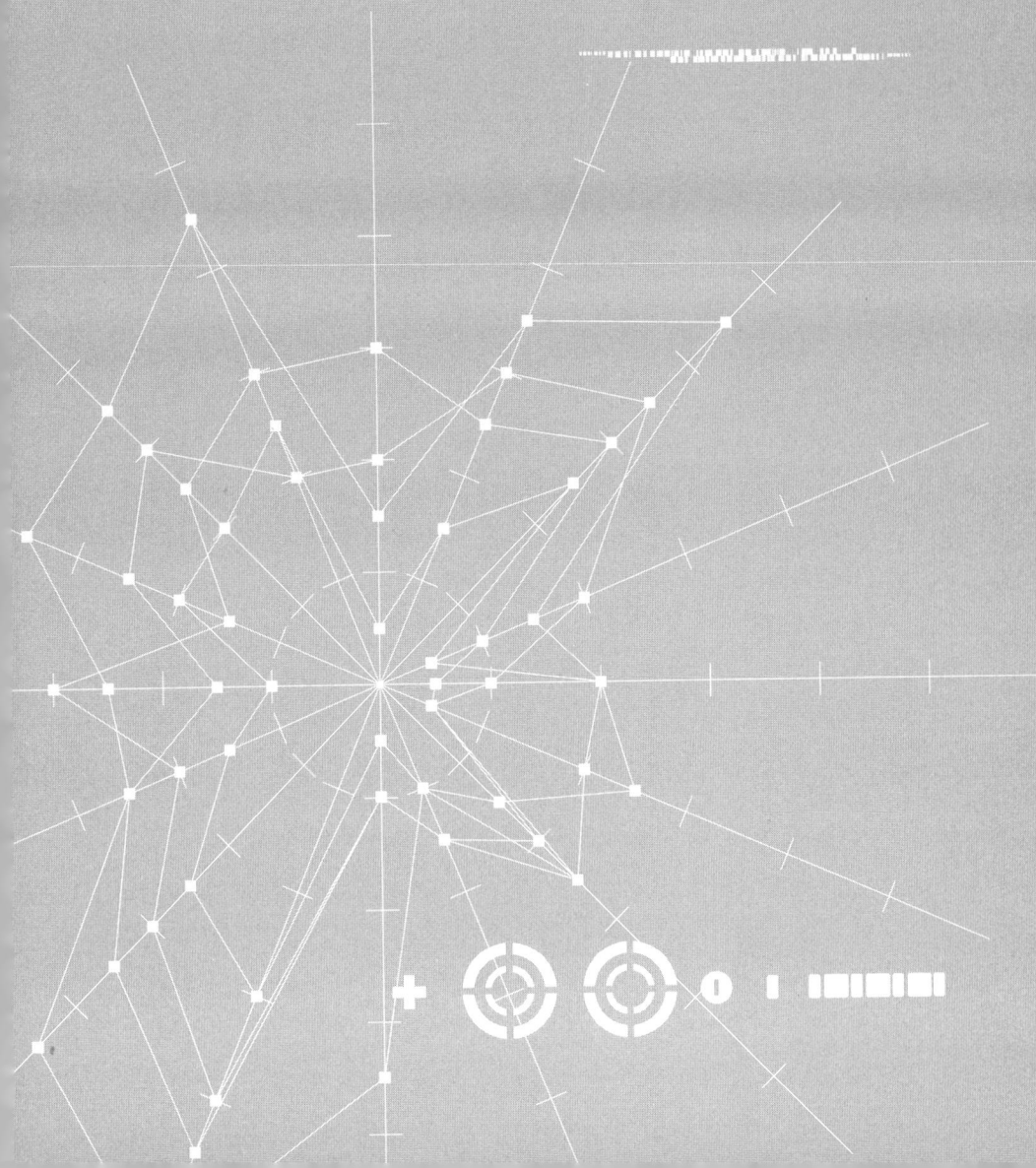

课程与教材

国家精品课程"语言学概论"建设探索

张先亮　　陈青松

"语言学概论"是汉语言文学专业的基础理论课程,浙江师范大学人文学院的"语言学概论"课程自20世纪80年代开设,从选修课到基础课,从院级重点建设课程到校级精品课程,再到2007年成为省级精品课程,2010年成为国家级精品课程,一步一个脚印,课程日趋成熟。这是我院几代语言学概论教师共同努力、薪火相传的结果,更是近几年语言学概论课程组教师潜心探索、辛勤实践的结果。

"语言学概论"课程建设之所以卓有成效,主要在以下几个方面下了功夫。

一、建设好团结协作的高水平教学队伍

经过多年有计划的培养和引进,本学科已经建成一支高学历,高职称,学缘及年龄结构合理、方向较齐全的教学队伍。本课程组主讲教师5人,有教授2人、副教授2人、讲师1人,其中博士3人。该课程教师在张先亮教授的带领下,形成了一个人尽其才、团结协作、互补共进的团队。课程组教师经常会聚集在一起探讨课程教学问题,分析存在的问题,提出改进的方案。而且,课程组还特别重视对青年教师的培养,鼓励他们走出去交流和学习,同时落实青年教师听课评课制度,青年教师的教学和科研水平都有了较大的提高。

本课程还有一支独具特色的"编外"师资队伍,包括我校兼职教授陆俭明教授、范晓教授、邵敬敏教授、马真教授、刘丹青教授等,有特邀讲学的江蓝生教授、李宇明教授、赵金铭教授、苏培成教授、齐沪扬教授、肖国政教授等,他们都是国内非常著名的语言学家。这些外聘的专家学者不定期来我校讲学,为本课

程的常任教师和学生带来了语言学不同领域的新知识和新理念,极大地开拓了教师和学生的学术视野。

二、在准确定位课程的基础上明确建设目标

经过深入思考和多次讨论,"语言学概论"课程的负责人和主讲教师对本课程的定位和建设目标是非常清晰和明确的。什么样的语言学概论课程才是"好"的课程?我们现有的课程教学有哪些优势及不足?我们想建设出一个怎么样的课程?建设过程之中采取哪些手段和措施?建设步骤怎样?这些问题不光课程负责人在思考,而且也是课程组教师讨论时的主要话题。共识主要有如下几点。

(1)语言学概论课程的主要目标是让学生掌握语言学的"理论"知识、培养学生的学术能力。按照教育部语言学概论的教学大纲,课程的教学目的是通过教学,学生能够初步树立科学的语言观,掌握语言学的基础理论和基础知识,具备运用语言学的科学方法分析语言现象的能力。这就决定了语言学概论课程的理论性、学术性和基础性特点,因此不能夸大语言学概论课程的应用取向,不能把培养学生的语言能力、思维能力、语言教学能力等目标都压在本课程上。只有让教师和学生都了解了本课程的性质和特点,才能按照本课程的性质和特点进行讲授并取得良好效果。

(2)语言学概论课程的评价不同于其他课程。作为理论课程,作为注重逻辑推理和实证的语言课程,不应该也不可能和文学类、历史类等其他文科课程具有同样的评价标准。语言学的基本概念、基本理论和基本规律是抽象的,例证也多是缺乏复杂情节的,趣味性和情感性是不突出的。一门好的理论课程,好在理论表述的科学,好在理论探究的深入,好在例证材料的精准。本课程组教师都能够充分地认识到这一点,也致力于让领导、其他教师和学生能够认识到这一点。

(3)语言学概论课程的建设目标是在吸收兄弟院校同类课程的优秀经验基础上,建成一门既契合教学大纲又有自身特色,既能展现理论魅力又受学生喜欢,既能在校内省内有示范作用又在国内有较大影响的课程。为了清醒地认识课程自身的差距和优势,课程组专门组织多种形式的考察和调研,掌握国内著名高校语言学概论课程的建设情况,结合自身情况找差距、定目标。

三、精心组织教学内容

教学内容是课程教学的核心,教学就是内容的呈现方式。本课程组在教学

内容上的精心组织主要体现在四个方面。

1.理顺课程与课程之间内容关系

语言学概论课程与英语、现代汉语、古代汉语、语法学、词汇学、方言学等相近课程的内容交叉融合,但各有侧重,课程组教师特别注意厘清本课程与相关课程在知识点上的关系,充分利用相关课程内容,突出本课程的重点;也注重语言学和哲学、心理学、社会学、教育学、统计学等学科之间的关系,提倡学生涉猎相关学科知识,"跳出语言学来看语言学"。这样,学生选修和自学其他相关学科课程的越来越多,知识面不断拓展,视野也会逐渐广阔起来。

2.对教材内容进行取舍

本课程使用的教材是伍铁平主编的《普通语言学概要》,我们的教学一方面充分利用教材,让学生的学习有依据,另一方面也不拘泥于教材。在教材内容的取舍上,主要处理好两个关系:一是处理好与现代汉语、古代汉语等相关课程教学内容的重叠交叉关系。课程之间的重叠是不可避免的,也是必要的,这就需要我们教学时有所取舍,如语音学,我们重点放在国际音标和音位学理论上,对于语音的自然属性,如"语音的四要素、语音的生理基础、元音辅音的区别、元音的三维特点、辅音的分类依据"等,因为学生在现代汉语中已经学习过,比较熟悉,我们就通过提问的方式让学生来回答。二是处理好重点知识和非重点知识的关系。如教材中语言机制部分、语用部分都是非重点内容,可以少讲;而"符号""语言符号"等章节是重点内容,需多讲;而国际音标和义素分析也是重点内容,更应多让学生练习。

3.补充新理论和好例证

虽然教学的主体内容必须依据较为固定的教学大纲,但是,教学必须在一定程度上反映该课程领域的最新研究动态,这已经是大多数语言学概论教师的共识。适当地补充教材和大纲中没有的新理论观点,"时教时新"是本课程的一大特色。如在语法部分简要介绍认知语法和语言类型学的代表性观点,在语义部分简要介绍生成语义学观点等。枯燥的理论表述需要例证和关联细节的支撑和点缀,才能提高课程的趣味性。如在教学国际音标时,可以讲讲语言学大师赵元任的逸闻趣事,在讲语法范畴中的性范畴时,可以讲讲"她"字的创造者刘半农的名诗《教我如何不想她》的典故,等等。

4.形成有教师个人特殊风格的内容体系

任何一门独立的学科都有自己独立的内容体系,教师既不能照本宣科,也不能完全脱离教材,海阔天空毫无边际侃侃而谈。课程组教师在熟悉教材的基础上,在把握教学内容的系统性、科学性的前提下,形成自己的体系,这一体系与教材有联系又不完全一样。一方面以教材为基础,考虑学生的接受情况,让基本知识和基本理论看得见、找得着;另一方面,教师又不为教材所束缚,放得开,讲得深,有学术含量,不仅要把学科前沿的知识传授给学生,还把自己的研究成果做适当的选择融入教学内容中。本课程组教师的内容体系主体部分都是相同的,但具体的内容细节上随各教师的研究侧重各有特色。

四、注重教学方法和手段的探索和革新

课程组教师积极承担各项课程教学改革的研究项目,在理论上对现行的教学方法和手段进行反思。比如,对讨论法的反思:从理论上讲,讨论法是一种比较好的教学方法。它可以调动学生学习的积极性,但此法并不是放之四海而皆准的,会受到课程性质、教学对象等的限制,语言学概论课程理论性强,概念定义多且抽象难懂,学生初次接触要读懂它都有一定难度,更别说讨论了。再如对多媒体手段的反思:使用多媒体要根据课程内容的性质,掌握分寸,灵活运用,否则会适得其反,有违初衷。教师上课可以使用多媒体课件,但也应有板书作补充。板书教学比较醒目,能够展现重点,调节教学节奏。课件也不应过于动态、花哨,以免分散学生的注意力。这些教学方法和理论上的思考都已经形成相关研究成果,并在专业杂志上发表。

在具体的教学实践上,课程组倡导多元立体的“大教学”理念。课堂和课外相结合、讲授和讨论相结合、演绎和归纳相结合、教师和专家相结合、聆听和辩论相结合、思辨和调查相结合等多种方式全方位的立体教和学机制已经形成。总的来说,我们的改革思路就是由“重视老师如何教”转向“重视学生如何学”。在课堂教学中,课程组教师都根据自己的实际、学生的实际采用不同的教学方法,通过课程组教师内部互相听课、评课,进一步提升教学技巧。课程组教师都特别强调课堂的趣味性,通过有趣的例子说明某一理论或现象,既能帮助学生理解抽象的知识,又能活跃课堂气氛,调节学生的情绪,以此调动学生学习的积极性、激发学习热情,提高教学效果。同时,力求多种教学形式补充和拓展课堂教学。如专家讲座,我们不定期开展语言学方面的讲座,讲座内容涉及语言理论的各个层面,这些讲座吸引了很多学生,讲座之余的提问的热烈反映出学生对语言学的热忱,也因此吸引了相当多的学生报考语言类的研究生,从此走上了语言研究的道路。作为集中教学的有益补充,多种形式的师生个别交流把教

学引向深入,我们除了在课后布置作业训练和考查学生,还倡导学生就教学内容和现实的语言问题与教师进行个人交流。老师还通过 QQ、电子邮件、电话等手段指导学生的课下学习,或者组织有共同爱好的同学一起合作研讨共同感兴趣的语言问题。

本课程除了运用传统的教学手段外,还运用了一些新的教学手段:

(1)查找语言资源。现在是信息的社会,充分利用海量的语言资料来辅助学习语言学理论是必要的,本课程教师在教给学生语言材料库的建设和查找的基本知识外,还引导学生通过各种搜索引擎搜索材料,带领学生使用几个比较有影响的成品语料库,如北大平衡语料库、国家语委词性标注语料库等。语种语料库在国外的建设已有相当的规模,但国内未见,所以主要是引导学生查找如《民族语言简志》《中国的语言》等民族语言材料,引导外语基础比较好的学生在网络上适当查找外语的资料。

(2)搜寻语言学资源。引导学生阅读重要书籍和期刊,特别是《中国语文》《当代语言学》等,让学有余力的学生进一步掌握语言学知识;带领学生一起使用中国期刊网、超星电子图书等网络资源,方便快捷地获得语言学成果。

(3)运用现代教育技术手段。本课程组教师都参加了现代教育技术培训,都能够熟练运用现代教育技术手段进行教学。课程组的每个教师都制作了具有个性的语言学概论 PPT 课件,相关的文字、图片、语音、视频及其他外围材料齐备,使用多媒体课件的上课率达到 100%;"语言学课程"网络课程经过多年的完善和补充,现在已经非常成熟;大部分教师使用学校教务处开发的教师课程平台进行教学辅导和评测。

这一系列教学方法和手段的改革,有力地拓展了教学的时间和空间,提升了课程教学的内容含量,激发了学生的学习兴趣,近年来本课程教学效果稳步提升,是对本课程教改措施的肯定。

"语言学概论"课程成为国家级精品课程,一方面是对已有建设成果的肯定,另一方面又是课程建设的新起点。新起点意味着新目标,本课程组正在酝酿和思考如何更进一步提升课程质量,以让本课程更受学生欢迎,更具有示范性和影响力。

(曾刊于 2010 年总第 7 期)

浅谈"语言学概论"课程中的用例及其收集①

张先亮　　陈青松

"语言学概论"课程以专业性和理论性见长,用例在课程中起着非常重要的作用。本文结合教学实践,对课程中用例的作用、类型及收集用例的方法等进行了一些介绍和讨论。我们认为课程中的用例可以从内容和关系两个角度分出不同的类型,用例收集需要长时间积累、敏锐的发现和集体协作。

一、"用例"的地位和价值

"语言学概论"课程是汉语言文学专业本科学生必修的一门基础理论课。教育部公布的该课程教学大纲规定:以辩证唯物主义和历史唯物主义的语言观阐明人类语言的性质、结构、起源及发展等基本理论,通过教学,要求学生初步树立科学的语言观,掌握语言学的基础理论和基础知识,具备运用语言学的科学方法分析语言现象的能力。[1]教师和学者大都认可"语言学概论"课程要讲授基本的语言学概念、基本语言学理论和一些语言知识,课程的专业性、基础性和理论性等是确定无疑的[2][3]。

用例是所有理论性课程都必须认真对待的问题。理论性的东西总是需要具体的材料来支撑:一方面,对抽象理论的阐释在某种意义上来说是对理论原初研究过程的一种"复原",抽象理论的得出必然伴随着具体现象;另一方面,对抽象理论的阐释也是一种创造性构建,这种创造也必然需要新的具体材料支撑。理论性课程出现的问题是由多种因素造成的,用例的选择和使用问题肯定

---

① 本文主体内容以"'语言学概论'课程中用例选择和使用的原则"为题发表于《中国大学教学》2012 年第 6 期,署名陈青松、张先亮、聂志平。

是其中最重要的影响因子之一。"语言学概论"课程作为理论课程,自然也不例外。

首先,用例直接关系到"语言学概论"课程目标的实现。"语言学概论"课程的目标和任务是动态的,不同时期和不同学者的认识是不一样的。郜峰提出"语言学概论"课程的教学应该体现出其理论性和研究性[3]。无论是理论性还是研究性,都离不开具体例子的支撑。(1)基本的语言学概念和理论需要具体的例子来例证、说明和描述;(2)基本的语言知识需要实际的语料来验证;(3)学生的语言研究和分析能力需要在具体的语言现象分析中得到锻炼;(4)学生的语言鉴赏能力的提高必须有具体语料作为示范,语言运用能力的提高也需要具体的语料作为模仿对象。

其次,用例的选择和使用直接关系到教师的教学水平。在一定程度上,我们可以认为教学水平就体现为用例的使用。因为现在全国各个高校的必修课基本都有统一的教学大纲,尽管现在国内高校使用的课程教材多种多样,侧重和创新多有变化,但多年的学术传统和教学实践又决定了基本的教学内容都是一致的,即"语言的本质""语言的结构""语言的发展"三块内容都是课程的主体,而这三块内容的理论观点都基本上统一在结构主义语言理论的框架内。学者和教师对课程的教学内容多有批判,但往往批判的东西又在批判者的教材和课堂中出现[1]。可见,"语言学概论"课程的基本理论方面的内容难于创新,即使是一般的教师也会把这些基本理论知识灌输给学生,如果不考虑纯理论推导的乐趣,教师的水平就主要体现在用例的选择、使用和表述上。因此,用例问题不可不慎。

最后,用例的使用关系到学生有效学习的效果。"研究表明,就生理限度看,一个正常人的听觉接受量是每分钟600字,但表达能力每分钟一般只200个音节。信息传递的慢速度与信息接收的高速度的差异造成了学生思维空白带的出现,因而聆听者容易走神。心理学研究还表明,听话时人的有意注意每隔5~7分钟就会有所松弛。可见,从生理、心理基础看,课堂讲授要牢牢'抓住'学生是不容易的。"[4]语言学概论课程中对一些抽象的概念、规律和理论进行介绍和推导是必需的,需要深入理论的内部进行比较、分析、考量,依据已有的知识"构建"自己的理论系统,因此,学习这些抽象的理论观点往往会占用学生太多的脑力,导致学生很容易走神。而用来例示、证明、反驳、说明这些概念和规律、理论的例子,只是一些事实,学生无需对例证内部的结构进行深入思考和识记,心理负担轻,却反过来能够有效地吸引学生的注意力。如果是学生"熟悉"的例子,学生因为例子"亲切"而注意;如果是学生"陌生"的用例,学生因为"好奇"而注意。理论和用例,正好一张一弛,相得益彰。在克服学生在"语言学概论"课堂上的注意力分散问题上,充分发挥好用例的作用是很重要的。

但是语言学学者和课程教师对"语言学概论"课程的用例问题关注较少,少数已有成果主要集中于三个方面:

(1)例证和理论观点的关系。如段益民曾简单提到要"处理好观点和例证的关系"[5]。胡海琼认为处理好语言理论与实际语言现象之间的关系,是解决"语言学概论"课程的"难学"问题的有效手段[6]。

(2)多语种、多类型例子的使用问题。彭泽润认为"'语言学理论'关心的是所有语言中普遍出现的现象,它不能以自己熟悉的语言事实作为核心,相反要尽量提供不熟悉的语言事实,从而使学生开阔视野,激活思维"[7]。曾毅平提出在语言材料的来源上"要注意补充汉语方言和我国少数民族语言等方面的材料",并要补充海外学生语言生活方面的材料、当代社会语用方面的材料、大学生群体的语言变体材料等[4]。罗耀华、柳春燕认为大多数"语言学概论"教材涉及的例子以汉语为主,少量涉及英语,很少涉及其他语种,这种语言事实的单一是导致教学评价走低的重要原因之一。许晋、李树新提出充分利用汉语方言资源等教改方式[8]。

(3)"语言学概论"课程用例和"现代汉语"课程用例的关系问题。段益民认为"从课程性质来说,《语言学概论》应尽量多用现代汉语以外的例证,以便拓展学生的学术视野;但从接受层面来说,《语言学概论》应尽量多用现代汉语之内的例证,以便加深学生的理解。这种两难选择构成学习效果的悖论"。[5]而彭泽润、陈长旭、吴葵认为"语言学概论"和"现代汉语"两门课程要协调改革,"语料互补"[9]。

就已有文献看,未见有专门研究介绍和探讨"语言学概论"课程改革中"用例"的重要作用,对用例的范围、类型缺乏明晰的界定,对用例的收集方法也鲜有涉及,更不用说用例的选择和使用方法了。故而,本文试图在这个方面做一些尝试。

二、"用例"的界定与类型

我们首先界定"用例"的范围,即"用例"指什么,包括哪些东西。

从整体上来说,"用例"是一个相对性概念,是和理论相对而言的,是用来例证理论的具体的事实材料。这里的理论是一个笼统的表述,既包括语言学概念和理论,也包括语言客观存在的规律和特点,当然二者很难分开。理论的特点就是"抽象"和"充当论断",而用例的特点是"具体"和"充当论据"。我们可以从用例的自身形式和内容来概括其所指,也可以从用例部分和理论部分的关系来概括其所指。

(一)从内容上看,用例主要包括三种内容

1. 论述语言学知识或语言知识时所使用的具体语言现象或事例材料

如在讲述"性"的语法范畴时,举法语的形容词有两种"性"形态变化为例,形容词"绿"和阳性名词组配时是[vr],和阴性名词组配时是[vrt];"白"和阳性名词组配时是[blã],和阴性名词组配时是[blãʃ];"灰"和阳性名词组配时是[gri],和阴性名词组配时是[griz]。如论述语言的形式规则和意义规则的关系时,可以举转换生成语法的经典例子"Colourless green ideas sleep furiously.(无色的绿色思想在愤怒地酣睡)"。

2. 与语言使用有关的历史故事、新闻时事

如我国历史上的"指鹿为马"故事可以用来说明语言符号的强制性;如近来教育部对几个汉字书写形体的新规定引发热议,可以用来说明文字的可改革性和规范的一些原则性问题;如在讲语言的符号性质时,可以讲讲罗马帝国国王西几斯门德改动"分裂"一词的"性"的类别而不成功的故事;如余秋雨的《霜冷长河》中介绍过湖北的一宗绑票案,绑匪的十九字字条"过桥,顺墙根,向右,见一亭,亭边一倒凳,其下有信"泄露了自己的身份,这个例子可以用来说明语言的标志功能。

3. 日常生活中的某些现象或事实

如生活中人们对数字4的禁忌和对数字8、9的迷恋,可以用来说明语言的文化内涵。如在论述语言和文化的关系时候,可以举北京市的公交车站名这个日常生活中的语言现象为例:以寺庙名命名的站名有定慧寺、大慧寺、保福寺、三义庙、皂君庙、马神庙、娘娘庙、回龙观等;以坟墓名命名的站名有八王坟、公主坟、六公主坟、郑王坟、张家坟、铁家坟、铁狮子坟等;以兵营名命名的站名有蓝旗营、骚子营、铁匠营、来广营、镶红旗、镶蓝旗、西二旗、西三旗等,这些站名很好地说明了北京的文化底蕴。

上述三类用例以第一类为主,这些材料可能是合法的、真实发生的例子,也可能是不合法或假定的例子,后者作为否定性论证和推理性论证。

(二)从与语言学理论和语言知识的关系看,用例可以大致分为五类

1. 列举性用例

提出一个概念、观点或者语言的规律,就可以举出一些例子作为前述概念、观点或规律的实证,如说到"吸气音",我们就可以举唤鸡的声音来做发音例示。如在讲句子主要成分的语序类型的时候,介绍日语属于"宾语在动词前面"的语言,可以举大家都十分熟悉的那句日本鬼子的话——"花姑娘的有"。

2. 论证性用例

从正面或反面提出的论证性材料,用以证明或驳斥某个观点。如在讲语言起源的学说时,不但可以为某种学说找一些支持的例子,也找一些该学说无法解释的例子。

3. 引导性用例

教学中为了语言学理论的引入,先用一些语言现象或故事做铺垫,或者在教学中为了引导学生讨论探究一些语言学理论或语言规律,先举出一些语言使用的例子或一些与语言有关的事件。如我们先举出若干语言的例子,有对的有错的,然后引入有关语法规约性的讨论。如在讲"语言"和"言语"的区分时,先列几个包含有"语言"的句子(如:a. 太激动了,语言都无伦次了。b. 鲁迅是运用语言的楷模。他的语言很值得我们学习。c. 我们没有共同语言。)让学生判断每一个"语言"的含义,由辨析引入比较,学生积极参与、印象深刻,教学效果自然就好。

4. 拟绘性用例

这是指那些为帮助学生理解抽象概念、抽象理论所打的"比方"和做的描绘性说明。如为了说明语言和言语的关系,我们用当年《红灯记》《杜鹃山》《智取威虎山》等八大样板戏唱遍全国做比,语言就相当于这些样板戏的剧本,言语就是各地不同群体实际所唱的戏,差别就在于语言这个"剧本"是非文字、非明示的。

5. 调节性用例

它指的是那些为调节课堂气氛所讲的一些与教学主体内容关系不直接的语言材料,如一些由课堂中某个内容"带"出来的小故事之类。如讲到语言习得时,可以谈谈"基辛格现象",继而可以谈谈基辛格的一些其他情况和故事,让学生在紧张思考时放松放松。

6.拓展性用例

即在某个教学内容完成后,向学生展现一些精心设计的、与教学内容相关的语言现象或社会事实,让一些学有余力的学生去继续钻研。也可以指教师在完成教学内容后,要求学生按照一定的要求寻找类似语言材料或新的语言材料,让学生在寻找合适用例的过程中锻炼语言分析和鉴赏能力。

从总体看,列举性用例和论证性用例是使用最广泛的两种类型。

三、用例的收集原则:发现、积累、协作

用例的收集需要用心,更需要用时。我平时特别注意收集教学用例:在日常人际交往时、听广播听报告时、观看电影电视时、阅读报纸杂志及他人的语言研究成果时,一般都会随身带着纸和笔,把有趣的语言用例或事例记录下来,在浏览网页、检索信息、阅读电子书的时候,随时把相关用例复制下来,等等。这种收集用例的方法是一种优良的学术传统,读吕叔湘先生的《汉语语法分析问题》《语文常谈》等书,不难发现吕先生的很多研究用例都直接来源于日常生活中看电视、听广播、看《北京晚报》时的记录。这些一点一点收集来的材料,包括文字材料、图片、音频视频材料等,有些甚至就只是网站地址。建立一个专门的"语言学概论"课程素材库,即时或者不定期集中整理收集到的素材,分门别类,每一类每一条都附上自己对该素材的思考,这些思考包括该素材在教学上的用途、学术上的理论价值和拓展丰富同类现象的可能途径,等等,这样的素材库随时更新,课程教学也就会时教时新。

好的用例有时可遇而不可求,但更重要的是要有一双发现价值的慧眼。听到、看到、想到一个用例,要很快明白该用例在理论上的价值和在教学上运用的可行性。2009年,我在中国社会科学院语言所访学期间,刘丹青教授在与我闲聊时谈到"坎氏猴"的叫声也可以分离出多个语法后缀这个现象,他说他根据新浪网的一则有关坎氏猴问题的简要报道,通过多种方式检索到了该研究的全文,我马上认识到这个材料对"语言学概论"课程教学有用,就把网页报道和相关论文收集起来,在教学"语言的本质"中作为"语言是人类所独有的"部分的一个讨论用例,有时也用于"语言起源"的部分来说明"原始的语言是怎么样的""人类语言的初始的语言和动物的声音交际手段有怎样的关系"等问题。再如,2003年我在《科学》杂志上看到介绍 Vilayanur S. Ramchandran 和 Edward M. Hubbard等有关联觉的研究文章时,就意识到这个研究对语言起源、语言符号的声音和意义的关联、语法的隐喻性质等有着重要的理论意义。文章中,心

理学家 Wolfgang Kohler 设计了两幅图画(像墨水污迹和像碎玻璃片),让受试选择名称(bouba 和 kiki),发现98％的受试选择像墨水污迹的图叫 bouba,像碎玻璃片的图叫 kiki。这也许是由于墨渍那变形虫似的柔和曲线,与 bouba 发音在大脑听觉中枢的表现类似,也与发音时口形缓慢变化很相像。这种声音和意义的关联性好像并非完全能用任意性来解释。运用大脑的联觉,可以解释在语言起源的最初阶段,语言符号的能指(声音)是如何和所指联系起来的。早期人类的大脑中触觉中枢、视觉中枢、运动中枢和听觉中枢等部分产生"交叉激活",导致看到一定的事物或事件和一定的身体运动(肢体语言/手势语)相关,一定的身体运动(肢体语言/手势语)和一定发声有关,意义和声音的关系就借此联觉得以匹配,至少初始的语言符号就是这样形成的。这个用例是对现行的结构主义有关语言符号任意性的一个反动,向学生介绍这个实验的例子,可以作为语言符号任意性这个理论观点的讨论材料,可以作为语言起源的支撑材料,也可以作为解释语法隐喻来源的材料。

用例的收集需要团队协作,集思广益。已有的心理学和传播学成果显示,人们需要选择和利用大量信息时,会有四道影响认识全面性、正确性和客观性的屏障:最外层是选择性接触,接下来的是选择性注意,然后是选择性理解,最里层是选择性记忆。首先,人们会无意忽略或有意避免接触那些与自己的知识基础、假设和愿望不一致、不相关的信息。其次,人们倾向于对信息中与自己的已有知识、假设一致的部分给予注意。再次,人们对注意到的信息的理解也容易受愿望、需要、态度及其他心理因素的影响。"在典型的理解过程中,一个刺激会在信息不充分的基础上被归入特定的类别,结果,这些推理并非总是站得住脚。"[10]此外,人们有受愿望、需要、态度及其他心理因素的影响而回忆信息的倾向。同样,"语言学概论"教师在收集和处理语言学概论教学用例的时候,可能囿于个人的知识基础、理论偏向和情感倾向,全面性、正确性和客观性也可能会大打折扣:或者按照自己的老套路去寻找材料,不愿意接触可能存在较好用例的内容;或者只关注与自己的语言学观点一致的材料,而忽视其他;或者按照自己的理解简单地把材料归到不甚准确的类别中,对材料本身应有的理论价值没有进行充分的发掘;或者收集了很多材料,但在使用的时候不能有效从记忆中调取;等等。

一个人的所见所闻所想毕竟是有限的,一个人对材料的认识也是有限的,而且不同教师关注的对象和思考问题的角度都会有一定的互补性,因此在用例的收集过程中发挥团队精神是必要的,团队协作带来的是更广泛的用例和更全面的认识,带走的是狭隘和偏见。我所在的"语言学概论"课程组教师之间经常一起分享用例收集心得,互通有无。2011年年初,时任浙江省工商局局长郑宇民在"第八届中国民营企业峰会"上与主持人董倩的一段对话视频引起广大群众的关注,人们对郑宇民的连珠妙语好评如潮,这个事件刚出现不久,我们课程组最早发现和关注该事件的张先亮教授就把相关内容向其他课程组教师做了介绍,并推荐在课堂上作为语言赏析的用例。我在收集到"坎氏猴"和联觉这两个事例后,就向同课程组其他老师做了介绍,多次与课程组教师交流讨论,让这些别具一格的例子为相关语言学理论提供不一样的思路和证据。还有,我们还可以组织学生参与用例的收集,引导学生思考和发现一些感兴趣的语言现象。主要做法有两点:(1)在课堂上,教师先提出相关理论概括和引导性用例,让学生提出类似的同质或异质的用例;(2)在课堂外,让对语言学感兴趣的学生在日常生活、学习中有意识地发现可应用于已学理论的新用例,鼓励学生向教师报告感兴趣的语言问题。这点在新词新语新用法用例的收集上特别有效。让学生参与用例的收集,是充分调动学生学习积极性的方法,是避免课堂戏剧化的方法,学生提供的材料让课堂充满了变数,适度的"无剧本"让学生感觉更真实,让学生更能体会到教师对相关理论和材料处理时的"思维过程"。

四、余论

用例的收集是一个长期的系统工作,不能一蹴而就。一个优秀的语言学专业教师需要很长时间的积累,才有可能在教学中最大限度地发挥用例的功效。同时,我们也应该认识到影响教学效果的因素是多方面的,理论知识的呈现方式、解说艺术等有时同样会影响教学效果,有好的用例也不一定能够把"语言学概论"课程上好。同样的用例,教师的选择和使用不同,会产生差异很大的教学效果。

参考文献

[1] 张先亮. 关于"语言学概论"内容与方法的再思考[J]. 中国大学教学. 2010(2):44-47.

[2] 聂志平. 语言学概论课程建设问题探讨——以浙江师范大学为例[J]. 浙江师范大学学报(社会科学版). 2010,35(2):77-81.

[3] 郜峰. 语言学概论课程教学原则初探[J]. 中国高教研究. 2006(8):83-84.

[4] 曾毅平. "语言学概论"课程建设的若干问题[J]. 语言教学与研究. 2001(1):70-74.

［5］段益民. 高校《语言学概论》教学刍议［J］. 广东职业技术师范学院学报. 2002(3)：93-97.

［6］胡海琼. 对"语言学概论"课程教学现状的反思［J］. 语文学刊. 2010(5)：7-8.

［7］彭泽润. 素质教育和"语言学概论"的学科建设［J］. 语文建设. 1999(2)：49-53.

［8］许晋,李树新. 高等院校《语言学概论》课程改革探析［J］. 内蒙古师范大学学报(教育科学版). 2009,22(5)：111-113.

［9］彭泽润,陈长旭,吴葵. "语言学概论"和"现代汉语"课程教学协调改革研究［J］. 云梦学刊. 2007,28(4)：135-138.

［10］沃纳·赛佛林,小詹姆斯·坦卡德. 传播理论:起源、方法与应用［Z］. 郭镇之,孟颖,等译. 北京:华夏出版社,2000:71-78.

（曾刊于 2012 年总第 8 期）

语言学概论课程建设的几个问题[①]

聂志平

语言学概论是高等院校中文、外语、对外汉语专业的专业基础课(必修课),也是一门任课教师反映不大好教的课程。从担任该课程教学任务的教师近二十年来发表的关于语言学概论教学方面的文章来看,叫苦者多多,呼唤改革者多多。大家反映的基本问题是:这门课不好教,枯燥,教材陈旧,与现代汉语课程重复,学生不感兴趣,教学效果不理想等;除此之外,教师们多对语言学概论教材内容和教学方法提出批评及改进的办法。但遭批评的问题依然存在,结果还是一样。根据自己的教学经验,我们从"课程地位与培养目标定位""教法和教学手段""与现代汉语课程的区别与衔接""教材与课程体系"四个方面,谈谈对语言学概论课程建设的理解。

一、关于课程地位与培养目标定位的问题

语言学概论是我国高等院校汉语言文学专业的专业基础课。语言类的专业基础课程有现代汉语、古代汉语和语言学概论,其中前两者是关于汉语的知识体系,而语言学概论是介绍关于语言的一般理论,在语言类课程体系中的地位,相当于文学类课程中的文学概论。21世纪初,教育部将学科和学位点调整成"汉语言文字学"和"语言学及应用语言学"两个并列的二级学科,语言学概论课程的重要性自不待言。

关于语言学概论培养目标的定位,从发表的论文来看,仍旧众说纷纭。

[①] 本文以"语言学概论课程建设问题探讨——以浙江师范大学为例"为题发表于《浙江师范大学学报》(社会科学版)2010年总第2期。

有人认为,该课程可以"使学生具有严密的思维能力,特别是认识新事物、新现象的能力""使学生在语言生活中,自觉地科学地认识和使用语言";也有人认为,"教学目的就是要培养学生良好的语言素质和出色的语言能力",还要"提高学生的学术论文写作水平";还有个别人从培养应用型人才角度出发,认为语言学概论课用处不大,主张取消或与现代汉语合并。

语言学概论是语言学理论的入门课,介绍语言学的基本概念、基本知识和基本理论,从共性角度讲述语言的性质、结构、功能、运用、变异,以及发展演变规律。理论课的这种性质,决定它的培养目标只能是:使学生初步掌握语言学理论知识,具有一定的语言理论素养和语言分析能力。理论很重要,但理论不是万能的。把培养学生的语言能力、思维能力、语言教学能力,甚至论文写作能力,都压在语言学概论身上,无疑是没有认清课程的性质,夸大了课程的功能,是很不利于语言学概论教学的。而认为培养应用型人才不需要语言学概论,是忽视语言学概论对语言文学专业学生专业素质的提高作用,也是要不得的。理论是一种基本的修养,是对具体语言现象认识和分析的基础。因此,关于课程地位与培养目标的定位,取决于任课教师对课程性质的认识,它是课程教学成功的第一步。

二、语言学概论课程的教法和教学手段问题

许多讨论语言学概论教学问题的文章都谈到教法问题,认为讲授法不能引起学生的兴趣,主张采取讨论法、研究法、社会语言现象调查法、方言调查法等。我们有不同的意见。

人文学院中文系每学期下半年开语言学概论课,教学时间是 18 周,去掉休息时间,上课时间最多只有 16 周,共 32 课时或 30 课时。相对于教学内容来说,课时就显得很紧张了。即便是安排课堂讨论,也很有限。而所谓的研究法、社会语言现象调查法、方言调查法等,说起来很好听,但不属于课堂教学范畴。由于学生相关的背景知识不够,课外专业书籍基本不读,所以研究、讨论效果并不理想。

作为基础理论课程,语言学概论的教法主要还应该是讲授式。基本概念、基础知识和基本理论,都必须依靠教师讲授。即使有教材、比较详细的教学课件,也不能取代教师的讲授。教师的教学活动是一个动态的过程。我们语言学概论课使用课件,但也有板书作补充。板书教学比较醒目,而且板书本身既是一个动态的教学过程,也是讲授的间歇,是属于张弛有度的"弛",有调节节奏并引起学生注意的作用。教师的讲授活化、细化了教学内容,使静态的理论知识具有了教师鲜活的个人色彩,具有了形象的张力。这是教材、课件所不能带给

学生的东西。教师的讲授，并不是简单地就书衍说，而是融入了自己的理解和体会。言传身授、教书育人，就体现在教师的教学活动之中，这是标准化、规范化所不能代替的东西。

基础理论课，最忌讳空洞的说教。理论是骨架，说明理论的贴切、生动的语言现象或事例是血肉：既有骨架又有血肉，基础理论课才能鲜活起来，才能有生命，才能吸引人。在对一般语言学基础概念、基本知识和基础理论的讲授中，我们也注意选择生动、有趣的语言现象来做说明。这种语言材料的积累，是需要一点功夫的。

担任语言学概论教学工作以来，学期内第一次上课时，我一般都要强调课程的重要性并推荐阅读书目，要求学生必须读一种语言学著作。课程论文也与之相适应，安排写读书报告。这样做的用意，是开阔学生课堂之外的专业视野，给他们灌输读书意识，培养其有关语言学的兴趣。如果只听教师讲课，而没有相应的专业阅读，眼界有限，是不能很好地理解课程内容的。取法乎上，仅得其中。这种近乎强制性的规定，有助于学生加深对课程的理解。

三、与现代汉语课程的区别与衔接问题

许多讨论语言学概论教学的文章，都提到语言学概论与现代汉语课程知识重复的问题。这是不可避免的。因为语言学概论要讲到语言结构，包括语音、词汇、语法这些内容，以及语言的书写符号文字；而高校比较通行的现代汉语教材一般包括绪论、语音、文字、词汇、语法和修辞六个部分内容。语言学概论讲语言结构部分，自然而然也会涉及现代汉语中的相关内容。但应该明确的是，尽管研究的都是语言，但现代汉语属于专语（汉语）语言学范畴，而语言学概论属于普通语言学范畴。两门课程属于不同的课程体系，它们各自有着不同的教学内容和教学目标。语言学概论也不能因为与现代汉语有部分内容重合，就放弃对语音、词汇、语法等语言结构教学内容的讲授；如果是那样，语言学概论课程体系就是不完备的。

要处理好这个问题，关键的一点就是要有普通语言学的眼光，从这个视角来看待语言现象，来讲解相关的现代汉语语言现象。

现代汉语课重在解释现代汉语鲜活的语言现象，以提供关于现代汉语的知识、提高学生对现代汉语的理解和运用能力为教学目标；而语言学概论则以帮助掌握语言学的基本理论、基础知识，具备正确的语言观和初步的语言分析能力为教学目标。现代汉语重在解释具体的语言现象，而语言学概论则重在阐明

理论,而使用现代汉语的具体语言现象,只是作为例证。因此,即便是涉及相同的语言现象,语言学概论课与现代汉语课也有不同的讲述角度。面对着同样的学生,讲授这两门被认为知识重复的基础课,教师必须明确它们的区别,否则是没办法上课的。曾有两年的时间,我一个人给两个年级上现代汉语和语言学概论两门基础课,我对此有较深的感受:讲语言学概论课,必须立足普通语言学,它有着自己的知识系统,理论性是它与现代汉语最根本的区别。

四、教材与课程体系的问题

对于语言学概论教材的批评,主要是陈旧,不能反映语言学的新成果。而新出的教材,批评者也认为其陈旧。作为批评者,对教材陈旧的批评言之凿凿;而作为教师,教学却多依然如故。这其中的关键问题,是对教材与课程体系的理解。

教材体系与课程体系并不一定相同。无论是教材体系还是课程体系,语言学概论都讲授关于语言的基本概念、基础知识和基本理论;学者的观点可以不同,但对于"三基"是语言学概论教学的根本的理解应该相同。从这一点来看,无论是 20 世纪 60 年代高名凯、石安石主编的《语言学概论》,80 年代叶蜚声、徐通锵的《语言学纲要》,还是 90 年代伍铁平主编的《普通语言学概要》都是相同的。但差别也是有的,例如《普通语言学概要》增加了"语用"一章,"语言的机制"一节中增加了语义的部分内容,并把"语言的变异"单列为一章。但教材只是教学的一个依据,一个参考。课程是由教师来讲授的,而不是学生根据教材自学的。作为任课教师,可以制定该课程的教学计划,可以根据自己的理解来调整课程体系,有些内容可以不讲,有些内容可以重新安排。同样是使用伍铁平主编的《普通语言学概要》,关于语言的机制,我们就不讲;语用部分少讲,而"语言变异"的内容则安排在"语言的分化"这一节中,作为后者的细化内容。而根据我们的理解,对"符号""语言符号"则做重点讲述,因为"语言是一个音义结合的符号系统"是语言学界对语言的共识,但一般教材都讲得很简单,不足以体现语言的特点;对国际音标注音、义素分析,我们做操作性的练习,并明确告诉学生这是考试的内容,以引起学生的重视;而讲解"语言的分化",我则注意引导学生关注校园流行语、网络语言以及方言分歧这些学生们熟悉的语言现象,让他们感觉到语言学就在他们身边。至于语言学界新兴起的方面,则应采取审慎的态度,可做简单介绍,不宜占太多课时,以免冲淡对基本概念、基础知识和基本理论的教学。

(曾刊于 2009 年总第 6 期)

两门基础课教学中的一点感受

聂志平

现代汉语教研室有两门专业基础课,现代汉语和语言学概论。这两门课,我是轮流承担教学的:上半年讲现代汉语,下半年讲语言学概论;每周 8 课时左右。

承担这两门课程,通常会遇到三个问题。第一是如何克服课程本身枯燥的问题,第二是两门课程如何区别与衔接的问题,第三是如何吸收学界新成果的问题。担任这两门课的主讲教师以来,这三个问题一直是我比较重视并试图解决好的。

一般人们都承认,与文学类课程相比,语言学类课程比较枯燥。作为教师,首先自己应该树立这样一个信念:自己所教授的知识是有用的。它不仅对建立中文系学生的知识结构是必要的,而且它也具有实际的应用价值。对这一点,语言学类课程教师要有明确的认识,并结合语言实践,在课堂上把它讲透。语言现象是丰富多彩的,正如著名语言学家伍铁平先生所说的:"语言之妙,妙不可言。"在讲解基本概念、基本理论知识的时候,如果能够找一些比较有趣而又贴切的词语、例句或小故事,是能收到比较好的教学效果的。教师应该在这方面多下功夫。我们也常常会有这种感受,道理都是基本的,但找到好的例子不容易。如果语言学教师是一个阅读上的杂家,兼收并蓄,注意积累,就会克服语言学类课程本身的枯燥,也能吸引学生,提高自己的课堂教学效果。

现代汉语课是关于现代汉语的基本概念、基本理论的,语言学概论讲授的是关于语言的一般理论知识,但现代汉语和语言学概论的研究对象都是语言,即便是作为语言理论课程之语言学概论,有相当一部分内容也是以现代汉语作为分析对象的。这也是一些教师抨击语言学概论教材的一个主要原因。只有亲自轮流教同一届学生现代汉语和语言学概论这两门专业基础课,对此才会有更深切的感受,才会更主动寻求解决这两门课程区别与衔接问题的途径。

兼教这两门课程的教师,首先应该在"异"上下功夫。教师要深刻理解具体课程的教学目标和知识体系,这样才能让现代汉语和语言学概论这两门课各得其位。即便是讲授语言学概论中与现代汉语相关的内容,也应有不同的着眼点,应有不同的深度,而不是低层次的重复。其次要注意课程间的"衔接"。这两门课程有各自不同的知识体系但它们又是密切关联的。我在上语言学概论课时,也对现代汉语(或古代汉语)相关的现象进行说明,一方面有助于学生理解语言学的基本概念和基本理论;另一方面也展示语言学理论不仅有理论自身的魅力,还有对具体语言现象分析的实际功用,即语言学概论是有用的。

教材要讲述本课程成熟而基本有定论的知识,其内容具有一定的稳定性,相应也具有一定的保守性。作为专业基础课,现代汉语和语言学概论都有自己的教材与教学大纲,教师依据教学大纲教学,是教学活动标准化、规范化的具体表现。但依据比较定型的教材和教学大纲授课,并不是复述教材。我对自己的要求是,依据教材,吸收其他专著的长处,并注意吸收学术界较新的研究成果来拓展和加深自己的教学内容。比如讲汉字部分,在讲解对汉字性质的认识以及汉字的发展时,吸收了著名文字学家裘锡圭的观点;讲解"六书"时,特别介绍几种有代表性的对"转注"的认识;此外,还介绍了我国台湾省的用字情况和汉字文化等内容。讲词类问题时,在讲完词类划分标准后,还介绍几种有代表性的分类体系,以及这方面最新的观点。我觉得,现代汉语课程主要是以中文系学生为对象的现代汉语理论教学。只有知其所以然,才能更深刻地知其然。有人认为高校现代汉语教学缺乏吸引力,有课程自身性质的原因,也有教师对它定位的原因,即失之于浅,而不是失之于深。

语言学概论也是一样。语言学理论从共性角度考察语言现象,知识的系统性、论证的严密性、认识的深入性,应该是语言学概论有别于倾向具体语言现象分析的古代汉语和现代汉语的一个比较主要的教学特点。因此在教学方法上也有所不同。但在教学态度上,我对自己的要求是一样的,即比较注意吸收相关领域一些名著的观点,同时也融入了自己的理解。在一般高校中,语言学概论相对来说是一个比较弱的学科,很少有教师把它作为自己的研究主业。我自己则希望在这方面多做一些努力。

担任同一年级的现代汉语和语言学概论两种专业基础课的教学,我觉得对教师是一种锻炼；可以把现代汉语讲得更深刻一点，也可以把语言学概论讲得更加通俗易懂一点。

　　在教学上，有一句俗而又俗的话：要想给人一杯水，自己得有一桶水。教师是一个需要终身学习的职业，需要不断地吸纳知识充实自己。人有才、学、识。"才"是个不好说的东西，可以不去管它；"学"却可以通过时间和毅力来积累。"才"和"学"决定了"识"。注意知识的积累，也可以在一定程度上培养"识"；亦即所谓的"勤能补拙"。

　　　　　　　　　　　　　　　　　　（曾刊于 2005 年总第 4 期）

"《训诂学》教学案例的采集与编制"成果概要

殷晓杰

训诂学对于中文专业本科生的重要作用是毋庸置疑的,特别是对师范类学生来讲,其意义更是不言而喻的。不管是做古文献专门研究还是从事中学语文教学,训诂学都是不可或缺的。然而,训诂学一直给初学者以陌生和神秘的印象,对于这样一门让学生"生畏"的课程,采集和编制合适的教学案例,显得尤为必要。生动形象、深入浅出的教学案例可以很大程度上缩短学生理解和接受的过程,使学生消除畏难情绪,乐于学习训诂学,并乐于运用所学知识去解释和解决阅读当中遇到的问题。基于此,我们选择《训诂学》教学案例的采集与编制作为课堂实践教学项目的研究内容。

项目以汉语言文学专业 2008 级 130 名学生为受益对象,本着准确、恰当、生动的原则,从现行各版本《训诂学》教材、高等院校《古代汉语》教材、中学语文教材文言文部分、古代经典和古书注解、近代学者的训诂笔记、大型语文辞书、学术期刊网中采集和整理训诂学教学案例。一个知识点中一般设计两到三个案例,如对古籍做辑佚工作时,常常需要判别材料的可靠性,出现异文时,也需要训诂学知识的帮助。比如《晋书·贾充传》中有"充就乳母手中呜之"一句,《晋书》原书已佚,而后世流传有"呜之"和"鸣之"两种版本,我们选取并比较了《艺文类聚》《太平御览》《九家旧晋书辑本》三书对该句的理解,并进一步参考了《世说新语》《大方便佛报恩经》和《生经》等,得出"呜"是"鸣"非,且"呜"乃亲吻之义的结论。再如王羲之、王献之父子写过大量十分口语化的书札,但这批书札的原件早已不可再睹,《全晋文》载王羲之《杂帖》,其中有"解白"一语不可解。"解白"当是"解日"之误,"解日"是混日子、度日的意思,二王书札中多见。

像这样的教学案例大致总计八九十个,这些案例之间力求不重复。项目突出课堂实践的特点,发动全体学生积极参与,一方面鼓励学生通过各种途径搜集各类训诂学案例,并及时予以采纳;另一方面将各种教学案例通过课堂教学活动加以呈现,进而引导学生们对其进行分组讨论,分析案例的优劣得失,理解案例背后的训诂学知识点。整个项目过程主要包括四方面。

(1)建构教学框架,设置教学板块。

(2)采集教学案例。一方面项目组通过现有《训诂学》教材、学术期刊网上有关的训诂学论文、大型语文辞书等采集教学案例;另一方面发动学生分组行动搜集教学案例。

(3)编制教学案例。将搜集的教学案例通过课堂教学活动加以呈现,通过讲授法和分组讨论法,对案例进行分析,根据学生的反馈意见及时修订和充实。

(4)学生围绕教学案例展开相关研究,并撰写学术性论文。

由此最终形成一份完整翔实而生动的《训诂学》讲义,共计 11 万字;一系列与之配套的教学课件,共计 346 张幻灯片;学生参与项目所撰写的课程论文130 份。

本教学项目实践效果明显,全体 2008 级选课学生能够认真投入实践教学活动,搜集教学案例 80 多例,其中有效案例 37 例;大部分学生均围绕所采集的教学案例,撰写学术论文,其中不少学生的学年论文即以此为选题;学生亲身参与案例采集与编制的过程,因此更容易接受和掌握一些训诂学上比较深奥的知识点;更为可喜的是,部分学生论文已公开发表,比如汉语言文学 082 班厉霞同学的《杂说"横竖"——浅析副词"横竖"的产生与发展》一文。

(曾刊于 2012 年总第 8 期)

以点带面，打好古代文学基础

陈兰村

近年来高中新语文课本中的文言文约占课文总数的百分之五十，较以前有了明显的增多。这个信息告诉中文系的师生，教育领导部门重视优秀传统文化的教育已成共识。大四教育实习中，有的同学对生疏的文言文课文感到了一些困难。人文学院已采取积极的措施，从 2003 年秋起中文系大一新生提前开中国古代文学课，以便让学生在大三、大四可以上有关古代文学的选修课，进一步在本科阶段打好古代文学的基础。同学们在明确了学习古代文学的重要性以后，提出的问题是：如何学好古代文学？大家有一种学好古代文学的迫切愿望，又有一点焦急的心情。这是一种正常的心态，可以促进我们珍惜学习的时间，在这里我想谈谈自己学习古代文学的一点体会，与同学们共同来探讨如何学习古代文学，供大家参考。

我觉得可以用以点带面的方法，打好古代文学的基础。

一、所谓"以点带面"，就是处理好精读与泛读的关系

中国古代文学的遗产非常丰富，再加上后世研究者的许多研究著作，真是一辈子也读不完。在唐、宋以前，中国文学主要是以诗、文为主，元、明、清以后又以小说、戏剧为重点。诗歌作品以唐诗为例，清朝康熙时编辑的《御定全唐诗》，收 2200 家，48900 多首诗。文章以清朝嘉庆时编的《全唐文》为例，多达1000 卷。同时严可均编辑的《全上古三代秦汉三国六朝文》，起上古迄隋，可作为《全唐文》的前接部分。该书收作者 3497 人，分代编次为 15 集，合 746 卷。古代人也已考虑到不同读者的需要，供全读的有全集，要选读的有选集。我们

学的是中文专业，古代文学是专业基础课。专业的需要，打基础的需要，古代文学作品要读，历代研究古代文学的著作也要读。但一口不能吃成个大胖子，这就必须有一个选择的问题。也就是选"点"精读，再根据教育要求泛读其他的书。

所谓"点"，指的是一本或若干本影响较大的且有代表性的古代文学名著，读书应先考虑读名著。为了在有限的时间里提高学习古代文学的效率，以大一新生来说，可以根据自己的爱好，在先秦文学的诗歌或散文中选择1至2本书精读。如《论语》或《诗经》。以《论语》为例，可分三步走。第一步，作为入门，可先用杨伯峻《论语译注》作为精读书。从头到尾，一字一句地通读一遍。在通读的基础上，再按自己的兴趣设立几个小专题选读。如就孔子的教育思想、孔子的伦理道德思想、孔子的文学思想、孔子的形象等，分专题再细看书中相关的文字，争取读懂，并随时记下自己的感受。第二步，联系前面阅读中遇到的问题，带起所谓的"面"，即阅读相关的书，考虑相关的问题。如进一步去看清代刘宝楠的《论语正义》版本，了解古代人的解释；了解孔子与六经，孔子对中国文学的影响。也可以看当代人的研究著作。第三步，将自己发现的问题或体会，写成小文章，以整理自己的收获。

读《论语》至少有三点好处：（1）起点高。书中主要记录孔子的言行，而孔子是中国古代文化的代表人物，读《论语》可以了解原始儒家的思想和孔子的为人。（2）影响深。由于孔子对古代文学的深远影响，读《论语》有助于我们以后理解相关的古代作品。（3）功效大。读《论语》有助于学习古汉语，还可以掌握许多成语。《论语》原文只12700字，连译注也不过20万字多一点。相对来说，费时少功效大，何乐而不为！如果一个学期选1至2本古代文学名著原著，作为精读书，坚持四年，也精读过8至16本书了。这一定是不小的收获。

二、怎样算是精读？怎样算是泛读？

培根在《论学问》一文中对读书方法的论述，可以给我们一些启示。他说："有些书可供一尝，有些书可以吞下，有不多的几部书则应当咀嚼消化；这就是说，有些书只要读读他们的一部分就够了，有些书可以全读，但是不必过于细心地读；还有不多的几部书则应当全读，勤读，而且用心地读。"这里说的虽是一般的读书方法，但对于读古代文学作品和研究著作也是适用的。古代文学中有代表性的、影响大的名著，这"不多的几部书则应当全读，勤读，而且用心地读"，即精读。有的专家学者一辈子侧重研究某一门学问,相关的某部书几乎读烂了。复旦大学研究历史地理的谭其骧教授长年研读《水经注》,该书不止一本被翻破,这就是精读的例子。还有大量的古代作品,"读读他们的一部分就够了"。还有的古代作品"可以全读,但是不必过于细心地读"。我想这就是泛读。至于具体哪几部书应精读,哪几部书可以泛读,这要从各人的实际出发。但听听国学大师们的建议,也可作为参考。早在1923年,梁启超就给青年学生写了《国学入门书要目及其读法》(现收在《饮冰室合集·专集第四册七十一》,中华书局1989年第1版)。作为该文的附录之一,他开了25部"最低限度之必读书目"。他又在1925年写了《要籍解题及其读法》(现收在《饮冰室合集·专集第四册七十二》,中华书局1989年第1版),具体地介绍了一些古书的读法。如他对《史记》的读法做了系统的指导。他认为,"读《史记》有二法:一、常识的读法;二、专究的读法。两种读法,有共同之入门准备"。目的不同,读法也不同。"《史记》为正史之祖……二千年来学者家弦户诵,形成国民常识之一部,其地位与六经诸子相并,故凡属学人,必须一读。"在常识的读法中,如以研究文章技术为目的而读之,"则宜择其尤为杰作之十数篇精读之"。如《项羽本纪》《信陵君列传》《廉颇蔺相如列传》《鲁仲连邹阳列传》《淮阴侯列传》《魏其武安侯列传》《李将军列传》《匈奴列传》《货殖列传》《太史公自序》等。这些传记"皆肃括宏深,实叙事文永远之标范"。就我自己读过的一点书或其中某些作品来说,我认为精读与泛读是相对而言的。精读的作品,大致要:(1)文字能读懂。不要让不认识的字轻易滑过去,可以把难字记下来,一并查字典。(2)不仅字要认识,而且意思要能理解。(3)能思考相关的问题。泛读的作品,则就是一般地阅读,一般地了解。梁启超还说:"学问固贵在专精,又须博涉以辅之。"如《世说新语》他认为,"将晋人谈玄语分类纂录,语多隽妙,课余暑假之良伴侣"。总之,精读与泛读,点与面不能截然分开,而是相辅相成。

三、哪些是学习古代文学的基础?

我们讨论中文专业本科生如何学好古代文学,目的是希望大家重视在本科阶段打好专业基础。我觉得这里所说的基础包含以下几方面:(1)阅读(包括精读)古代作品和有关研究著作要给自己定一个最低限度的数量。每个学期或学年具体精读什么书,可以向任课老师请教。要适当背诵一些诗文名篇。有的作品读得多了,自然就熟了。全国著名的红学家中有人几乎能把《红楼梦》全书背出来，有人则把全书抄了一遍。梁启超从小读《史记》，在30岁时作《三十自述》说："至今《史记》之文，能成诵者八九。"熟读、背诵一些名篇，既可提高语感，进一步理解作品，也有助于相关的研究。（2）与古汉语学习相结合，重视文字学、训诂学等课程的学习，提高阅读古书的能力。同时，要学会使用常见的中文工具书。这是必要的，但这还不够，还要知道一些专业的不常用的工具书。有一次我读温庭筠《杨柳枝》："苏小门前柳万条，毵毵金线拂平桥。黄莺不语东风起，深闭朱门伴细腰。"后两句的字都认识，但"黄莺不语"与"东风起"（春风吹来）有什么关系？一时讲不出来。后来，查清代张廷玉等编的《骈字类编》"莺语"条，引陆游《晚行湖上》诗："高林日暮无莺语，深巷人归有犬随。"由此得到启发，方知"黄莺不语"就是指日暮之时。这样上下句就讲得通了。我还遇到一个古代别字，常见的字典里都找不到，后来在秦公辑的《碑别字新编》（北京文物出版社1985年出版）这本书中查到。可见不常用的工具书有时能解决问题。（3）开展研究性学习。现在中学语文课都提倡研究性学习，大学本科生学习古代文学当然也要研究性学习。这也是打基础。我想所谓研究性学习，具体说，首先要学会思考，从比较中发现问题。同一条注解，同一个问题，可能有不同的答案。为什么不同？可以找找原因。从而发表自己的看法。例如，一位楚辞专家的治学经验值得我们学习。他说：对《楚辞》"余上穷汉师注疏，下稽时贤高论，计所猎涉者，盖百家之强矣。然后较互诸说，知其精粗杂糅、得失并存，待吾人修正者夥颐"。"较互诸说"，就是比较的方法。其次，平时注意积累资料，养成积累资料的习惯，这也是基础工作。我在学习传记文学时，当时找不到有关中国古代的自传集子，就把平时看到的古代自传逐渐收集起来。最后，研究性的学习结果，要用文章表达出来。只有写成文章，才能进一步把自己思考的问题理出个头绪，使之理论化，条理化，巩固下来。万事起头难，只要克服畏难情绪，知难而进，成功就在前面。写成一篇，就会增加自信心。人文学院的本科生已有不少先例，在读期间在正式学术刊物上发表了论文，为以后的研究奠定基础。总而言之，以点带面，打好古代文学的基础，关键在于努力去实践。

附：

梁启超所开最低限度之必读书目

《四书》《易经》《书经》《诗经》《礼记》《左传》《老子》《墨子》《庄子》《荀子》《韩非子》《战国策》《史记》《汉书》《后汉书》《三国志》《资治通鉴》(或《通鉴纪事本末》)《宋元明史纪事本末》《楚辞》《文选》《李太白集》《杜工部集》《韩昌黎集》《柳河东集》《白香山集》,其他词曲集,随所好选读数种。

(曾刊于 2003 年总第 2 期)

古代文学教学改革及现代性刍议

张继定

中国古代文学是大学中文专业的一门基础学科和传统学科,是中文系学生必修的主干课程之一。不少教师在多年的教学中已积累了丰富的教学经验,形成了自己的教学模式。但随着时代的变迁,市场经济的发展,古代文学的教学在不同程度上也出现了课时被压缩、学生不乐学、教学与时代需要脱节等问题。因此教学上必须进行相应的改革。邓小平同志早就指出:教育要面向现代化,面向世界,面向未来。古代文学教学自然也不例外,同样面临"三个面向"的问题。近几年来,全国高校古代文学学科的教师们对此做了多方面的探索实践和研讨,提出了富有建设性的改革意见和措施,取得了许多富有创新意义的成果。这里,我就古代文学教学的改革和现代性问题略陈管见,以为引玉之砖,希望能得到老师和同学们的指正。

一、更新教学观念,高扬人文精神

传统的古代文学教学,往往着重于理顺文学史的发展线索和对重点作家作品的思想艺术特色的把握,偏重于知识的传授。结果造成学生满足于局部知识的掌握,未能高屋建瓴、宏观对待文学遗产中人文精神的发掘和继承。因此,要实现古代文学教学的现代化,首先要改变单纯传授知识的教学观念,明确古代文学之人文科学的定位,树立先进的教学观,高扬人文精神的旗帜。

人文科学是研究人类精神和文化现象的科学,它通过对人类精神和文明成果的研究,总结其成败优劣,扬长避短,使人类发展得更美好。这对社会和个人的作用虽不像技术科学那样直接明显,但却更为根本。我国是一个光辉灿烂的文明古国,早在二三千年前的先秦时期,人文科学就极为发达,文学创作上的成就尤为辉煌。优秀的古代文学遗产是我国人民思想、情感、智慧和美的结晶。我们从事古代文学教学的目的,不仅是要传授知识和技能,更重要的是发掘其中的人文内涵,使受教育者得到精神上的滋养、人格的涵育、感情的熏陶、审美的愉悦和智慧的启迪,形成高尚的人格和善良的品性,一句话,就是使受教育者的人文素质、人文精神得到进一步的提升。这里强调的就是要教给学生一种做人的态度、一种看待世界的方式、一种精神的境界。通过教学,并与其他学科相配合,最终使学生进入一个道德、情感、理想和智慧和谐统一的境界,能在任何情况下都葆有人性的光辉,如此,则学生的一生才会是磊落坦荡、积极进取的。这样的学生进入社会,不管从事何种工作,他都是敬业尽责的。这也就是包括古代文学在内的人文教育在高等教育具有根本属性的原因。当然,这样说绝没有偏废或轻视知识传授和能力培养的意思。要求学生掌握必要的文学史知识和古代文学发展的线索和规律,熟悉重要的作家作品及其特色,培养分析、鉴赏文学作品的能力,这本是古代文学教学题中应有之义,是自不待言的。

二、精选教学内容,着重现代阐释

现在全国各高校大都已将中国古代文学史和中国古代文学作品选这两门课合并为一门古代文学课,其课堂教学时间,一般都只在300课时左右,而我校则更少,仅有220课时上下,加上与古代文学相关的选修课,大概也不到300课时。个中原因说来话长,但与现代社会对古代文学的需求已大大不同于古代,不能不说有极大的关系。古代人皓首穷经,吟诗作赋,凭着对经典、对传统的熟稔或可以博得个一官半职封妻荫子;现代社会知识爆炸,日新月异,一个人要想成为公务员或管理人才、专业人才,该学习、考核的学科门类很多,其中外语学习就够他们花去在校的大半精力。想让他们花更多的时间来学习与其进身考试并非至关重要的古代文学,自然很不现实(除非他想从事古代文学的教学研究工作)。这是无可奈何的事。何况,人生也有涯,学也无涯,要在二三百个课时内把几千年的古代文学讲得全面而系统,显然也是难以办到的。但这并不是说古代文学教师对此就无所作为了,这能更促使我们有所选择,有所侧重,对古代文学课的内容和体系进行恰当的改革,并正确安排文学史知识与作品选两部分的课时比例(通常是三比七),以便较好地完成古代文学的教学任务和目标。这方面要做的工作很多。首先要精选与现实及未来契合的教学点,着重讲述对当时和后世都有重大影响、在今天也有现实意义,以及能帮助学生认识和探索文学发展规律的作家、作品和文学现象。比如先秦历史散文,可以讲它的进步的民本精神,还可以讲其中的历史精神。先秦历史散文是对当时历史的一种整合,而这种整合对中国文学产生了极其深远的影响,中国史学的发达,咏史诗类型的繁荣,诗文中的用典的普遍,都表现了历史散文的历史精神在后世文学中的延伸和拓展;另外如唐诗对盛唐气象的赞叹和歌吟,宋词对"情"的细致体味,《红楼梦》对生命的深刻体验,以及古代文人的入世精神、批判精神与人文关怀等等,都可以作为重点讲述的内容。而有的则可以不讲,如在当时和后世都没有什么影响的作家、作品;有的可以少讲,如无关宏旨的人物生卒年的考订,还有某些版本知识等;有的可以截取片断来讲,如篇幅较长的辞赋和散文。其次是在讲述时,要着重于对作品做现代阐释,发掘其民主性的精华和艺术上的创造性成就,突出对于现实和未来具有重要意义的东西。这就要求我们能运用现代意识观照古代文学中的人文精神和科学精神。例如《老子》有云:"天下万物生于有,有生于无。"又曰:"有物混成,先天地生。寂兮寥兮,独立而不改,周行而不殆,可以为天地母。"我们不能只认为它是玄而又玄的玄学,其实这里含有宇宙形成的科学。试看《联合国教科文组织〈1998年世界科学报告〉摘要》中这样一段话:"(宇宙)大爆炸以前是什么样子? 严格地说,什么也没有,就连空间或时间也没有。"这段话的意思与二千多年前的老子的认识竟有着惊人的相似!这正说明我国先哲的高度思辨的伟大成就。《诗经》中曰:"周虽旧邦,其命维新。"汤之《盘铭》曰:"苟日新,日日新,又日新。"古人这种提倡、崇尚、高度重视创新的思想正是推动我们中华民族进步和发展的动力。对此我们都要用现代意识加以阐发。我们要把古代文学教学视为一种创造性的活动,它的作用不仅在于阐明作者和作品原来怎么样,更在于阐明文本及各种文学现象对我们有什么意义,或者说,通过教师运用现代意识创造性的阐释激活作品使之与现实世界发生意义联系,并转换成一种精神滋养。这样,古代文学教学也就成为一个创造性过程、一个审美过程。例如,对于苏轼脍炙人口的《水调歌头·明月几时有》,传统的解释是表达了苏轼的苦闷,反映了他出世和入世的人生矛盾。这个说法自有其道理,但仅仅这样理解显然是不够的。有一位老师通过对此词的深入钻研,联系现实的人生体验,在讲课时着重分析了它的动人之处:一是揭示了一种普遍的人生哲理:人生的缺陷是绝对的,我们不能指望人生和世界完美无缺,只能在绝对的缺陷中寻求相对的完满;二是苏轼以博大的胸怀对人们发出的深情的祝福:"但愿人长久,千里共婵娟!"因为人生的缺陷难以避免,人与人之间更需要互相关怀和抚慰。因此苏轼这一美好的祝福,才始终拨动着人们的心弦。由于教师注意用现代意识对古代作品做合乎情理的阐释,激活了作品的内在价值,拉近了古代作品与现实生活的距离,从而引起了学生的强烈共鸣,取得了育化心灵的效果。可以说,这是古代文学教学改革及现代性所追求的一个重要方面。

三、采用多种手段,改革教学方法

古代文学教学改革与现代性问题,除了教育理念的更新和教学内容的精选之外,教学方法的改进和现代化也是至关重要的。首先是教师的身份的转变。过去那种"一日为师,终身为父"的观念早已过时了,现在的师生之间应该是朋友的关系,是引导者和被引导者的关系。在教学活动中,双方的地位是平等的,既互为依存,又各有各的作用。其次,由于学科体系和课程内容的变化、学生知识和能力结构的变化,以及当前市场经济大潮的冲击,自然也需要教学方法的相应变革。基于上面几方面的情况,同时考虑到 21 世纪知识经济时代对学生综合素质的要求,我们以为当前在古代文学的教学方法上极需注意以下几个方面的改进或创新。

首先,在课堂教学中,宜采用较为开放自由的方式,坚决克服教师居高临下、照本宣科、满堂灌输、一讲到底、忽视学生自主学习的现象。具体的做法可以是:

(1)教师根据教学大纲确定教材中教学重点和难点后,在课堂上主要解决这些重点难点问题,一些次要问题,则交给学生课后去解决。

(2)即使是教学中的重点和难点,也不一定全由教师来讲述,可以采用多种形式,如教师启发引导,学生课堂讨论,或者由教师在课前向学生布置有关的阅读书目、篇目、章节,包括相关的论著或论文,然后在上课时对学生进行各种方式的对话和考查,或要求学生提出问题,或让他们自行解答。通过这些方式,将知识的学习、能力的培养、素质的提高渗透进去。

(3)为开拓学生视野,激发其创造性思维,教师在教学中可结合教材内容,介绍自己对此问题的见解及相关的科研成果,介绍学术界最新的研究动态与成果包括有争议的问题。

(4)必要的时候,还可以适当采取正方反方辩论赛的形式,组织学生就古代文学中一些有争议的问题开展辩论。2000 年下半年,笔者在任教的中文系本科99 级 3、4 两个班就曾组织学生就《史记》主要是伟大的史传文学作品还是主要是伟大历史著作这一问题开展辩论,正反双方事先均废寝忘食地查阅大量资料,进行认真的准备,然后各推出 4 名辩手,双方在课堂上唇枪舌剑,展开激烈的辩驳。通过论辩,两个班的同学对《史记》在历史和文学上的特色和伟大贡献有了更加深入的了解和认识。大家普遍反映,这比老师一人在课堂介绍《史记》的成就令人印象深刻多了。

(5)从教学实际需要出发,恰当地采用现代化多媒体教学手段,如使用大屏幕投影仪、播放录像资料、诗词吟诵曲等,以使教学更直观、更生动形象,使教学取得更好的效果。

其次,在课外教学中,将课堂之外的一些活动有意识地纳入整体的教学环节中,以更好地培养学生的语文素质和古代文学自学能力。具体的做法是:

(1)对下发给学生的《古代文学阅读书目》和《古代文学背诵篇目》的执行情况进行定期督促检查,并将检查成绩计入学生的考核手册。加强对学生课外阅读的指导。有些中文专业的同学到了四年级,尚未看过一本优秀的明清长篇小说,如《三国演义》或《红楼梦》,且不知"四书五经"为何物,这是说不过去的。

(2)认真负责地对学生写作古代文学小论文、学年论文和毕业论文进行指导,提高学生创造性的思维能力,帮助某些学生克服不重视论文写作,草草应付了事或变相模仿抄袭的问题。

(3)争取每学期就古代文学教学问题召开一次座谈会,与学生代表进行对话,以便改进教学。

(4)举办古代文学的讲座,扩大学生的知识面,增强他们对古代文学的兴趣。

最后,完善古代文学教与学的检测机制,改进对学生的考核方式,注意将课内与课外结合起来,将平时考核与期末考核结合起来,按一定比例将课外成绩、平时成绩计入本课程的总成绩中。这样将会改变过去那种教师讲,学生记,考前使劲背笔记,考后不久全忘记的状况,这将会对整体的教学改革产生良好的作用。

(曾刊于 2003 年总第 2 期)

坚持教改理念，打造精品课程

——中国现当代文学课程建设的几点体会

王嘉良

人文学院的中国现当代文学课程于 2003 年入选"浙江省高等学校精品课程"，这些年以来，我们按照"精品课程"的建设要求，努力做好各项工作，使课程建设取得长足发展；当然由于努力不够，还存在不少有待改进的问题。值此学校进行省级精品课程中期检查之际，回顾以往的建设历程，我们深感坚持教改理念对于打造精品课程的重要性。

一、课程改革成效，首要在课程内容体系更新

本课程在内容设计方面做出重大调整，迈出较大改革步伐的，是将中国现代、当代文学两门课程打通，合并为一门课程，将基础课的课程设置在二级学科点（中国现当代文学学科）上，从而实现了课程教学内容体系的更新。这一重大改革举措，是我们审视本门课的历史沿革，发现课程设置中的种种弊端后，为更有利于实施教学改革而做出的。

中国现当代文学课程为高师院校汉语言文学专业的重要基础课。该课程于新中国成立初即在各高校开设，当时定名为"中国现代文学"，课程涵盖五四新文学运动至 1949 年中国文学发展历史。20 世纪 60 年代，因新中国成立后十余年文学没有纳入"现代文学"框架，故在讲授"现代文学"课程时又另辟一门"当代文学"课程。新时期以来，"当代文学"的时间跨度已大为拓展，因而各高校对现当代文学教学大抵开设"中国现代文学"和"中国当代文学"两门并行的课程，本校于八九十年代也同时开设这两门课程。90 年代中期以来，学术界对以往现当代文学的分期不当问题展开热烈讨论，大都认为以 1949 年为界将文

学截然分割为两大块不尽合理，主张将现当代文学融合成一个整体进行教学与研究。从教学改革的角度而言，课程的多头设置不利于文学教学的深入开展，几千年的中国古代文学仅开设一门"古代文学"课程，而不足一百年的现当代文学却分设现代、当代两门课程，其不合理性也明显呈现；而且由于课程分割后，内容繁复、交叉，也不利于学生完整把握中国现当代文学。有鉴于此，一些高校已着手进行现当代文学课程改革的尝试，主张将两门课程合并为一门"中国现当代文学"课程，同时出现了合并后的文学史教材。其课程名称尚未完全统一，或称"中国现当代文学"，或仍称"中国现代文学"，但课程内容已涵盖现当代，如中国现当代文学通用教材《中国现代文学史》(朱栋霖、丁帆、朱晓进主编，高等教育出版社 2000 年版)，其叙述"中国现代文学"的时间跨度为"1917—1997"，实际上已是完整的"中国现当代文学"内容。然而，毕竟由于课程分割历时已久，要改变分课教学的习惯也并非易事，因而虽有有识之士倡导于前，但真正将课程打通的院校却是屈指可数。

我们的课程改革理念始自 20 世纪 90 年代中期，当时已编写出版了将现当代文学分期界限打通的《中国现当代文学》教材(杭州大学出版社 1995 年出版，这是国内第一部反映这门课程教学改革的教材)，同时希望在编写教材的基础上对于课程的改革有所作用。但由于当时的学术大背景还没有促成课程改革的整体氛围，人们的认识并未完全统一，因而在课程设置上依旧分成"中国现代文学"与"中国当代文学"两门课程，制定各自的教学大纲进行教学，教师也分属两个教研室。21 世纪以来，本学科同仁深感课程分割造成诸多弊端，对于课程改革已达成共识，改革的愿望也日趋强烈。自 2002 年始，本学科教师对课程进行全面改革，将两门课程合并为一门"中国现当代文学"课，教师合并到一个教研室，实施同一门课教学，制订一个教学大纲，使用同一种教材，真正实现了课程的整合改革，这在全国同类院校中是走在前列的。这一改革举措，收到显著效益：一是课程真正体现了中国现当代文学的整体观，使文学史的叙述思路更为清晰，教师对作家、作品的重点更易把握，教学内容更趋科学、合理；二是基础课教学内容、教学时有所精简(由原先的两学年减至一学年)，以便腾出更多时间、精力开设选修课。目前本学科教师除集中注意力开好中国现当代文学基础课外，又开设与现当代文学课程相关的鲁迅研究、郁达夫研究、现当代作家整合研究、乡土文学研究、华文文学研究、小说研究、诗歌研究、散文研究、戏剧研究等 10 余门选修课，大大深化了中国现当代文学的教学工作。

二、实施课程改革理念,重点在于教材建设

课程改革的理念,集中体现在教材中。因为"课本"是一课之本,有什么样的课本就有什么样的教学思路,新的教学思路也只有在新的教材中才能得到贯彻实施。本课程组教师在教材建设方面曾下过较大功夫,取得了一些成绩,因而在这方面具有一定优势,尤其在新教材编写中体现了课程改革理念,收到显著成效。

在文学类专业中,中国现当代文学产生的时间不长,该学科可以算得上是一门新兴学科,课程建设尚不完善;而且现当代文学现象也在不断发展变化中,人们对其的认识也在不断调整、深化,作为课程教学之本的教材自然也要不断更新。因而在中国现当代文学学科范围内,目前尚无最理想的教材,各高校大抵使用自编教材。本课程组从 20 世纪 90 年代以来,编著有关现代和当代文学的两种教材,均获得较大社会反响,现代文学教材获得浙江省人民政府一等奖,当代文学教材获浙江省教育厅一等奖。新世纪后,这两种教材分别于 2001 年和 2002 年修订再版,更适应新的教学内容和理念。2002 年,实施课程打通计划后,编写出体现课程改革理念的新教材就提到了具体议事日程。课程负责人即着手梳理中国现当代文学整体观理念,确定新教材编写提纲。2003 年年初,学科组织新教材编写组,编写组由本学科具有教学经验和较强科研能力的教师参加,并吸收省内外现当代文学研究专家、教师加盟,经一年半努力,编著完成《中国现当代文学史》和《中国现当代文学作品选读》辅助教材一套,作为"面向 21 世纪"教材,由上海教育出版社于 2004 年 7 月出版,同年秋季即投入使用。教材体例新颖,以中国现当代文学整体观理念建构全书,在文学史分期、文学思潮描述、重点作家作品的确定等方面,均吸收了新的研究成果,在内容、体例、课时安排上紧扣教学环节;辅助教材收入适量作品,对每个作品写出"导读",作为具体教学内容纳入教学环节中,并收入部分在文学史上产生过重要影响的研究文章作为"参考文献"附录于后,供学生阅读。此教材出版、使用后,产生良好教学效应,受到各院校教师、学生的普遍欢迎。此教材已成为浙江、江西两省高校通用教材,两年内发行 1 万余册,一度出现供不应求的趋势。

三、重视教学方法改革,注重实践性教学

中国现当代文学是一门现实性、实践性很强的科学,课程教学方法的改革也要同学科的固有性质相适应。我们采取如下改革举措,收到的效果是较为显著的。

　　教学内容安排注意知识传授与实际应用能力培养相结合，而以能力培养为重。本课程由文学史和作家作品两大块构成，课程的教学对象为师范生，主要培养中学教学师资，故以提高学生的文学作品分析能力为重，内容安排上简化文学史教学，侧重作家作品教学，两者之比为 3∶7，在教学实践中严格遵行。同时注重实际练习，学生完成本课程学习，均需写 2 篇课程小论文、1 篇学年论文，并进行文学作品的赏析练习。教学内容安排方面，还腾出一定课时进行研究性教学，即通过对有争议的作品的深入解读，领会作品中的丰富内涵，培养学生的独立思考能力，初步养成研究性学习习惯。教学步骤，采取教师提示、归纳与学生课堂讨论相结合的方式：在讲解某个作家的创作概况后，布置学生在课后阅读一个作品（至少读三遍），参阅相关研究资料，提出几个思考题，要求写出发言提纲；尔后以两个学时组织课堂讨论，先由教师做出提示、概括，然后由学生自由发言，要求能围绕不同观点进行争鸣、交锋，教师应随时掌握讨论动向，做出紧扣论题的引导；最后教师归纳、总结（1 学时），并布置课后研究性小论文写作，篇幅要求 4000 字左右，这既有利于巩固研究性学习成果，同时也是一次研究性实践的训练。这一教学内容和方式，本课程负责人已在人文学院和初阳学院的教学中多次实践，取得明显成效，也深受学生欢迎。课堂教学方法改革，注重形象性、直观性教学，也是行之有效的。例如，在讲授《茶馆》《雷雨》《小井胡同》《野人》《子夜》《骆驼祥子》《家》等作品时，都辅之以影视作品片段，既激发学生的学习兴趣，也加深了对文学作品的理解。

　　坚持实践性教学，应是充分体现现实性、当代性的现当代文学课程的重要环节。注重实践性教学，当有利于激发学生的学习兴趣，巩固课堂教学的成果。本课程的实践性教学采取以下措施，取得显著成效：如定期举办"学生沙龙"，围绕当代文学重要话题（如茅盾文学奖评选，刊物推出"爆炸性"作品等）师生共同讨论，每学期 3～4 次；举办现当代文学名著讲座，请校内外专家讲学，使课堂教学内容得以延伸，此种讲座每学期 5～6 次。特别是实施课余"教学对话"活动，产生较大影响和效应。开展此项活动，课程组全体教师参加，由学生提出教学疑难问题，请教师作答，这是发现和解决教学问题的极好方式，受到学生欢迎。为深化课程教学，及时沟通、吸收学生对课堂教学的意见和要求，针对教学中存在的问题做较为深入的课外辅导，本课程在人文学院首创的"对话教学"活动，从 2002 年开始一直持续不断，自立项为"精品课程"后，更有所强化，从原来每学期 1 次增至后来的每学期 2 次，取得了良好教学效果。作为一次较为深入、集中的课堂教学问题的解疑答难，"对话"要求学生主要应围绕教材和教学中的重点、难点、疑点提出问题,并寻求解答,教师也是主要就此类问题给出答案。这种"集体辅导"的方式部分地弥补了平时辅导不足的弱点,既解决了学生学习中遇到的困难,也是对课堂教学内容的深化。同时,"对话"的部分内容还是课堂教学的延伸,有利于促进学生的研究性学习。"对话"中必然会触及某些学术争议问题或学术前沿问题,此类问题学生也最感兴趣,教师有选择地做出回答,并因势利导,就学术研究问题与方法做必要指导,可有力地培养学生的研究性学习和独立研究的能力。

四、打造精品课程,关键在于建设教师队伍

本课程所在的中国现当代文学学科,是有近三十年重点建设历史的浙江省高校重点学科,有一支实力雄厚的教师队伍,近年来又不断注重队伍建设,这是课程建设能取得持续进展的前提与关键。这一支队伍在两个方面显示出课程建设的优势:一是课程组成员积极从事科学研究,学术水平整体较高,为实现课程的优质教学提供了学术支撑。本课程组教师近三年获得国家课题 1 项、省部级课题 2 项,在国家权威刊物发表论文 4 篇,在一级刊物发表论文 10 余篇,出版学术专著 8 部,科研成果获浙江省人民政府奖二、三等奖各 1 项,教学成果获国家教学成果二等奖 1 项(课程组成员作为主要成员参加),有一位青年教师于2005 年入选浙江省"151"人才工程。课程组成员始终在科研第一线,且科研成绩显著,能驾轻就熟从事教学,学生反映教学"有深度"。二是课程组成员爱岗敬业,注重师德修养,历来重视教学工作,承担繁重的教学工作量,并在教学实践中注重教学水平的提高,在教学上一直有着良好的声誉。教学效果评估,在近三年的学生测评中,本课程组成员的成绩位居人文学院教师前列,反映了学生对本门课程的普遍认同。由于教学效果出色,现当代文学课一直是中文专业学生最喜爱的课程,每届学生选择毕业论文选题,现当代文学必是首选。据粗略统计,近三年中文专业本科生毕业论文选题,选择现当代文学做毕业论文的,约占中文专业全部课程的四分之一,显示出相当高的比例。此外,学科有完善的中青年教师培养计划。

我们的努力方向是,向着建成国家级精品课程的目标冲刺。

(曾刊于 2006 年总第 5 期)

儿童文学教学的两个认识问题

黄云生

儿童文学这门课比较特殊。它的教学目标中包含着这样一个宗旨：让高师学生了解他们未来的服务对象——中学生（少年儿童）的文学需求、文学阅读的兴趣和方式、文学写作的特点和能力，等等。应该说，这是一门针对性和实践性很强的课程。

然而，这一特殊性质在我们的教学中往往被有意或无意地忽视了。深究起来，其间有一些认识上的原因，这里且谈两个问题。

一个是儿童文学的学科地位问题。由于复杂的历史原因，我国的儿童文学在学科设置上长期以来一直没有应有的独立地位，曾经挂靠在"民间文学"名下，而后来又附列于"中国现当代文学"，直至如今。这就是说，现在的所谓"儿童文学"只不过是"中国现当代儿童文学作家作品"而已。这不仅极端地缩小了儿童文学的内涵，而且武断地改变了儿童文学的学科性质——把一个主要是以读者年龄层次来界定其文学性质的学科随意地改变成为一个仅仅隶属于地域的和民族的断代文学史的附庸！这样一来，对儿童文学不甚了解的人们便会不自觉地把目光局限在中国现当代文学的范围内，只是从"史"的层面上来思考儿童文学现象。于是，儿童文学的教学内容也就陷入了极端地以偏概全的境地。同时，即便在中国现当代文学史上，由于根深蒂固的成人立场，儿童文学作家作品也是不受重视的，甚至一些现代文学大师的儿童文学代表作也往往不能与他们的成人文学作品相提并论。所以，无形之中，儿童文学变成人们心目中的次等文学了（这对儿童文学是不公平的）。在这样的情况下，谁还有兴趣把关注的目光集中到儿童文学的性质的研究上去？也就谈不上实现儿童文学的教学目标了。

　　鉴于此,我以为高师院校的儿童文学课有必要开宗明义地向学生讲清楚儿童文学的学科地位和课程性质,并且在教学内容上体现出来,即让高师学生明白儿童文学是一门以少年儿童这一读者年龄层次为其主要特征的文学,它的内容涉及多个学科领域,中国现当代儿童文学作家作品只是其中一个方面、一个部分的内容,从而把高师学生的注意力引导到以儿童文学读者为轴心的文学思考上来。

　　另一个是儿童文学教学的方法论问题。儿童文学学科性质,决定了其教学方法的特殊性。既然儿童文学课程的重心不在中国现当代文学作家作品的研究,而在儿童文学与它的读者之间的关联上,那么,只是在文本上进行封闭式的知识传授显然是不行的。又由于学生们对儿童文学作家作品,尤其是外国的儿童文学作家作品所知不多,如果从作家作品论和史论角度来进行教学,势必浮光掠影,甚至失去教学双方心灵交流的可能,其教学效果可想而知。这不是说儿童文学史述和儿童文学作家作品评论不重要,这方面可以用开列书单、要求学生课外阅读等方法来弥补其缺陷,一些中外儿童文学经典名著则可以结合中国文学、外国文学等课程的教学来加强。这样一来就有可能把关注的侧重点转移到对儿童文学的读者,以及他们的阅读和写作等内容的教学上来。于是,一般的文学史模式的教学方法,就显得不合适了。高师院校儿童文学课的教学方法也应与它自己的学科性质和教学内容相适应。

　　在中学校园里,儿童文学是和中学语文教学紧密相连的,也是和中学生的素质教育紧密相连的。因此,我认为高师院校的儿童文学教学必须重视实践性原则。首先,应该让高师学生有一个这样的观念:儿童文学不仅是一门欣赏课,更是一门应用课,对他们这些未来的中学教师来说,它本身就有方法论的价值。其次,在教学中,要重视对中学生文学活动状况的调查和分析,把儿童文学理论和中学校园文化联系起来,可以组织一些中学生文学阅读的辅导活动,也可以布置一些儿童文学的写作训练,包括儿童文学各文体的创作和儿童文学评论的写作。其目的就在于提高高师学生的儿童文学的应用能力。

（曾刊于 2002 年总第 1 期）

儿童文学课程体系的建设与实践成果总结

方卫平

浙江师范大学人文学院儿童文学学科自 1978 年以来，在全国高校中第一个恢复开设了本科儿童文学课程；率先成立了儿童文学研究机构并开始招收儿童文学方向的硕士研究生（1979）。近五年来，在我国高等教育实现稳步、跨越式发展的大背景下，浙江师范大学儿童文学学科以本校良好的儿童文学教学环境和浓郁的儿童文学校园文化氛围为依托，在儿童文学课程体系的建设与实践方面，取得了在全国高校中具有领先意义的成果。

一、构建了一整套特色鲜明的、适合儿童文学人才培养需要的高师课程体系

2003 年 9 月，浙江师范大学人文学院在已有教学积累的基础上，成立了全国高校中第一个儿童文学系，使儿童文学专业本科生的培养有了独立的、更好的实施平台。儿童文学系创办后，在调查研究的基础上，制定并实施了系统的儿童文学专业四年制本科教学计划，在原有课程建设的基础上，新开设了中外儿童文学名著选读、儿童影视艺术等一批必修与选修课。经过多年努力，我校本科生的儿童文学教学已逐渐形成了以儿童文学概论、中外儿童文学史为主干课，以包括中外儿童文学名著选读、中外儿童文学理论名著选读、儿童文学写作、少年儿童文学、青少年美育、青少年文学、童话美学、儿童影视艺术、儿童心理学、民间文学等选修课程为辅的比较完善的儿童文学课程体系。该课程教学体系由 12 门课程组成，其中所包含的课程门类及专业覆盖面，在全国高校中都居于前列。经儿童文学系的实践检验，这些课程很受学生的欢迎，后来大都列

入了中文专业选修课的常规课程。

二、编写出版了一系列应用广泛、社会影响力很大的课程教材

教材是课程建设的重要内容,也是实现人才培养目标的重要载体。浙江师范大学儿童文学学科一直十分重视高校儿童文学教材资源的开发和建设,多年来,儿童文学学科的教师以长期的、扎实的科研工作为基础,根据儿童文学教学发展陆续编写出版了以本科教学为主的、辐射不同层次需要的系列儿童文学教材,为我国高等院校儿童文学教学提供了重要的教材资源。进入21世纪以来,结合国内外儿童文学研究的新成果、新动向及新的教学需求,本学科成员又陆续出版了《儿童文学教程》(2004,高等教育出版社)、《少年儿童文学》(2004,高等教育出版社)等系列教材。这些教材在国内高校教材建设领域,均具有不同程度的开拓性和填补空白的意义。

三、摸索和形成了一套行之有效的、多样化的课程教学方式

浙江师范大学的儿童文学教学在实践中逐步摸索形成了一整套具有鲜明特色的多样化的教学方式。

1.课堂学习与课外实践活动相结合

如大学生利用所学知识去少年儿童出版社、报社、青少年宫、民工子弟学校等场所从事少儿读物编辑、采访、教学、组织主题活动等方面的社会实践,取得了良好的学习效果。借助校大学生儿童文学社系列学术研讨、影视展映、征文评奖等活动,培养学生自我组织和自主学习的能力,在实践中进一步巩固和深化了课堂教学的知识,也有利于创新能力的培养。

2.课堂学习与创作、学术研究相结合

2003年以来,许多学生在儿童文学创作、研究方面都取得了突出的成果,在《儿童文学》《故事大王》《幼儿故事大王》《娃娃乐园》《儿童诗》等杂志上发表了数十篇儿童文学作品,并在《中国儿童文学》《中国儿童文化》《中国少儿出版》《儿童文学研究》《浙江师范大学学报》《中华读书报》等省级以上报刊发表学术论文20多篇;在校学生在课外学术科技活动中立项课题10余项;一些毕业生还成了知名的儿童文学作家。

3.课堂学习与学术前沿交流相结合

借助我校儿童文学研究所延续多年的系列国际、国内儿童文学学术交流、研讨会的平台,为大学生了解国内外儿童文学领域的相关前沿知识和参与学术

对话,提供了充分的学习和锻炼的舞台,如 2003 年至 2008 年陆续主办的中日儿童文学论坛、中加儿童文学论坛、儿童媒介文化国际高峰论坛、全国儿童文学创新论坛等,都有儿童文学系的同学或相关的大学生参与。

四、建立了比较完善的儿童文学教学支撑平台

为使儿童文学教学获得一个能够实现可持续发展的良好的教学资源环境,近年来我们十分重视儿童文学资源的支撑平台建设,这个建设既包括软件环境的建设,也包括硬件环境的逐步完善。其中,软件环境建设包括:切实加强儿童文学本科学年论文与毕业论文的专业指导;开设每学期一次的儿童文学教师与学生的对话答疑教学,及时了解学生专业学习中的问题;关注和指导学生儿童文学社团的发展和建设;策划邀请高水平的儿童文学作家、理论家为学生开设儿童文学创作与学术研究系列讲座;坚持组织每年一度的"浙江师范大学儿童文学征文大赛";组织"思想猫"儿童文学研究成果奖的颁发(台湾著名儿童文学作家桂文亚女士捐资设立);组织策划红楼优秀儿童电影展播(每周一次)与征文比赛(每年一次)等。硬件环境建设包括:创建中国高校第一个儿童文学系(2003);创办大型学术丛刊《中国儿童文化》(2004);浙师大儿童文化研究院的建设和完善(2005);中国儿童文化研究网的建设和完善(2006);浙师大国际儿童文学馆的建设和完善(2007);浙师大台湾儿童读物资料中心的建设和完善(2007)等,其中国际儿童文学馆现有专业书刊 7 万余册,订阅国内外期刊 206种(其中英文、意大利文、日文期刊 16 种),是国内高校中最大的儿童文学专业资料馆;台湾儿童读物资料中心目前藏书 1 万多册(均为台湾同行无偿赠送),是国内高校中台湾儿童文学资料收藏最为丰富的资料馆。这些硬件环境的建设为儿童文学的教学和学生学习、研究提供了目前国内高校中最立体、便利、完善的资源平台。

本项成果的实施效果及推广和应用情况如下:

(1)以本科儿童文学教学课程体系建设为核心,不断加强对校内外儿童文学课程的教学延展和辐射。除了系统开设人文学院儿童文学系的相关课程外,我们还陆续开设了面向人文学院的多门儿童文学选修课;面向全校本科生的儿童文学通识课程;面向人文学院本科函授生的《儿童文学与美育》《少年儿童文学》等课程;面向浙江省中文自考和幼儿教育自考的《儿童文学概论》《儿童文学名著选读》等课程。

(2)所编撰的教材中,2004 年 5 月由高等教育出版社出版的《儿童文学教

程》,已印刷17次,印数达110140册,该教材被评为"全国优秀教材资源",被国内数十所大学所采用,成为目前国内高师院校本科生儿童文学课程教学的首选教材,目前该教材已出第二版,同时,该教材也于2008年被列为"国家十一五规划教材"。2004年1月由高等教育出版社出版的《少年儿童文学》印数也达近4万册,2008年又进行了重新修订,目前已出第二版。

(3)在相对全面、系统的专业课程学习与学术指导、训练下,浙江师范大学人文学院、初阳学院、行知学院中文本科生在儿童文学创作、研究等方面,显示出了整体上的提升与进步。在校级学生课外学术科技活动中每年都有儿童文学方向的立项,几年来立项课题达10余项,部分研究成果分别在一些学术刊物上公开发表,从而在校园内形成了浓郁的儿童文学学术氛围。在校首届和第二届"思想猫"儿童文学研究优秀成果奖评奖中,本科生的科研成果占据了全部获奖成果的50%左右。我校儿童文学系儿童文学方向班已毕业两届本科毕业生(07届、08届),从反馈来看,他们的专业知识对所从事的中小学教育作用显著,带动了中小学的儿童文学阅读的开展。其中还有多名学生考取了其他高校的硕士研究生。

（曾刊于2009年总第6期）

文本细读·文学现场·学术回归

——"80—90 年代文学研究"的教学理念

首作帝

对于汉语言文学专业的本科生来说,中国现当代文学是相当重要的一门专业基础课,但是,很多学生学完之后感慨万千,形容像是雾里看花,影影绰绰,貌似什么都知道一点,却又什么都不明晰。事实上,正如古代文学需断代学习一样,现当代文学也是要断代才能学好,尽管这不到一百年的文学发展与古代文学相比实在微不足道,然而它的学科特点确实与断代脱离不了干系。"80—90年代文学研究"为选修课,针对大三学生开设,从授课时间和授课对象上来说它均处于一个较为有利的位置,大三学年正是本科生求知欲最为旺盛的阶段之一,他们一方面要对以前所学知识做个小结,另一方面对未来怀抱开拓创新的积极姿态。有鉴于此,我在讲授这门课时采取了与讲授中国现当代文学不一样的理念,具体来说是从文本细读、文学现场与学术回归三个角度出发,并实践三者的融合与渗透。

一、文本细读

文本细读是英美新批评领域的重要精神和批评方法,主要是指对文学作品进行仔细地阅读和全面的评价,评论者在作品的结构、反讽、比喻和夸张等方面寻找文本的语义。这个要求显然比较高,既要保证对文学作品内容的掌握,又要求向艺术领域纵深挖掘,不过从这点来说倒是符合 80—90 年代文学研究的教学目标:旨在增强学生对 80—90 年代文学的深入了解,提高解读文学作品的实践能力。当然,我们也认识到,文本细读不单是一种批评方法,而且是一种精神旨归,这个立场判定十分重要。文本细读的核心是经典意识,正如夏志清所说"优美作品之发现和评审"。对于文学课的教学与研究,没有任何东西比对具体文本的解读和分析更加重要的了,对于 80—90 年代文学,它的范畴和对象尤为具体生动,不应当只是用来作为理论学习的例证,而应当让学生直面和感应一个个活生生的文本世界。文本细读意味着祛除走马观花似的粗暴阅读,而要求深入研究文本的上下文及其言外之意。例如我们学习铁凝的《哦,香雪》,除了梳理"美好理想"说、"人的觉醒"说和"文的自觉"说等充满积极和诗意的传统学术观点,也要更进一步掌握《哦,香雪》的现代性与矛盾性书写,一方面是物质与文明同步呈现:火车、发卡、纱巾、手表、人造革书包、塑料泡沫铅笔盒等;另一方面是现代工业文明与传统乡土世界的冲突,即是当代文学城乡冲突主题。"车窗全部紧闭着,旅客在黄昏的灯光下喝茶、看报,没有人向窗外瞥一眼。那些眼熟的、常跑这条线的人们,似乎也忘记了台儿沟的姑娘。"通过这样的书写,我们分明看到了在那个理想主义的年代,人与人之间的冷漠已经渗透到了宁静的小山沟。所以,在小说的结尾,尽管年轻的作家让她心爱的女主人公香雪踏上了奔驰的列车,但最终也只让她坐了 30 里路,便让她下车回到台儿沟。铁凝到底是心虚的,她比谁都懂,外面的世界很无奈。这就是文本细读的巨大魅力!

二、文学现场

文学现场指的是发生事件的场所,以及该场所在发生事件时的状况,文学现场重点关注具体的文学活动或文学事件发生的场所及场所内的状况,探寻的是场内某个特定时期的片断性的鲜活,而这种鲜活需要在场内的各种文本的互文比较中才能获得。换句话说,文学现场不仅是时间的回归,而且是空间的还原,也就是把文本研究放置在特定语境中:文本发生的场所,以及文本出现时的状况。这是一种从事实出发的文本研究,需要根据文本的特殊性确定其在文学现场的关系点,由此展开关系网络的梳理,以及考察网络中文本的互文性效应,这保证了研究从单一走向多元。文学现场还原要求将文学书写的历史境遇与错综复杂的历史境遇相结合。例如关于《哦,香雪》的文本研究,学术界长期致力于言说一个充满诗情画意的乡土世界,形成了对作品单一文学性研究的态势。但是,文学现场的文本研究,就需要将《哦,香雪》的文本置于它发表的时代,要了解当时发生的一些社会现象,以及这些现象对作家创作的影响,没有这样开阔的视野,研究就会显得单薄。只有回归 20 世纪 80 年代,才能真正了解到文本发生的场所和当时的状况。几乎和《哦,香雪》同时出现的"潘晓来信"深深地影响到迷惘的一代中国青年,他们甚至于发出了这样的绝望呼喊:"人生的路呵,怎么越走越窄,可我一个人已经很累了呀,仿佛只要松出一口气,就意味着彻底灭亡。"香雪作为一个农村姑娘,她固然建构了一个乌托邦的美妙世界,但这显然与当时的社会环境是脱节的,一旦碰撞必然分崩离析,所以铁凝才将香雪囿于一个与世隔绝的纯净空间中,那份担忧却早已泄露于文本之间,聪明的读者完全可以感受得到。不过,我们要注意历史现场和文学现场之间的区别,当前的普遍状态是历史现场有余,文学现场不足,过分强调历史现场无形中冲淡了文本的艺术价值,这无疑是本末倒置,不能不引起警惕。

三、学术回归

"80—90年代文学研究"不是文学欣赏课,也不是文学普及课,而是在中国现当代文学基础之上的提升,本着对学生负责的态度,这门课程应当注重学术的熏陶与回归,否则就没多大意思。这也有两个方面,第一是从文本细读中强调文本语言和思想的关系,这是学术研究的重要体现,容易引起文艺争鸣;第二是强调文本的内部组织结构及文本与文本之间的关系,这是一种文学批评语境下的文本细读。前者是最起码的培训目标之一,语言语感的熟悉和思想主题的训练是学术研究的基础,离开了这一点,甭想谈什么学术研究;后者显然要求更高,属于视野的拓展和文本之间影响焦虑的呈现,为横向对比与纵向联系的多层次多范畴培训,没有扎实的基础和严谨的思维根本无法理解与实施。我们还是以《哦,香雪》为例,可以发现它不仅与之前的文本之间存在关联,而且与之后的文本之间也存在关联。"尽管火车到站时已经天黑,她们还是按照自己的心思,刻意斟酌着服饰和容貌。""香雪"们在傍晚时分做点儿小农经济的生意却如此隆重对待服饰和容貌,不仅让人联想到张爱玲笔下那些因服饰而逐渐堕落的女性形象,同时也联系到方方小说《奔跑的火光》中女主人公英芝的堕落:"衣服"将"身体"和"钱"紧紧地联系在一起,这不单指"红折子"揣入"内衣"或者"钞票"贴在"肚皮"上,更关键的是当"衣服"紧贴于舞台上的被看的"身体"时,它几乎成为身体的一部分,进而可以给作为"资本"的"身体"直接"增值"。而当香雪用四十个鸡蛋如愿以偿换得泡沫塑料文具盒之后,铁凝这样写道:"她要告诉娘,这是一个宝盒子,谁用上它,就能一切顺心如意。就能上大学、坐上火车到处跑,就能要什么有什么,就再也不会叫人瞧不起。"令人分明想到阿Q"想要什么就是什么,喜欢谁就是谁"的革命妄想症,以及最终的悲剧。这些文本之间都是有着深刻关联的,在共同的追求现代性的途中,人的自大与缺陷往往是共通的,我们因而容易产生似曾相识的感觉,这对学术研究无疑会起到重要的促进作用。

　　事实上,文本细读、文学现场与学术回归三者并非各自独立,而是相互融合与渗透。首先,身处文学现场可以让读者实现真正的文本细读,并对不同文本之间的研究起到相互映照的作用。其次,文本细读易于促进阅读教学的实践,并引起学术探讨和争鸣,各种立场和判断正是基于不同的细读而潜滋暗长,任何人都不可能完全秉承客观公正的态度,所谓"一千个读者就有一千个哈姆雷特",这对学术研究有百利而无一害。再次,学术回归有利于激发文本细读,为了获取一个相对客观的答案,研究者不得不反复研读文本,从中寻找证据,恰恰促进了文本细读,对于我们更好地理解文本发挥了重要作用,在一个相对稳定的文学现场阐释出其中可能产生的内容、价值和意义。

　　　　　　　　　　　　　　　　　　　　　　(曾刊于 2012 年总第 8 期)

文艺学课程体系建设浅议

刘彦顺

　　浙江师范大学人文学院文艺学专业课程体系的建设始终既坚持文艺学知识体系的稳定性，又紧随时代的变化及审美文化的新变化而不断开设新的课程，尤其是 20 世纪 90 年代以来，随着改革开放的深入和经济全球化的趋势，我国的文化环境也发生了很大变化。西方各种文化思潮和批评流派被大量引进，传统的艺术形式让位于各种综合的媒体，电视、电影、网络传播的普及使整个人类生活影像化，这些社会现象带来了青年学生接受心理的变化，面对当代文化现象的丰富性和复杂性，由于高校原有文学概论课程的理论体系相对滞后，而且对学生实践活动相当轻视，使文艺学教学与文学阅读实践、审美文化的新变化出现较大的距离，如何有效地引导青年学生选择和鉴别当今各种文化和文学现象，培养学生健康的审美趣味，帮助学生建立开放的文学观念，提高学生参与文学批评实践的能力，是摆在高校文艺学教学面前的重大课题。对此，浙江师范大学文艺学学科做了认真思考和探索，进行了一系列的教改课题研究，对课程设置和教学内容做了相应的改革。

　　文艺学作为中文专业二级学科，担负着传授文学理论知识，帮助学生树立圆融的文艺观念、训练学生理论思辨能力和评论写作能力等任务。而原有的文艺学课程设置存在着一些问题，文学概论、美学概论这两门必修课之间内容多有重复，缺乏必要的区分度，而且往往是从概念到概念，从命题到命题，主观的臆断多，切身的体验少，使得学生产生畏难情绪，也使得课堂变得枯燥乏味。

　　近五年来，从文艺学在整个中文系课程结构中的定位出发，课程组及教研室结合教学实践和当今学生的实际情况，对文艺学课程体系做了结构性调整，在合理安排教学时数的前提下,除继续将文艺学的必修课设定为"文学概论""美学概论"两门外,从培养学生健康的审美趣味和提供初步的文学常识入手,进而要求学生掌握比较全面的文艺理论基础知识,第三阶段则重点培养学生从事文学批评的实践能力。

例如:

"文学概论":中文专业一年级下学期开设,每周三学时。该课程以童庆炳主编的《文学理论新编》为教材,要求学生掌握相关的文学理论知识。在讲授中注意培养学生对基本知识、基本概念、命题的把握,帮助学生形成良好的阅读心态,尽可能消除中学应试教育和社会低俗趣味的负面影响,使大学一年级学生完成从中学的语文学习到中文系的文学研究的转变,为他们下一步学习文学理论、文学批评课程打下基础。

"美学概论":中文专业二年级上学期开设,每周二学时。该课程以美学基本范畴和基础理论为重点,简明系统地讲授审美活动的特征、功能、构成、传播、接受和发展的规律等,帮助学生确立积极的、健康的、全面的审美观念。该课程要求学生掌握比较全面的美学基础知识,注重对学生的理论思维能力和理论思维习惯的培养和提高。

"文学批评原理":中文专业三年级上学期开设,每周二学时。该课程主要讲授文学批评的性质、文学批评方法、文学评论的写作等内容。教学中突出文学批评的可操作性,一方面向学生系统介绍文学批评的知识,另一方面又提示学生在吸收各种理论的合理因素时应识别其极端性和片面性。该课程强调实践性,通过讲授批评方法的操作技巧,有效地指导学生从事批评实践活动,提高学生评论文学现象的实际能力。

由此,我们在文艺学课程设置上逐步形成了以文学概论、美学概论为基础,以文学批评实践为依归的教学格局,并且希望以后能够加强文学批评原理课程的建设,做到既区别于专业必修课,也不同于一般的选修课,让学生能够把理论的学习与文学史的学习交融汇通。文艺学的其他课程如西方文论、古代文论、文艺心理学、当代审美文化研究、电影艺术研究、小说叙事学等被列为选修课,在大学三年级开设。这些课程不再重复必修课的内容,而是在各自领域深入发掘,从不同方面深化文艺学的教学,从而较好地处理了文艺学系列课程的系统性和相关性问题,力求做到文艺学各门课程分工而不遗漏,配合而不重复。这样不仅优化了教学内容和教学时数,而且使学生获得更多的选择余地,能更深入地理解和掌握文艺学的相关理论。在此基础上,学生还可以选择一些具有理论意义和实际意义的课题作为科研立项,以培养自身研究问题的能力。

在课程体系建设中,同时要处理好课程知识系统与教学的三种关系。

一是教材与专著的关系,在课堂上既注重教材知识的普适性,也要适当地把原著选读作为课堂教学的有机组成部分。教材与专著既有联系也有区别,首先,它们都需要吸收和综合前人的成果,但大学本科教材应具有更强的知识性,它主要是整合本学科国内外的主要成果,是一种结晶化的知识,而不是只在前人成果的基础上提出自己的观点和建立自己的学说;其次,教材与专著都追求学术性,教材也需要建构一个明晰的专业知识框架,但教材的学术性则表现为一种理论上的包容性和开放性,它力求客观地体现本学科学术的历史和现状,不排斥与编者相左的观点。

二是知识传授与能力培养的关系。在使用教材时,一定要突出对学生实际能力的培养。除注重理论的完整性和系统性外,还力求帮助学生形成细腻的艺术感受力和良好的思维习性,并在教材中展示理论与实践的互动,展示文学理论与文学史之间的良性作用,如提供多种批评视角,列出分析作家作品的具体步骤等,从而有效地指导学生的实践活动,培养学生的参与意识,让课程体系的建设真正体现为实实在在的审美体验。

三是利用网络技术,使得文艺学课程体系的建设在师生互动中得到最佳实现。文艺学学科的很多教师在上课时,争取做到课程资料上网、PPT 上网,利用 QQ 群、美学课程的 BBS 等,把课程知识提前给学生,做到知识分享,而且能够把课堂上老师的板书时间尽量缩短,把课堂的知识承载量尽可能地扩展。目前,我们已经利用浙江师范大学校级精品课程"美学"网络平台进行了深入广泛的实践。

(曾刊于 2009 年总第 6 期)

文学课堂·审美生活的时间性·三重主体间性

刘彦顺

文学课堂,是文学生活,是某一个体的文学生活,当然,更是一种众多师生参与的文学生活。表面上看很简单——文学课堂,师生参与,讲的是文学作品,其实"文学课堂"可能并没有很好地存在,或者其状况已经很糟糕,其中较为重要的原因就在于教师、学生、文学作品之间的隔离与二分,而没有从主客不分、主主不分的角度进行合乎对象特性的理解与把握。

文学课堂不可能进行如此二分。当我说《多情剑客无情剑》是"文学"的时候,这其实并不是一个逻辑判断,而是说,我喜欢《多情剑客无情剑》,或者说《多情剑客无情剑》让我喜欢,我认定这部作品是"文学"。除了《多情剑客无情剑》之外,我还把《红楼梦》《金瓶梅》《动物凶猛》《高老头》《关雎》《离骚》《木兰辞》称作"文学",其实也还是意味着它们让我"快乐"过,我在阅读他们的时候,是在过我自己的"生活",是在过我自己的"审美生活"。只有在读者阅读小说《多情剑客无情剑》的时候,我才获得了特定的快乐;在阅读过程结束之后,这种特定的快乐消失了。这个过程就是作为一个文学教师应该研究的对象,而且是唯一的对象。故而,"审美生活"概念是对人类在审美时所发生现象的自然描述。当我说"只有在……的时候"这句话的时候,"文学生活"就和"审美生活"一样,自然而然地包含了三个基本的要素:"主体""客体",以及"时间性"。

当然,我们可以单独就主体、客体或者时间性的问题进行研究,但是,一个基本的前提是在一个业已完成的文学生活中的,而且在三者之间要遵从这一基本逻辑:主体与客体到底是一种什么关系。在业已完成的文学生活或者事件之中,相关项之间的关系要得到更加准确的说明和描述,必须使用"时间"或者说更确切地以审美活动的"时间性"为基点。物理学、数学意义上的"绝对时间"观在审美生活之中尽管存在，但是"主观时间"与人生的关系才是最根本的，也就是个体主观感觉的"持续"与"绵延"所体现出的"时间性"。

对于文学课堂而言，存在着三重主体间性关系，即文学作品与教师之间、教师与学生之间，以及学生、教师与作品之间。之所以说存在三重主体间性关系，其原因就在于从这一已经完成的文学生活或者文学课堂出发，根据其先行存在的相关项之间的时间性构成状态，自然地而不是教条地，可划分出三种状态。

第一，就作品与教师的关系而言，这是三重主体间性关系中的前提，也是时间性的文学课堂活动发生的起点。因为，教师只有受到文学作品的感动之后，只有喜欢某一文学作品，才可能把这一作品带入文学课堂。在很多情况下，主流的文学观念与文学教学活动只是把作品当作欣赏的对象，当作一个客体来看待，而没有更深刻地看到其中内在的状态。作家在进行文学创作之时，他所创立的文学作品的结构，事实上是为了使读者快乐，或者更准确地说，是为了使得读者获得一种与作品的结构或构造相适应的快乐，而且这样一种快乐是一种独一无二的快乐，即某一作品带来的快乐完全是，而且，也必定是完全不一样的，也就是说，此作品的独特机制构成了完全不同的内时间意识，当然，内时间只是这一快乐的属性，但是对这一内时间意识进行精微细腻的分析与描述，却是对作为文学教师的我们而言，尤其重要的。从作品何以诞生的角度而言，它注定是要求有意义的，而且这一意义绝对不可能属于作者自身，即使一个作者完全是为了自己而写作，但是他在写作的时候所运用的语言，已经是属于公众，而且当作者在写作有着特定游戏规则的语言的时候，其实本身也在分享着这一属于主体之间的快乐。而且，当读者在领略作品的美时，也就实现了先行地存在于作品之中的主体间性，即意欲实现交流、沟通、理解，乃至于触发注意、持续绵延、充满了意想不到的快乐，这种先行存在的"意义"与"价值"因而在阅读过程中，而且只能在阅读过程中实现，即这一内时间意识的被奠基、被构成。这是一位文学教师在进入课堂之前，首先要具有的体验，即看起来是第一人称的私有体验，事实上本身就是主体间性的。

第二，教师与学生之间是一种主体间性关系。教师作为一种职业，显然要在知识学养道德的储备上高于学生，但是对于文学教学活动而言，却是很特殊的。一个文学教师首先应该做到的是与学生分享自己曾经得到的快乐。那个曾经得到的快乐当然已然逝去，但是对于文学教师而言，应该完成这样两个活动才是称职的。

第一个活动——对自己的过往的体验进行保鲜,曾经有过的阅读的快乐只有在回忆中才会浮现,即对快乐的过程进行反思。如前所述,在快乐的过程中,读者与作品之间的关系绝对不可能进行分离、隔离,然后各自孤立地存在,这是第一重意向性。在反思中,阅读的快乐虽然已经尽失其原始性的状态,但是其构成的方式却能够在反思中得以保存,这是第二重意向性。在第一个活动里,显然针对的是第二重意向性,也就是说,文学教师的素养首先表现为自己丰富的文学回忆,当然,这一记忆绝对不是心理学意义上的平均状态,而是一个活生生的生活过程。在回忆里,他才能对以往阅读过的作品进行比较,在比较中,有些作品会形成深刻的记忆,有些作品则被遗忘;其实,遗忘本身也是回忆的一个重要构成。这要求文学教师欣赏作品时,在古今上无偏狭,在中西方的选择上更广泛,等等,即在博观的基础上才可能生出精细、专门的学问来,其实这些学问无一不奠基于那些曾经有过的快乐经历的回忆。一个不博观的文学教师,原始性的经验就必然匮乏,在回忆与反思中也就不可能有坚实而丰富的材料,也就不可能在此反思过程中生发出范畴直观式的鉴赏力来,所以,一个狭隘的文学教师往往是常见的。

第二个活动——教师在反思的基础上,还要职业性地带领学生一起获得对作品的快乐感受。唯其是一种职业,反思之后得到的对于作品的解释,还要回到课堂,重新进行解释的循环,在这个意义上,教师既是引领者,更是一个与学生完全无异的普通的读者,都是文学课堂活动的平等的游戏参与者。引领者与游戏参与者之间如何保持角色的均衡,是文学教师在课堂上应该注重解决的。在第二个活动方面,往往最容易能够被认同为存在主体间性的关系,因为在一个文化形态之中,如果缺乏了人与人之间的"同时性"的快乐、痛苦、抑郁、希望、恶心、喜好等情感,这注定是一种价值观撕裂、扭曲的文化。当然,这种文化体现在每一个具体的个体心理活动之中,比如,道德败坏的恶棍往往更能保持心理的健康,因为他对自己做过的坏事特别善于遗忘。其实,在审美生活、文学课堂上的表现同样是这样,文学教师与学生所进行的应该是"一种""一个"而且完整的审美生活,有效的标准就是教师与学生"同时"得到了快乐,当然是在对作品进行"阅读之时"。一个数学教师可以在完全理性的推导中,引导与启发学生掌握数学知识;一个思想品德教师可以在道德律令的训教中,树立普遍的道德观念;但是一个文学教师却不能强行让学生在对作品的阅读中,得到审美的愉悦,因而,师生之间如何在文学课堂上达成"同时性"的愉悦,对教师而言就是一个非常困难的问题。

　　第三，最终得到的是一个学生、教师与作品之间的主体间性关系，即一个理想的文学课堂的出现，也就说一个群体性的文学公共生活的理想完成。

　　在此方面，中国古典美学有着伟大的优良传统，可堪运用于对于文学生活的描述，例如，《周易》"咸"卦里主张男女情爱生活的最高境界在于获得"同时性"的幸福体验，从而为"感兴诗学"之"感"奠定了"主客融合""主体间性"的美妙哲理；在西方，尤其是自现象学、存在主义以来，学者们关于主客不分领域中存在的时间性命题更是做了有史以来最卓绝的建树，直接受益于现象学、存在主义哲学的阐释学美学家伽达默尔在对审美生活诸关键概念进行的深刻的阐述，他以游戏概念作为理解审美的入门概念，他认为游戏是"艺术作品本身的存在方式"，也就是说在审美活动之中，主体与客体之间是不可分离的，就是因为在审美活动之中的审美意识"具有共时性特征"，而且他认为审美教化意识也同样具有"共时性"，这是一个"特有的外在的存在"。他在著作中一再强调的同时、共识、共时性概念是对于审美生活特征的划时代的描述与概括，因为在对审美生活或审美存在的分析中，如果不引入时间概念，就无法说明其存在的状态。他所说的在游戏中存在的各种"中介"即审美活动中的一切因素，在游戏的过程中都被"扬弃于彻底的现在性中"，这就是审美生活的达成，也是理想的文学教学活动的完成。

（曾刊于 2010 年总第 7 期）

每一个学科都有自己耕作的园地

王克俭

我因年轻时写过一些作品,到大学上写作课老爱讲些文学创作的实践及其理论。谁知文学虽是灰姑娘,对中文系的学生来说却很有些魅力。我这样讲课,有的学生甚至感到可以帮他实现作家梦,于是成天沉溺于文学创作,大有不在大学一鸣惊人誓不休的样子。哪知在大学里是难培养出作家的。一、二年级就这样过去了,当他们到了高年级的时候,才突然发现自己原本很不错的成绩已不如人家。

这是前些年的事了。那时我曾自省:你把学生的大量时间引诱到文学创作上,岂不耽误了他们的学业? 耽误了他们的学业,岂不影响到他们的毕业? 我发现了,我的好心实际上是在误人子弟。

正是在这个时候,大学的写作课产生了全国性的危机。这种危机的一个突出表现是写作课的内容有很大一部分与文艺理论课重复。于是我又忽然醒悟,我辛辛苦苦,原来是在别人的园地里替别人耕耘。

不论是作为一个自然人还是作为一个社会人,每个人都应有自己耕作的园地。一个人要是失去了自己耕作的园地,就威胁着他的生存。

每个学科都有自己的园地。一个学科如果失去了自己的园地,那么就要威胁到这个学科的生存。写作要自救,必须找到自己耕耘的田地。

写作是一门带有术科性的学科。这一点早已成为写作界同仁的共识。写作课免不了要写。但写什么,这里就很有文章。这关系到一个学科的定位问题。写作学科的科学坐标究竟在哪里?

写作这个词以普通的词汇意义来说,指的就是写文章。就它的创造性的脑力劳动这一"活动"过程而言,它的直接产品也是文章。因此,写作这门学科研究的对象是文章,作为"活动"的产品也是文章。人类社会发展到如今,可以说没有一个与社会有交往的人不与文章有关,没有一个社会活动领域没有文章的功能存在。人类的许多精神与物质的创造成果,都是通过文章的承载而得以传承的。所以,文章的功能是多方面的。从大的方面分,可分成审美性的文学作品和实用性的文章。我把审美性的文学作品的创作让给文学理论课去讲,而把实用性的文章的写作当作自己的耕作内容,这样就找到自己独有的耕作的家园了。

1999 年,我们参与浙江省教育厅高等教育重点建设教材竞编,以"大学实用写作"的定位目标和编纂特色获胜,取得一个省重点教材建设的立项项目,并得到 2 万元项目经费。

《大学实用写作》分六编,第一编为基础写作理论,第二编为理论文体的写作,第三编为新闻文体的写作,第四编为通用文书的写作,第五编为专用文书的写作,第六编为日常应用文书的写作。

这部教材没有文学创作,不与中文系的文艺理论交叉,但写作的基础理论及理论文体、新闻文体及法律文书等,不但关系到中文系的学生,还关系到其他文科专业学生,甚至也关系到理工科专业学生。同理,这一教材还包括科技文书、经济文书及涉外文书等,不但关系到理工科专业,也关系到文科专业。所以这是一部能较好地体现写作学科的独立性的写作教材,是一部文理科学生都适用的写作教材。

相信我们的写作教学,不但能改变过去写作课与文艺理论课部分重叠的现象,而且将更明确地体现实践性与术科性,立足于文理科学生写作素质的培养与提高。

(曾刊于 2002 年总第 1 期)

世界是有趣的

——《中学创造性写作教学》的兴趣驱动

常　立

世界是有趣的,尽管有时可怕,但还是有趣的。作为孩子,时常会对世界做出这样的理解。然而孩子会长大,世界依旧可怕,但却变得不那么有趣了。

六年的大学写作课教学过程中,首先面对的就是对写作这件事的兴趣问题。

经常听人说,学习不能凭兴趣行事,不感兴趣的也要学习,因为它有用、重要、专业。同样道理,写作也不能凭兴趣而写,不感兴趣的也要写,因为它有用、重要、专业。而我始终疑惑的是:没有兴趣,真正的学习如何可能? 没有兴趣,创造性的写作如何发生?

居里夫人是这样描述自己的科研工作的——"在一间沥青地、玻璃顶、漏着雨的木棚子里工作……把容器搬来搬去,将液体倒来倒去,用一根铁棒搅生铁盆里沸腾的东西,一搅就搅上个把小时,筋疲力尽"。就这样手工劳碌四年之后,她从一吨矿物中得到了 100 毫克氯化镭。这有趣吗? 居里夫人继续写道:"我们非常开心,我们专心致志地,完全像在梦幻之中。"这就是是她而不是我们发现镭元素的原因。

白求恩在战场上夜以继日地工作,眼前是血和伤口,耳边是子弹飞和无休止的痛苦的哀号,没有柔软暖和的床,没有可口香甜的面包,没有电,也没有钱。这有趣吗? 他在写给家乡亲朋的信中说——这是我最充实的一段日子,因为他们真的需要我。这就是是他而不是我们成为"一个纯粹的人"的原因。

写作看起来也是这么一桩单调、枯燥、乏味的事,每天缩在一间杂乱又拥挤的小房间里,埋头在横七竖八的书籍和材料之中,投身于一个又一个小格子里,摆弄着一个又一个叫作"字"的小东西。这有趣吗？司汤达的墓志铭是：活过，爱过，写过。这就是是他而不是我们成为一个作家的原因。

在把容器搬来搬去的过程中，在把手术刀挥来挥去的过程中，在把文字摆来摆去的过程中，一定有着巨大的令人心醉神迷的乐趣。世界是有趣的，包括文学、电影、绘画、音乐、语言学、历史学、美学、哲学……当然也包括写作，一定是有趣的。知识固然重要，但方法比知识更重要。方法固然重要，但兴趣比方法更重要。这就是一个教育者最该告诉学生的东西：学习是有趣的。

而《中学创造性写作教学》，拟从兴趣、策略（方法）和技术（知识）三个层面入手编写，从最基础的技术层面提供中学生创造性写作所需的实用性知识，从策略层面提供中学生创造性写作教学的多种方法，从兴趣层面提供学习写作和从事写作教学的乐趣。写作是有趣的，写作教学也是，如同我们生活的这个世界——这就是我们想呈现出的。

（曾刊于 2010 年总第 7 期）

在知识与思想之间的综合性课程的教学

宣炳善

　　本科毕业后我在诸暨安华镇中学工作了两年,曾担任语文、英语两门课程的教学工作,对中学教学有一定的了解。现在在浙江师范大学担任写作、文艺心理学、婚姻与文化三门课程的教学工作,这三门课程都是综合性比较强的课程,我在教学过程中有一些心得体会,下面按课程次序写出来供大家参考。

　　写作是一门综合性课程,我主要将写作分为文学写作、新闻写作、学术论文写作、应用文写作四块内容进行讲解,结合中文系学生的特点重点讲述前面三块内容。文学写作集中讲述小说写作、散文写作与诗歌写作,在具体的小说写作中则主要讨论短篇小说写作,而将文艺评论放在散文写作中进行处理。每学期要求每个学生写3—4篇文艺小评论,教师详细批改,在每篇作文之后都撰写评语并进行课堂讲评。新闻写作以消息与通讯为主,培养学生捕捉社会热点的敏捷反应能力。学术论文写作则强化学生的学术规范意识。学术论文的写作有助于学生抽象思维能力与问题分析能力的培养,对其重视是由于人文学院推行课程论文、学年论文、毕业论文的三级论文写作制,且在高校中训练学生的学术研究能力与学术规范意识也极为重要。学术规范并不只是形式上的外在束缚,学术规范实际上是科学精神在学术研究中的体现。中文系的学生往往有点才气、激情有余而学术训练不足,这种不足具体表现为学术论文写作中没有专题学术史研究的回顾与评价,也没有规范的注释体例。在《学术界》2002年第3期上,我曾发表《当代人文学者文人化倾向之批判》,全文20000多字,对人文学者的文人化表现及其产生原因进行分析。由于我本人比较强调学术论文写作中的学术规范,这对学生有一定的引导作用。

文艺心理学同样也是一门综合性的课程,长期以来,了解文艺学理论的人却并不了解心理学,而了解心理学的人也往往不了解文艺学,所以要在两者之间寻求一个动态的平衡确实比较困难。这也是对一个教师知识结构的要求。文艺心理学这门课程,传统的讲法就是文艺美学,如朱光潜的《悲剧心理学》《文艺心理学》,金开诚的《文艺心理学概论》等,主要是从美与美感的角度,并主要从作家个体心理的角度来分析文艺创作过程与文艺鉴赏活动。而且传统的文艺心理学的"文艺"两字长期以来是名不符实的,即明明是"文艺",本来应讲述文学与艺术,实际上却只讲文艺中的文学,而且又只讲作家文学,不讲民间文学,所以范围极为狭窄。进而把其他艺术样式都排除在外,如绘画、音乐、建筑、影视、舞蹈等,从而造成了文艺心理学研究对象的极度单一。结果文艺心理学变成了文学心理学。这主要和研究者的知识结构单一有关,研究文学的往往不了解绘画、建筑等重要的艺术样式。而传统的文艺心理学研究还存在一个很致命的问题,就是以作家个体心理学为主,只关注作家的独创性的一面,而忽略了作家与民族文化之间的关联。我本人则主要从集体心理学的角度分析文艺作品,包括民间文学作品与作家文学作品。如文艺作品中的民间信仰与宗教信仰的表现,我着重分析古代文学与绘画作品中的乌鸦民间信仰,贾平凹、莫言作品中的民间信仰,《红楼梦》中的民间信仰与宗教信仰等。教学中通过与《巴黎圣母院》的对比分析让学生明白中国文艺中以民间信仰为主,缺少坚定的宗教信仰。再如文艺作品中的原型、意象与母题的分析,原型本是西方的概念,而意象则是中国本土所有的,在这两者之间寻求一种互补是一种有效的文艺分析方法,并以此分析了文艺中的莲花意象、井意象、梧桐意象等。另外还探讨文艺作品中的象征、模式与主题,如古代文学中的大团圆模式、才子佳人私订终身于后花园模式、复仇主题、孝子主题等;也探讨文艺作品中的时代心理、区域心理、群体心理,文艺作品中的变态心理、性心理、病态心理等。在讲授过程中主要以文学、绘画、电影为主要的研究对象,让学生学会用另一种眼光来看待文艺现象。文艺心理学的集体心理学方向,国内目前也还在探索之中,这也是一个多学科综合的方向,如果没有民俗学、历史学、人类学、心理学的相关知识,这一研究也是不能顺利进行的。通过这一课程的学习,学生有一种相对中观的思维习惯,会努力寻求微观与宏观之间的连接。

婚姻与文化这一门课程的综合性程度就更大,由于我个人长期以来一直研究民俗学,所以对这一门课程比较熟悉。民俗学中难度最大的是岁时民俗的研究,岁时民俗主要是协调人与自然的关系,如端午就是中国的卫生保健节日,而人生民俗就是协调人自身的生活,如婚姻与丧葬是最重要的人生民俗。婚姻现象作为一种社会现象,自然属于社会科学的研究范畴。我主要讲述婚姻的类型、婚姻的演变、择偶与求婚、早恋、初恋与失恋、传统婚礼与西南少数民族婚礼、离婚与再婚、婚姻与家庭等主要内容,并根据社会实际情况,增加了同性恋、异性恋、双性恋等内容,也增加了对最新修订的《婚姻法》的讲解,使学生了解丰富多彩的婚姻文化现象,树立良好的婚姻观与家庭观。

我个人在讲课过程中追求知识性与思想性的双向互动,如在讲述中国传统的婚礼时,详细讲述传统婚礼的仪式程序等知识性内容,并与欧洲的宗教婚礼相比较,让学生充分思考中国婚礼的世俗性与西方婚礼的仪式性的不同文化特征,而相当多的中国女子喜欢西方婚礼,结婚时非要穿上婚纱不可,这种对异文化的体验实际上是对神圣的仪式感的渴望,而这正是传统中国文化所不能提供的。再如分析同性恋的内容时,分析西方时以古希腊为主,分析中国的同性文化时以《红楼梦》第九回、第二十一回、第四十七回为对象,如第九回中的金荣无故找茬实际上是同性恋的极度嫉妒心理导致。因为金荣被薛蟠抛弃了。通过详细的文本分析,指出在古代,同性性行为是一种权力行为,主子有权力与下属进行同性性行为,而当代社会的同性恋则是一种人生权利,两者刚好相反。这种相反情况的产生可以让学生自己去思考,并推荐学生阅读法国思想史家福柯的《性史》,从而将知识性的传授上升到思想史的层面。

(曾刊于 2004 年总第 3 期)

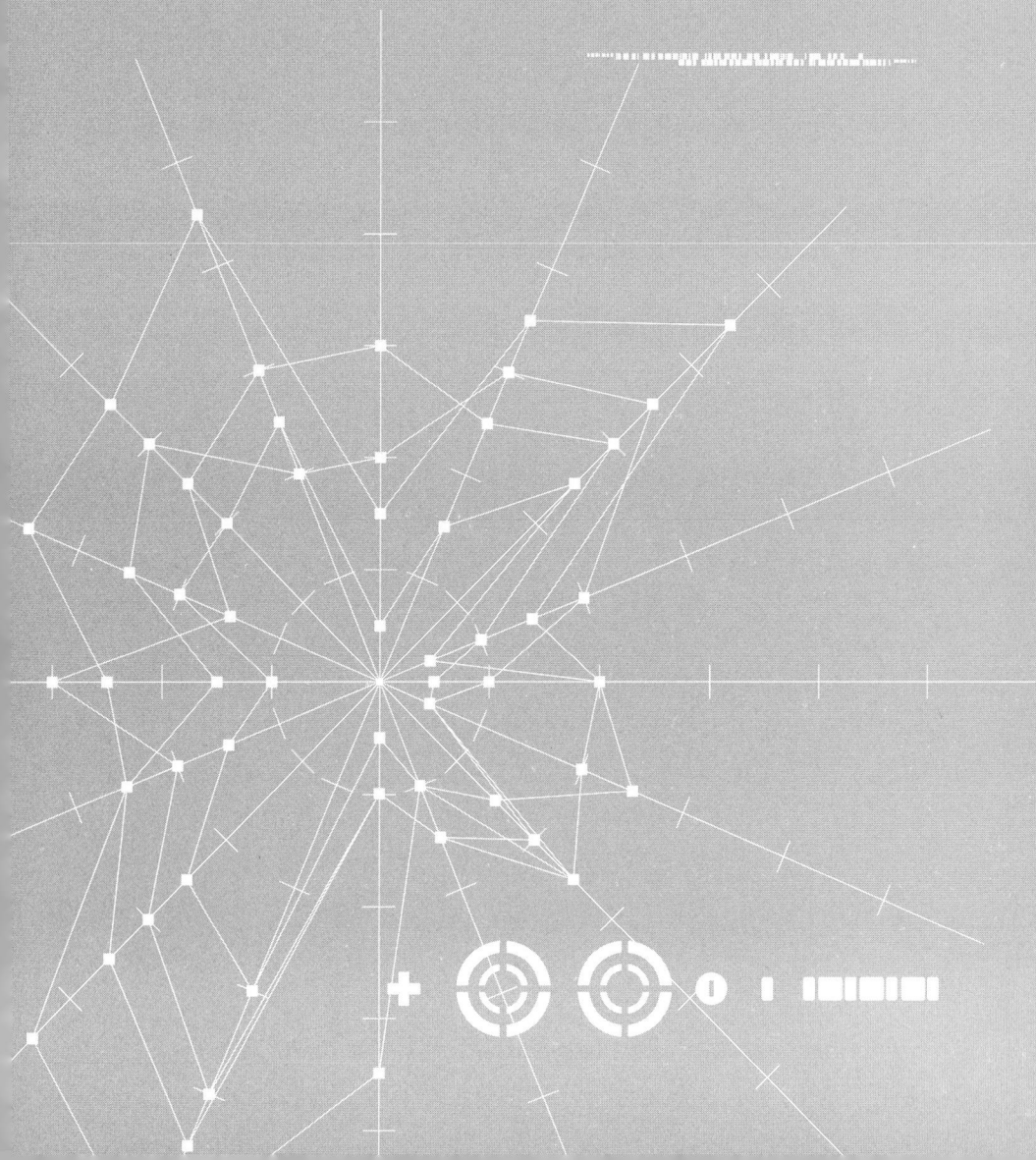

教学研究

关于教学的一点体会

高　玉

一般意义上说，教学是第一位的，不论是对于学校来说，对于学生来说，还是对于老师自己来说，都是这样。对于老师来说，教学的重要性是毋庸置疑的。教学是本职工作，是立身之本，是我们的饭碗，我们首先是靠它吃饭；也就是说，教书是前提，在这一基础上，才谈得上科研及其他。

教学与科研不同，它具有一定的操作性和规范性，对于教师来说，它具有相对的稳定性，它更多的是学习、借鉴甚至承袭而来，相比较而言，很难有大的突破和创新。教学上当然也鼓励创新，但因为教学从根本上是由教师和学生协作来完成的，出于对学生的尊重和负责，不论是在教学内容上还是教学方法上，教学改革都要非常慎重。

我认为，在教学中，以下四点非常重要。

第一，要重视教学。"态度决定一切"，这有点夸张，但它强调态度的重要性是正确的。我从 1987 年开始独立讲授一门课程，二十多年来，我的教学大致分为两个阶段，2004 年以前主要是讲授理论课，包括文学概论、西方文论、马列文论、美学概论、艺术概论，以及相关专题课。因为理论课不同于文学史，它主要是讲观点，涉及的文学作品、文学史以及其他文学现象都非常随意，所以我讲理论课从来都不备课。通常是上课之前把教材翻一遍，把要讲的内容熟悉一下，准备几张卡片，主要把要讲的观点写在上面以便提醒。即使讲公开课也是这样，出于礼貌，我会带一个备课本放在讲台上，但实际上那里面什么也没有写。那时我的课非常多，最多时达到每周 25 节之多，这样偷懒也是迫不得已。这种做法当然有很多好处，比如可以锻炼自己，观念上可以自由发挥等，但现在想来，它的缺点也是明显的，比如所讲的内容很多都不是很准确，这对于学生来说也是一种不负责的行为。

现在我明白了，这其实是教学态度有问题。所以 2004 年以后，我改教文学史课程，包括中国现代文学史、中国当代文学史，还有话剧史等，当然也是由于课程性质的变化，我开始认真备课。教学效果就明显好多了。我想说的是，很多青年教师教学效果不好，其实不是能力的问题而是态度的问题。我认为，除非是有先天性的缺陷比如口吃等，只要认真准备，认真对待，舍得花时间和精力，愿意改进，愿意学习，就能够把课上好。

第二，要看对象，因材施教。我在读研究生时曾听过一位著名学者给我们博士、硕士开的讲座，当时感觉非常好，觉得他讲得既深刻、精彩，又受用，后来忍不住又去听他给本科生讲，感觉索然无味。当时没有多想，感觉他可能是没有认真准备。去年，钱理群先生到我们这里开会，我请他给我们的学生做一次演讲，讲之前他反复问我演讲的对象是什么人，我说主要是研究生，但也许有很多本科生，我看到他似乎有点犯难，后来他说了一句话让我有点吃惊，他说先针对研究生讲，后针对本科生讲。研究生和本科生这是不同的受众对象，这是比较明显的。其实，同样是本科生也有差距，我经常给两个平行班讲课，讲相同的内容，但两个班级的学生反应不一样，这说明两个听课群体之间有差异。不同层次的本科其差异就更大，这种差异不仅仅只是素质和水平上的，更是由个性和兴趣等各种因素组成的群体特点。

教学从根本上来说，是师生之间的"对话"，对于群体的差异，教师必须保持敏感，并及时调整。教学内容要相对稳定，教案也可以相对稳定，但课堂讲授却应该相对灵活，要根据学生的具体情况来讲授。我不太主张迎合学生，但我认为一定要注重学生的反应，并且根据学生的反应来调整讲授的方式、讲授的侧重点。要注意调动学生听课的积极性，如果课堂过于沉闷，可以制造一些氛围，比如讲一些有趣的掌故，多用"设问"的语式等，一定要追求教学效果。少部分学生不愿意听课这是很正常的，但如果课堂上大部分学生都低头看自己的东西，大部分学生都不愿意上这门课，这就是老师的问题了。任课老师亲自考勤，我觉得这是很丢颜面的事情，在教学中属于下下策。适当要学生讲一些自己的看法，搞一点课堂讨论，活跃气氛，发挥学生的主动性和积极性，我认为是可以的，但这些手段不宜多，因为它实际上很浪费学生的时间。

第三，要尊重学生。这是教学的重要内容。教师和学生的关系从根本上讲就是人与人之间的关系，你尊重别人，别人也会尊重你，反过来，你不尊重别人，别人也不会尊重你,这与地位、知识水平没有关系,从根本上说是一种人伦关系。我经常听有的老师抱怨学生没有修养、素质太差、水平太低之类的,我认为这是对学生的极不尊重。过去我们讲"子不教父之过",其实对于学生也是这样,学生在学习上出现任何问题老师都有不可推卸的责任。老师的天职就是教育学生,如果学生已经有了很好的修养,有了很高的素质,有了很高的水平,他就不是学生了,他就用不着到你这里来接受你的教育了。老师和学生在人格和尊严上是绝对平等的,但在学习上却各有位置,有的老师把学生当作完全对等的对象,采取社会化的方式对待学生,这表面上是尊重学生,实际上是对学生的不负责任。

好的老师永远以教育学生的方式尊重学生。老师不同于警察,在老师的眼里没有真正的坏人,所有的人都是可以教育的。在老师看来,学生犯错误或者做错事情是正常的,对于犯错误的学生,老师采取的方式永远是教育而不是惩罚。尊重学生,教育学生,我认为这是一种非常重要的教学态度,这种态度会对教学产生重要的影响。

第四,要尊重教学规律。目前从上到下都非常重视教学改革,对于教学内容、学制设置、课程安排等进行改革是非常必要的,教学方法和方式也需要改进。但教学有一些基本的东西是经过几百年乃至几千年形成的,是无数人经过反复应用并证明是行之有效的,是不能随便就改的。比如讲授,比如提问与回答等。也许我是一个比较传统、比较落后的人,所以我讲课还是采用比较陈旧的方式,主要是讲授,诸如板书,课堂讨论、课堂纪律的维持等都比较少。有时我也会运用多媒体展示一些图片、画面及比较短小的作品,但现代电化教学对于我来说基本上是辅助性的,我认为文学史教学还是用传统的方式比较好,或者至少对我是这样。

在当今,强调学生能力的培养是一种非常普遍的共识。很多人都把中文系学生的能力理解为科研能力,其实这是一种片面理解。科研能力,针对学生更具体地说是表达和充分论证自己观点的能力,这是所有学生都应该具备的能力。但对于中文系学生来说,还应该有自己特殊的能力,我认为这特殊的能力就是对文学作品的感悟能力。过去在教学中我也非常注重理论和问题,有时也介绍一些最新的研究成果,甚至讲一讲自己的研究心得,但我发现这样效果很不好,主要是学生不能理解。不能理解的原因是学生还没有达到做科研的程度,就是说,在他们连基本的文学史知识都还不清楚的前提下,深度的东西对他们来说还非常遥远。所以后来我在教学中注重讲授文学知识,注重对作品进行细读,注重培养学生感受作品的能力,这样学生更喜欢,效果更好,反而更激起了他们研究的兴趣。

总体来说,要把教学搞好,并不是一件轻而易举的事情,它需要我们具备多方面的素质,但教学也并不可怕,只要愿意努力,用心地体验和摸索,注意在教学实践中总结经验、教训并及时调整,要有好的教学效果也不是一件太难的事。

(曾刊于 2009 年总第 6 期)

强化阅读　关注应用

——古代汉语教学点滴谈

任　远

汉语言文学专业开设古代汉语课程,任务是培养和提高学生阅读古书的能力。

提高阅读古书的能力,最重要的是多读古书。从 1962 年王力的《古代汉语》教材出版开始,"文选"成为古代汉语教材的半壁江山。教材提供的大量文选是很好的阅读材料,让学生从语言的角度细读、精读,结合古代汉语知识读,参考文选注解读。通过阅读,学生可以领会古汉语语词的含义,了解其与现代汉语的区别,积累古汉语的感性知识。如学生阅读李孝光的《大龙湫记》"(家僮)相持扼擎,欲争取之","扼擎"文选注解为"一人抓住另一人的手腕",这引起了学生对"扼擎(腕)"这个词语研究的兴趣,从而激发他们了解"扼擎"在古汉语中的特定含义,原来是人以左手扼自己的右腕,表示振奋、激愤、惋惜等情态。实践证明,重视文选阅读教学,学生的古文基础就会比较扎实,学风就比较淳朴。

提高古书阅读能力,还不能只停留在读今人"改造"过的古书阶段,不能只读由今人标点注解的古书。在阅读教材文选的基础上,要有计划地安排指导学生阅读线装古书,阅读白文古书,阅读无句读标点的古书。否则学生学了古代汉语,对古书的认识还是有距离的。通过原版古书的阅读,丰富感性认识,巩固和提高古代汉语的理性认识,进一步提高学生阅读古书的能力。举例来说,学生读《朱文公校昌黎先生集》(四部丛刊缩印元刊本)中《应科目时与人书》"然是物也负其异于众也且曰烂死于沙泥吾宁乐之若俯首帖耳摇尾而乞怜非我之志也"这段文字,都在"吾宁乐之"的"之"字下加句号,他们查阅今本《韩愈集》也是如此。但老师说不对,应当是问号,用问号与用句号,这句话的意思全然不同。听老师这么一说,学生愣住了,经分析研究,终于发现问题出在对"宁"字的理解上，这是反问句，句中的"宁"字应当理解为"难道，岂"，而不应当理解为"宁愿，宁可"，否则就有悖于原意了。通过原版古书的阅读实践，学生明显感觉到自己古文知识和阅读能力的不足，同时也感觉到读原版古书更能激发学习与研究的热情，也为自己终于看懂了原版古书而喜悦。

大学古代汉语既然是一门培养和提高古书阅读能力的工具课，学习和研究的对象当然应该是古书中的语言文字问题；但是现实文化生活中古汉语的应用，也应该是这门课所关注的。结合现代实际，才能增强这门课程的应用性。

现实文化生活中古汉语的应用，比如写繁体字时常出现古汉语同音字混淆的错误。举例说，我们从2000年5月2日的浙江电视台晚间新闻报道中看到，杭州与日本栃木两城市在杭州某公园栽下了一棵树，立有石碑，碑上刻有"友谊鬆"三个大字，显然是把"鬆"字误当作"松树"之"松"的繁体字了，因为误作"鬆"字，"友谊鬆"三字的意思与原意相反了。又如电视剧《水浒传》有旗号"平南都總督徵討正先鋒宋"醒目地出现在电视画面上，显然是把"徵"字误当作"征讨"之"征"的繁体字了。有人把"台州"写作"臺州"，这是把"臺"字误当作"台州"之"台"的繁体字了。

再如读现代汉语的文章书籍遇到了文言类词语，现代汉语词典爱莫能助，于是不得不求助于古汉语，这是古代汉语教学应当关注的。举例说，"锻炼"一词是现代人最熟悉不过的词了，如锻炼身体、下乡锻炼。但"锻炼"原是文言词语，本义是锻造和冶炼，现代文中也仍在使用，鲁迅《铸剑》："便将铁捧回家里来，日日夜夜地锻炼，费了整三年的精神，炼成两把剑。"小说《红岩》也有"锻炼真金"的用法。《现代汉语词典》第一、第二版"锻炼"条下未立此义项，第三版(1996版)补上并作为第一个义项"指锻造或冶炼"。不料现代文中"锻炼"还有更为陌生的用例："想不到'文革'一来，这么点纠葛惹得'四人帮'二位大帮主亲自出马，锻炼周纳，点名批判，演了一出不大不小的闹剧，直闹得祸延全国。"(刘金《我和姚文元的纠葛》，《上海滩》1995年第9期)其实鲁迅《答徐懋庸并关于抗日统一战线问题》中就有这样的用例："在'统一战线'这大题目之下，是可以这样锻炼人罪、戏弄权威的？"这里的"锻炼"是玩弄法律陷害人的意思，原本是古代汉语中的常用义，现代汉语中仍在使用。

古代汉语课的教学要关注现实文化生活中的常用古汉语，丰富教学内容，拓宽知识领域，增强课程的实用性，这样有利于扩大增强本课程的功能，有利于学生能力的培养。

（曾刊于2002年总第1期）

教学"古代汉语"的体会

方文一

1979 年起我由教"现代汉语"转为专教"古代汉语",这期间不断地琢磨、改进,教学水平有了较大的提高。我有一些体会。

一、教学内容的选择与提炼

历届校友返校时,常有学生对我说,我讲的课内容充实,他们觉得在中学教学中非常实用。的确,我选择教学内容时,在科学性的前提下,有意识地密切注意联系中学语文教学实际。比如,我在讲古代汉语语法——"孰与"句的结构时,就要求学生把中学语文课本中所有的"孰与"句都找出来,对照所讲的规律,一句一句加以分析。同学们共找出四句:《邹忌讽齐王纳谏》中有"我孰与城北徐公美""吾孰与徐公美";《廉颇蔺相如列传》中有"廉将军孰与秦王";《鸿门宴》中有"孰与君少长"。比照"孰与"句的构成规律"比较的主体+比较的某一具体方面+孰与+比较的客体+比较的焦点",大家分析了各句的结构成分,认为都是省略式,只是省略的成分有所不同。通过教学,同学们不仅掌握了语法规律,而且对课本中不同句子的结构情况也了如指掌,甚至还发现了中学语文课本注解中的问题。高中语文课本把《鸿门宴》中的"孰与君少长"注解为"与君孰少孰长",这是不了解表示比较的"孰与"句在比较的焦点上一般不用成对的反义形容词而只用其中一个的特点,实际上应该把它理解为"孰与君长",翻译成"(项伯)跟你相比谁年长",这样也与下面张良的答话"(他)比我年长"——"长于臣"更加切合。其他如"定语后置""状语后置"等都是为配合中学文言语法教学而补充的。

　　讲词汇也是如此。比如讲到用来表示计量的"方"这个词时,初中语文《愚公移山》一文中注为"方圆、周围",高中语文《赤壁之战》一文中注为"纵横"。到底哪个对呢? 我从四个方面进行分析,指出只有高中语文课本的注解才是正确的。后来把这些材料形诸笔墨,发表在 1995 年第 6 期的《辞书研究》上。又如初中语文课文《三峡》:"虽乘奔御风不以疾也。""以"注释为"不以,不如"。我指出"以"读 sì,是"似"的讹变,并且举了几个类似的例子。再如《劝学》的"槁(暴)"是借"槁"为"薂",《公输》中的"褐"注成"粗布袄"是不确切的,应该注为"粗麻或粗毛编织的衣服"。这些都是中学课本中的例子。

　　古代汉语的内容比较艰深,课堂气氛也往往较为肃穆紧张。3 节课下来,同学们感到脑子劳累沉重。为了改变这种现状,我十分注意选用生动的例子。如在讲名词用作动词时,特地补充了《左传》中的例子:"女自房观之,曰:'子皙信美矣,抑子南夫也。夫夫妇妇,所谓顺也。'"讲的是郑国徐吾犯的妹妹很漂亮,有两个公子——子南、子皙向她求婚,她要求见见他们。后来,子南穿着军服,左右开弓地来了。他离开的时候,一跃登车而去,动作很干净利落。过了一会儿,子皙彬彬有礼地进来,衣着华丽,陈设财礼以后离去。徐的妹妹从房里看了之后说:"子皙确实很美,不过子南是个真正的男子汉。丈夫要像丈夫,妻子要像妻子,这是合于礼的。"第二个"夫"和"妇"用作动词。故事非常生动,语言简洁优美,富于哲理。这种例句我平时留心积累,上课时选来讲解,同学们听了,感觉轻松,兴味很浓。有时古文今译,我也注意选择生动活泼的语言。如讲到文选《鲁仲连义不帝秦》中的这一段:从前齐威王可以算是讲仁义的了。当时周朝贫困而且弱小,诸侯都不去朝拜,只有齐威王单独去朝拜,以后又率领天下诸侯去朝拜,诸侯才看得起周天子。后来周烈王死了,诸侯都去吊唁,齐威王迟到了。刚即位的周显王发了脾气,说要砍掉他的脑袋。齐威王勃然大怒,骂道:"叱嗟! 而母,婢也!"这句话原来翻译成"呸! 你母亲是个奴婢(或丫鬟)!"同学们感到很平淡,听了没有什么反应。后来译文改成:"呸! 你娘是个臭丫头!"学生都笑了,气氛异常活跃;因为突出了齐威王的愤慨之情。这类例子还有许多。

二、教学方法尽量采用问答、讨论的启发式

　　记得我刚开始讲古代汉语时,总是一讲到底的满堂灌,气氛较为沉闷。后来逐渐采用问答式和讨论式。问答式是我把要讲的内容设计成一个一个有紧密联系的问题,让同学步步深入地思考,然后由他们自由回答。古代汉语的音韵,同学往往觉得枯燥乏味,难懂难记。例如某字在什么韵部很难记住。我就

想了一些方法帮助学生记忆。如"龙"字的古韵部是什么？我根据《说文解字》，组织好一系列问题，让同学一步步自己推出结论。问："'龙'的声符是什么？"答："童。"问："'童'的声符是什么？"答："重。"问："'重'的声符又是什么？"答："东。""东"是上古三十韵部之一，"龙"属东韵。这样一问一答，吸引了同学的注意力，印象深刻，记得牢固。"'龙'字的古韵部是'东'"，就记得牢牢的。考试时，这个问题一般都能回答正确。有许多古音不好理解，难于掌握，我就结合吴方言让他们体会。上古汉语入声种类较多，较难理解，我就问："一、六、七、八、十"五个字的方言怎么念？同学们念了以后，我又问：这几个字的方言可以延长吗？同学们回答"不能"。我说这是促调，我就讲了上古各个入声的发音原理，让他们由相近相似的吴语去体会上古各个入声。同学们觉得这样学习新鲜有趣，既掌握了古入声，又了解了吴方言，印象深刻。再如有的同学对鱼部的字——如"猪、雨、诸、父、土"等，为什么古韵会念 a，很不理解。我就问：同学们，你们方言中的"猪"怎么念？大家都发了音。我听出有同学发了[da]，叫她再念一遍，其他同学听了，十分惊奇。一问，是衢州东乡的。我指出这就是当地保留的古音。同学们有了直觉的音感，对古音就不陌生了。

有些较难的问题就组织学生集体讨论。如《金华日报》曾经出现过这样的句子"（盛名之下，其实难副。）此之谓刘晓庆也。"我让大家讨论："这句话是正确的仿古，还是错误的仿古？"同时，提供了一些参考资料。同学们有的认为是错误的，有的认为没有错误，也有的不知如何回答。我就引导他们分析了三个典型的例句：①《谷梁传·僖公二年》：虢亡，虞必从之。……语曰："唇亡则齿寒"，其斯之谓与？②《左传·僖公二年》：虢亡，虞必从之。……谚所谓"辅车相依，唇亡齿寒"者，其虞虢之谓也。③《孟子·滕文公下》：富贵不能淫，贫贱不能移，威武不能屈，此之谓大丈夫。经过我的启发，同学们知道例①的"斯之谓"即"此之谓"或"是之谓"，是宾语前置格式，为非双宾语句；其中的代词"此（是、斯）"可以用专名替换，如例②的"虞虢"替换了例①的"斯"。这是第一种格式。而例③是第二种格式，为双宾语句。"谓"的宾语有两个："此（前置宾语）"和"大丈夫"。在这种句式中是不能出现专名的。大家经过分析对比，认为"此之谓刘晓庆也"从形式上看是第二种格式，但是又不符合第二种格式的要求——句中出现了专名刘晓庆，是错误的。应当用第一种格式，改为"此之谓也"或"刘晓庆之谓也"。

用讨论式，课堂气氛活跃，能促使同学们思考，吸引他们的注意力，比静态讲授的效果好。因此有很多内容就利用这一形式来传授。

三、教学与科研互相促进

一个高等学校的教师,如果热爱自己的专业,必定会反复琢磨,潜心钻研,从教学实践中找到科研课题,通过科研将之升华为理论,又回过头来指导自己的教学。我常常在教学中发现问题,搜集资料,经过分析研究,揭示出规律,解决了问题,又把研究成果用到教学中去。如在"同义词辨析·语法功能不同"一节,一般的"古代汉语"教材都吸收了自考教材的例子:"'耻'是意动用法,意思是以之为耻……'辱'是使动用法,意思是使之蒙受耻辱……"我在讲课中也吸收了这个实例。但是不久在《国语·越王勾践栖会稽》中发现了一个"耻"字作使动的例子,于是我开始怀疑,有一个就可能有第二个,甚至第三个……过了几年又在《荀子·正论》中发现"辱"有意动用法,到 2000 年暑假下决心仔细找了有关语料,发现《左传》"耻"用作使动出现 8 次,《国语》出现 5 次。《左传》"辱"用作意动 1 次,《韩非子》也有 1 次。因此"耻"和"辱"是没有意动、使动之别的。《自考教材》选用这个例子说明同义词"语法功能不同",是不适当的。我把这个研究成果整理成文章在东北师范大学古籍整理研究所主编的杂志上发表。我把此文的内容在课堂上讲了,同学们很感兴趣,有的还把我写的文章拿去复印。

又如讲到词汇的新陈代谢时,举到古人洗各种东西差不多都有特定的词,仅以人体的洗涤为例,开始我举了 6 个字(6 个词),不够全面。后来在教学中不断寻觅,不断补充,举出的字扩展到 9 个(6 个词),并且列成了表,内容完备,眉目清楚,一目了然。同学们看了,兴趣很浓。下面列出这个表:

洗 →	头(发)	脸	身	手	脚
(古称)	沐	沬靧頮	浴	澡洮盥	洗

这些旧词今天都被"动词'洗'+宾语(名词)'头''脸''身''手''脚'"的动宾关系代替了,也就是说被淘汰了。这一成果后来我把它写进了论文《〈论衡〉中同义词运用的特色》,发表在《汕头大学学报》上。我在《古汉语研究》上发表了四篇论文,其中有三篇的选题来自教学。我觉得教学是科研的一个重要的源泉,科研充实提炼了教学内容,两者是相辅相成的。将自己研究的成果在课堂上讲授,更能左右逢源,更加得心应手,备受同学欢迎。

顺便提一下,用普通话教学能提高教学效果。我不仅上课说普通话,而且要求自己说准,有时甚至还要进行正音、辨音。如举到《汉书·万石卫直周张传》，我就指出"书、石、直、周、张、传"声母是翘舌音；解释"馨""香"二字，就说明"馨"的韵尾是前鼻音，"香"的韵尾是后鼻音。许多同学告诉我，老师说普通话，听了很舒服。

（曾刊于 2002 年总第 1 期）

放下教鞭，做一个对话者

王尚文

　　我生性胆小，记得一位长辈曾经这样斥责我："胆小就别出世！"——出世与否，哪里是我做得了主的？有道是江山易改，本性难移，只得看菜吃饭，量体裁衣。少时曾经受过"人生在世，立志为先"之类的教育，由于宦海风波险恶，商场也往往是刀光剑影，于是就决心认真读书，试图由此而成名成家。人到中年万事休，终于安下心来做个教书先生，偶尔想起少时所立之志，只得自嘲一番了事。1988年要求调动，金华市教委有关领导说：你在讲堂也已多年，是该动一动了，就到教研室来当个教研员吧。我当即斩钉截铁回答：那我还是回讲堂教书。没有说出来的真正理由是：教研员虽非正儿八经的官宦，然教研室亦属"机关"也。多谢当年师资科的努力，我得以如愿以偿，到师大任教教学法。

　　一年夏天，我在遂昌白马山上。白马殿的一位老庙祝问我是干什么行当的，我以实相告，不料他连声称好，说："教书起码不会害人。"正当我暗自得意之际，不禁自问：果真？——未必！

　　教书，我向来不敢随便。认真固好，但所教倘若是荒谬错误的东西，认真又有何用？反而是越认真越害人。虽说大学生一般已有分辨是非的能力，我还是如履薄冰，如临深渊。讲课内容力求以自己的有关科研成果作后盾，虽未必一定正确，但所讲者必为自己所信者。这是我给自己定的底线。语文学科究竟是工具学科还是人文学科？学生的语文能力是否由语文知识通过训练转化而来？我的见解都和当时人们的"共识"相左。虽然遭尽白眼，我却至今不悔。令人喜出望外的是，胆小的毛病似乎也多少有所克服。由于根生心田，又以辩论口气出之，自然常常伴随以情。从教学效果看，似乎也还可以。不过，最主要的还是千万别以正误真伪是非善恶美丑的终审大法官自居。教学应当是对话，教师应当是学生的对话者，通过平等、真诚、合作的对话和学生共同进入一个新的精神境界。记得读大学时，我曾非常冒昧地对一位名满天下的老教授说过这样不知天高地厚的话：在您的研究领域之内，学生这一辈子也永远赶不上您，但个别见解却有可能超过您。他笑笑说：青出于蓝而胜于蓝，理当如此。我深信我的学生中不但可以有个别见解超过我的，整体水平也完全可能超过我。师生之间不是授受关系。《学会生存》说得好："教育工作者作为受教育者的教育者必须'死去'，以便作为受教育者的受教育者重新'诞生'。"我的体会是教师要放下教鞭，做一个学生的对话者。对话不是"入侵"，而是共进。如果有哪一堂课自己上得比较满意，我就有一种自我更新、自我超越的满足感，因为我体验到了作为一个"受教育者的受教育者"的喜悦。梅兰芳曾说，演任何剧目，哪怕是已经演过成百上千次了，也应当有几分陌生感，这才演得好（大意如此）。有陌生感，表演才会是一个艺术创造的过程。教书也一样，即使讲的是你深信不疑的观点，也应当是一个和学生共同探究的过程。

我已渐入老境，最大的心愿就是年轻人能够尽快把我远远抛在后面。为此，希望年轻朋友胆子要大一些，步子要稳一些。

（曾刊于 2002 年总第 1 期）

组织一点课堂讨论

胡尹强

教师从上课伊始讲到下课时分，也许是大学讲坛上不大可能改变、也没有必要改变的基本授课方式，只要教师的讲授是开放式的，是引导学生进入学术领域的，是和学生一起思考、探索这一领域中大大小小的学术问题，并且能够激发学生思考和探索的兴趣的，教师满堂灌，也可能形成隐性的师生对话，也是启发式、对话式的。然而，即使如此，也还是有必要辅以其他的教学手段，把隐性的师生对话变成直接的教师和学生的对话、学生和学生的对话，以激发学生思考、探索的潜能。课堂讨论，就是这样的教学手段之一。

我问过一些同学：你们进行过课堂讨论吗？同学们的回答大同小异：进行过。老师就某个问题让我们发表自己的看法，但谁也不吭声。老师催了一阵，还是谁也不吭声。又过了一会儿，老师只好自己讲下去。

这确实是组织课堂讨论的最大的难点：你想组织课堂讨论，学生就是一声不吭；你想让学生独立思考，学生不愿意或者没有独立思考；你鼓励学生勇于发表自己的见解，学生没有自己的见解要发表，或者有见解也不想发表。造成这个局面的原因，当然要从我们民族的文化传统和教育传统中去寻找。然而，我们民族已经进入 21 世纪，我们必须造就富于创新性思维和探索精神、勇于发表自己见解的新世纪的大学生，一切有碍我们民族现代化进程的传统，都必须改变，而且这种改变只能是一个艰难的渐进的过程。从这一意义上看，组织课堂讨论尽管很难，也必须试试。

为本科生讲授基础课或者选修课，我一直尝试着每学期组织一两次课堂讨论。有时也难免因学生"一声不吭"而尴尬得只好自己讲下去，大部分却还差强人意,偶尔也有比较好的。我以为,组织课堂讨论应注意以下几点。

首先,是选择课堂讨论的题目。这是课堂讨论能不能成功的关键或者基础。什么样的题目可以用以课堂讨论? 第一,学术上尽可能具有前沿性。教科书上写的大体上不具有前沿性,而只是我们讲授的这一学术领域已经形成共识的内容。前沿性的学术问题是指当前正在争论、正在发展,还没有形成学术共识,或者是已经形成学术共识却正遭遇有力的挑战的学术问题。第二,课堂讨论的题目必须是教师自己有所研究并且颇有心得的,这样才可能得心应手地驾驭课堂讨论的进程。选修课比较好办,因为开设的选修课都是教师已经取得一定研究成果的领域。基础课就不同了。一门基础课,即使教了十几二十年,我们也不可能对所有的前沿性的学术问题都有自己的研究心得,课堂讨论的题目,只能选择那些我们研究过而且有心得或相对最熟悉的。第三,必须是可能引起大部分学生探索和争论兴趣的题目。一般来说,本科生对如何认识、理解经典文学名著比较感兴趣,因为这些比较容易引起争论的兴趣,而抽象的理论问题,则很难在本科生的课堂里引起热烈的讨论。

我讲授现代文学基础课,每届都组织过“祥子和虎妞”的课堂讨论。每次讨论,同学们都对虎妞的形象底蕴和虎妞与祥子的关系的底蕴,展开了激烈的争论,并且有两点给同学们留下了深刻的印象:作家创造的成功的人物形象,就像生活中的人那样丰富复杂,不是简单的一两句话可以说明白的;分析人物形象不是给人物写鉴定,而是要揭示人物的全部丰富性和复杂性。在选修课中西小说研究中,我组织的“贾宝玉和林黛玉是不是封建叛逆者?”和“金庸武侠小说是现代的、还是传统的?”课堂讨论,也都取得一些成功,而“现实主义和现代主义”这类理论性的讨论,往往就只有少数几个同学参与,只能不了了之。

其次,在课堂讨论中教师应该成为与同学平等的一员,和学生一起探索所讨论的学术问题。为此,教师应旗帜鲜明地说出自己在讨论的题目上的学术观点,并且真诚地期待持相反观点的同学来反驳。课堂讨论的问题是学术界两种或几种观点争论不休、相持不下的学术问题,如果教师自己拿不定主意,模棱两可,讨论就不可能发展成辩论。在辩论中,教师和学生,特别是学生,克服“师道尊严”的心理障碍是很必要的。我们现在提倡的“尊师”,在某些方面是太传统了,例如传统格言“一日为师,终身为父”(这“父”,是“君君臣臣父父子子”的“父”),依然作为民族尊师传统而广为引用。西方的格言“我爱我师,我更爱真理”,把“师”和“真理”对立起来,好像也不大舒服。我以为,尊师就是对教师的人格和教师的劳动的尊重,在此前提下,把“我爱我师,我更爱真理”改为“爱真理就是爱师",才是真正的现代的师生关系。课堂讨论,应该是现代师生关系在学术探索中的实现。

最后,是一些技术性的问题,如对讨论题目两种或几种不同学术观点的梳理,必要的准备,"谁也一声不吭"怎么办,等等。

成功的课堂讨论,可以最大限度地激发参与者创造性思维的潜能,虽然由于本科生还没有真正进入学术领域,他们的讨论也许大多不无幼稚,然而,也许这会是他们探索学术的一次演习。

(曾刊于 2003 年总第 2 期)

无止境的重复与无止境的追求

陈华文

作为一个教师，教学是最基本也是最直接的一项工作，就像农民的耕耘，是职业所系，也是由工作性质决定的。没有一个厌恶教学的教师会成为一个好教师，当然，没有一个好教师会不喜欢"传道、授业、解惑"的教学工作。

但是，在许多人强调教师所从事的工作是一项智力型的事业，与体力劳动有着很大差别的时候，我却感受到犹如体力劳动般的辛苦。作为一个大学教师，一项非常重要的工作是教学，这是需要智慧和创造性思维的劳动，这种劳动在付出脑力的同时，其实同样也包含着体力的支出。近二十年来的科研与教学工作，使我深深地感受到，为什么国内知识分子的寿命会远远低于平均寿命，原因是他们所从事的劳动，既有体力也有脑力的付出，是双重的付出；而且日复一日，年复一年，是一种无止境的重复，这种重复构成了巨大的体力付出。我所说的体力劳动般的辛苦，指的也正是这种辛苦。而作为一个教师，你必须能忍受这种类似于体力劳动般的辛苦。

我与许多恢复高考之后进入大学并在大学从事教学工作的教师一样，从一个本科生到在教学过程中逐渐地成长，边教边学，边学边教，深切地感受到教学相长给我在学业上带来的巨大促进作用。教学，尤其是在同一年级开设一门课，会出现社会上批评的那样——一个教案管几十年的现象。但是，作为一个在学业上有自己的追求，并且在专业上不断探索，不断深入，不断地有所长进的教师，重复应该仅仅表现为体力上的付出，内容上则应该不断地追求更新、更前沿，一句话，更上一层楼。事实上，近二十年来的教学，我已经习惯于无止境地重复，但每次重复对教师来说，不仅是体力上的挑战，更是专业知识、学业上的挑战。因此,每次走上讲台,我都有一种新兵上战场,新教师上课堂的战战兢兢的感觉。正是这种感觉促使我充分地准备教案,把每一堂课都当作是对自己的一种严肃的考验,因此,虽然重复着同一门课程,我却更换了十来次教案。从繁到简,再从简到繁。有的教案最后形成了书稿,成为针对某一内容的专著,获得同行的好评。正是抱着孜孜以求不断完善教学过程中每一个细节的精神,才能使自己的教学工作不断进步。

教,然后知不足。教学不仅是对于自身知识掌握情况的一种检验,本身也是一种学习过程。我曾经与一些青年教师在交换教学心得时不止一次说过,教学是使知识系统化的一种最好的途径。一个教师可能在某一专业领域方面非常有造诣,但仅仅只有专业领域方面的造诣,是不够的。教师还应该有系统的专业知识,有较为丰富的相关专业知识,而且,这些知识最好通过教学加以系统化,加以完善。我自己在专业研究和人生成长过程中,就是这么要求自己,也是这样去做的。因此,每一次重复的教学,实际上都是对自己系统知识的一种检验。正是在无止境重复的类似于体力劳动的过程中,读书与科研所积累起来的知识,慢慢地与教学磨合,并适应教学的需要。同时,通过教学发现自己知识的不足、结构的不完整,在教学的压力下,进一步自我进修,上更高一个台阶。

确实,我从自己的亲身体验中深切地感受到,大学中教学的成功,除了知识的丰富之外,更重要的是必须掌握好教学的方式方法。我经常在与别人交谈中发现这样一个事实:同样一句话,在我的口中说出来可能平淡而寡味,但从他人的口中说出来时,则或者魅力四射,或者幽默异常,这就是说话的艺术。教师可能并不是天才的表演家,但应该是专业知识传授方面天才的演说家。许多老教师的教学经验,充分地证明了这一点。他们的课之所以吸引人,不仅在于功底深,知识扎实,更在于他们具有突出的口头表达能力及很高的说话艺术。因此,在自己的教学过程中,我也以这种严格的标准要求自己。说话不仅要求做到条理分明,生动、流畅、准确,而且要求做到严谨、缜密,同时在声音上则尽可能声情并茂,生动活泼。为此,我曾经无数次训练自己讲笑话,做到讲任何一个笑话时自己绝不笑。正是从说话艺术的高度严格地要求自己,使自己所上的课基本上能做到吸引学生,并为学生所喜欢。近二十年的教学工作使我深切地体会到,教学是一门说话的艺术,重复付出的体力主要表现在为完成这种说话艺术的劳动上。如果你表达不好,那么,就像农民的耕耘技术不高一样,一定不会有好的收获。

教学是一门技术,一门在永无止境的重复中可进行永无止境的追求的艺术。没有一个教师会说，我的教学水平已经臻于完善，也没有一个教师会说，我的教学艺术已经达到最高境界。以永无止境的付出体力和智力的重复劳动为代表的教学，实际上就像对学业的追求永无止境一样，不会有尽头。

（曾刊于 2003 年总第 2 期）

文学背景与文学现象
——古代文学教学随感录

刘天振

  在中文专业古代文学课的教学过程中，我发现有一种制约教学效果的因素值得关注，那就是大学生的中国古代文化史知识比较贫乏。譬如，有的学生在课堂上曾经问我，唐传奇中的志怪、人神恋等耸人听闻的小说被称为"传奇"容易理解，而像《莺莺传》《李娃传》《霍小玉传》之类的小说，描写的是再平常不过的人与人之间的恋爱故事，为什么也能够称为"传奇"？还有，对于古代小说、戏曲中频频出现的"红娘""王婆"之类的艺术形象，同学们也往往感到有些不可思议。诸如此类的问题还有很多。

  就从上述同学们提出的问题说起。"传奇"本义是指"传写奇事，搜奇记逸"（胡应麟《少室山房笔丛·九流绪论》）。"奇"字当然包括形形色色的非常怪异之事。实际在中国古代文学史上，"传奇"一词大多数情况下都与"情爱"题材有关，无论是在小说中，还是在戏曲中。既有弥漫着怪异色彩的人与异物之恋，也有尘俗间的人与人之恋。唐代文言小说中不仅像《任氏传》《柳毅传》那样的人狐之恋、人仙之恋，可以称为传奇，如《莺莺传》《李娃传》之类的人与人之恋也被视为传奇，尤其是《莺莺传》，据陈寅恪先生的考证，其原名就叫《传奇》；南宋罗烨《醉翁谈录·小说开辟》所列举的"烟粉""灵怪""传奇""公案"等类目，其中"传奇"类下所举作品，也都是缠绵绮丽的爱情故事。明代学者胡应麟《少室山房笔丛·九流绪论下》所列"志怪""传奇""杂录""丛谈""辨订""箴规"等六类小说中，其"传奇"类下所举《飞燕》《太真》《崔莺》《霍玉》等作品皆为情爱类题材；明清传奇戏的最优秀作品也以表现爱情生活的生旦戏为多，如家喻户晓的《牡丹亭》《桃花扇》《长生殿》等都是如此。要理解这种文学现象，首先就要对中国古代的婚姻制度有所了解。

中国古代封建婚姻讲究"门当户对""父母之命,媒妁之言"。男女婚姻并非当事人的个体行为,而是有关家庭、宗族、政治集团利益的集体行为,因此青年男女在婚姻中没有选择权,没有自主权;再说,封建礼教规定"男女授受不亲",青年男女根本无缘结识交往,自由恋爱又从何谈起? 如果青年男女钻了礼教罗网的空隙,发生了不允许发生的爱情甚至婚姻,那在社会上无疑是一件爆炸性新闻,一定会产生轰动效应。其对传统礼法、世俗的冲击力,往往不啻洪水猛兽。因此这类小说、戏曲被当作耸人听闻的"传奇"也就不足为奇。

"红娘"或者"王婆"在传统社会中是指婚姻中介人,即媒人。"媒",许慎《说文解字》注释为"媒,谋也,谋合二姓者也,从女,某声。"注云:"周礼'媒氏'注曰:媒之言谋也,谋合异类使和成者。"在中国古代社会,说媒是一种职业,媒人是一种非常活跃的社会角色。这种文化现象也是由封建婚姻制度不允许青年男女直接接触而造成的。作为市人文学的小说戏曲,其人物画廊中不时可以看到这类角色活动的身影,也就容易让今日的读者理解。

中国古代文学作为中国古代文化的一种重要载体,它本身也是一种重要的意识形态,它不仅是古代社会生活的反映,对古人情志的抒写,还是传统文化大背景在文学现象上的一种投射。透过某一种文学现象,某一部具体作品,往往可以探测出深广的传统文化内涵。再譬如,为什么有那么多的古代作家终生徘徊于"仕"与"隐"、"出"与"处"的矛盾之中,甚至像李白、杜甫那样的伟大作家都不能跳出这种怪圈? 这跟中国传统的政治文化,以及传统士人的价值取向有密切关系。中国自从秦朝确立封建专制制度,以及汉代独尊儒术、思想大一统局面形成以来,知识分子就失去了战国时期"百家争鸣"的环境,文人也丧失了桀骜不驯的个性。他们的人生价值取向只能与专制政治一致,否则不仅不能实现自我的人生价值,弄不好还会招致杀身之祸。像有"异端"思想的李贽、金圣叹等人都不得善终。传统儒家重视读书,将读书视为太阳底下最崇高的事情,"万般皆下品,惟有读书高",又说"学而优则仕"。在古代士人看来,除了做官,再也没有别的值得从事的职业了。孟子说:"劳心者治人,劳力者治于人。"农、工、商这些创造社会财富的实在行业都被视为贱业,士大夫是不屑一顾的。一句话,古代知识分子的人生追求是一元化的,即出仕。因此谢灵运被贬官到了偏远的永嘉,生了一场大病,却发出"进德智所拙,退耕力不任"(《登池上楼》)的慨叹;孟浩然一边咏唱着《过故人庄》式的田园牧歌,一边又难以掩抑内心"坐观垂钓者,徒有羡鱼情"(《临洞庭湖赠张丞相》)的不平。我们也就不难理解为什么彻底归隐的陶渊明被后人尊为"古今隐逸诗人之宗"(钟嵘《诗品》卷中)。

中国儒家"达则兼善天下,穷则独善其身"的处世哲学,道家"自然无为"的人生追求造就了传统士人的双重人格结构。身在江湖,却心存魏阙;身在庙堂,往往又心驰江湖。真是进亦忧,退亦忧,"仕"与"隐"的矛盾总也纠缠不清。因此,古代亦隐亦仕的士人也大有人在。表现在不同作家的作品当中,有的慷慨激昂,有的冲淡平和;同一个作家不同人生阶段的作品也会因其人生态度的变化而呈现出不同的精神风貌。

另外,像《三国演义》的"尊刘贬曹"倾向,《水浒传》的"忠义"思想,无不与中国传统政治文化存在密切关系。《西游记》里的神魔法术,《聊斋志异》中的花妖狐魅,则是佛、道等宗教思想在文学作品中的表现。还有,中国古典小说、戏曲中千篇一律的"因果报应"结构模式,也与佛教信念的深刻影响有关。中国古代通俗小说有说有唱的叙事方式,则渊源于隋唐以来寺院里的俗讲和民间的"说话"艺术。

就文学批评的原则及方法而言,早在战国时期孟子就提出了著名的"知人论世"理论。他说:"颂其诗,读其书,不知其人可乎?"(《孟子·万章下》)就是说要正确理解作品的意旨,首先要了解作者的生平经历及其所处的时代背景,在此基础上才能求得所读作品的真解。后世与此相类的理论还有很多,这些理论也都从不同角度强调,理解文学现象要从了解与之相关的现实的、作家的、文化的背景入手。

既然任何文学作品及文学现象都不是孤零零的存在,那么要提高文学课的教学效果,就要重视文化史知识的教学。只有使学生对于中国思想史、政治制度史、学术文化史、教育史、艺术史、文字史、印刷史,甚至经济史、赌博史、娼妓史之类的社会史知识都有一定程度的了解,只有从大的传统文化背景下来观照文学,才能对特殊的意识形态——文学有比较透彻的理解。

(曾刊于 2004 年总第 3 期)

古代文学教学琐谈

刘永良

我虽然多年来一直从事古代文学的教学工作,但是并没有什么经验可谈,因此这里只能略谈教学中的几点体会,但难免是老生常谈。

一、培养兴趣

教与学是互动的,教师应该充分调动学生的学习积极性。学习古代文学对于今天的青年学生学习来说,难免有很多实际困难,其中既有时空的距离,又有语言文字的障碍,刚刚接触古代文学时,他们难免感到艰深难懂,特别是讲古代文学一般要从先秦讲起,这几千年前的文学色彩还不强的古代典籍,很容易令人望而生畏,如果是意志不坚强者,就十分容易产生厌倦情绪,因此设法调动学生学习古代文学的积极性,就显得非常重要。如何培养学生学习古代文学的学习兴趣呢?我认为首先讲授"中国古代文学总论"一章很关键,这一章必须讲得精彩,必须牢牢抓住学生,让学生感到中国古代文学具有博大精深的思想内涵和灿烂辉煌的艺术成就,是我们取之不尽、用之不竭的文化宝库,让中国古代文学无穷的艺术魅力像巨大的磁石一样把学生吸引过来。如果有了这样一个良好的开端,以后再讲古代文学就好办多了。其次是,在讲远古的神话传说、《诗经》和《楚辞》、先秦的历史散文和诸子散文时,务必深入浅出,注意古今结合,古今贯通,用后来的作家作品来映照前代的作家作品,这样就便于学生理解,自然也就容易激起学生的兴趣。文学毕竟是文学,但也不要就文学而讲文学,而是适当结合其他学科,从多角度来讲解一个问题,也容易使学生产生学习的兴趣。

二、夯实基础

学习中国古代文学，打好基础尤为关键，因此在教学中，我特别注重夯实学生学习古代文学的基础。由于中学阶段古文教学特别注重语言而忽视文学，于是造成学生的古代文学的基础比较薄弱，到大学后学习古代文学自然会遇到很多困难。大学讲古代文学一定要注意培养学生学习古代文学的基本功，让学生务必掌握古代文学的基本知识和概念。基础越牢，底子越厚，对以后深入学习和研究越有利。因此，我在教古代文学课时，非常注重培养学生的基本功，让学生打好基础。有时，还结合自身的学习，现身说法，把自己的经验、体会和教训都讲给学生，目的在于使他们从中得到启发，从而受益。要求学生要下苦功夫，要舍得花气力，真正懂得"宝剑锋从磨砺出，梅花香自苦寒来"的道理。我从北方调到南方不久，我感到，南北方高校的学生在学习古代文学方面也有很大差异，一般说来，南方学校学生思想活跃，善于思考，但是基础没有北方学校学生牢固，刚一接触，觉得他们知道的东西很多，但如果让他们再深入一步，就很难了。这样久而久之就会显出其严重的不足，十分不利于今后在古代文学方面的进一步发展，要想深造自然是不容易的。因此，我认为我们讲古代文学强调夯实基础显得尤为必要。

三、把握宏观与微观

从前我校的中国古代文学是两门课，一门是中国古代文学作品选，一门是中国文学史。讲中国古代文学作品选时，多从微观方面入手，深入细致地分析作品；而讲到中国文学史时，则多宏观把握，注重总结中国古代文学发展的规律、经验和教训。这样各有侧重，应该说是很合适的。而现在由于课时压缩，以及实际教学中的具体原因，我们把中国文学史和中国古代文学作品选两门课合二为一，这样我们在讲课时就必须注意宏观与微观的结合，并且要掌握好其中的度。如果侧重宏观，而忽略了微观，难免讲得大而空，不利于学生深入细致地理解作家作品。如果侧重微观，而忽略了宏观，讲起来也难免显得琐碎，不利于学生把握文学发展的规律。因此，我在讲授古代文学时，首先从宏观上勾画出文学发展的脉络，讲清文学中的前后承继关系，充分揭示某一时代文学、某一文学流派和某一作家的成就、贡献、地位和影响等，然后再对一些重要文学现象、文学作品做深入、具体和细致的挖掘，对一些极为重要的作家作品，还要打破教学计划，给以浓墨重彩的讲解。这样才能收到很好的效果。

四、培养能力

教学的关键在于培养学生的能力,所以对于古代文学的教学来说,关键在于对学生阅读、鉴赏与研究中国古代文学能力的培养。

先说阅读能力的培养。"书读百遍,其义自现""读书破万卷,下笔如有神",这是人人尽知的道理。教古代文学首先就是要教会学生怎样阅读中国古代文学作品。于是,我在每学期都向全体同学布置阅读古代文学相关书籍的任务,一是除必须阅读指定教材中的作品外,还要阅读朱东润主编的《中国历代文学作品选》,并指导学生怎样利用题解和注释,鼓励他们独立思考;二是让每个同学每学期精读一部古代文学著作,指导他们写出读书心得。一般说来,整个古代文学课结束后,学生阅读古代文学作品的能力提高很快,收获自然很大。

再说鉴赏能力的培养。阅读作品,目的在于鉴赏。于是鉴赏能力的提高就显得非常重要。要想培养和提高学生鉴赏古代文学的能力,的确不是一件简单的事情。首先老师要给同学讲授一些鉴赏的理论,特别是多讲一些如何鉴赏古代文学的知识,指导学生如何去鉴赏古代文学作品。而这些工作,老师又不可能都单独找出时间去做,于是,我常常在讲授古代文学史的同时,结合作品选的讲授,教给学生一些有关古代文学鉴赏的方法,逐渐使他们学会如何鉴赏古代文学作品。实践证明这样做是非常必要的。

后说研究能力的培养。随着时代和教育的发展,师范教育中教学与科研并重,现在已经是一种必然的发展方向。因此,教师在教授古代文学时,必须注意培养学生的科研能力。在教学中,应该逐步把学生引向研究之路。努力使学生从古代文学中发现问题,找到初步研究的切入点。让学生做到既不能目空一切,又不唯书是从,要独立思考问题,逐渐能够分析问题,解决问题,提出属于自己的见解。因此,我每学期都特别注意让学生作一至两篇小论文,并且特别强调不论文章长短,一定要有观点,有见解,有分析,有论证,做到言之有物,言之有据,言之成理,而且还强调学术规范,注重文风。有很多同学在这样的基础上,或者后来写成了毕业论文,或者较早地发表了论文,具有了初步的科研能力。

五、突出"古"字

古代文学姓"古",古代文学有自己的优良传统,也有自己一整套的教学和研究方法。在教学中,我们可以借鉴中国现当代文学,甚至外国文学的一些理论和方法,但是不论什么样的理论和方法,它必须得是对教学和研究古代文学有益的,并且对一些古代文学教学研究以外的理论和方法要自己先消化、吸收,这样才有可能将其引到古代文学教学中来,我们反对盲目吸收所谓新理论和新方法,认为必须从古代文学教学的实际出发。运用古代文学理论能够解决的,未必非得要改用所谓新理论和新方法。于是,在课堂上我特别强调从中国古代文学的实际出发,告诫同学不要浮躁,不要片面求洋求新,应该立足于中国古代文学本身,在对中国古代文学比较精通的基础上,我们可以借鉴和运用比较研究的理论和方法来审视中国古代文学。还有一个问题,就是关于教学与科研如何创新的问题。我们决不能故步自封,夜郎自大,墨守成规,不思进取,但是也不能为了创新而创新,甚至处处想出新,乃至于标新立异。青年学生很喜欢新观点,也容易接受新观点,但是他们不善于深入分析,有时分辨真伪和辨别是非的能力不强,于是有时接受的新观点,说不定就是错误的观点,甚至是荒唐可笑的说法。如,近年来关于《红楼梦》的新说较多,但是有相当一部分都是经不住推敲和考验的谬说,如果老师不予以指出,学生就容易盲从轻信,这样就会受害。学生求新,并非坏事,关键在于老师要引导他们走上正路,这种求新精神,有可能化为今后研究的动力。

(曾刊于 2003 年总第 2 期)

应该怎样来读《红楼梦》

刘永良

  《红楼梦》是中国古典小说的最高峰，是举世闻名的文学巨著，自然也是我们青年学生最喜欢阅读的重要文学作品。但是，究竟应该如何阅读《红楼梦》，却是一个很不好回答的问题。这里我只谈谈自己的粗浅看法，希望能够对大家阅读《红楼梦》有所帮助。

  《红楼梦》博大精深，千汇万状，是一部中国封建社会的百科全书，要想真正读懂《红楼梦》并非十分容易。因此，我们必须有必要的知识积累。

  在知识积累中，首先是生活知识的积累。

  文学创作需要生活实践，而生活实践实际就是生活经验。生活经验，既有直接的，也有间接的。而文学阅读、文学欣赏、文学批评都离不开生活经验。要想真正读懂一些重要的文学作品，成为比较高明的文学鉴赏者，你就应该是具有丰富生活知识的人。在文学阅读中，直接经验具有重要的作用：一是直接表象的积累，可使语言文字描写的形象具体化。二是深刻的情感记忆，阅读作品时引起相关情感的记忆，读者被打动、被感染，引发共鸣。但是，光靠直接经验是远远不够的，还需要有间接经验。王国维曾指出："至谓《红楼梦》为作者自道其生平者，其说本于此书第一回'竟不如我亲见亲闻的几个女子'一语。""所谓亲见亲闻者，亦可自旁观者之口言之，未必躬为剧中之人物。如谓书中种种境界，种种人物，非局中人不能道，则是《水浒传》之作者必为大盗，《三国演义》之作者必为兵家，此又大不然之说也。"不是"大盗""兵家"的施耐庵、罗贯中还是创作出了《水浒传》《三国演义》来。我们阅读文学作品也同样是这样，大多数情况下是依靠间接经验。间接经验在阅读中的作用：一是有利于读者想象领域的开拓;二是有利于导引读者进入艺术境界。我们阅读《红楼梦》,生活经验越丰富,效果自然就越好。

在知识积累中,还有一方面也非常重要,这就是艺术修养的积累。古人云:"操千曲而后晓声,观千剑而后识器。"(刘勰《文心雕龙·知音》)马克思说:"艺术对象创造出懂得艺术和能够欣赏艺术的大众。"《红楼梦》不仅是文学的,它也是艺术的。在《红楼梦》中,有很多关于艺术方面的描写,如果我们没有必要的艺术修养,读起《红楼梦》来,恐怕就很艰难,甚至不理解。

较高的审美鉴赏能力,也是我们阅读《红楼梦》所必需的。审美鉴赏力是指认识美、鉴赏美的能力。它是充分调动感知、想象、情感、理解等各种心理能力对审美对象(包括它的原型与意味)进行充分体验和认识的能力。它是文学鉴赏乃至一切审美活动得以展开的主体方面的基础和能力。"对于没有音乐感的耳朵来说,最美的音乐也毫无意义。"(马克思)文学鉴赏力一般包括审美感受力、审美想象力和审美理解力(领悟力),它是一种特殊情感体验下体现的审美创造的认知能力或敏感性。

审美鉴赏能力:一是审美感受力。敏锐的感受能力,是审美鉴赏力的最基本因素。它主要体现为在一定审美态度指导下对文学作品的形式(形象)及其所蕴涵意蕴的有选择的感知。二是审美想象力。想象能力,就是人们依照情感本身的力量、复杂度和延续度,对储存的原料——图式,加以重新改造、组合以产生出一种全新的意象的能力,它最集中地体现了主体鉴赏力的创造性。三是审美理解力。理解力,就是在感受想象的基础上,把握自然万物的意味或艺术作品内容与意义的能力。包括对一般知识的掌握:对艺术表现技巧的理解,对典故和各种符号的象征意义的理解,对各个民族深层意识(集体无意识)、哲学思想和对各个历史时期的时代精神的理解。对形式之中意味的理解(特殊的理解力),这是对艺术形式中暗含的特殊意味的理解。"满纸荒唐言,一把辛酸泪。都云作者痴,谁解其中味?"曹雪芹大概也在慨叹人们对他的《红楼梦》难以理解。所以我们阅读《红楼梦》时,就要透过语言符号,深入理解作品的思想内涵。

阅读《红楼梦》,文化知识的积累也不容忽视。这里既需要一般的文化知识,也需要中国小说史的知识,更需要红学史的知识。比方说,关于版本的问题。首先我们应该知道《红楼梦》在版本上有两大系统:一个是脂砚斋抄本系统,一个是程高印本系统。而脂砚斋抄本系统中有很多重要版本,我们也要有一个初步的了解。比如甲戌本,尽管只有 16 回,但是此本的价值是不容低估的。在目前已发现的抄本中,就底本而论,甲戌本是最早的一个版本。正文和回目与他本亦有异文之处,许多其他各本辗转传抄,以讹传讹,唯独甲戌本,保存了曹雪芹原稿的面貌。这为我们研究、校订、注释《红楼梦》,提供了极为有用的资料。再如庚辰本。庚辰本是乾隆二十五年的本子,其时曹雪芹尚在。从兼具比较完整的面貌和比较可信的文字两方面来衡量,此本优点是突出的。20 世纪 80 年代人民文学出版社出版的《红楼梦》,前 80 回用的就是这个本子。

此外红学史上,产生了很多学派,对此我们也应该有些了解,比如什么题咏派、索隐派,什么新红学、旧红学。了解了这些,对于我们如何阅读《红楼梦》大有益处。比如说有这样一首诗:

> 传神文笔足千秋,不是情人不泪流。
>
> 可恨同时不相识,几回掩卷哭曹侯。

作者用诗歌来评论《红楼梦》,既指出《红楼梦》的历史地位,说明作品感人至深,同时也说明《红楼梦》的作者就是曹雪芹,所以说这样的题咏是具有重要意义的。如果我们阅读《红楼梦》对此有所了解,这对进一步研究《红楼梦》还是很有价值的。

《红楼梦》具有很高的文化意蕴,阅读《红楼梦》对此绝不能忽略。有学者曾指出:

> 从贾雨村、贾宝玉、贾兰等人的赴考,我们了解到中国古代科举的种种情况;
>
> 从门子出示的"护官符",我们了解到中国官场内部的种种情况;
>
> 从贾宝玉、秦钟上学的"家塾",我们了解到中国古代教育的种种情况;
>
> 从元春的入选与省亲,我们了解到宫廷生活的种种情况;
>
> 从大观园的建造和景观,我们了解到中国古代建筑园林艺术方面的种种情况;
>
> 从贾珍、贾琏等人的乱伦、偷情行为,我们了解到中国古代社会中性关系的种种情况;
>
> 从秦可卿、贾敬等人之死,我们了解到中国古代丧葬方面的种种情况;
>
> 从荣、宁二府的年终祭典,我们了解到中国古代祖宗祭祀方面的种种情况;
>
> 从刘姥姥和乌庄头纳贡,我们了解到中国古代农村及农民生活的种种情况;

从"铁槛寺""水月庵""栊翠庵""清虚观",我们了解到中国古代宗教与僧尼道士生活的种种情况;

从蒋玉菡、龄官等人及来贾府演出的戏班,我们了解到中国古代民间艺人生活的种种情况;

从丫鬟拾到的薛家"银票",我们了解到中国古代城市高利贷与典当方面的种种情况;

从宝黛的爱情悲剧,我们了解到中国古代婚恋方面的种种情况;

从雀金裘、西洋镜、钟表、鲛绡帐等舶来品,我们了解到中国与外国往来的某些情况;

从薛蟠的两次命案,我们了解到中国古代司法制度方面的种种情况……

由此可见,《红楼梦》反映面之广,是任何一部中国古典小说都难以与之匹敌的,就此而论,把《红楼梦》称为中国古代生活的"百科全书"是非常恰当的,从文化角度去读是有意义的。

再如,《红楼梦》与中国古代戏曲的关系非常密切。徐扶明《红楼梦与戏曲比较研究》一书中有如下标题:

一、《红楼梦》与家庭戏班

二、《红楼梦》中戏曲演员生活

三、《红楼梦》中戏曲剧目汇考

四、《红楼梦》中戏曲剧目的作用

五、《红楼梦》中戏曲演出

六、《红楼梦》中戏曲二三事

七、论《红楼梦曲》

八、谈串客柳湘莲

九、《西厢记》《牡丹亭》和《红楼梦》

十、《邯郸梦》与《红楼梦》

十一、古典戏曲对《红楼梦》情节处理的影响

十二、从《林四娘》到《姽婳词》

十三、《红楼梦》与《红楼》戏

如果我们对中国古代戏曲一无所知,或了解甚少,要想读懂《红楼梦》,那是不可能的。

要有鉴赏的眼光,这是我们阅读《红楼梦》时应有的储备。欣赏不仅是"进

入"的假定性活动,同时还是一种"跳出""超越"假定性活动。只"进"不"出",完全成为作品的俘虏、奴隶,鉴赏主体性就会消融和丧失,达不到真正的欣赏目的。进入假定性,是为了体验、领悟作品的韵味和艺术家的心声;超越假定性则是为了更宏观地整体地把握作品,真正了解它的审美价值。所谓鉴赏的"超越",就是从单纯的情感体验、领悟中跳跃出来,进行适度的理智观照,把这种感受的东西上升到理解、认识的高度。这是鉴赏活动的更高境界,是一种"升华"。入乎其内,可以产生共鸣;出乎其外,使我们可以对作品进行理性的思考和判断,可以对作品进行扩展、深化、改造。看《红楼梦》有为林黛玉命运而极度愁苦,乃至成疯的女子。这说明她是情感非常丰富的人,但却不是好的读者,因为她面对艺术世界,只能"进"而不能"出"。

红学史上,曾有因评论薛宝钗和林黛玉的优劣而几挥老拳的故事。邹弢《三借庐笔谈》卷一一曾说到他与许绍源争论《红楼梦》的问题时,几乎打起来:

> 许伯谦茂才(绍源),论《红楼梦》,尊薛而抑林,谓黛玉尖酸,宝钗端重,直被作者瞒过。夫黛玉尖酸,固也,而天真烂漫,相见以天,宝玉岂有第二人知己哉!况黛玉以宝钗之奸,郁未得志,口头吐露,事或有之,……
>
> 己卯春,余与许伯谦论此书,一言不合,遂相龃龉,几挥老拳,而毓仙排解之。于是,两人誓不共谈"红楼"。秋试同舟,伯谦谓余曰:"君何泥而不化耶!"余曰:"子亦何为窒而不通耶!"一笑而罢。嗣后放谈,终不及此。君狂放不羁,好辩善饮,而爱友如命,与余交每以古谊相勖,亦今人中之古人也。

二人本是很要好的朋友,《三借庐笔谈》说许绍源"爱友如命,与余交,每以古谊相勖,亦今人中之古人也"。可是,由于对《红楼梦》中的一个问题(钗黛优劣)意见相左,竟至"几挥老拳",甚至发誓以后相互再也不谈《红楼梦》,这是十分罕见的现象。这也说明,《红楼梦》是最容易引起争论的。从另一方面讲,他们二人都不是用鉴赏的眼光来读《红楼梦》的。

阅读《红楼梦》,必须走出误区。

由于阅读和鉴赏,主体都具有鲜明的个性特征,对作品的形象感知有差异,这就是所谓"有一千个读者,就有一千个哈姆雷特。""有一千个读者,就有一千个林黛玉。"由于文学鉴赏总是由读者以自己独特的方式去感受作品,而个人在方向选择、敏感程度、注意程度、侧重点等方面会有不同,故而在鉴赏活动中的体验、想象、情感和对内容的领悟、理解也就有所不同。正如鲁迅所举《红楼梦》

一例,"单是命意,就因读者的眼光而有种种:经学家看见《易》,道学家看见淫,才子看见缠绵,革命家看见排满"。可见仅就《红楼梦》题旨而言,不同欣赏者竟得出完全不同的结论。

但是在红学史上,一直就有人喜欢标新立异,在《红楼梦》中挖空心思去找所谓的"微言大义",其中早年的索隐派和当今的一些人便喜欢这样做。如近些年来,先有霍国玲《红楼解梦》,后有刘心武大谈所谓"秦学",都在青年学生中产生了很坏的影响,把一些青年学生引到了"索隐""猜谜"的"邪路"上了。其实,《红楼梦》并非如刘心武所说的那么"神秘",也不需要去"揭"什么"秘",更不要去炒作,尤其不能亵渎曹雪芹和《红楼梦》。一言以蔽之:《红楼梦》是小说,是文学创作。

(曾刊于 2006 年总第 5 期)

论新时期高校古代文学的教学理念

邱江宁

　　新时期高校古代文学教学改革必须面对三大问题：一是传统教学手段必须面对新媒体，诸如网络、视频等技术手段的介入；二是传统的课堂教学必须面对来自社会的各种形式，诸如电视、电台、社会组织举办的各类传统文学、文化的讲坛、讲座等的冲击；三是传统教学对象发生变化，出现了层次、素质不一的各类学生。

　　面对新问题，高校古代文学教改要做的根本行动就是在教学理念、教学思维上做深度的扭转与改变，而改变、更新的基础在于，还古代文学本来面目，让它根立于人性，一切从人性出发来阐释作品的写作背景、文学史意义。这种理念可以具体阐释为，运用一切可以运用的多媒体手段及科研新成果，结合作家的生存背景、生存现实，以知人论世的态度力图将作品的讲析还原到其创作的现场，让学生设身处地地理解和欣赏作品，获得感情的共鸣。与传统古代文学教学理念不同的是，新理念指导下的古代文学教学力图摆脱纯知识性讲述和不排除意识形态影响的观念灌输，在具体教学实践过程中，赋予古代文学作品及文学思想、思潮以鲜活的动态感和生命气息，这种鲜活与生命律动并不排斥现代意识的介入与穿插，贴切地理解古代文学、古代文学作品所赖以产生的古代文化，让学生在古代文学的教学中获得生命情感的意义理解与教育，从而真正喜欢古代文学，真正从中获得启迪与享受。

　　新理念的树立是得灵感于时下方兴未艾的央视《百家讲坛》节目的传播理念与编排方式。

　　《百家讲坛》的节目定位是，对"具有初中以上文化程度、具有求知欲的受众"，以讲座的形式，通过学者来传播"普及优秀中国传统文化"，提高国民的文化素质，它希望给公众以思想的启迪、历史的智慧。新时期，高校古代文学教学在面对不同教学对象的情况下，不仅必须为社会输送精英，同样也承担着"普及优秀中国传统文化"，提高国民文化素质的任务。尽管高校古代文学教学不像《百家讲坛》作为一个电视栏目需要面对收视率和市场份额这么直接的经济效益问题，但是高校办学在面对生源等各方面的压力情况下，实际已在教学评估中刻意加重学生对教师教学评估的比重，有意以学生测评成绩作为考量教师教学工作的重要衡定标准，以使教学者愈加重视对学生的教学工作，这也就意味着，素质不一、层次不一的学生都有机会和权利来估定教学者的教学成效、甚至有力量影响教学者的教学业绩。那么，高校古代文学教学者不能再像传统教学者一般以传道者的身份高姿态地授业解惑了。他们也必须放低姿态，力求多做换位思考，无疑《百家讲坛》的定位转变理念对于高校古代文学教学的定位转变是有启发意义的。例如我对李贽《童心说》的讲述。《童心说》是晚明时期杰出思想家李贽提出的文学观念，对晚明文学解放思潮有着至关重要的意义。但学生并不愿意费神去理解与他们的思想观念没有交集的古代文学思潮理论。在具体讲解过程中，我对话语背景做还原式阐释并与时下观念理论衔接，辅以该理论影响下的当时的著名作品做延伸讲读，同时又根据不同教学对象，将他们各自现实思想、心理状态进行对接，这种做法的实际目的就是让理论与思潮发生的时代生动具体地被还原出来，获得呼吸与生命，也使以往与当下的思想获得呼应。这种教学的效果很好，最直接的结果就是没有学生对我提出的背诵全文的要求提出异议，学生一致认可文章的意义与价值，认为值得背诵。通过这个案例的教学，我认为，当古代文学作品的讲解过程变成对往者心有戚戚的理解过程，作品产生、成长的鲜活过程被尽可能地还原时，它能获得不同层次、不同素质的绝大多数学生的认可。

　　《百家讲坛》节目编排有两大特征，讲述内容故事化、简单化，这对新时期古代文学教学理念的更新同样有着极大的借鉴意义。栏目讲故事的基础往往以人性为基础，站在现实的立场上，将传统的、经典的内容按照故事起因、经过、高潮、结果的设置，使得那些被时间供奉起来的传统文化与经典内容变得活色生香、有血有肉，令人可惊可诧、可感可触。虽然不是所有的教学内容都可以故事化、悬疑化，但是，一切文化、一切经典的形成都曾经有它们自己的时空现场，那个现场被定格后或许是凝固的、不生动的，但如果将其形成过程的前后连起来，恐怕未必逊于《百家讲坛》讲述者的精彩描述。所以如果新时期的高校古代文学教学要焕发生机的话,将《百家讲坛》以故事叙述方式吸引大众的理念转换成一种新的教学理念,将那些古老的文学、文化的东西切换回它们自己产生的世界,以人性为理解基础,将古老的世界与当下的现实世界对接呼应,或许可以使学生获得对古代文学作品鲜活的印象与感受。例如讲述南北朝民歌,我选取了南朝民歌《西洲曲》,北朝民歌《木兰诗》进行讲读。讲述中,我只是反复让学生用方言个读作品、用普通话齐读,效果极佳。尤其是湖州地区学生用湖州方言朗读《西洲曲》时,全班学生都被震撼了,立刻就体验到了南朝民歌那种软糯入骨的魅力,也马上可以总结出作品所以感人,所以流传,所以影响深远的特征与原因。这个案例的教学之所以成功,最关键的原因是理念的更新,我让学生用方言、普通话反复朗读作品的理念就在于尽可能还原作品曾经产生的时空现场。民歌首先是古人用口语吟就的作品,南北朝民歌产生于公元 4 至 6 世纪,那时候没有如今通用的普通话。南朝民歌是用吴方言写就的,所以如果让学生用吴方言将它朗读出来,就能比普通话更切合作品体现出的情感与心态。《木兰诗》是用北方方言写成的,现今通行的普通话本来就是以北方方言为基础的语言,所以,当学生用普通话朗读《木兰诗》时,就可以很明白地感觉到原诗铿锵的韵律与节奏。经过这种仿现场式的比较朗读,学生不仅对作品感觉强烈,而且兴趣陡增,然后我提出进一步的要求,让学生背诵作品,并作与南北朝民歌相关的小论文,学生都跃跃欲试,深以为意。

《百家讲坛》另一个编排特征是使讲述内容简单化,这一点对高校古代文学教学理念的更新也很有启发。高校古代文学教学应该在教学中树立起简单化理念。在网络媒体越来越发达的新时期条件下,各类学科之间的知识壁垒正在逐渐消失,学科之间的整合趋势越来越明显,教与学双方可借以了解各类学科知识的渠道越来越广,正因为这样,无论教或者学甚或管理者都容易迷失在知识、技术的汪洋中,所以笔者的简单化理念只是希望新时期的古代文学教学能抓纲举目。例如,讲述汤显祖的《牡丹亭》。其实《牡丹亭》仅曲折的情节、优美的文辞就足以吸引学生,但我并不愿仅及于此。《牡丹亭》在文学史上是戏剧名作,在昆曲史上,也是最受欢迎的名篇。要让学生明白这一点,要牵扯到文学史上著名的"汤沈之争",还要牵涉昆曲。我在讲述中,反复借助昆曲《牡丹亭》的著名选段"游园惊梦"的视频来穿插讲解与分析。结果不仅吸引学生对昆曲这一古老的表演形式产生浓厚兴趣,而且也使因历时久远而显得隔膜抽象的文学史争论变得可感可触。这一案例的成功的基础在于借助了新媒体。对于新时期的古代文学教学或者说古代文学、文化的传播,人们已经很惯常地使用新媒体,有的却收效甚微。其失败之处在于溺陷于技术手段,淡化了教学者的主导功能。古代文学教学首先是文学的教学,一切的知识储备、背景讲解、现状分析、新媒体运用都只是为了让学生明白理解那些经典文学的意义与价值。

综上所论,笔者认为新时期古代文学教学理念的更新,旨在转知识、技能的教学为情感、兴趣的教学,力图通过多元的教学手段使古代文学教学变得更生动、更鲜活,使学生在感同身受的基础上热爱和欣赏古代文学作品,并在学习、欣赏的过程中获得情感的教育、人生的启悟,从而在结束古代文学课程的学习之后,依旧能有持续学习的热情与兴趣。当然这种教学理念、教学思维上的扭转与改变,不仅仅是教学手段的简单更新,还需要涉猎和关注许多本学科以及相关学科的新研究成果,更需要哲学观、价值观的更新,在这个意义上说,高校古代文学教学永远是与时俱进的、鲜活的,与研究新动向、新成果密切相关的行为。

(曾刊于 2009 年总第 6 期)

"中国现当代文学资源与学生写作实践"的探索与体会

首作帝

2010 年 6 月我博士毕业之后有幸来到浙江师范大学人文学院当了一名老师,主讲"中国现当代文学"和"写作"两门课程。初来乍到,面对陌生环境,我完全采取林黛玉的姿态,不多说一句话,不多行一步路,唯恐被人耻笑了去;上课照本宣科,理论先行,还美其名曰"不以规矩,不成方圆";课后神龙见首不见尾,学生欲找我扩展知识,我以课堂见为由拒绝了见面。一次偶然的机会,我看到校第七期课程实践教学项目申报通知,与其他三位老师一起抱着试试看的心态交了表格,结果审批下来了,题目为"中国现当代文学资源与学生写作实践",正好包括我主讲的两门课。

我们认为,该项目中学生是主体,相关的中国现当代文学和写作课程是客体,教师扮演了桥梁作用,是传授者与引路人,关键在于课程教学改革和学生实践能力运用的相互融合与打通。中国现当代文学和写作是人文学院的优势学科,师资力量雄厚,可供利用的资源丰富,加上本人既是中国现当代文学课的授课老师,又是写作课的授课老师,这为本项目的实施提供了良好基础和坚实保障。

本项目具体的实施方案安排如下。

综合课程的开展,中国现当代文学经典精讲、中国现当代文艺理论导引与写作实践指导同步开展。首先是作为资源的中国现当代文学课程,这一资源相当丰富,从表面来看包括两部分,一部分是作家作品,另一部分是文艺理论,但它们本身却是一体化的,作家在进行创作的同时,也在进行文艺理论的梳理与导引,相互促进,相互融合。事实上,既是作家又是评论家在中国现当代文学史上是普遍现象,这是众所周知的。然而,中国现当代文学还有一个被忽视的资源,那就是中国现当代文学的精神资源,这才是它的本质,而且内涵极为丰富,启蒙、救亡、民主、自由,并在此基础之上确立的终极之思和神性之维作为现代性特征大大开启了国人的视野。直至今日,这仍然是中国现当代文学的重要瑰宝与精神。因此,我们认为真正意义上的中国现当代文学教学应该围绕此核心展开,并将之作为文学范式传授给学生,直抵他们的内心世界。通过这种方式,我们让学生在学科的整体氛围内体会到真正的文学作品除了语言文字和主题思想的呈现,更离不开贯穿其中的情感熏陶与精神烘焙,从而改变他们在中小学阶段形成的无病呻吟的习惯。这一点,我们觉得主要是为了培养学生的大文学观,其中就包括了写作观,它们是一个统一体。我们对中国现当代文学经典作品和中国现当代文艺理论进行了详细讲解和梳理,成效显著,学生掌握了必要的理论知识。我们在人文学院和初阳学院的汉语言文学专业开设了综合课,不仅强调内容的讲解,而且重视学生对文学精神与现代性思想的领悟,学生的智育与情感都得到了提升。例如,我们讲解"80—90年代文学研究"运用的就是文本细读的方式,带领学生进入文学现场,复活文学情境,让他们在条分缕析的细读中真正领悟和了解20世纪80、90年代文学的本质内涵,而非赏析式的走马观花,从而进入到学术研究的层面。

学生写作实践的开展,这是项目实施方案中最重要的一环。我们知道,大学写作课程基本上是理论的讲授,本身枯燥无味,学生反感,教师也痛苦。那么,问题出在哪里,归结起来无非是教师没有为学生的写作实践找到一个与之对应的文本基点,或者说,写什么东西,学生缺乏可参照的对象。这个时候,作为资源的中国现当代文学的作用无疑体现出它的不可替代性。解决问题的方法如下:将这两门主干课程捆绑在一起,既重视文学文本和文艺理论的讲授,又重视学生写作实践能力的培养,前者是参照,后者是运用,在融会贯通的基础之上培养学生的逻辑思维与动手操作能力,这突破了单一的理论讲授,必将给学生带来耳目一新之感。我们进行了写作实践指导,学生将理论与实践结合起来,从中获得了长足进步。通过专门讲授和培训,我们会让学生将所学知识和生活素材在写作过程中积极运用,目的是因材施教,让学生寻找到适合自己发展的方向。我们会悉心将学生的作品收集起来,提出修改意见,最终争取在各类报纸杂志上公开发表。通过这种方式,培养学生阅读文学作品和写作实践的积极主动性,从而让他们成为参与现实的"社会人"。我们认为,这是大学培养人才的良好趋向。在实践阶段,我们力争让尽可能多的学生参与其中,挖掘他们的写作潜力。

在具体的时间安排上,例如 2012 年 2—3 月,综合课程的讲授,首先我们讲授了中国现当代文学经典,运用文本细读的方式将学生带入一个精彩的文学世界,其次我们讲授了中国现当代文艺理论课程,梳理了基本的研究与批评方法,提升学生的理论素养。4—8 月,学生写作实践的开展,这是最重要的一个步骤,我们在人文学院和初阳学院进行了写作实践,学生积极参与其中,绝大多数人能够单独进行文学现象或文本纵深方面的研究,也有一些学生采取小组互助形式,大家共同研究,相互促进,成效显著。4—11 月,学生和老师写作成果的发表阶段,这个过程相对较长,除了学生人数众多,文章发表也需要一个过程。当然,由于学生水平参差不齐,文章质量也不一样,通过修改与完善,有 30 篇学术论文和 10 篇文学作品发表出来,学生的自信心大大提升,越来越多的人有兴趣加入学术研究队伍,考研考博的现象也成为大家讨论的话题。2012 年 10 月 29 日第 6 节课,我们进行了学生写作成果的展示和教师公开课的讲授,作为汇报、讨论和教学案例,并听取意见,以便于将来做进一步的修改。在课堂教学安排上,有两部分的内容,第一是教学内容,主要讲授文本细读及其注意事项,并阐述与学术论文写作之间的关系;第二是成果汇报,简要汇报该教学实践课程自展开以来在文本细读方式引导下所取得的成果。

在此次项目活动中,师生齐心协力,在最短的时间内确定了人员的分工,项目的愿景,并且在实施过程中,对于遇到的问题,能够很好地进行沟通和协调,确保了项目的顺利完成。我们在实施课程实践教学项目过程中感受最深的是,实践教学重在强调学生自主性、师生互动性与成果应用性紧密结合,学生灵活安排学习行为,解决遇到的困难,提高写作兴趣,从而调动积极性,教师主动与学生有效交流才能起到潜滋暗长的效果,满足他们课内课外结合与延伸的诉求,成为综合实践学习活动的组织者、引导者和合作者,做课程实施的有心人,成果的取得则必然极大促发学生的自信心和上进心,释放他们骨子里蕴藏着的正能量。"梯子的梯阶从来不是用来搁脚的,它只是让人们的脚放上一段时间,以便让别一只脚能够再往上登。"我们愿意做梯阶,让一只只脚在此驻留、憩息和攀登,然后通往学问与知识的殿堂。

(曾刊于 2012 年总第 9 期)

"社会语用"调查与教学

陈青松

广义的应用语言学是一门交叉性和实践性的学科,于根元认为"应用语言学是研究语言本体和本体语言学同有关方面关系的学科",冯志伟认为"应用语言学是研究语言在各个领域中实际应用的学科",齐沪扬、陈昌来认为"应用语言学是语言学在各个方面的应用以及各有关实际领域的学问的统称"。应用语言学被部分学者视为语言学概论课程的有机组成部分,相当多的学者和著作都简要地认为应用语言学是"语言学的应用",在语言学的相关课程中,和实践有关的课程当首推"应用语言学"课程。因此,依托于"应用语言学"课程,我选取"应用语言学"课程中"社会语言学"部分开展教学实践,以"'社会语用'调查实践"为题申报 2011 年度实践教学项目并获得立项。

本项目调查实践由初阳学院综合文科选修"应用语言学"的 20 名大四学生开展。调查前我对他们进行了语言调查的方法培训,并指导他们修改调查问卷。在学生大四教育实习期间开展调查。

调查内容主要分两种:(1)电子媒介时代的新语言现象调查及分析。(2)对新时期学生语言能力和态度进行调查,主要是开展了对中文系学生的调查,主题为古汉语对阅读和写作的影响,从古汉语能力、古汉语对阅读和写作的影响、学生对古汉语的态度等方面进行调查。这个内容和学生的语言生活实际及学习实际密切相关,学生比较感兴趣。

调查完成后,针对人文学院语言提高班 19 名学生开公开课,把有关调查内容融入课堂中,一方面报告调查成果,一方面展开讨论。

一、实施过程

一个调查,需要一些要素,与本项目开展相关的内容包括:(1)讲授有关社会语言学的相关基础知识,讲授有关社会调查方法方面的知识;(2)在班级内部,以教师为主导,进行社会语用调查的问卷设计,如果条件许可,进行预调查,制定完善的调查问卷。同时确定调查对象和采样方法;(3)实施调查;(4)调查问卷的收集和整理;(5)对调查结果进行归纳分析,结合教学内容进行解析;(6)对调查材料和调查结论进行梳理,运用于课题教学,并在课堂教学中进一步提升和拓展调查的范围、利用和进一步分析调查的材料和结论;(7)分析调查成果和课堂教学情况,形成论文、调查报告和项目总结报告。

本次调查实践项目实施分六大步骤。

1.基础知识准备

它分两块:一块是有关社会语言学的基础知识,一块是有关调查的基本方法及实施流程、数据处理的方法,等等。具体做法如下:对选修"应用语言学"课程的初阳学院综合文科的 20 名大四学生进行"语言调查"方面的知识培训。包括新语言现象的发现和研究、调查问卷的制定方法和调查方法、调查数据的整理和分析方法等方面的培训。

2.调查前期工作

具体分两个部分:(1)布置学生进行调查,确立调查选题和调查方式。基本确立为两个方面的选题:a.新语言现象调查,以查找实时语料为主。b.古汉语对阅读写作能力的影响调查,以语言能力测试和语言态度的问卷调查为主。(2)指导调查问卷和实施细则制定。主要是修改"古汉语对阅读写作能力的影响"调查的问卷。

3.学生调查

利用学生参加教育实习的停课时间,安排学生进行调查。学生在调查过程中碰到问题时,通过电话或电子邮件与老师联系。

4.数据整理分析阶段

课程结束的最后两周,学生报告调查情况和调查结果,进行课堂分析。

5.整理调查报告

通过讨论和指导,学生对自己的调查数量进行了梳理,选取相对比较成熟的内容形成了相关论文、调查报告 7 篇。

6.开设公开课

针对人文学院语言提高班 19 名学生开公开课,做报告并进一步讨论电子媒介时代的新语言现象。

依据选课情况,本项目始于 2012 年 3 月。具体时间进程如下:第一步,基础知识和基本调查方法教学——2012 年 3 月;第二步,调查问卷设计——2012 年 3 月;第三步,调查实施——2012 年 4—5 月;第四步,调查结果整理——2012 年 5—6 月;第五步,结合调查内容提升课程相关教学内容——2012 年 6 月;12 月,公开课初步安排于第五个步骤,针对人文学院语言提高班开课。

二、项目成果

项目成果主要包括三部分:6 份新语言现象论文、1 份语言能力和语言态度调查报告、一次公开课(教学过程、教案)。

(一)指导学生调查和分析"新语言现象",并形成论文

有关"新词新语"的实践调查成果中形成了 6 篇论文,内容涉及当今社会出现的新语言现象中具体的词汇、语体问题。

1."屌丝"的调查分析

对近年来流行的"屌丝"一词的用法和意义进行了全面调查和分析,探究了"屌丝"的起源和发展,分析了其背后的社会心理和文化影射。"屌丝"一词最先流行于百度贴吧"李毅吧"。"屌丝"的可能来源有两种:方言用法和短语用法。屌丝一词传播开以后出现了泛化现象。越来越多的人开始将自我归类为"屌丝"。"屌丝"的产生和流行有三方面的社会心理:"集体的焦虑"——当今社会的生存压力使得"三无"青年自怨自艾;"自嘲的快乐"——普通大众通过自嘲"比惨"减压;"草根的崛起"——"屌丝"文化的发展体现了草根文化的崛起。总之,"屌丝"一词的流行,呈现出文化交流和共享、文化渗透和融合、文化创新和世俗化等现象,反映出大众相对自由交流和平等参与的心理满足,话语体系和思维方式的革新,张扬个性、释放压力的心理需求等社会心理,是多元文化接触、交流、融合的社会化产物。

2."粉丝"的调查分析

"粉丝"一词的流行源于娱乐选秀节目"超级女声"的热播。随之,各具特色的"粉丝"也应运而生。在流行过程中,"粉丝"又得到了进一步的扩大,出现了"X 粉""X 丝""X 饭""X 迷"等形式的分化。该调查通过对各类"粉丝"的探究,

剖析了"粉丝"所蕴含的社会文化心理。特别是"粉丝"的嬗变与丰富部分,介绍和解释了很多与"粉丝"有关的语言现象,对各种"粉丝"的变异用法进行了收集和整理,解释了很多令人耳目一新的语言新现象。

3.“奇葩”一词的用法调查和规范

"奇葩"一词原为褒义,用以形容珍奇的花朵或者引申比喻出众的人或作品。如今在网络用语或青年人的日常用语中,"奇葩"的意义与感情色彩都发生了巨大变化。虽然目前"奇葩"一词在权威性的正式报刊中出现时还沿用着它的原义,但 2012 年 5 月厦门大学的"选秀奇葩女"出现后,"奇葩"的用法和意义发生了较大改变。调查充分收集当今网络及新闻媒体上有关"奇葩"的用法用例,在这些材料的基础上,分析了"奇葩"的各种意义和用法,着重分析了"奇葩"的新意义和色彩变化,并对如何正确使用该词问题提出了一些看法。

4.“山寨”一词的用法调查

从 2008 年起,"山寨"一词风靡整个网络,并迅速蔓延成为当前流行语之一。"山寨"一词的含义经历了一个由实到虚的过程。调查分析了"山寨"的三重意义:原始意义、引申义、比喻义,重点阐释了"山寨"比喻义的产生和发展。还对"山寨"一词的使用范围、词性变化进行了探讨。

5.网络热词盘点

分析了"打酱油、宅女宅男、伤不起、给力"等网络热词的用法和语义,按照谐音、缩写、引申、混杂等类型,概括了网络热词的种类,分析了这些词语流行的原因。

6.近期网络语言文体大盘点

本研究以新语体和访旧语体为纲,收集和罗列了近二十种新近出现的网络语体,以丰富的材料展现了当今语体问题的新动向。如"与妻书体""甄嬛体""惆怅体""QQ 空间体""华妃体""如果不学体"等,并对相关语体产生的规律和原因进行了一些探讨。

(二)指导学生撰写调查报告

本课程实践教学项目的一个重点,就是指导学生开展了"古汉语对中文系学生阅读与写作的影响"调查。该调查具体由苏丁草、王菲莹、宋轶伦、王娴等四位同学完成,历时近三个月。

该调查问卷精心设计了十四个问题,涉及被调查者的基本信息、古汉语水平、阅读和写作情况、被调查者态度等方面因素。

这次调查问卷发出 32 份,收回 30 份,有效率约为 94.5％。调查完成后,形成了近 20 页的调查报告。被调查的对象范围较小,统计结果不是很具代表性,但毕竟也反映了一些方面的问题,其结论对今后的人才培养有着重要的参考意义。

本次调查比较精彩的是古汉语在写作中的影响部分。调查采用同题异形的对比选项,让被调查者选择,以发现古汉语水平对写作的潜在影响。

这次调查是成功的,虽然调查人数比较少,但调查问卷设计比较科学,能够反映一些当前被人才培养领域忽视或者尚待研究的问题。

(三)公开课

因为本项目依托的课程是选修课"应用语言学",虽然在 2012 年上学期期末课程结束时安排有对调查结果的介绍和分析的课堂教学,但完整的公开课一直到 2012 年下学期才进行,开课时间为 2012 年 12 月 2 日 18:30—19:50,两个课时。公开课题为"电子媒介时代的新语言现象"。

公开课的主要内容分四部分:(1)电子媒介时代和我们的语言;(2)各个层面的新语言现象;(3)部分新语言现象的特点及其构造规律;(4)新语言现象的利用和规范。

公开课的过程分五部分:(1)介绍电子媒介时代给信息传递造成的诸多变化;(2)展示在词、短语、句子、语体、文字等层面的新语言现象;(3)分析新语言现象的特点及产生的动因,解释其产生规律;(4)总结分析新语言现象的利用和规范;(5)简单介绍"社会语用"调查实践项目的开展。

三、成效与特色

"应用语言学"是以实践性见长的学科,而以往的"应用语言学"课程往往局限于课堂教学,以教师讲授为主,辅以部分讨论,本实践教学项目的开展是一次尝试,其效果是很明显的。通过本实践教学项目,一是培养了初阳学院综合文科 20 名学生对社会和语言的调查能力;二是提高了学生对日常生活中语言现象的关注度;三是提高了学生对语言学的兴趣和调查能力。总体而言,本项目的开展,一方面,培养学生语言理论和实践应用的互动能力;另一方面,培养他们基本的语言调查能力。

本项目的开展,在以下几个方面具有一定的特色:(1)通过对人们语言能力和态度的调查,培养学生的调查实践能力,这是把理论性很强的语言学课程和鲜活的现实语言生活相结合的一种尝试,学生对语言学课程的兴趣有所提高;

(2)古汉语对中文系学生的阅读写作的影响是一个非常具有现实意义的选题,目前关注的人很少,其调查结果对以后的人才培养有着很重要的价值;(3)电子媒介时代,新语言现象层出不穷,纷繁复杂又有规律可循,通过调查新语言现象,不但可以培养学生的动手能力,而且可以通过分析语言来分析社会,通过分析新语言现象来充分把握语言发展的特点和规律;(4)把学生的调查活动安排在实习期间,让学生利用实习的空余时间开展调查,在时间安排上受到学生欢迎,也为以后类似实践教学课程的开展提供了一种新的时序模式。

四、问题与建议

在实施本教学实践项目的过程中,我们发现如下一些问题:(1)学生参与人数比较少。浙江师范大学的学生普遍对语言学类课程不太感兴趣,这可能与课程的理论性质有关,也可能和考试的难度大、论文的难度高有关;(2)"应用语言学"课程及其他语言类课程的课时少,教学内容比较多,在课堂上讨论的时间比较少,学生的发言积极性因时间因素受到抑制;(3)学生的课业压力很大,找工作、考证、社会活动等占用了太多的课余时间,用以开展语言调查的时间明显不够,调查的深度和广度明显不够;(4)教学形式一般局限于课堂,走出课堂带领学生进行语言调查的课时安排和现行的教学管理模式有冲突。

针对上述问题,我们建议:(1)语言类课程应该尽量和当代的语言生活结合起来,方法主要有二:课题教学中教师尽量收集并向学生提供鲜活的语言实例。课堂教学中引导学生收集和提出鲜活的语言实例;(2)允许教师把部分理论课程的课堂教学课时化为带领学生进行实地调查的时间;(3)语言类课程最好在合适的时间段安排与教学内容相关的语言调查活动,这样可以让学生更主动地、更有兴趣地参与到课程中来。

(曾刊于 2012 年总第 9 期)

我教"写作"的一点体会

命运中有许多选择原本不是你所预期的,却不期然成为你生命中的一部分。写作课程的教学对于我,或许就是如此。

坦白地说,写作课的处境一直颇为尴尬,一方面写作学至今未获得独立的学科地位,另一方面实际的写作教学往往较难得到学生认可,迄今甚至有不少高校把它从中文专业的必修课改成了选修课。写作教学的难度首先来自学生的挑战,在大多数学生看来,写作课好比是"镜中花""水中月",认为上不上写作课与自己实际写作水平的提高没有多大关系,至于老师布置的作文只要能应付就行,可谓"写作,想说爱你不容易"。

事实上,任何课程要受学生欢迎都是有难度的。既然写作课选择了我,我对它的教学难度就应该做尽量充分的估计与分析。在我看来,高校写作课教学困境的存在,从根本上说是由"重知识、轻实践"的教学倾向造成的。确认"写作知识"与"写作实践"之间的关系、确定可行的教学目的,成为我一直思考的基本问题,后来我进行的教学思考和实践都是围绕这一基本命题展开的。一种"以实践为纲"的教学理念,同样可以贯穿在写作理论知识的传授中,因为它才与学生的实际需求存在内在契合点。

我觉得强调教师的"教学接受意识"是十分有必要的,对于整体上陷于教学困境的课程来说尤其如此。学生的专业兴趣差异常常会体现在对待不同课程的态度上,但写作课普遍不受学生青睐却是一个不争的事实。大多数学生只是从被动接受学校课程设置的角度出发,无奈地将写作课视为"不得不爱"的对象。如果把教师在课堂上具体呈现的授课过程看作是狭义的教学活动,课堂教学就是教师在某个特定教学现场创造的独特产品了。学生是当然的教学接受主体，但同时对教师教学产品具有选择与取舍的权利。教师创造了"教学产品"而不被"教学接受"，这样的情况在实际教学实践中是客观存在的。学生对"教学产品"的实际选择可以简单概括为"主动接受"和"被动接受"（有时甚至是"不予接受"）。如果我们教师不注重教学的艺术性，学生就会疲惫地、被动地接受知识的灌输，甚至对课程采取排斥的态度。强调"教学接受"，其实就是强调教师在教学准备过程中尽量考虑实际教学效果，尽量使学生在课堂上"主动接受教学产品"。这其实也涉及所有学科教师的"教学观"问题，换句话说，是"单纯追求知识体系的灌输"还是"追求以良好的教学效果传达知识体系"的问题。

还想说说多媒体教学手段的运用。许多老师可能和我一样，对多媒体教学手段有一个逐步认识的过程。从不了解到了解，从质疑它的必要性到应用的得心应手，从简单课件的制作到追求课件的精美与自然……不管我们对它的态度是亲近还是冷漠，多媒体成为我们的教学辅助手段无疑是一种趋势。更重要的是，我认为它在整体上是受学生欢迎的。多媒体教学手段首先是一种教学媒体，只是在注重理性教育的大学课堂（尤其是文科），多媒体教学手段的运用还不普遍，多媒体课件的制作又往往是大学文科教师的一个弱项，这不能不说是一种缺陷。但对某一门课程而言，多媒体教学手段又不仅仅是一种教学媒体。它的更为重要的意义在于，我们需要遵循特定课程教学的内在的规定性把多媒体技术纳入教学的现代化轨道，而不是纯粹适应电脑应用技术的现代化潮流把课程教学纳入多媒体操作系统的轨道。在自学多媒体课件制作的最初阶段，我也只能做到让课件起到类似于电子黑板的作用，教学效果一般。但后来我开始琢磨写作课程内在规定性与多媒体教学手段之间的契合点，教学效果明显好转。我想其他课程在这一点上情况也是类似的。

学生的写作实践是写作课教师必须面对的第二课堂。如果还是以记叙文、议论文和说明文等练习性文体的写作来要求学生，学生产生"厌作心理"是不可避免的。我认为，大学的写作教学不应停留在一般的写作训练层面上，而应该注重培养和激发学生的表现欲望，从提高学生学习写作的兴趣入手，才能最终实现大学写作的教学的预期目标。为改变写作教学"重知识传授、轻实践环节"带来的困境，我对写作实践环节进行重新定位与调整。倡导自然表达个体精神生命的"生命写作"，就是我运用在写作知识与写作实践教学关系中的一种策略。我让学生达成这样一种对文章写作的基本认识：写作是作者内心情感的自然流露,是人类精神表达的内在需要,是一种个体可以从中获得精神享受的精神创造活动。作家努力寻求最佳的表达方式,其实就是力求完美地将自己的精神世界传达给别人。这既揭开了笼罩在作家头上的神秘面纱,也为学生的"生命写作"作了最好的注脚。在不定交稿时间、不定文体类型、不定作文题目的前提下,倡导自然表达个体精神生命的"生命写作"。学生的写作积极性与精神表达欲望被激活,写作真正有可能成为学生精神表达的内在需要。学生与教师通过作文架的是一座精神沟通的桥梁,而不是"要我写我不得不写"的被动关系,写作的实践环节在"生命写作"中得到了有效地加强与改善。目前我思考得比较多的是,如何在实际教学中处理好"学生主体性"和"教师主导性"之间的关系。

虽然在写作课教学中收获了一些自己的想法,但其实每一次走上讲台,我的心里都有一种不安感。那种来自学生的期待与自身积累欠缺之间的缝隙,需要我一直努力地去填补。

（曾刊于 2006 年总第 5 期）

参照与构想:对媒介素养教育的思考

田中初

在工业化或者后工业化的现代社会中,传媒已经与人们的日常生活紧紧地关联在一起,人们就生活在这样一个传媒营造的媒介环境中,信息已经如同空气一样是人们生存的必需品之一。世界著名的未来学家阿尔文·托夫勒指出:"文化技能不可能仅仅来自教科书或培训班。具备这些文化技能的一个前提条件是,要熟悉自己所住街道以外的世界是如何运作的。这类知识日益来自传媒环境。"

传媒的发育加强了人们之间的信息沟通。与此相应的是,青少年与媒介接触日益频繁。他们不仅向成人,也向大众媒介学习更多新的知识和观念,并获得了新的娱乐样式。可以毫不夸张地说,在青少年成长的过程中,传媒扮演着越来越重要的角色。可是,任何事物都是辩证的,大众传媒越是对青少年的成长具有正面的催化作用,也就越有可能带来更大的负面销蚀作用。由于青少年的社会阅历欠缺、认知水平不足,以及传媒自身由于商业利益驱动带来的种种道德问题,都足以证明这种负面作用是不可忽视的。

然而,作为一个现代人,不使用媒介是不行的,完全变成媒介的奴隶也不行;人们既不能阻止大众传媒的发展,也不能因噎废食阻止青少年接触媒介。因此我们对媒介的态度必须由起初的"抗拒""批判"转为"因势利导""培养辨别和运用信息的能力"。通过媒介教育,可以帮助青少年在汲取鲜活的信息营养的同时,建立起相应的信息批判反应模式,提高其对负面信息的甄别能力。由此,我们引出媒介素养教育问题。

随着电视的出现和其他媒介渠道的更新,特别是 20 世纪 70 年代以后,无论是在发达国家,还是在发展中国家,人们接触和享用传媒资源的机会和时间都在增加,越来越多的国家和地区感觉到了发展媒介素养教育的必要性。

在欧洲,一些国家的政府部门对学校实施媒介素养教育做了规定,要求小学、中学乃至大学开设媒介素养教育课程,或在有关学科中增加媒介素养教育的内容。至 1997 年,英国已有将近三分之二的学校开设了渐进式的媒介研究课程,并有超过三分之一的中学毕业生参加过媒介研究学科的中等教育证书考试。现在,英国许多学校,如伦敦大学和南安普敦大学等都设有媒介素养教育的教师培训项目。

大洋洲的媒介素养教育也颇为发达。在澳大利亚,几乎所有的州都将媒介素养教育单独或放在英语课中作为学生的必修内容,它也是世界上第一个通过法令使媒介素养成为常规教育内容的国家。

在美国,大约有 5000 所中学开设新闻传播学课程,每年约有 17.5 万名学生选修。全美高中和初中的校报、杂志和年鉴共约 4.5 万种,大都定期出版,有 100 万名以上的学生参与这些刊物的出版。许多州还成立了"高中新闻协会",指导学生的学习和实践。近些年来,美国高等院校中新闻传播系新生入学率稳步上升,这与中学的媒介素养教育是密不可分的。此外,据调查在全美 936 所初级大学中,59% 开设了新闻学方面的课程,如大众传播概论,采访、写作、编辑,新闻摄影等。

亚洲开展媒介素养教育较早的国家是日本。其做法主要包括两个方面:一是加强对中小学生的新闻教育。如在小学课文里有介绍新闻传播业的内容;在中学则开设一门至几门新闻类课程,向学生普及新闻知识。为充实中小学新闻师资队伍,日本的一些名牌大学则动员新闻学科的部分毕业生到中小学执教,向学生传播新闻知识。二是发动各新闻媒体利用多种形式,向大众传授新闻知识。

综上所述,媒介素养教育在今天已经成为一个具有重大现实意义的课题,它在理论上和实践中都已取得了自身应有的地位。

当媒介素养教育在国外已经有相当的研究并有成形的操作流程之时,国内对媒介素养教育的关注还比较欠缺。令人欣慰的是,虽然名正言顺的媒介素养教育没有得到普遍的开展,但零星式的原生态媒介素养教育却已经在我国有一定的基础。

一是信息技术教育的联动效应。如果说我国对媒介素养教育的反应还处于朦胧期的话,那么对以计算机技术为核心的信息技术教育还是非常重视的。

据教育部发布的信息:2005年前,所有的初级中学,以及城市和经济较发达地区的小学开设信息技术必修课;争取尽早在全国90%以上的中小学校开设信息技术必修课程。将普遍展开的信息技术教育必将扩展到信息素养教育,必将为推动中小学生的媒介素养教育打下厚实的基础。

二是社会各界的积极参与。媒介素养教育不仅是学校的事情,也是社会各界都应该关心的事情。从国外实施的经验来看也是如此。国内也有了这方面的尝试。比如由中国人民大学新闻学院和中国少年报社联合创办的少年新闻学院就是一例。全国十几家有较大影响力的少年儿童报刊为小学员提供新闻实践园地。凡小学三年级以上、喜爱新闻事业并有自学能力的少年都可以参加学院的学习。此外,许多新闻媒体都给青少年提供了学习和实践媒介素养的机会。

三是局部地区已经有了尝试。从20世纪90年代开始,我国的香港、台湾已经开始了媒介素养教育的尝试。香港的传媒教育起步比西方国家迟了数十年,但最近几年有明显的进展。香港大学教育学院在1997年开设传媒教育选修科目,这是一门师资培训课程,培训关心传媒的中学老师。自2001年暑假起,多所小学加入媒介素养教育的行列。台湾的媒介素养教育同样引人注目。当前台湾的中小学中并没有专门的媒介素养教育课程,但相关的教学正在探索、实施之中。

四是越来越多学者的关注。我国现代著名新闻学家邵飘萍早在20世纪20年代就明确指出:"新闻知识应列为国民普遍知识之一",中学以上学校应开新闻课,大学应办新闻系。四十多年前,主管我党新闻宣传工作的胡乔木同志,也在报纸上刊文倡导"人人要学会写新闻"。进入90年代以后,传媒与青少年发展问题越发显示出其强烈的现实意义。以中国社会科学院新闻传播研究所卜卫副研究员为带头人,一些青年学者开始专门注意这一领域。

五是青少年参与媒介实践的氛围越来越浓。事实上,我国的青少年已经接受了一些零星式的媒介素养教育,这种情况特别体现在语文教学当中。比如,以往的中小学语文教材就选录了部分新闻作品。在新改编的中小学语文教材中,这部分的内容进一步加强。特别可喜的是,虽然我们没有明确提出媒介素养教育的要求,但是新教材中已经有了类似采访、新闻写作等实践要求。可以预见的是,今后各级各类学校和社区中将会有更多青少年自己办的报纸、刊物、小电视台和个人网站;还有更多的成长中的青少年热衷于拨打广播电台和电视台的各类热线电话、向报刊投稿,甚至随着电脑互联网的普及和发展,成长中的青少年在网络中参与全球信息传播将会成为普遍的事实。

在对西方媒介素养教育和国内的基础条件进行总结的基础上,我们必须面对的一个问题是:在今天这样一个全球化和信息化的时代,如何构建一种有中国特色的媒介教育实施体系?总的说来,我国的媒介素养教育毕竟处于起步阶段,需要进一步加以强化。具体强化措施,可从以下几方面入手。

一是把大学生作为媒介素养教育的突破口。

中国传统的关于媒介方面的教育主要开展于各高校的新闻与传播院系,受教育的也主要是这些院系以新闻学与传播学为专业的大学生。对于一般学生而言,他们很少有机会接受关于媒介素养的教育。因此,我们以为,目前我国开展媒介素养教育可以在现有的教育体制内进行调整。具体地说,我们可以在大学中借鉴大学英语与马克思主义理论课的教学模式,创办一种以媒介教育为内容的公共必修课,它面向全校大学生,讲授一些关于大众媒介的基本知识,培养学生利用大众媒介的一些基本技能。该课程所传播的是信息时代的公共知识,它就像英语那样是一种现代人所必备的基本技能。

开展相关教学的最关键问题是合宜的师资。由于近些年新闻传播学科的大发展,我国绝大多数综合性大学都纷纷创办了新闻与传播院系或与之密切相关但更为专业化的影视系或广告系,已经贮存了一批可以从事媒介教育的师资力量,这是我们在中国大学这一层次中开展媒介教育的有利条件。教材则可根据我国的国情,借鉴西方目前流行的媒介教育教材,编写针对非专业学生的公共课教材。

二是媒介素养教育逐渐向中小学普及。

参考国外的经验,媒介素养教育应该是一种从幼儿时期就可以开始的渐进式教育,所以,它势必还要向中小学推广。比如目前在高中阶段,应开设至少一门新闻学知识课程,向学生比较系统、全面地介绍新闻事业的性质、任务和新闻写作的基本要求,并组织学生办小报,写消息、通讯,以便提高写作能力。考虑到高二、高三学生要准备参加高考的具体情况,新闻学课程可安排在高中一年级开设。

在相关的师资大量缺乏的情况下,我们可以从新闻单位聘请,也可以由专业院校培养。在条件成熟的前提下,建议师范类院校适当开设一些属于师范性质的新闻传播专业,专门为中学培养从事新闻教育的师资。当然,我们也可以在电视上开设一些媒介教育的入门课程,直接把大众媒介转化为媒介教育的工具。除了电视之外,我们还可以利用网络这一媒体,把关于媒介教育的节目放到网上,供学生学习。总之,今天大众媒介的高度发展已经为媒介教育的开展提供了多种可能性,只要我们对媒介教育的必要性有充分的认识,开展媒介教育的条件并不缺乏。

三是媒介素养教育应体现一定的特色。

具体表现在以下方面:

首先,它应该是与现有的新闻院系的传播学教育有所区别的一种以应用技能为主的公共教育课程。我们目前的传播学课程基本上还具有较强的理论性,而媒介教育课则应该把重点放在技能的培养上,让学生通过这门课的学习迅速提高利用大众媒介的能力。在具体的教学过程中,我们应该多采用案例教学的方式。

其次,我们的媒介教育应该是一种与时俱进的教育。在其他教育领域,有时一部权威教材可以使用多年,但在媒介教育领域,由于信息技术的革命,使得我们必须不断地更新媒介教育的内容,获取最新的技能,这样才能跟上时代的发展。这种与时俱进的特点也是媒介教育区别于传统教育的一个方面。

再次,我们的媒介素养教育应该和中国的国情相适应,让学生在接受媒介教育的过程中,同时增加对自己国家、民族及文化的了解。这样,媒介素养教育与传统的文化教育可以相互融合。

最后,我们要在媒介素养教育中培养学生的全球观念与批判意识。今天,在媒介与信息高度发展的前提下,世界已经真正成了一个地球村。然而,由于政治制度及文化传统的差异,西方一些国家一直想利用其在媒介与信息领域的优势来树立一种政治与文化霸权,从价值观和意识形态上来改造我们。这就要求我们在接触大众媒介尤其是西方媒介信息时要具有批判意识。培养学生正确的价值观,树立正确的舆论导向,同样是媒介素养教育内容的一部分。

(曾刊于 2005 年总第 4 期)

古代文学多媒体教学的一点尝试

陈 玉 兰

在本学期教学工作结束前的一周，古代文学教研室开展了一次教学观摩活动，教研室同仁相互听课，以切磋教学艺术。轮到听我的课的时候，按正常教学进度，该讲李白诗歌。要是在往年，碰到这种情况，我一定会非常局促。因为，就我的声音条件、个性气质而言，讲讲李清照的"寻寻觅觅"还差不多，要表现出李白潇洒的风神、狂放的气质、博大的胸襟及其诗歌喷薄的激情、撼人的气势，实在是一件比较辛苦的事情，而且效果如何，也令人怀疑。然而这一次，在讲台上，我颇有些自信，因为我请了一个很好的帮手——多媒体。借助于配乐配画的名家诗朗诵，学生的情感与作品抒情主体达到了和谐共振；在多媒体声光色影的综合作用下不断出现的兴奋点也调动了课堂气氛。在充分调动学生学习情绪的基础上，再加上教师的适当点拨和讲解，这堂课给学生的印象应该说是深刻的。

尽管我对多媒体教学还处在摸索、尝试阶段，但同仁们在听课后给予的肯定鼓励了我，使我不再藏拙，今就本学期的多媒体教学谈点个人粗浅的体会和想法。

计算机多媒体技术能够集中处理文本、图像、音频、视频等多种内容，通过视觉、听觉对受体产生多重感官刺激，使学生在较短的时间内获得较多的信息，因此，多媒体教学被越来越多的教育者所青睐。

要在课堂教学中运用多媒体技术，首要的问题是制作多媒体课件。

制作课件最容易上手的软件是 PowerPoint。PowerPoint 是一款优秀的文稿演示软件，可以很方便地输入文字、图片、音频、视频等，制作出图文并茂、色彩丰富、表现力和感染力都很强的投影演示课件。我开始时主要是用PowerPoint来制作课件的。PowerPoint 具有 Office 系列软件统一的界面,只要能熟练地使用 Word,就能轻松地驾驭它。PowerPoint2000 的编辑页面,可以用插入"文本框"(分横式、竖式两种)的形式输入课题、作家介绍、作品内容、分析要点等。再用醒目的字体、颜色,甚至是一些闪烁符号(如 gif 格式的小图片),来达到突出内容、美化画面的效果。为充分发挥多媒体的优势,我平时上网时特别注意搜集与授课内容有关的图片、音乐、声音、视频等资料,并分门别类地保存下来,在设计制作相关课件时就能方便而有机地融入。

制作课件的第一步是设计课件。据我的经验,用 PowerPoint 设计课件要注意以下几个方面。

(1)文字不要太多,要突出重点,切忌将教材(或教案)上原有的文字,一字不差地搬到课件中。课件内容是书本知识的提炼,具有提纲挈领的作用,所以内容要精练,文字要简洁。在文字的设计上,对于重要的或者是需要明确加以区分的教学项目,可以采取逐段逐项的时间差显示,可以采取多种多样的动画效果,也可伴随清脆悦耳的音乐效果,信息驻留时间要长一些,讲解速度要慢一些,以引起学生注意。另外,版面文字不能过小,太小了观看太吃力。为了方便学生清晰地观看投影的幻灯片演示,在每一页面上,我大多使用暗颜色背景与亮色字体。同一首诗歌作品,如果篇幅过长,为了让学生都能看清,可以分几个页面来显示。

(2)课件版面设计一方面不能太花哨,以免分散学生注意力;另一方面,课件版面又不能过于简单,要注意文字、图片、视频的结合,这样才能创设情境,化不可见为可见,化静态为动态,化抽象为直观。

作为文学课,解读作品的关键是"还原",即在解读时,读者将来自作品的人、物、事、情还原到作者所置身的生活情景之中,了解作者之所感所想。因此,在教学中,教师要为学生提供与作家作品有关的背景材料,如时代特征、生活场景,作者的生平、主要作品、个性风格、前人对该作品的评论等材料,以帮助学生解读。以往,教师只能以口述的形式来介绍上述内容。这样的介绍因其抽象而不能有效地缩短时代距离;因其千篇一律而不能激起学生的兴趣;因其"线性"而不具针对性。运用多媒体课件则可以通过超文本的链接方式,将作者的画像、生平,作品所描绘的场面、情景,作品的写作动机、时代特点,他人对作品的评论,作者的相关作品,其他作者的同一题材、不同风格的作品等多种媒体的音、像、文字材料制成页面(或资源库),教学时就可以根据需要而随意调用。

(3)课件设计充分利用其发声功能。我的做法是每一课均适当安排名家朗诵,这样有助于调动情绪、创设情境,更有利于拓宽学生对作品意境的品赏思路。古代文学课的音频、视频素材在网上可以找到一些,市场上也有一些光盘(如《名家诵名篇·古代文学集》)可供选购。

利用多媒体课件教学,要把握住以教师为主导,多媒体手段为辅助的教学原则。多媒体技术具有声文并茂、动态演示的特点,可以方便地展示教师的意图。但它只是一种教学手段,而非教学的主体,它不能代替教师在课堂教学中的讲解,因此教师在多媒体教学中同样应加强与学生的交流。学生喜欢形式生动活泼的教学形式,教师应把握好课堂气氛,将多媒体课件的演示和自己的讲解有效地结合起来,让教学过程变得新颖、生动、富于感染力,让学生在轻松愉快的气氛中接受新知识。

利用多媒体进行教学,我最大的感受是可以加大教学容量,原因是其大大缩减了教师原来板书的时间。同时它在一定程度上也能减轻教师课堂教学的工作量,让教师的教与学生的学都变得轻松起来。

我们学院有良好的多媒体教学条件,但使用率不是很高。这当然有多种原因,但我认为最主要的是大家对这一先进的教学手段重视不够,因此,在最后,我谈几点建议。

(1)学院应成立课件制作中心,配备专职技术人员。中心的主要职责是组织制作或引进合适的学科课件,指导教师个人进行课件制作并解决制作过程中的技术问题,承担收集、储存有关资料(如视频、音频)的任务及与外界的信息交流。另外,有条件的学科或教研组,也可以在中心技术人员的指导下,组织教师开发学科课件或数字化立体教材,为今后的远程教育奠定基础。

(2)加强培训,提高教师应用多媒体教学的能力。学院应有计划地举办一些计算机应用能力培训班,举办多媒体教学应用的交流活动,如研讨会、优秀课件演示、多媒体讲课竞赛等活动,促使教师学习、汲取别人的优点,掌握课件设计的技巧,提高多媒体教学的水平。

(3)学校必须有一支过硬的,与多媒体设备相适应的技术人员、管理人员队伍。就目前而言,学校已有不少的多媒体教室,在硬件条件上已差强人意,但管理上的力度和措施还不够。比如,应根据讲课教师的要求,安装好常见的多媒体播放软件,这样教师上课时才能方便地使用。本人就有数次因多媒体教室计算机的软件问题而不能播放已做好的课件,打乱了上课的安排。

(4)加强院校间的横向交流,提高教师运用多媒体的水平。全国多数高校已在使用多媒体手段进行授课,一些重点大学已建立了远程教育体系,兄弟院系也有高水平的多媒体教学条件。我们应鼓励教研室领导、教师利用外出开会或其他活动参观、了解其他院校多媒体教学状况,取长补短,相互促进。

把多媒体引入课堂教学是一种必然趋势,它作为现代化教学技术的重要组成部分,不仅仅有利于加强教学的时代性、竞争性和开拓性,而且有助于学生在学习过程中形成新思想、新方法。就古代文学课程而言,多媒体的视听因素适宜于各种作品的教学,通过多媒体可以形成一个内容丰富、实践性强的学习欣赏环境,更有利于激发学生的学习动机和参与意识。

多媒体技术在教学中的应用已成为时代的潮流,怎样让这一技术在我国的教育环境中发挥优势,是每一个教育工作者面临的现实问题,我很愿意和老师们共同努力。

（曾刊于 2004 年总第 3 期）

道技相融，设计实用美观的多媒体课件

崔小敬

在现代教育技术背景下，多媒体课件已日渐成为一种重要的新兴教学手段，与传统"粉笔＋黑板"的教学模式相比，其可视、可听、可感、可动等种种优势大大增强了课堂的生动性与趣味性。多媒体课件制作能力也因而成为师范生必须掌握的一门技能。自专业教育与学科教学论分途之后，我院师范生多媒体课件制作能力的培养主要由教师教育学院负责（现代教育技术理论及应用，第三学年开设，1.5＋0.5学分，40学时），但一方面课时相对较少，另一方面最重要的问题是：作为全校性质的教师教育课程结构模块，现代教育技术理论及应用课程是针对全校所有师范生的，因而更偏重于通用性及技术层面，难以照顾到各专业的具体情况及多媒体作为教学手段与表达方式和教学实际内容之间的有机联系。鉴于这一点，我院近两年来持续举办的师范技能月活动中都会开设有关多媒体设计的专题讲座，除了技术层面的一般讲授之外，更侧重于培养学生运用恰当的多媒体手段准确而有效地传达特定教学内容的能力。

我们一贯强调，就多媒体课件本身而言，其在课堂教学中的地位应被视为一种"技"，是一种教学的手段和方法，课堂教学之"道"始终是而且必须是采用恰当的方式完成某一特定的教学内容与目标。就这一意义而言，多媒体课件是附属性的、工具性的，其价值只有在完美地达成了教学效果的时候才体现出来。而一份多媒体课件能否完成使命，首先取决于制作者对教学内容的准确分析、理解与把握，而不仅仅是在多媒体课件的制作技术上标新立异、别出心裁，这是在学院师范生的多媒体课件制作考核过程中最大的感受。从近两年学院师范生考核的情况来看，结果并不十分乐观，主要问题就是学生对课堂教学内容的解读较为肤浅,缺乏深度,由于这属于专业知识结构及教学设计等方面的问题,暂不赘述。另一个问题就是即使有些同学的教学设计基本合理,但在多媒体课件的设计与制作上仍存在一些缺陷和不足。具体分析起来,又有两种不同的倾向,一是过于技术化,设计花哨,重点不清,各种图片、视频、音频、音响效果等充斥画面,为多媒体而多媒体;二是过于简陋,粗制滥造,毫无美感。因第二倾向往往由学生不认真、不重视而导致,因此我只针对第一个问题来论述。

一份优秀的多媒体课件,首先必须是实用的。多媒体课件的全部设计都应为教学内容与目的服务,不符合这一要求的都应断然舍弃。比如,很多学生都喜欢选用一些图片为自己的多媒体课件设计一张独特的首页,那么这张首页图片的选择就应特别注意与课文主题密切相关,而不能仅取其美观。如在教授杨绛先生的《老王》一文时,有的学生选择的首页图片是牧童吹笛、游鱼戏水的传统水墨画,而有的学生选择的则是近年流传的一些反映普通民众艰辛生活的黑白或彩色照片,孰优孰劣,一目了然。还有的同学大概是出于"设计"的目的,几乎每一张课件上都要装饰一些图案,而这些图案往往与教学内容毫无关联,只会徒然分散学生的注意力。还有些同学的课件文字过多,往往出现大段大段的课文原文,有时候背景色与字体颜色区分度过小,给人感觉稀里糊涂一大片,沉闷枯燥。正如大家所说的 PowerPoint(多媒体),就应该既要有 Power(力),又要有 Point(点),它应该是教学内容中最精华、最有力度的那些"点"的集合,而非对整个教学内容的平铺直叙。一份切合主题、提纲挈领、简洁明晰的多媒体课件才能在教学中真正发挥高效引领课堂的作用。

当然,作为一种"技",多媒体课件设计必然影响到"道"这一教学内容的传达效果,因而对审美性的追求也是多媒体设计的题中应有之义。值得欣慰的是,学生在设计过程中基本都能注意到这一点,很多课件都能在整体上乃至细枝末节处体现出对美的追求。但除了上文提到的为审美而损害实用外,依然有问题存在,那就是课件过于烦琐或细碎,乃至于风格混乱,毫无章法,单张来看,每张 PPT 都有可称道之处,但综合起来则只能让人眼花缭乱。一份真正具有美感的多媒体课件在整体风格上应该是统一的,设计精巧而不生硬,画面美观大方而不杂乱,充满艺术感而不留斧凿痕:或古典,或现代;或清新,或凝重;或华美,或简朴;或动感,或静穆,均应在契合教学内容的前提下追求大美不言的境界。

作为一种新兴教学手段,多媒体课件并非完美无可指摘,如何指导我们的师范生在学习阶段和以后的工作中充分发挥其长处而避免甚至弥补其短处,是我们这些未来老师的老师们所面临的重要工作。我们既要教导学生充分重视专业知识的积累与构建,又要积极进行现代技术手段的学习与训练,只有道技相融,文质并重,才能设计出充分适合课堂教学的实用美观的多媒体课件。

(曾刊于 2012 年总第 9 期)

多媒体课件设计在教学应用中的有效性研究

常　立

以学生为本,突出学生在教学活动中的主体地位是现代教育的根本观念。由于多媒体和基于 Internet 的网络通信技术所具有的多种特性特别适合实现建构主义学习环境(包含情境、协作、会话和意义建构四大要素),以调动学生的学习积极性和培养学生的自主学习能力,又由于多媒体课件所具备的直观、形象、简便、可复制、易传播等形式特征和运用多媒体课件教学在教学过程中给学生带来的视觉快感和新颖体验,多媒体课件设计在教学应用中的必要性已经成为广泛的基本的共识。与此相对应,多媒体课件设计在教学应用中的有效性问题很有更深入研究的必要。本文将多媒体技术、教育理念、传播理论与我自身多媒体教学实践的经验相结合,对多媒体课件设计的有效性的前提条件和设计原则进行探讨,力求归纳出具有一定普适性的规律和方法,以飨读者。

三个前提条件

保证多媒体课件设计的有效性,需具备三个前提条件。

第一,兴趣。多媒体课件的设计者需对课件设计本身具备足够的兴趣。没有兴趣的驱动,课件设计就会沦落成对已知资料的纯粹收集、整理和复制,或者变成传统板书的"电子版",为之付出的努力也相应成为重复劳动和做无用功。那么兴趣从何而来? 这需要将课件设计与教育理念密切结合起来,需要认识到多媒体教学课件的设计首先是从属于教学过程的智力活动,它是创造性的设计作品而非教材知识的简单挪移。设计者需要统筹规划如何通过课件设计进行学习情境的设定、如何增强教学的互动性与反馈性、如何提高学生的自主学习能力。例如我在《影视剧本写作》的课件设计中,就经常借助课件引导学生进入某一学习情境之中,然后提出相关问题,让学生自主思考相应的答案,许多回答在设计者的预期之中,而这些也正是课程所要传授的知识与规律。如此,课件设计就与文学创作相仿,作者面对理想中的隐含读者进行创作,然后再去真实生活中的经验读者那里寻求反馈和认同,课件设计的过程也因创造性的获得而充满了趣味性。

第二,责任。多媒体课件的设计者需对课件的读者(学生)具备足够的责任感。文学创作者需要对作品的读者具备责任感和足够的尊重,课件设计者与此相仿。我们暂且把将教师比喻作园丁和蜡烛来唤起教师责任感和奉献精神的老生常谈跳过不谈,设计者(作者)对读者的责任感,教师对学生的责任感,归根结底就是对设计者和教师自身的责任感。人生一世,草木一秋,大凡认真生活的人,哲学爱好者、文学家、学者、艺术工作者都会或迟或早遇上同样的问题:活着的意义究竟是什么? 作为教师,如果能够做到对自己负责,能从自己的教学工作中获得真实的存在感,就能够找到上述人生问题的答案,至少是答案之一。教学的过程中,并非仅仅是学生从教师这里学到了知识,同时(甚至对教师而言更重要),教师也能从学生那里找到自身存在的价值,因而对我个人而言,作为一名普通教师,对学生始终心存感激,希望像司汤达一样在回顾一生时说出:活过,爱过,写过,(再加上一句)教过——是一件多么开心的事。

第三,技术。多媒体课件的设计者需具备必要的多媒体技术和软件应用技术。技术并非最重要的条件,如无兴趣,也无责任感,徒有技术,也不会设计出有效的多媒体课件;如果有了兴趣和责任感,全无技术,虽无碍于成为一名优秀的教师,但多媒体课件的设计也无从谈起。技术方面不必追求精细和完备,只需掌握简单而必备的技术即可。一般而言,PowerPoint 和 Authware 是最常用的多媒体课件设计工具,尤其是 PowerPoint 在中国高校中普及度甚高(以下谈及技术细节时仅以此为例)。其他课件设计时经常用到的辅助软件大多为看图软件、视频播放软件、音频播放软件等,操作均较简单(本文不做介绍)。

四个设计原则

为了提高多媒体课件在教学应用中的有效性,设计者需要遵循一定的设计原则,掌握相应的方法,以下对此加以论述说明。

1.奥卡姆剃刀原则

"奥卡姆剃刀原则"由 14 世纪逻辑学家威廉(出生于英格兰的奥卡姆)提

出："切勿浪费较多东西去做用较少的东西同样可以做好的事情。"该原则也被称为"Entities should not be multiplied unnecessarily（如无必要，勿增实体）"。奥卡姆剃刀原则被广泛应用于哲学、神学、自然科学、管理学等多种学科。多媒体课件的设计也应运用该"剃刀"化繁为简、增强有效性。多媒体课件设计是教学辅助手段，教学过程中最重要的仍然是信息的传递和交流的互动，而不是多媒体声光影画的喧宾夺主的无谓展示，因而对于课程内容既无图解功能又无补充阐发功能的多媒体素材均应剔除，仅有单纯图解功能而无补充阐发功能的素材也应尽量少用。简洁有效的多媒体课件设计，无须莫名其妙的音乐或花里胡哨的动画来衬托，因为有些音乐与动画非但无助于学生获得有价值的信息和掌握学习的方法，反倒分散了学生的注意力，弱化了学生的逻辑思维能力。多媒体课件的有效性并不取决于素材的多寡，而取决于素材与课程各部分内容的耦合度的高低，耦合度越高，有效性也越强。

2. KISS 原则

KISS 原则也被称为"懒人原则"——"Keep It Simple & Stupid（保持其简单而愚蠢）"，原指在设计中应当注重简约的原则，被应用于电脑软件设计中意指程序员所编的程序应当连"白痴"都会使用，也被广泛应用于商业书信写作、工程设计之中。该原则与奥卡姆剃刀原则相似，推崇"简约"；不同的是，KISS 原则更强调"受众至上"的传播理念。具体到多媒体课件的设计，设计者也应以学生为本，一切以便于学生了解信息、掌握方法为准则，而不应把课件当作设计者展示自身艺术品位、高难技巧和艰涩思想的舞台。这就意味着单一课程的多媒体课件在形式上应具有单调的统一性而不是呈现出繁复的变化，因为形式越单调，重复度越高，内容的重要性才会更被凸显出来，学生的视点才会聚焦于真正有益的知识上。

3. 人体的延伸原则

如传播学家麦克卢汉所说："媒介是人体的延伸。"多媒体课件的设计者也应将多媒体视作人体的延伸，将音响作为教师声音的延伸，将画面形象作为教师大脑想象的延伸，将影像作为教师在讲台上"表演"的形体的延伸，将课件文字作为教师板书的延伸……继而将多媒体技术视作传统教学技术的改良而非取而代之。许多传统教学手段中有效的教学技巧和方法，一样可以应用于多媒体教学之中，它们是相辅相成的关系而非彼此排斥、互不相容。

4. 对象嵌套原则

多媒体课件的设计中常会遇到一些涉及版面的细节问题，比如：图片篇幅过大影响文字的呈现;文字比例过高影响图片的展示;单一页面中如何并置许多图片;单一页面中如何承载更多文字……这些问题均可用对象嵌套原则予以解决。所谓对象嵌套原则是指应用 PowerPoint 软件自带的"插入对象"功能实现演示文稿文件的多重嵌套,以保证在页面简约的前提下呈现出更多的多媒体素材。比如,可以在原演示文稿 1 中插入一个演示文稿 2,然后在文稿 2 中插入所需呈示的图片,继而将文稿 2 缩小至适当大小并移动到文稿 1 中所需位置,如此,在文稿 1 中就不会因为大图片而影响文字的清晰呈现,当要呈现图片的细节时,点击演示文稿 2 就可以把该图片放大至全屏,再次点击则返回到演示文稿 1 中。运用这种演示文稿的嵌套方法,可以解决上述种种版面问题。此外,还可在演示文稿中插入位图、音频、视频等各种类型的对象,灵活运用"插入对象"功能可明显改善课件放映时经常出现的跳离和断续现象,可遮掩人工操作的痕迹,以制造出完整连续的内容。根据好莱坞电影制作规律和视听语言的特征,此种模式有助于受众(学生)充分融入教学情境之中,从而增强教学的有效性。

综上,多媒体课件设计的有效性的提高,不仅仅是单纯的技术问题,也关涉教育理念、传播理论和职业道德等各个方面,仅就三个前提条件和四个设计原则加以论述,难免挂一漏万,恳请读者诸君批评指正。

(曾刊于 2009 年总第 6 期)

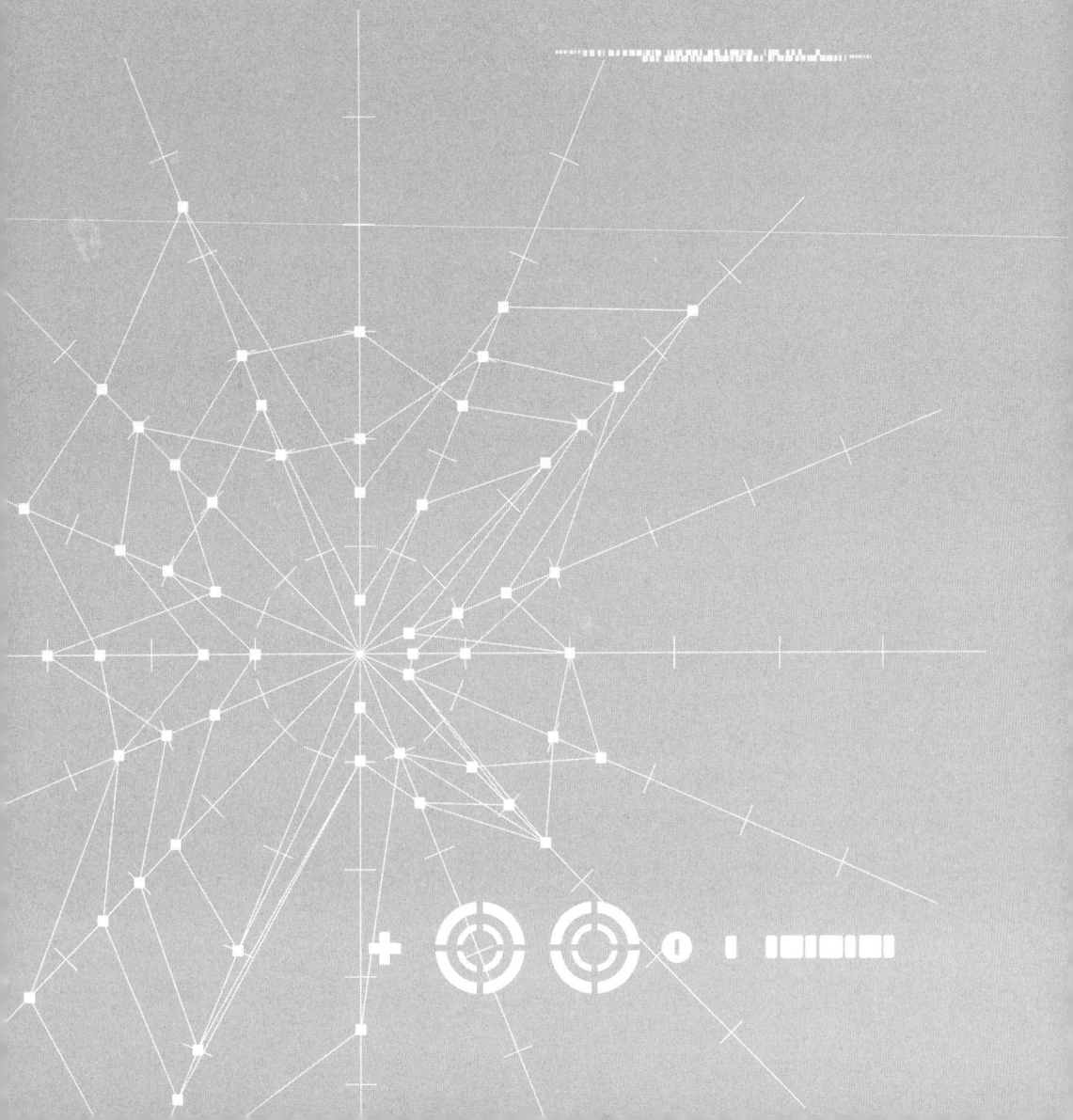

教学改革

○专业提高班

专业提高班的缘起与目标

傅惠钧

　　关于办专业提高班,我这里说一下起因。大约十年前,我有机会在北大师从绍愚先生研究近代汉语。一次,在图书馆我发现有一本书《现代汉语虚词例释》,扉页上有个名单,这是北大中文系 55 级和 57 级本科语言班学生的名单。这本书就是当时由北大中文系老师组织这两个班的同学一起编写的。我仔细看这个名单,颇为吃惊,当今活跃在中国语言学界的许多杰出的学者都在这个名单中。比如北京大学的蒋绍愚、陆俭明、马真、苏培成、侯学超,南京大学的鲁国尧,贵州大学的王瑛,复旦大学的孙锡信,美国外交学院的孟琮等,他们在古代汉语、近代汉语或现代汉语等各个领域的研究都卓有成效。比如蒋绍愚先生和王瑛先生,在近代汉语语法和词汇方面做出了杰出的贡献。鲁国尧先生在音韵学方面成就突出。苏培成的文字学研究也世所瞩目。名单里还有不少其他著名的学者。我吃惊的是,在这样一个中文专业的普通班级里,竟会涌现出这么多的语言学人才! 这引起了我的极大兴趣。趁着在北大学习的机会我拜访了当时的教学院长宋绍年教授,他跟我介绍了这两个实验班的情况。这是中文专业的语言兴趣班,班级有一个系统的培养方案,有一个导师群体,由当时正当壮年的一批学者担任指导教师,他们中有高名凯、朱德熙、林焘、徐通锵、姚殿芳、魏建功、王力、岑麒祥等,现在听来,这些名字个个如雷贯耳! 我终于明白了,这批人才的涌现,其原因在于:一群对语言学充满好奇和兴趣的学生,加上一个强大的负有责任感的导师群体,还有一个切实可行的培养方案!

那时候，学校正让我管理学院的本科生教学工作，我脑子里面就在想这方面的问题。1999年开始，我们国家高校普遍扩招，这意味着一个转折：我国高等教育由精英教育进入了一个大众化教育的阶段。在这样的背景下，如何兼顾精英学生的教育，是各个高校需要面对的问题。后来，一些知名的高校都做了专门的探索，比如北大的"元培计划"，浙大的"竺可桢学院"，都是在大众化背景下进行精英教育的探索。我们学校的初阳学院也属这个性质，不过那时候还没有开办。我在想，能不能设法创造一个比较好的条件，让那些学有余力、在专业上有较大发展前途的同学有一个更好的发展平台，能成长得更好。从北大回来之后，我跟学院其他领导和有关学科负责人商量，我们是不是也可以办这样一个实验班，叫专业提高班。说干就干，2001年人文学院创办了第一届专业提高班（99级）。共三个班，一个语言班，一个文学班，还有一个历史班（我起草的"试点意见"见于附录）。我们连续办了四届，有几百位学生在这个提高班里学习过。应该说，这一办班实践，为高等教育大众化背景下的精英教育模式做了有益的探讨和尝试，取得了一些经验；更重要的收获是几百位同学在我们这个提高班中，收获，成长！许多同学毕业后都发展得非常好，有不少进入高一级学校读硕士、读博士，进一步发展专业。我们可以一个一个如数家珍般地报出他们的名字来。有的同学的身影已经出现在当今学术前沿的阵地上。例如，我去北大参加第16届国际中国语言学学会，在北大百年大讲堂中就见到了我们提高班的同学，她叫王怀蓉，中央民族大学博士毕业，她已经是以一个学者的身份和与会者对话了。像这样的学生我可以说出不少。这让我感到非常高兴！

应该说，提高班对学生的成长是发挥了重要作用的。但由于客观的原因，曾停顿了一段时间。现在，我们借助人文学院汉语言文学专业获得"国家级特色专业"这样一个机会，恢复提高班的办学形式。

提高班的教学目的，首先是培养学生某方面的专业兴趣，一个人对某方面有兴趣了，就会去钻研，就会去努力；其次，我们还要强化和拓展专业知识的深度和广度，在本科现有教学计划的基础上，我们设置了一些体现前沿性、提高性的课程，并引导学生读经典名著，所开课程都列入计划，最后通过学分来体现；第三，我们还要学习和探讨科研方法，培养专业研究能力，为日后进一步深造积蓄能量，从长远发展的角度看，"学会学习"更为重要！养成好的学习方法和研究方法，可以享用一辈子！提高班的教学方法不拘一格，提倡讨论式、研究式的方法，采取开放性的教学，也可由学生报告专题学习和研究心得，再由大家评论，教师指点，可以按班授课，也可分组研讨。总之，能够获得好的效益的方法就是好方法!

需要提醒同学们的是,不要有急功近利的想法,以为上了提高班就能立竿见影地取得什么成就,获得什么荣誉。如果你抱着这样一个目的来,可能你要失望。因为这不是我所希望的!我希望通过这样一个办班的方式,在大家本科四年的学习当中,有一个很好的积累,养成对专业的爱好和兴趣,掌握一些学习和研究的方法,特别是建立一种对于学术的信念,然后在十年、二十年之后,像北大语言班的同学那样,在各个学术领域崭露头角!我希望看到这样!如果那时,我再看到这个名单,我会非常欣慰的!为了让同学能更有成效地学习,受北大语言班的启发,我们非常重视班主任和指导老师的选拔,我想把学院最富实力、最有责任心、最具奉献精神的博士、教授选出来,让他们去指导我们的同学。尽管现在他们也许还没有王力、高名凯、林涛、朱德熙那么出名,但大多也都是出类拔萃的,或将来一定会是出类拔萃的!跟着他们,好好学习!我相信大家一定会学有所成的!

(在07级专业提高班开班典礼上的讲话,占梅英根据录音整理,曾刊于2009年总第6期)

附:

在 99 级学生中组织"提高班"试点工作的意见

为了给学习成绩优秀的学生创造更好的学习条件,切实有效地提高教学质量,从而进一步推动我院的教学工作,学院决定在 99 级学生中开展举办"提高班"的试点工作。具体办法如下:

一、班级设置

班级设置的原则是:选择学习优秀的学生,兼顾专业兴趣,按学科建班。班级性质属专业提高班,而非行政班。学制一年半。

共设三个班:语言班,文学班和历史班。语言班 20 人,其中古汉语 10 人,现代汉语 10 人;文学班 40 人,其中古代文学 10 人,现当代文学 10 人,外国文学 10 人,文学理论 10 人;历史班 30 人,其中古代史 10 人,现当代史 10 人,世界史 10 人。如有必要,可根据报名与选拔的实际做些微调,但班级总人数不能被突破。

二、选拔方式

一二年级专业课成绩名次在前 60% 的同学均可报名，后 40% 的同学，若在某一方面确有专长，可写书面申请，说明理由，经原班主任同意后方可报名。专业方向由同学自己选定。学院将根据报名实际，组织选拔考试，然后决定录取名额。考试由提高班班主任主持，可依据专业特点，以笔试和面试结合的方式进行。报名时间安排在九月中旬。

三、教学安排

1. 教学目的。培养某一方面的专业兴趣；强化和拓展专业知识的深度和广度；学习和探讨科研方法，培养专业研究能力；为日后进一步深造积蓄实力。

2. 课程设置。课程设置的原则是：在现有本科课程的基础上设置提高性课程。以讲座性课程为主，适当安排系统性较强的专题课。内容重视提高性和前沿性。加强学习方法的指导，适当安排考研辅导课程。

3. 教学方法。教学方法不拘一格。提倡讨论式、研究式的方法。多采取开放性的教学。也可由同学报告专题学习和研究心得，再由大家评论，老师指点。可以按班授课，也可分组研讨。

四、班级管理

班级管理实行班主任负责制。班主任既是组织者，也是业务辅导的主力。班主任原则上由博士或副教授以上的老师担任。班级教学计划由班主任与学院分管领导共同拟定。学期初定出一学期的教学计划，做到定人、定时、定点、定内容。原则上每两周安排一次教学活动。

班级人员允许流动，如要求退出，必须写出书面申请，经班主任同意后报学院备案；如要求加入，也必须写出书面申请，并经过考试，由学院批准后方可加入。

每班设班长一人，每方向设组长一人。每次活动由班长点名，缺课者，以旷课论处。

修业期满，经考核合格，学院发给修业证明。表现出色者，将给予奖励。

人文学院 2001-9

（曾刊于 2002 年总第 1 期）

探索与实验中的"提高班"

范家进

在人文学院的一次教代会上经过有关教师的提议,其后又经过院班子正式讨论通过,作为一项新生事物的"提高班"终于在 2001 年的金秋时节呱呱坠地了。应该说,这对人文学院的教师与学生来说都是一件富有挑战性的工作。

从表面上看,大学本来就是培养高素质"高级专门人才"的地方,大学的宗旨本来就在于"提高",何来另设"提高班"的必要? 但正如提案人在建议中所说,这是基于不断变化着的全国性教育发展趋势及本校、本学院的教学实际情形而慎重提出的,因为"第一,近年全国大学扩招,大学教育有大众化之倡导、'普及化'之趋势;第二,目前的普招生、定向生、各地方学院委培生混合编班方式对个体学生的求学积极性有一定的负面影响;第三,因学校远离文化中心,学生对全国性学术格局和学术前沿动态易于隔膜……"而普遍的大班课教学方式与教师所承担的日益繁重的教学任务,又使得一部分学生时时为课堂上"吃不饱"、课堂外却不知从何努力的现象所困扰。因此,在普通行政班级建制以外再尝试设立以小班教学及师生之间面对面辅导交流为主的"提高班",就有了充分的合理性和必要性。

学院在 99 级学生中成立了"文学""语言""历史"三个提高班,我被分配担任文学班的班主任。这里我就文学班的运作情形及有待解决的问题谈点个人的感受。

从 99 级学生报名的情况来看,提高班的尝试受到学生的热烈欢迎程度远远超过了事先的想象,仅文学班报名人数就达 100 多人,加上语言班的报名人数,说明半数以上的学生对于在目前学习基础上的提高具有浓厚的兴趣。为了贯彻小班教学的宗旨,各班级严格控制人数,因此只好采用书面摸底考试的方式在报名学生中进行筛选。文学班最后选出 40 人作为正式学员,只占报名人数的一小半。为了鼓励报名学生的积极性,文学班还将初试落选的同学编成"预备班",允许他们参加一些大班讲座及分专业的小组讨论活动,以避免一次性摸底考试过程中可能出现的偶然与疏漏,及时发现更多的真正好学之士。

按照学院的要求,各提高班都制订了相应的教学与辅导计划。文学班的辅导活动分五大系列展开,即:各学科研究历史与现状讲座系列、各学科学术前沿讲座系列、各学科经典导读系列、外语能力训练系列、考研辅导系列。辅导方式则是班级讲座、专业小组讨论与小型及个别指导相结合。文学班在第一个学期里先后举行了七次讲座,内容涵盖文艺理论、古代文学、外国文学、儿童文学等各个学科,有些专业让不同年龄与知识结构的教师分别举行讲座,以便学生更清楚、也更具感性印象地把握学科的研究历史与现状。各专业小组的讨论与练习活动也如期举行。由我本人负责的"中国现当代文学专业"要求学生定期提交读书报告,小组讨论课则事先规定必读书目,以便讨论中每人都有话可说,教师也可从中及时发现学生读书与思考中所出现的问题。到学期临近结束时,在各学科讲座告一段落的基础上,由学生本人填写志愿,并经过适当调整,给文学提高班的每个学生(包括从预备班中严格遴选的少数人)配备了"专业顾问";又通过元旦前后的小组贺年活动,让学生与指导教师之间建立了进一步的联系。

可以这么说,到目前为止,文学提高班的各项工作都在按部就班地正常进行着,但等在前面的任务还相当艰巨。譬如在按学科分组以后,有些学科的指导力量相对比较薄弱,亟须补充新的师资;而将学生化整为零,分配给相应学科的教师指导后,教师如何真正严肃地承担起这份责任、如何妥善处理日常教学工作与这项新的指导任务之间的关系,也面临着更严峻的考验。对学生进行因材施教是需要花费相当精力与心血的,但目前教师们的日常教学任务已处于饱和甚至超负荷运转状态,新的指导工作不仅首先要求懂行、业务素质高,还需要教师高度的责任心和见缝插针,及时点拨的能力与技巧。又譬如在小组讨论中可以发现,由于基础课任课教师不一,带来不同学生之间在课外阅读与知识视野上的极大差异,这就给如何切实加强与改进基础课教学敲响了警钟,并引发出"提高"工作能否适当提前的问题。再譬如专业分组性质的小型讨论,放在用于授课的大教室不合适,放在教师家里更不合适,那么规模适中的小型讨论场地就成了一种需要。而随着提高班活动的进一步开展,还牵涉如何向学院外适当借将(如外语能力的提高、考研政治的辅导)、如何聘请校外知名专家举行更多更好的真正具有"提高"意义的讲座等等一系列问题。

　　总而言之,面对教育新形势下这一种全新的探索与实验,仅有少数人的热心与投入是远远不够的,它需要教师、管理、学生等上上下下各方面的关心、理解、支持与合作,需要当事各方高度的责任心、敬业精神与持之以恒的努力。只有这样,这株刚刚破土而出的幼苗才有可能健康成长,并可望最终结出丰硕的果实。

（曾刊于 2002 年总第 1 期）

鸳鸯绣了从教看，欲把金针度与人

——文学提高班的教与学

陈开勇

目前大学本科的文学教育，其主要思路是以史为线索的：一方面，按照时代状况及作家经历和思想、创作内容、艺术特色、地位与影响四个方面的格局，另一方面，遵循一个时代有一个时代之文学的思想。目前几乎所有通用的大学文学教材都是如此编排的，同时这也是实际教学活动的主要思路。而在教学方式上，则以课堂讲授为主。

其实，这种思路与教学方式有其必然性。一方面，中外文学现象是非常纷繁复杂的，而学生对这些文学现象十分陌生；另一方面，为了适应新情况而导致文学专业基础课的教学时间十分有限。在这样的情况下，教与学势必对教学对象做出选择。教学的有效性需要线索明确，层次清晰，主次突出，因此，以史为纲，以教师在课堂上唱主角的方式进行梳理传授，在目前尚不失为一种较为有效的方式。

毋庸讳言，这种方式有其弊病。比如，全面与深入难以兼容，学生对理论把握不到位，作品解读阐释能力缺乏。特别是在当前学生花费了大量的精力在英语、为将来毕业谋生而进行的热火朝天的各种实用性考证上，这种专业不专、通材不通的弊病尤其突出。

正是为了应对当前的这种情况，我们针对已经初步完成专业基础课的同学设立了文学提高班。我们的理念，概括地说，两个一，两个三。

第一个"一"指的是我们的教学目的只有一个，就要让汉语言文学专业的学生真正不辜负专业称号，即真正了解什么是文学，至少感受到文学的特殊性。文学既不是作家的传记，也不是时代思潮，文学有其内部的规定性。专业的学生应当对文学性有较为切实的感受。

第二个"一"指的是教学方式，我们主要采用导读—讨论式教学。即教师依据我们所确定的经典著作，采用导读式教学，组织学生进行课堂讨论，以此培养学生自学的能力。这种方式的好处在于可以发挥教师的导引功能，消除教师课堂唱独角戏的尴尬，尽可能地让学生发挥学习的主动性。同时，经典的阅读，不仅是了解一种学术观点和思想，而且其过程也是一种方法的培养，一种思考问题方式的训练，一种学习态度的培养过程。

所谓"两个三"。第一个"三"指的是我们的课程设置与知识的学习进程被设计为三个阶段。

第一阶段，主要学习韦勒克、沃伦的《文学理论》与艾布拉姆斯《镜与灯——浪漫主义文论及批评传统》，目的是要了解文学分析的坐标，内部与外部的研究，可以让同学们把以前所学的基础知识用这套理论梳理归纳起来。

第二阶段，主要学习莱恩《文学作品的多重解读》，主要目的是学习如何把理论的东西运用到对具体的作品解读上。

第三阶段，学生按照自己的兴趣，分别选择中国古代文学、中国现当代文学、比较文学与世界文学、文学理论四个方面，是第一、第二阶段的学习内容在这四个方向上具体化、特殊化，毕竟这四个方面既有共同的性质，也有自己特殊的地方。这种具体化、特殊化在下面三个方面展开，即第二个"三"。

其一，系统的整体观，这种整体包括历时面和共时面。比如，现当代文学方面，陈思和的《中国新文学整体观》、周作人的《中国新文学的源流》等都是我们得到这种认知的最好的研读教材。

其二，具体作家作品的解读能力，围绕文学现象选择经典研究论著进行研读。如王晓明的《20世纪中国文学史论》（上、下）是进行现当代文学研究较为适合的选本。闻一多的《神话与诗》则是学习古代文学方面的经典论著。研读它们，可以得到一种针对特殊对象的方法、思路。

其三，作品的储备。大量地阅读背诵（至少是熟读）作品是提高班学生的核心任务。

实际上，文学提高班的教—学任务无非两个，理论与文学现象（特别是作品）。没有作品的支撑，理论就仅仅是个人的呓语，没有意义；仅仅了解作品而没有理论，就是盲人摸象，很难真正深入了解作品或具体文学现象的深层含义。理论应该与具体的文学现象结合起来，虚实相生。通过这一教学思路、方法的改革，我们希望把理解文学的金针真正（至少是初步）交予我们的学生，使我们的学生真正提高自己的文学修养,真正理解文学的奥秘。

今天的大学教育已经成为一种大众化教育,但是,大众化并不等于平庸化,不等于浅显化,不等于名为专业学生,仅仅知道专业的表象,却不知道专业的实质。专业的培养理当培养出真正了解、熟悉自己专业的人才,否则,大学的专业教育有什么价值呢?

怎样培养出真正的专业人才呢? 或许,专业提高班是一种有效的补充方式(从 2001 年起我们人文学院就开始了文学提高班的尝试,现在已经是思想较为成熟的一种教育形式了)。我们坚信,今天我们主动、自觉地播下了树的种子,用一种适合的方式精心地浇灌着它们,培育着它们,它们即使不长成参天大树,至少也会比随波逐流的苗壮许多,端直许多,不是吗?

(曾刊于 2009 年总第 6 期)

语言专业"提高班"随想录

疏志强

几天前接到学院通知,说是我院《人文教坛》新的一期又要出版了,叫我写点东西,谈谈自己对所管理的语言学"提高班"的一些想法。据我所知,另外两个"提高班"(历史"提高班"和文学"提高班")的班主任已经在上期的"人文论坛"上发表了高论。我作为语言学"提高班"的班主任似乎理所当然地也应该说点什么。

大家知道,"提高班"是我院教研创新方面又一重要且大胆的尝试,经过一年的教学实践,证明这一举措是切实可行、卓有成效的,对解决成绩优秀学生"吃不饱"的问题不啻雪中送炭,对整个学院乃至全校良好学风的形成也起到很大的促进作用,尤其对改善我院"考研"状况具有重要的现实意义,甚至可以说也为我校由教学型大学转向研究型大学开创了一个良好的局面。正因为这样,我深知责任重大,不敢有半点懈怠,在开展"提高班"的学习活动方面付出了一定的努力。

首先是做好培养计划,明确教学目的。我在第一学期的"计划书"里写道:

在现有的语言学专业知识的基础上,进行系统学习和训练,培养学生的专业学习兴趣和初步研究能力,了解本专业和学科的历史、现状以及发展动态。从"语言学""古代汉语"和"现代汉语"三个学科方向,开展针对性、指导性的专题讲座和学术讨论活动,注重训练和培养学生收集、整理、分析古今汉语语料的意识和能力,合理而有针对性地布置学生阅读相关专业理论著作,为今后在该专业的进一步深造打下较为坚实的基础。

根据语言学"提高班"的入选考试情况,以及我在平时教学中所了解的情况来看,虽然经过"语言学""古代汉语"和"现代汉语"等课程的专业性学习和训练,同学们初步掌握了一定的语言学理论知识,但存在的问题还是比较明显的。尤其是和"文学"类的课程相比较,多数同学对"语言"类的课程普遍缺乏深层了解,学习缺乏动力和兴趣,甚至认为"语言"类课程枯燥乏味、没有创造性——这种看法是普遍存在的,我们毋庸讳言。而这与学科的性质、教材的设置、教学模式所存在的欠缺(这种欠缺不是一时一地的,而是多年来一直普遍存在于全国各大高校——我个人坚持这么认为)是密切相关的。问题既然是客观存在的,我们就应该正视它,而不能回避它。因而"提高班"第一学期,我们重点培养学生对语言学科的兴趣,改变他们对语言学科固有的成见。例如,向他们介绍"语言学"的辉煌历史和贡献——在近代人文学科的发展史上"语言学"一直起到方法论上的领头羊的作用,是西方现代思潮变革的先行者(例如索绪尔的"结构主义"语言学理论渗透到各种社会学科中);向同学们介绍北京师范大学语言学教授、著名语言学家伍铁平先生的《语言学是一门领先的科学——论语言与语言学的重要性》一书的重要思想等等,使同学们备感振奋。我们还在教学过程中不失时机地向同学们讲述一些知名语言学家(例如沃尔夫、黄侃、赵元任、王希杰等)治学的趣闻趣事,介绍语言学大家闪烁着人类智慧的语言哲学思想——这一切都深深打动了同学们,使其改变了对语言学的偏见,学习兴趣大大增强。

其次,在教学方式方面力求多样化。

语言学"提高班"的日常教学以专业教师做专题讲座的形式为主,辅以班级讨论、小组交流、学术沙龙、论辩和争鸣等(后面的几种形式一般在班主任的指导和主持下进行)。由于教学形式灵活多样,避免了"满堂灌"的单调和死板,因而大大激发了同学们浓厚的学习兴趣和探索欲望;由于每次教师授课(专题讲座)都留有一定时间与同学们交流,使他们变被动接受为主动参与,思路大为拓宽,思维能力也得到明显的提高;由于班级讨论、小组交流等活动给那些思维活跃、才华横溢的同学提供了展示自我的场合和机会,极大地鼓舞了他们课后大量阅读专业书籍、查阅相关资料的热情(例如,有一位名叫金业卓的同学主动向我提出要给同学们介绍索绪尔的《普通语言学教程》的理论体系,为此,他花了大量时间和精力到处收集、查阅相关资料,在班级交流讨论会上的发言受到大家的一致称赞)。由于语言学"提高班"要求同学们勤做读书笔记、读书汇报以及进行相关课题的小论文写作训练,并且不定期地随机抽查完成情况,因而促使同学们不断查阅相关专业著作和刊物,培养了初步的学术研究能力和写作能力,掌握了基本的治学方法和技巧,思维素质和理论水平都得到很好的训练和提高。不少同学主动交来自己撰写的"小论文"让我评改,有的同学还将"提高班"所布置的写作任务和"学年论文""课程论文"结合起来,做到"一举两得"。

以上简单介绍了自己在"带"语言学"提高班"过程中的工作情况,接下来再粗略地谈谈自己的一点感想和希望。

一、希望改变语言学"提高班"人数偏少的现状

首届语言学"提高班"只有 20 位同学,明显少于另外两个班级。要改变这一现状,需要做好以下工作:(1)加强"入选"考试前的宣传力度。(2)适当引入有针对性的奖励机制,比如各种荣誉、奖励评分的"加分制";又比如可以考虑凡加入语言学"提高班"的同学按选修课算入学分;还可以考虑对学习努力、表现良好的同学予以适当物质鼓励。

二、大力培养"考研"意识

目前的语言学"提高班"有"考研"意识的同学为数不多,究其原因,主要是对语言学类科学在社会中的重要性认识得还不够充分。当然,兴趣也是一个因素,尽管我在前面谈到培养学生对语言学科的兴趣,但跟他们的文学兴趣相比,难以同日而语——这是长期形成的、积重难返的。因而我们应当重点强调语言学在今后社会某些部门会占有哪些优势及作为一门学科,它的潜力之所在,使学生们看到本学科的美好未来和学术前景。在语言学"提高班"的学生当中营造考研氛围,无疑具有"近水楼台"的便利条件,而其结果将是壮大我们语言学科的队伍。

三、广泛开展学术活动

首届语言学"提高班"刚开始的时候,正赶上华东师范大学的邵敬敏教授(现代汉语专业博士生导师)来我校接受"兼职教授"职位,学院请他做了一次学术报告,"提高班"的同学也去聆听了,事后普遍反映不错,大大增强了同学们学习语言学的兴趣。可惜类似的学术讲座(外来的知名教授所做的)太少了,希望学院今后多聘请一些专家学者来做高层次的学术报告。另外,还可以考虑与外校中文系学生开展相关学术交流活动;适当安排一些社会语用、语言社会学的调研活动,培养同学们对第一手语料的捕捉、收集、整理能力,使其形成理论与实践有机结合的良好学术习惯。

文章到这儿拉拉杂杂地已经写了不少废话,因为我"丑话说在先"——申明

了它是自己的随想随写随感,因而也就胆敢随随便便想到哪儿写到哪儿。但我觉得还有必要补充一个重要事实:即,在过去的一年时光里,以下教师:张先亮、傅惠钧、任远、黄灵庚、聂志平、马洪海、孙宜志、唐善生等为语言学"提高班"无私地奉献了他们的智慧和汗水。值此,特向他们表示诚挚的感谢!

(曾刊于 2003 年总第 2 期)

培养兴趣、提高能力、鼓励考研

——有关语言提高班管理与教学的几点体会

刘力坚

人文学院为了培养学生对某一学科的兴趣,使他们更深入、更合理、更快捷地熟悉或了解某一学科的相关理论、研究方法和发展方向,并为今后更进一步的研究打下坚实的基础,试办了几届专业提高班。以往几届的专业提高班取得了较好效果,为后来的提高班提供了良好的经验和借鉴。在提高班中,语言学专业的学生总是最少的,这可能与这个专业的性质或学生对该专业缺乏足够的了解有关。当然专业的选择是由个人兴趣决定的,人们往往关注自己所感兴趣的领域。然而,一些同学在人文精神陶冶下,更倾向于逻辑与理性思维,表现出兴趣趋向方面的较强个性,这是难能可贵的。我们对此深感欣慰和赞赏。作为中本00级语言提高班的教师,在汲取往届同类提高班经验的同时就某些方面的问题进行了有益探索。在此,将一些做法和体会粗略地谈一谈。

首先,学院试办的专业提高班有一个具体的定位。据往届的经验和我个人的理解,语言提高班应该与现有的专业学习相接轨,也就是说,是在已有的专业教学课程基础上的专业兴趣培养和专业水平的提高。其次,提高班还应该对教学科研性大学的目标有所体现,也就是要注重学生理论水平的提高与科研技能的初步培养。最后,还存在一个专业发展的问题。对于这个问题,要着眼于学生的未来,即把学生专业水平的提高与其考研、就业甚至出国深造结合起来。这样,我们就确定了工作的起点、方式和目标,就会有的放矢,就会吸引更多学生的关注,激发他们的学习热情,从而收到预期效果。因此,专业提高班的定位问题应该是我们必须首先考虑的。

具体的定位确定了,接下来就是具体实施。在此之前有必要先简单谈一谈语言学专业的某些特点,以便更好地理解一些具体做法的可行性。

许多中文专业学生之所以对语言类专业缺乏兴趣,从学科对比的角度看,它不如文学类专业所具有的形象可感的特点。语言尽管是我们生活中须臾不可缺少的交际工具,但课堂上讲授的语言学类知识似乎与我们生活中所接触的语言大相径庭。特别是从高中开始就被分到文科班的中文系学生,平时一般习惯于形象思维方式,到了大学阶段一接触到具有某些理工科思维方式的现代语言学,就会感到非常不习惯,这可能是学生缺乏兴趣的主要原因之一。另外,现代汉语和古代汉语差别也很大,前者主要注重概念形式分析,后者注重意义的诠释。两种研究范式可以概括为现代方法与传统方法的差别。语言学概论则基本上是用现代语言学方法对人类普遍的语言现象和规律的分析和概括,具有较强的理论性。西方一些著名的语言学家如索绪尔、乔姆斯基及中国的朱德熙等人,都有理工科的学术背景。他们自然会将当时自然科学的研究方法应用于语言的研究之中,这也是现代语言学得以产生和发展的重要原因。如结构主义语言学、生成语法理论就是借用生物学和数学等学科中的一些方法而产生的。因此,中文专业的文学和语言学两大学科在研究方法上这种质的差异是比较明显的。还有一个原因是,本科阶段语言学类的基础课程大多围绕书面语言,对于实际存在的活的语言的分析较少,而且,学院绝大多数学生的方言都属于吴方言区,与普通话相比,他们更熟悉自己的方言,但对自己的方言土语却缺乏更深刻的了解。

从 2002 年的下半学期开始,学院新开设了"方言学与普通话"等一系列语言方面的选修课,为语言班也为对此感兴趣的其他同学开阔了视野。碰巧,这门课由我讲授,所以,在讲课过程中,我有意将课堂教学与语言班的学习结合起来,逐步培养学生的兴趣,传授相关的技能,探索较为合理的辅导方式。

一、培养兴趣

选择语言提高班的同学并不都对语言类学科有真正深入的了解,有些可能是为了考研避开较热门的文学类专业的需要。因此,有必要围绕兴趣问题与提高班的同学进行交流。在最初的几次辅导课中,借鉴以往同类提高班的经验,主要介绍当代语言学在人文学科中的地位、学科的特点和研究方法等问题。另外,对学生学过的古代汉语、现代汉语和语言学概论这些基础课进行回顾,分析比较它们的相同点与不同点,加深对一些基本概念的重新认识,以达到温故而知新的目的。重要的一点是,在此基础上将方言课的内容定位在以吴语的调查分析为培养学生语言研究兴趣的切入点,使学生对自己所用的方言土话有更具体、更可感的认识,加深对"活的语言"的了解。

由于师范类专业对学生普通话的要求比较高,而吴语区的方言特点与普通话的差别较大,学习起来有一定的难度。这门课程有意将方言与普通话结合起来,力求从方言与普通话比较的角度和汉语语音发展变化的角度来揭示两者的异同之处。不但使学生知其然,而且还知其所以然。比如,普通话平翘舌的形成,全浊塞音、塞擦音声母的消失,前后鼻音的差别,声调的变化,等等。这样同学们的学习主动性便被调动起来,而语言提高班同学的学习热情更是突显了出来。提高班的许多同学把自己的方言土语全面描写出来,并与普通话的音系相比较,在此基础上将其作为学年论文材料。一些同学还将其论文的内容与所在地的中学普通话教学结合起来,很有针对性。围绕该课程的教学,我还有意把某些相关的知识介绍给提高班的同学,如,汉语音韵学、词汇学、语音学等的基础知识,借此完善他们的知识结构。

二、提高能力

文科的学生似乎不像一些理工科的学生要经过某些实用技能方面训练,文科多注重知识的积累和内化,但文科也需要类似理工科的技能培养,如,方言的调查与分析这类所谓的田野工作就需要首先具有审音、辨音的技能。这些能力的培养不是一朝一夕的事,需要日积月累。比如,国际音标的听读训练是方言调查基本功。方言的调查需要掌握从元音到辅音的全套的国际音标,此外,还有各种类型的声调。以它为工具加上一些附加符号,几乎可以拼读世界上所有的语言。当然,对于已掌握的语言或方言来说,用国际音标来拼写还较容易掌握,对于自己语音系统中没有的音素,掌握起来就比较困难。学生对于如此繁多复杂的音素符号开始有些茫然,但经过一段时间的训练,语言提高班的同学基本上掌握了用国际音标来拼读或记音。这对选修方言课的其他学生具有带动作用。另外,许多语言提高班的同学将自己所说的方言记录下来从语音、词汇、语法等角度进行分析考查,再加上课外音韵学方面知识单独的辅导,其可以体会到所用方言的存古程度及其与普通话之间的差异。

技能的培养是从事某项具体研究所必备的条件,提高班的同学在方言调查的过程中初步体会到了这种类似理科实验似的操作过程:反复听音辨音,前后对比;在繁复记音材料中整理声韵调的系统;列出一张张的同音字表;等等。这些细致、复杂而且耗时的工作,加上既动脑、动耳又动手的过程,使提高班的同学初步体会到了语言研究所具有的客观、严密和富有逻辑性特点。在此基础上，一些同学将方言课的课程论文经加工、修改、充实成学年论文或毕业论文，而且有几位同学还获得了校级科研资助项目。有了这些初步的研究经历，对他们今后的发展是有所帮助的。

三、鼓励考研

如果把学生的专业兴趣和未来的发展方向结合起来，可能会收到更好的效果。目前大学生毕业后无外有两种选择，即考研和就业。我院现已将鼓励考研作为一项着眼学生未来发展的重要指标。因此，把语言班同学的专业兴趣引导到考研的目标上，使其转化为考研的动力应该是顺理成章的。前一届提高班在这方面已进行了有益的探索，积累了经验，为这一届提高班提供了借鉴。一是根据考研的要求，有目的地补充一些基本知识；二是介绍某些院校语言专业的特点，有的放矢；三是根据以往的经验提供考研具体的联系方式、报名方法，以及尽可能地帮助某些同学确定报考学校和专业方向。此外，也鼓励同学一边找工作一边考研，以免去某些后顾之忧。在专业提高班同学基本上都找到工作的同时，绝大部分同学都报考了研究生。

总之，一年多来在院领导关怀和指导下，我做了一些力所能及的工作，当然在许多方面还有欠缺，一些设想和计划由于种种原因有待于今后进一步努力。在与语言提高班的同学的交往中，彼此建立了较深厚的师生情感。从他们的身上我也感受到了当代大学生刻苦向上勤奋好学的精神。相信学院试办的专业提高班，在师生共同努力下，一定会结出累累硕果。

（曾刊于 2005 年总第 4 期）

专业提高班培养模式的建构与实践:经典导读课堂

崔小敬　　周旭东　　殷晓杰

专业提高班作为人文学院教学改革的一个重要举措和成果,其开设为学生专业素质的提高提供了有利条件。但就目前情况来看,专业提高班的培养方案、管理制度与运作模式,尚需完善,而在教学方法上,仍有较大的探索空间,尤其是在学生专业经典阅读能力的培养上。经典阅读能力既是学生专业能力提升与文化素养提高的重要途径,也是其日后纵深发展的根基所在。

就目前人文学院学生的情况来看,多数学生没有认真读过经典著作,一方面通识课程、实践课程及各种社团活动、实用型考证等占用了学生的大部分时间和精力;另一方面,即使有兴趣、有意向阅读经典的学生对于如何阅读往往显得茫然。从课堂教学的角度来看,虽然多数教师较为重视引导学生对经典著作的阅读,但这种引导往往穿插在课堂中,显得较为随意,缺乏具体计划与具有可操作性的实施方案。专业提高班的开设为在全日制本科学生中开展较大规模和较高层次的经典阅读课搭建了良好的平台,并可提供示范性作用。专业提高班开设十多年来,一些班级如历史专业2002级、2004级、文学专业2009级等都曾开设过经典导读方面的课程,积累了一定的经验。但就总体情况来说,学生受益面仍然不广,经典阅读的方式与方法尚处于发展和完善阶段,有待于继续探索和实验,以形成规范的教学和评价模式。

专业提高班经典导读课堂的建构以培养具有较强的专业兴趣和初步学术研究能力的专业提高班人才为目标,以完成和完善专业提高班培养方案为中心,以创建经典阅读课堂为抓手,秉持"阅读改变人生"的理念,采用小班化教学组织形式,致力于改变传统课堂上数十人甚至上百人一起上课,以概论(原理)

加通史(专史)为主线、经典原著为辅料的教学模式,倡导以相关领域的经典原著为中心,形成导师导读课堂。具体实施办法如下:由各专业方向富有专业素养与教学技能的导师进行课堂导读,并开列相关参考书目,有针对性地指导学生阅读经典,以研讨、座谈、沙龙等多种形式督促与检查学生,以读书报告或研究心得的形式进行阅读成效评价。在经典阅读课堂的建设和实施过程中,只有继续深入探索专业提高班的办学理念与管理方式,才能最终形成合理而完善的专业提高班培养方案与管理模式。

一、语言学专业提高班经典导读课堂

第一阶段,成立语言学专业提高班经典导读导师小组,拟定经典书目,汇总之后布置给学生,先由学生结合自己的专业兴趣自主阅读。书目选择原则为:理论性和原典兼顾,中西方并重,如索绪尔的《普通语言学教程》、房德里耶斯的《语言论》、J. P. 卢赛洛的《实验语音学原理》、王力的《汉语史稿》、王寅的《构式语法研究》,以及传世古典文献如《尔雅》《楚辞》《方言》《中古汉语读本》《近代汉语读本》"十三经注疏"选读等。

第二阶段,教师导读。由教师分专业方向开设经典导读课堂,初步拟定以下名单:

(1)《楚辞》导读 …………………………………… 黄灵庚

(2)《近代汉语读本》导读 …………………………………… 傅惠钧

(3)《普通语言学教程》及相关经典导读 …………………… 聂志平

(4)《中古汉语读本》导读 …………………………………… 景盛轩

(5)《实验语音学原理》导读 ………………………………… 刘力坚

(6)《尔雅》《方言》等古代辞书导读 ……………………… 殷晓杰

(7)《构式语法研究》导读 …………………………………… 唐善生

第三阶段,学生阅读汇报。学生经过深度阅读,举办各种形式的读书报告会,要求每个学生都能够以 PPT 或小论文形式呈现个人心得体会,并进行交流讨论。

第四阶段,学生完成读书报告并出版优秀读书报告集。

二、文学专业提高班经典导读课堂

文学专业提高班主要采用导读—讨论式教学,即教师依据经典著作目录,采用导读式教学,进行课堂讨论,培养学生自学的能力。经典导读学习进程设计为三个阶段。

第一阶段是知识体系的学习，主要学习。

(1)阎嘉主编《文学理论基础》与艾布拉姆斯著《镜与灯——浪漫主义文论及批评传统》的第一章《导论：批评理论的总趋向》。

(2)黄永武著《中国诗学》(第1、2、3册)。

(3)陈思和著《中国新文学整体观》。

(4)智量主编《比较文学三百篇》。

以上课程与教材不仅体现了该方向最为系统的理论框架，而且它们在理论与作品解读方面有紧密的联系，在理论的新颖、深刻、系统与作品解读的细腻、具体、深入方面结合得较好。让学生通过学习了解文学分析的坐标，内部与外部研究的区别与联系，把以前所学的基础知识用这套理论梳理归纳起来。文学提高班所有的学生都必须参加这一阶段的学习。

第二阶段是作品把握，从两个方面来进行。

(1)专书研习。主要是选择一部学术经典或者一个大家来进行细读。古代文学为仇兆鳌的《杜诗详注》，文学理论为《文心雕龙》，外国文学为《莎士比亚全集》，现当代文学为《鲁迅全集》。

(2)作品储备。大量地阅读背诵(至少是熟读)经典作品(包括文学创作与文学批评作品)是提高班的核心任务。

在这个阶段，学生将按照自己的兴趣，按照中国古代文学、中国现当代文学、比较文学与世界文学、文学理论四个方向分为四个小组，参加各自的经典阅读与专题学习。

第三阶段是学术实践能力培养，所有方向的学生集中在一起学习 Sheena Gillespie 等编著的 *Literature across Cultures*，参阅迈克尔·莱恩著《文学作品的多重解读》，并进行初步的文学研究。

第三阶段是第一、第二阶段学习内容的具体化与特殊化，主要探讨如何在系统的整体观里运用适合的方法对具体作家作品与文学现象进行解读，培养学生对实际作品的分析解读能力。

三、历史专业提高班经典导读课堂

第一，引导并培养兴趣。提高班拟邀请王尚文教授、方卫平教授、王加丰教授和龚国庆教授等导师给学生作关于学习和经典阅读方面的讲座。

第二，和具体教学课程相结合。在中国古代史课程中，很多同学没有读过相关的经典著作。提高班可以选择司马迁的《史记》，由俞樟华教授和陈国灿教授作相应的导读，使学生加深对中国上古史和中国史学的理解。在学习世界上古史、世界中古史和世界近代史的进程中，提高班选择斯塔夫里阿诺斯的《全球通史》，由王加丰教授作相应的导读，让学生从另一个层面了解世界历史发展的脉络。在学习世界当代史课程中，提高班选择亨廷顿的《文明的冲突和世界秩序的重建》，由赵志辉教授作相应的导读，让学生了解亨廷顿如何从文明的角度来解读当代世界政治。

第三，建立师生互动的教学方式。经典阅读的教学主要采用课堂讲授和讨论相结合的形式进行。首先，建立导师导读课堂，由老师主讲，提高班全体学生参加，上课前，要求学生提前阅读和熟悉课堂上所要讲授的内容；其次，结合讨论的形式展开。

专业提高班经典导读课堂的构建是一项既新又不全新的尝试，我们旨在改变传统的概论、原理加通史、专史的教学模式，使专业提高班教学与常态课堂形成优势互补；另一方面，充分尊重学生的自主选择，鼓励其将经典阅读与专业论文写作相结合，致力于培养专业兴趣与研究能力合一的人才。同时对小班化教学的组织形式与课堂教学模式进行探索，为学院全面推行小班化教学提供理论依据与实践参考。

（曾刊于 2012 年总第 8 期）

语言提高班"学术沙龙"教学模式探析

殷晓杰

语言提高班是针对人文学院和初阳学院大二、大三学生中对语言学具有较高学习和研究兴趣的同学开设的专业提高课,一般规模为 20～25 人/年级。以往教师对提高班的授课多采取以教师讲授为主、学生参与为辅的教学模式,在一定程度上影响了同学们发表个人学术观点,进而展开学术研讨的可能。学术沙龙是学术讨论的一种,为志同道合之人讨论学术、各抒己见的小型聚会,形式灵活自由,研讨氛围浓厚,往往能够碰撞出思想的火花,因此,非常适合语言提高班这样的小班化教学。

本项目主要分作以下几个步骤进行。

(1)提前设计好 7 个学术沙龙主题,内容包括现代汉语、古代汉语、语言学理论等方面,主题设计应遵循体现学术前沿、能够启发引导学生结合自身所学,发表不同学术见解的原则;至少提前半个月将讨论主题布置给同学,让其有充分了解、阅读相关书籍的时间,并在此基础上整合所学知识,认真准备发言稿。

(2)每次学术沙龙均设置主题发言人一名,原则上要求其负责陈述该主题的研究现状和背景,其他各位同学均应发表意见。

(3)教师在学术沙龙中担任主持人和点评人,主持整个活动的开展和前后衔接,并对同学们的学术见解做出适时的评点,将沙龙一步步推向高潮。

(4)充分利用校外语言学专家讲学的机会,将其纳入本项目实施过程中的重要一环。

7 场学术沙龙共包括现代方言研究、社会科学研究中的效力问题、古汉语词汇结构等主题,通过学术沙龙的形式,学生作为主体参与到活动中,教师成为引领者,给学生更多发表个人学术见解与观点的机会,学生在交谈中真正地畅所欲言,在思想火花的碰撞中汲取知识和营养,激发起学生深入探究的兴趣,学生的参与意识空前增强;特别是学生能够以主题发言内容为中心,撰写语言学研究报告和学术论文,锻炼了学生的思辨和学术研究能力,作为本科生提早进入学术研讨的角色,为将来的教学研讨或研究生阶段的学术讨论打下较好的基础。同学们纷纷表示学术沙龙这种教学模式形式活泼、自由,有主题发言,有学术争鸣,能够提供更多发表个人学术见解的空间,希望以后能多多开展类似的教学活动。

例如,"浙江吴语探微"学术沙龙。

"温州方言中'棺材''短命'等'令人不爽'之词是'非常'的意思吗?""我发现,宁波方言中没有数词脱落现象。"……2012年4月27日晚,人文学院四楼会议室举行了2009级与2010级语言提高班学术沙龙活动,同学们围绕"浙江吴语探微"这一主题进行了读书报告与研究探讨。校教务处实践科郑国祥、教务办占梅英、方言学专家王洪钟、刘力坚等老师参与了此次沙龙,活动由语言提高班班主任殷晓杰老师主持。

整场活动中,09级语言提高班学员刘静恒和朱静雯分别以"《义乌方言研究》读后感"和"《中国东南部方言比较研究丛书第四辑·代词》读书报告"为题作了主题发言。全场师生以两篇报告为主线,进行了探究吴方言和读书方法的学术交流,沙龙活动近两个小时。

"就书中提到的'危险'一词,我举一反三,想到了'怕人',它们在义乌方言中都是'非常'的意思……"活动中,刘静恒与朱静雯先后与师生们分享了自己研读方言类书籍的心得体会、困惑及探究方法。在场师生在认真听取读书报告之后,就其中引出的"'个个书'前后两个'个'的属性""为什么义乌方言中,'丁香儿'会用来表示'耳环'?""温州方言中,'二'与'五'音调怎样变化?""宁波方言中是否有数词脱落现象?"等问题进行了深入浅出的探讨。师生们都踊跃发言,全场气氛活跃。在互动中,大家的灵感不断被激发。

交流期间,王洪钟、刘力坚、殷晓杰等老师不但为学生们解答了吴方言研究中遇到的相关疑问,还对大家进行正确"读书与研究"提出了建议。老师们充分肯定了语言班学生善于抓问题、勇于质疑、敢于假设的研究素养,同时,指导在场学生应学会研读书籍,懂得触类旁通,习惯质疑与探究。老师们表示,只有在系统地掌握了基础知识以后,才会更全面、更深入地分析问题与现象。

（曾刊于 2012 年总第 9 期）

谈读书

——在 07 级专业提高班开班典礼上的讲话

王尚文

　　各位同学,首先要恭喜大家,祝贺大家,能够进到这个班里面,成为专业提高班的一名同学。这值得恭喜,值得祝贺。"专业提高班"就是要在专业上比一般的同学"提高"一步。从学校的角度看,我曾经提出,我们师大办学应做到"上要通天,下要着地"。"上要通天"就是追求和中国的、世界的学术前沿接轨,搞出具有全国水平、世界水平的学术成果。"下要着地"就是密切联系基础教育实际,为基础教育输送优秀的各科教师。无论是"通天"还是"着地",都要求我们具有扎实的学术根底,否则这就是一句空话。从你们个人的角度看,我总是要求我的研究生务必抱定一个宗旨,这就是"学术立己,教育报国"。作为读书人,你没有知识没有学问,何以在社会上立足?拿什么报国?总之,学术很重要。大学四年一定要打好学术的基础。基础怎么打?读书!读书要进入疯狂状态!我曾经对刚入学的研究生说,你们先去称体重,记下来;一个学期下来,再去称一称,若是增加了,我是不能给你及格的。

　　孟子说,"人之异于禽兽者几稀"。据知,人的基因和大猩猩百分之九十九点几都是相同的,不同的只有百分之零点几,可以说小得可怜。但为什么人是人,而大猩猩还是禽兽呢?可能是因为大猩猩等动物每一代几乎都是从零开始,而我们人却能够把人此前的文明成果积淀下来,在新的起点上继续往前走。例如人类文明的成果主要积淀在书里,人在读书的过程中获得了所谓"第二次诞生"。我们搞学术,第一步就是接受前人已有的成果,这就需要读书。我们不必像动物那样一切从零开始,那实在太傻了!读不读书,用功不用功,那就取决于你自己了。我们可以托别人买电影票,却不能让别人代替自己看电影;读书也一样,必须自己去读,没有别的捷径。记得张中行老先生在一本书里说,我们不能幻想在哪一天有哪位伟大的政治家会把幸福送到你的门上。《国际歌》这样教导我们:从来没有什么救世主,也没有神仙和皇帝,全靠自己救自己。我们,要么在读书中拯救自己,创造自己;要么自甘平庸,自甘堕落。凡是人,都会有各种各样的欲望,人所处的生活环境也有各种各样的诱惑,前进还是停滞,进取还是堕落,全由你自己选择。我常对我的学生说:在你的生活道路上,会有千种万种力量把你往下拉,只有一种力量把你向上提,这就是你对宇宙、对自然、对社会、对人生的好奇,对美的向往,对真理的追求。这应该是人之为人的生命信念、生活理想。我的老师夏承焘先生曾不止一次说起他年轻时的故事,他中师毕业就当了一个小学教师,那所小学共有五位老师,几乎每天早上起来,五个人的眼睛都是通红的。他是由于夜里读书(除了《尔雅》,十三经他全会背),其他四个人呢,搓麻将。他们相视而笑。他说:"他们笑我不会生活,我笑他们浪费光阴。"价值观不同嘛!读书人当然也讲功利,讲成名成家,这太自然了,太正常了。我要说的是,名利思想可以是读书的一种动力,但是光有这点动力要在学术上做出大名堂是远远不够的,往往走不了几步就会见异思迁:看看上下左右,就会觉得还不如干别的来得容易来得快。我们中国正在作为一个大国崛起,大国崛起也好,中华民族复兴也好,靠谁?主要就靠你们年轻人!就靠在座各位了!落实到个人,根本上还得讲个人的兴趣。读书人就要对读书、对学术有兴趣。读书是苦,可是也有乐,搞学术是苦,但也乐在其中。那位只有高中毕业的三轮车夫为什么能够通过十几年的刻苦努力在文字学上有所成就呢?就是他对文字学的兴趣!梁启超说,把我这个人烧成灰,无非就是"兴趣"二字。读书的兴趣可以在读的过程中培养起来,对学术的兴趣可以在钻研的过程中滋生出来。谓予不信,你可以试试。认真读一段时间,你就会离不开书,读书就会成为你生活的需要,乐此不疲;再进一步,兴趣就会上升为志趣,乐不思蜀!孔老夫子说,"古之学者为己,今之学者为人"。他肯定古之为己,读书学习为了充实自己,提升自己;否定今之为人,在别人面前显摆、炫耀。人是追求意义的动物。做学问,归根到底不是为了名,不是为了利,不是为了升官发财,而是为了实践自己作为一个人的生命信念,满足自己作为一个人的生活理想;求仁得仁,又何怨乎!看着别人不做学问却过得那么滋润、舒服,你也绝对不会感到不平衡,读书、学术已经成为你生命中最重要的东西,是你的命根子,还会去斤斤计较别的什么吗?在我的同学中,有的做了官,有的发了财,我由衷地为他们感到高兴;我做学问虽然没有做出什么名堂,但我一点都不后悔,一点都不感到自卑。如果真有下辈子，我还会选择走做学问、当教师的老路。我虽然由于好奇读过一点有关佛教的书，但我并不相信会有下辈子；不过，我会由于这辈子能做学问、当教师而由衷感谢命运的照应，上苍的厚爱！

刚才我在家里等傅惠钧老师来接我的时候，我就想起曹操的《短歌行》："对酒当歌，人生几何。譬如朝露，去日苦多。"我现在就是去日苦多，到"王牌"报到的日子不太远了。对我来说，是"去日苦多"；而你们呢，"来日方长"。我现在也读书，可是正如袁子才一首诗里所写的那样："随读随抄随忘记，偏记儿时读过书"，你们年轻人的感受力、记忆力、精力远远强过我们老年人。老来读书当然也好，如"秉烛之明"；但总不如你们年轻人。现在不好好读书，以后后悔就来不及了。我年轻时还算用功，但回忆起来还是浪费了不少时间，现在后悔又有什么用呢？"长太息以掩涕兮，""哀"什么？我没有屈原那样高的觉悟，我是哀青春之蹉跎！当然，客观地说，这也不能全怪个人，时代环境不一样，当年用功读书，往往要批你走所谓"白专道路"，哪会像现在你们这样受到鼓励，还给你们创造种种良好的条件。教育归根结底是自我教育，自我教育是教育的根本。学生学习要由基于老师教的学转变为基于教自己的学。当然要向老师虚心学习，但归根结底还得靠自己，只有自己才能救自己。

国庆假期，过去的学生找我，吃饭啊，喝茶啊，聊天啊，我总是对他们说，你们现在是三十来岁，四十几岁，剩下来的几十年怎么过，一定要把自己的生命摆在一个历史的坐标里面来定位，定位准确，然后努力奋斗，那么此后十年过去，二十年过去，三十年过去，再回过头来看，就会觉得不管怎么样，我不虚此生。你做学问，即使没有什么大成就，但是已经尽力，也会感到相当的满足，这就行了，这就很好了，不一定要出名。如若不然，晚年回首一生，碌碌无为，空空如也，还会有比这更令人痛苦的吗？你们，我就非常羡慕，才二十几岁；十年，三十几；二十年，四十几；三十年，五十几；四十年，六十几。好，就是四十年，你们要把当前的生活摆在四十年的历史坐标里面来定位。关于四十年，我得引用温家宝的那番话。他曾说，四十年以后，当我们庆祝中华人民共和国成立一百周年的时候，那时我们中国将会成为一个"富强、民主、文明、和谐"的中国。其他的或许我记得不是很牢，但这四个词我是很准确背下来的，就是"富强、民主、文明、和谐"。这跟我平常和朋友交谈的预期相差不大。再过四十年，就是中华人民共和国成立一百周年。在这四十年里，社会当然向前进步，向前发展，但是也可能会走曲折的路，也可能有不确定的因素，特别是个人的道路，个人的生活出现某种原因，而给你带来各种挫折，这些都是可能的。历史从来都不是沿直线前行的。六十年前,前面的三十年,我们走了弯路,后面三十年,我们走上改革开放的道路,三十年取得令人瞩目的经济发展成就,同时,我们也看到,出现了许许多多尖锐的非解决不可的矛盾。最近,我有机会在电视上听到一位学者的讲话,觉得挺有意思的。他说,1949 年到 1979 年三十年,1979 年到 2009 年三十年,2009 年以后还有三十年,第三个三十年以后还有三十年,这是四篇文章,或者说是一篇文章的四个段落。这四个段落,他用四个字来形容,就是"起承转合"。第一个三十年是"起",第二个三十年是"承",现在起的三十年就是"转",到第四个三十年是"合",那个时候就是真的强大了。所谓"转",就是转型,就是经济改革的深化,解决经济结构的问题,特别是社会改革、政治改革的深化,道路是非常艰难曲折的,前景又是非常伟大光明的。眼前的这个三十年,四十年,在座的各位,可以而且也应该认真想想,你在这三十年四十年里,怎么给自己定位:我想做点什么,我想成为一个什么样的人。这个问题,现在一定要想清楚。想清楚了,目标确定了,就应立即付诸行动!

我突然想起一个比喻:现在潜水员,他们不是在深水里面工作吗,那他们呼吸怎么办?用氧气罐,用现代化高科技的设备。现在我要说的是,这个设备以前是没有的。以前潜水,一个潜水员下去了,气就由岸上的人给他打下去,一对一服务。如果岸上负责打气的那个人停下来了,譬如抽支烟,等烟抽完再去打,那个潜水员就一定没命了。你们所设定的目标,所设定的理想,就是那个潜水员;潜水员怎么样才能生存下去呢,他生存在你当下不停打气的持续过程当中。你想停下来,可以;但你必须意识到你一停下来,"潜水员"就死定了,也就是你的理想就变成泡影了! 一定要想明白你的理想和你当下行动的关系。理想存活于你当下的行动之中! 你们每一个人都会说,我的理想是什么什么,如何如何美好,这些都没用,如果当下你不刻苦努力的话。你将来会是个什么样的人,就显现在你当下的行动中。禽兽是必然的动物,人则是可能的动物。狗,生下来是狗,而且永远是狗,只能是狗。人,就不一样了,在他的生活道路上会有种种这样、那样的可能,可能是一个对人民有贡献的人,也可能是对人民有害的人,人生活在可能性之中。生活就是把可能性转化为现实性,比方说,有一个同学讲,他将来想当语言学家,他就去认真读书、研究了,他就有可能成为一个大学者,至少是一个在语言学领域有所成就的人。天道酬勤,有耕耘必有收获——即使没有收获,我也要耕耘,生命不息,耕耘不止!

读书需要老庄所说的"虚静"的心态。"虚"者,就是把自己心里原先装着的成见、偏见全都倒空,不能抱着自己的已有观念不放,要虚心地和书本对话,真诚地接受人类文明的优秀成果。"静"者,就是在读书时让自己从纷繁杂乱的现实生活中完全摆脱出来,不让那些乱七八糟的事情、念头扰乱自己,静下心来一头钻进书本,不急不躁,一个字一个字、一句一句地读下去,就像老僧入定一样。不要贪多,你们已经大三了,在毕业前读懂、读透、读通一两本基本经典,就了不起了,就该大大地表扬。它就是你今后发展的学术基地,你们一定要建设好这块基地。我自己说来真是惭愧得很,连一本索绪尔的《普通语言学教程》至今还未全部读懂,还要再读。长江后浪推前浪,我只是前浪里一个微不足道的泡沫;我坚信,你们一定会比我强得多,未来属于你们年轻一代!

（曾刊于 2009 年总第 6 期）

打造人文学院的"哈佛"

——在08级专业提高班开班典礼上的讲话

王尚文

我不是基督徒,但是我非常欣赏《圣经》里的一句话:上帝说,要有光,我们就有了光。其实,我们每一个人都是自己的上帝。我认为我们的提高班就是要打造人文学院的"哈佛",我们要打造"哈佛",就一定能真正打造出"哈佛"。前面大家多次提到了做学问要真正对学问有兴趣,我以为这是真正掌握了治学的钥匙,但是光有兴趣还不够,我们还应该有历史使命感和社会责任感。现在网上有一句话:"恨爹不成刚。"我要说的是:"不要恨爹不成刚,而要自己炼成钢!"为什么呢? 中国在腾飞的过程中,翅膀是沉重的,还有许多旧的观念,比方说封建的观念在束缚着我们。梁启超曾说:"少年智则国智,少年富则国富,少年强则国强,少年独立则国独立,少年自由则国自由,少年进步则国进步,少年胜于欧洲则国胜于欧洲,少年雄于地球则国雄于地球。"少年之智、富、强,少年之独立、自由、进步,少年之胜于欧洲、雄于地球,绝对不能靠父辈的荫庇,而要靠自己的努力。按照西方的标准,在座的各位同学都处于少年时期,我们要使中国真正崛起,首先自己要崛起。崛起就要有一个基地、一个平台,一所学校,这个基地、平台、学校就是人文学院老师和同学共同打造的人文学院的"哈佛"。我们一定要下决心自己炼成钢,炼成一个有独立之思想、自由之精神的现代公民,不是为了光宗耀祖,不是为了封妻荫子,而是为了尽到一个现代公民所应尽的历史使命和社会责任。

下面我们一起来看看一组有关读书做学问的箴言。

1. 此刻打盹,你将做梦;而此刻学习,你将圆梦

此刻就是当下,不在明天,也不在下一小时。此刻你坐着或躺着打盹,即使

你的梦再美,比方说是黄粱梦吧,醒来,你还在原来的地方,本来在煮的黄粱粥还没熟呢;而此刻学习,你的梦想将会变成现实。我常对我的学生说,理想存活于你当下的行动当中,你当下没有行动,你的理想就会窒息而死!最重要的是抓住当下,当下,只有当下,才是生命的真谛。同类的训言还有:"我荒废的今日,正是昨日殒身之人祈求的明日。""觉得为时已晚的时候,恰恰是最早的时候。""勿将今日之事拖到明日。"

2. 学习时的痛苦是暂时的,未学到的痛苦是终生的

学习要从兴趣出发,很对。但是学习中难免会遇到困难。比如学习外语,我的一个朋友的儿子,复旦大学毕业后要到美国深造,英语不好怎么办,他用了很笨的办法,就是背词典。背词典是痛苦的,不过痛苦是暂时的,但是他如果不能学好英语,就不能完成自己的求学之梦,这个痛苦却是终生的。这个朋友的孩子现在已经成为美国著名大学的教授了。

3. 学习这件事,不是缺乏时间,而是缺乏努力

这里我多讲几句,我是浙江省丽水市遂昌县人,我初中毕业后一直在外读书工作。回家时家人每每会说"你写信太少了",我就回答"没有时间写",我祖父说:"不是没有时间,而是你没有把写信排到恰当的位置。"确实是这样,谈恋爱,发短信,时间充分得很;学习这件事,不是缺乏时间,而是缺乏努力。爱因斯坦一天的时间也只有 24 小时,和大家一样,上帝在这点上是很公平的。爱因斯坦珍惜时间的故事太多了,我不再在这里多说。爱因斯坦之所以能够成为爱因斯坦,固然有天分的因素,但主要靠他自己的努力。你不努力,即使你的天分比爱因斯坦还高,也是枉然。就是爱因斯坦,有一段时间努力不够,也落伍过。何况我们常人!

4. 幸福或许不排名次,但成功必排名次

中国正在崛起,所谓"崛起",实际上就是排名排出来的。哈佛在美国是第一就是排名排出来的。得诺贝尔奖的有多少,这不是排名排出来的吗?《自然》《科学》上,你发了几篇,他发了几篇,当然可以排名。"成功必排名次",这是客观存在的现实,虽然有点残酷无情,但你必须面对,不能回避。勇敢面对,可以给自己压力,以便把压力变成动力。咱们文科,当然不讲《自然》《科学》,现在大家还是大学学生,不必讲发了多少论文,但也应该而且可能排出名次,比方说,现在大家学《诗经》《楚辞》,你背熟了几篇,我背熟了几篇,也可以排名。对于读书、学习,我们可以竞赛,要较真,要较劲!

5.学习并不是人生的全部。但既然连人生的一部分——学习也无法征服，还能做什么呢？

学都学不好，将来工作能做好吗？比起人生的其他事情，学习是最轻松最愉快最容易完成的，如果连人生的这一部分——学习也不会，你还能做什么呢？你别以为这是笑话，"我爸是李刚"可能现在还管用，但迟早一天总有不管用的时候，社会总是要不断向前进步的。一定得相信这一点，否则，活着还有什么劲。我不认为"神马都是浮云"，起码信念、理想就不是，现代公民的历史使命感、社会责任感就不应该是。

6.请享受无法回避的痛苦

请享受这个痛苦，这个痛苦是无法回避的，你要做哈佛人，你就得面对学习的痛苦，享受打拼的痛苦。我们有好多同学，没有痛苦，更没有无法回避的痛苦，因此他就没有成功，永远不会成功。社会只要进步，靠关系、门路、走捷径的人就会越来越少。今天回避痛苦，你明天就一定会面对痛苦，今天回避痛苦，明天会更痛苦甚至一生痛苦。这条训言说"享受痛苦"，说得真好！确实，把《诗经》《楚辞》背下来，不痛苦吗？是痛苦，但痛苦的同时，你也在享受，读了几个小时，终于能够顺畅地背出一篇来了，难道不快乐吗？这难道不是享受吗？心理学上有所谓"直接兴趣""间接兴趣"之说，仿此，我看快乐也有"直接""间接"之分。学习，小学阶段自应重视直接快乐，大学就应该多讲究间接快乐，中学是两者的过渡阶段。你高中毕业参加高考选择专业时可以而且应该从兴趣出发，专业选定了，就必须讲究历史使命感和社会责任感，讲间接兴趣、间接快乐。相关的训言还有"投资未来的人，是忠于现实的人""没有艰辛，便无所获"。

7.只有比别人更早、更勤奋地努力，才能尝到成功的滋味

两个"更"，没有最早最勤奋，只有更早更勤奋，同学们要比，看谁更早更勤奋。不要说慢慢来，明天再开始，不要说我今晚先轻松一下看看电影，这样的话永远不可能成为"哈佛人"。我们要把提高班打造成"哈佛"，不是遥不可及；只要比谁更早更勤奋，"哈佛"就正向你走来，或者说你正向哈佛走去。同类的训言还有："即使现在，对手也不停地翻动书页。"

8.谁也不能随随便便成功，它来自彻底的自我管理和毅力

彻底两个字用得很好。我并不是不懂得抽烟的害处，并不是不想戒烟，戒烟能随便成功吗？我就缺乏彻底的自我管理和毅力。彻底并不是这个钟头不抽，不是今天不抽，明天不抽，而是要一辈子不抽。要在彻底上下功夫，只有靠

毅力,靠自我管理,靠彻底的自我管理和毅力,才有成功的希望。在实际生活中,可能有千种力量万种力量把你往下拉,只有一种力量能够把你往上提升,这就是你基于历史使命感、社会责任感的对成功的追求。能够拯救你的只有你自己,你就是你自己的上帝。

9.时间在流逝

古典诗词中相关的比喻实在太多了,"对酒当歌,人生几何?譬如朝露,去日苦多""朝如青丝暮成雪"……回忆我自己上学读书的时候,拿到大学录取通知书的时候,好像就在昨天,但是现在已经是白发苍苍了。大家读过朱自清的《匆匆》吧,就是那种感觉。时间在流逝,是没有办法留住的。能用绳子拉住不让太阳下去吗?不能。《匆匆》,我印象最深的是"当你说匆匆的时候,时间已经匆匆而过了"。与此相关的训言还有:"一天过完,不会再来。"

10.今天不走,明天要跑

也就是说,我今天不走,明天要跑才不会落后;今天偷懒,明天就要付出更多的汗水。那么,我今天既不走,明天也不跑,怎么样?淘汰你!

总之,哈佛不是神话,哈佛只是一个证明,人的意志、精神、抱负、理想的证明。

凭什么打造"哈佛",凭的是我们精神、意志和力量。有人说,中国学生是刻苦学习十二年,到大学才休闲。美国学生是"休闲"十二年,大学开始刻苦学习,玩命地学。这是走向社会前最有价值的黄金学习阶段,这四年,在本领与情商的提高上会有质的飞跃。我不怕大家笑话我,《唐诗三百首》我是大学一年级才会背,现在很多小孩已经会背了。我们怎样去打造人文学院的"哈佛"呢,用我们的意志、精神、抱负、理想。不要瞧不起浙师大,浙师大有这个提高班,就了不起。傅惠钧先生首先倡导办提高班,是真正地爱国,真正为中国崛起做贡献,真正推动教育事业向前发展,真正提升浙师大的地位和形象。在这么美丽的校园里,有这么敬业、如此卓越的老师,有提高班这么好的平台,如果学得不好,不能怪别人,只能怪自己。你们是生逢其时啊,要像哈佛人一样地读书、学习。前些时候曾经听说有个中国学生给耶鲁管理学院捐了一大笔钱,有人问他原因,他回答说:"耶鲁改变了我一生。"我由衷希望我们人文学院的提高班也能改变在座诸位的一生。

关于读书,我又另外找到了一个资料,是胡适的《一个最低限度的国学书目》。他在序言中说:"这个书目是我答应清华学校胡君敦元等四个人拟的。他们都是将要往外国留学的少年。很想在短时期中得着国故学的常识。所以我拟这个书目的时候,并不为国学有根底的人设想,只为普通青年人想得一点系统的国学知识的人设想。"书名多达两百几十种,其中佛学书就有《四十二章经》《佛遗教经》《异部宗轮论述记》《大方广佛华严经》《妙法莲华经》《般若纲要》《般若波罗蜜多心经》《阿弥陀经》《大方广圆觉了义经》《十二门论》《中论》《三论玄义》《大乘起信论》《大乘起信论考证》《小止观》《相宗八要直解》《因明入正理论疏》《大慈恩寺三藏法师传》《华严原人论》《坛经》《古尊宿语录》《大藏经》《宏明集》等。我不是想让大家去看这些书,而是想告诉大家为"得着国故学的常识",光佛学书就得读这么多。这只是"最低限度"的书目啊!

梁启超比较务实,认为"惟青年学生校课既繁,所治专门别有在","今再为拟一真正之最低限度如下":"四书"(《论语》《孟子》《大学》《中庸》)、《易经》《书经》《诗经》《礼记》《左传》《老子》《墨子》《庄子》《荀子》《韩非子》《战国策》《史记》《汉书》《后汉书》《三国志》《资治通鉴》(或《通鉴纪事本末》)、《宋元明史纪事本末》《楚辞》《文选》《李太白集》《杜工部集》《韩昌黎集》《柳河东集》《白香山集》,其他词曲集随所好选读数种。他说"以上各书,无论学矿、学工程学……皆须一读。若并此未读,真不能认为中国学人矣。"我在杭州大学读书时,看到梁启超这个书目,真是大吃一惊:我是学中文的,也没有全读呀。我要向大家老实交代,《易经》我是现在才打开来认真看的,但是云里雾里,只能废书而叹自己的浅薄!你们在读书过程中要和导师联系,究竟从哪些书开始读,怎么读。反正接下来你们读书要像哈佛人那样进入疯狂状态。

最后我们一起来分享特雷莎箴言。特雷莎,诺贝尔和平奖获得者,如果你们对她不太熟悉,可以读读她最简单的传记资料。她出生于一个富裕的家庭,却把自己的一生都奉献给了穷人,死时只有一身单衣一双拖鞋。特雷莎说:

> 人们不讲道理,思想谬误,以自我为中心,
> 不管怎样,总是要爱他们。
> 如果你做善事,人们说你自私自利、别有用心,
> 不管怎样,总是要做善事。
> 如果你成功以后,身边尽是假的朋友和真的敌人,
> 不管怎样,总是要成功。
> 你所做的善事明天就被遗忘,
> 不管怎样,总是要做善事。
> 诚实与坦率使你易受攻击,
> 不管怎样,总是要诚实与坦率。

你耗费数年所建设的可能毁于一旦，

不管怎样，总是要建设。

人们确实需要帮助，然而如果你帮助他们，却可能遭到攻击，

不管怎样，总是要帮助。

将你所拥有的最好的东西献给世界，你可能会被踢掉牙齿，

不管怎样，总是要将你所拥有的最好的东西献给世界，

只要方向正确，只要不断付出努力，就应坚信：

坚持就是希望！

同学们，我们人文学院提高班的方向是正确的，"只要不断付出努力，就应坚信：坚持就是希望！"只要坚持，我们就一定能打造出人文学院的"哈佛"！

（占梅英根据录音整理，曾刊于 2010 年总第 7 期）

天使的翅膀

——在首届专业提高班结业典礼上的发言

金业卓

    记得 2001 年 10 月 10 日中午,在提高班开班仪式上,各位学员精神振奋,豪情万丈,新鲜犹如火炬点燃求知的明眸。将近两年过去了,岁月洗去了浮躁,青春的激情征服了晦涩的学术著作。当我们蓦然间发现自己进步了,并正继续前进的时候,却要面临毕业了。还有许多问题未来得及请教,还有很多书未来得及仔细阅读,还有几篇文章未来得及撰写。遗憾总是难免,但我们坚信耐心和持久往往胜过激烈和狂热,更坚信"拙者能勉,与巧者同功"。

    当我硬着头皮读完王力先生的《汉语音韵学》《汉语史稿》时,心里有种胜利的喜悦,又为似懂非懂而感到无比烦恼。自从读了王锳先生的《唐宋笔记语辞汇释》、张相先生的《诗词曲语辞汇释》、蒋礼鸿先生的《敦煌变文字义通释》之后,就爱上了语词研究。但我深知从事语词研究首先要学习《说文解字》,我选了段玉裁的《说文解字注》、臧克和的《说文解字新订》作为辅助材料,这两本书花了我不少的精力。随着阅读面的扩大,接触了一些训诂学大师及其著作,如高邮王氏父子、德清俞樾《古书疑义举例》,最佩服最欣赏的是郭在贻先生,几乎是全身心地读完了《郭在贻文集》。就在我即将入门,夜以继日地学习孙诒让的《墨子间诂》、王利器的《颜氏家训集解》、方一新的《中古汉语读本》之时,身体一下子垮掉了,借用郭先生的一句话——"此段时间为余生平最苦闷之日。"在黄灵庚教授的指导下,我学会了使用《国学宝典》解决疑难词汇问题。在我书房里添了一些工具书,如《经籍纂诂》《宋本广韵·永禄本韵镜》《辞海》《现代汉语虚词词典》《通俗常言疏证》等。经过一段时间的积蓄,我把目光转向佛典词汇的研究,断断续续读了《古尊宿语录》《高僧传》等。为了提高语言学的宏观理论水平，我读了索绪尔的《普通语言学教程》、萨丕尔的《语言论》、布龙菲尔德的《语言论》、高名凯的《语言论》等。提高班让我爱上语言学，爱得那么深沉，也为我指明了人生的康庄大道。

下面是我对学友们的三点建议：

(1)加强体育锻炼，保持心情愉悦，多交良师益友，提高学习效率。我的最大失误是忽视了身心的健康，正如我在一首诗里写的，"如果我的健康已是岁月的回忆，那么我的痛苦就是陈年的老酒"。希望学弟学妹们不要重复我的道路。

(2)提高班可以经常组织对某一论题的探讨交流，这样可以培养同学们浓厚的学术兴趣，改善口头表达能力和思辨能力，进而做到逻辑的严密。勤于动笔，写些小论文，交流写作心得，对初学者大有裨益。

(3)几个学员可以争取申报比较可行的研究课题，如果能在导师的辅导下出成果，获得成功，那将对整个班级产生积极的影响，人人振奋。如果条件成熟，部分学员可以直接参与导师的部分研究课题。记得王力先生在《汉语史稿》的跋中写到"我个人认为助手是从实践上培养新生力量的有效方法之一"。记得郭在贻先生曾给姜亮夫先生当过四年的助手，恰恰是这四年为郭先生后来成为语言学大师打下了基础。

最后，请允许我向我的提高班班主任——尊敬的疏志强博士致以深深的谢意！

（曾刊于 2004 年总第 3 期）

○三级论文

大学生三级论文写作训练模式及其实践

傅惠钧　　赵志辉　　刘永良　　占梅英

　　所谓"三级论文",是指学生在本科学习阶段依次完成三种类型的论文:课程论文、学年论文和毕业论文。这是人文学院从 2000 年开始实施的本科生科研训练的一种创新模式,至今已历时十多年。"三级论文"写作训练模式的基本特点是"循序渐进"地培养学生的科研能力。整个训练过程由浅入深,由简单到复杂,既具有"阶段性",又体现"整体性"。学生通过这一"阶梯式"的写作实践,写作水平逐步从量的积累达到质的突破。通过"三级论文"写作训练,学生的科研能力明显增强,实践证明,这是培养本科生科研能力的一种行之有效的模式。

一、成果背景

　　本科生科研素养培养是高校本科教学的一项重要使命。《中华人民共和国高等教育法》明确规定:本科生应"具有从事本专业实际工作和研究工作的初步能力",提高本科生的科研素养,并使之具备初步的科研能力,是本科生培养的一个重要目标,是大学教育诸环节中不可或缺的组成部分。教育部有关文件明确指出,本科生毕业论文是"实现培养目标的重要教学环节"。在培养大学生探求真理、强化社会意识、进行科学研究基本训练、提高综合实践能力与素质等方面"具有不可替代的作用",同时,也是"衡量教学水平的重要依据"。但是,近些年来,高校本科生毕业论文质量出现了严重的滑坡现象,因此也引发了人们的关注和争论。有人主张采取积极措施,比如延长毕业论文的写作时间,提前到大学三年级开始,但也有人主张消极对待,提出取消本科生毕业论文。我们认为,出现大学生毕业论文滑坡现象的原因是多方面的,比如高等教育大众化导致生源质量下降及就业压力等就是重要的原因,而毕业论文写作管理体制存在的问题也是原因之一。因而应该根据实际情况做出积极应对。为此,学院从 21 世纪初就开始了本项研究,从论文写作管理体制改革入手,探索培养学生科研能力的有效途径。

二、基本内容

本项成果主要解决的教学问题是:一般高校将学生科研能力培养的主要环节安排在毕业论文写作阶段,但由于起步较晚,学生学术研究的基本规范和创新意识缺乏应有的培养和训练,因而,在短时间里很难提升学生的科研能力,他们难以写出有分量的学术论文。"三级论文"培养模式,通过科学的安排,从基础抓起,逐渐提高,全程培养,使学生的学术兴趣、研究素养、写作规范、表达能力得到全面、系统地培养和训练,有效地改变了传统培养模式存在的弊病。

本项改革根据学生认知能力的实际,将科研能力的培养分解为三个难易不同的阶段,循序渐进地指导学生完成三种深浅不一的论文写作。

"课程论文"写作为第一阶段,安排在一二年级。学生结合专业基础课的学习,由任课教师根据课程的性质、特点,指导学生确定力所能及的选题,从基础入手,初步感知专业论文的写作。学生对论文构思、材料积累、语言文字运用等方面进行初步体验,培养自己初步的科研意识,学习基本的写作方法。在这一阶段学生主要进行继承性研究,教师充分考虑学生知识能力的实际,重点引导学生读书,在读书中发现问题,培养问题意识。研究的内容和问题是学生熟悉的,并且是通过努力能够有所收获的。阶段内部也体现渐进原则。指导老师由任课老师担任。在二年级辅助开设"文献检索"课程,为下一阶段的学年论文写作做好铺垫。

"学年论文"写作为第二阶段,安排在三年级。为期一年。三年级学生的专业思想和专业知识都有了一定的积累,因而要求更高一些。为使学年论文写作更富有成效,在这一阶段之初开设采用创新授课方式的"论文写作"课,通过多位教师共同讲授一门课程,并以讲授者的经典论文个案分析为基本方式,为学生开阔眼界,指导学生撰写科研论文写作门径,进行更高层次的科研实践训练。在第一阶段初步尝试的基础上,进行完整的科研训练,训练学生正确地确定选题,学会对专业基本问题的把握、分析和理解,学习课题研究的方法、论文写作的结构安排、写作技巧、语言文字运用,学习论文的基本规范,等等。由学科配备专门的指导老师,全程指导。在这一阶段继承性研究仍然是主要的,但逐步向创新性研究过渡。

"毕业论文"写作为最后一个阶段,安排在四年级。毕业论文的写作有更高的目标定位。经过前三年的训练和积累,学生已经掌握了基本的科研方法和步骤,有了一定的分析问题和解决问题的能力,具备了初步的科研基础。毕业论文的写作着重引导学生进行创新性研究。让学生知道怎样在前人研究的基础上,有所发现,有所前进。毕业论文一般可另选论题,也鼓励学生在学年论文的基础上继续探讨,进一步深化研究。

三、主要创新

本项成果的创新点主要体现在三个方面。

(1)模式创新。"三级论文"写作制度,建立了一个科学、系统的本科生科研能力和素养的培养模式,它使学生的科研能力和素养有计划、分阶段、循序渐进地得到提升。

(2)课程创新。本项探索中一个重要环节是开设"文史论文写作"课程。本课程自编《文史论文写作文鉴》教材,收入学院骨干教师的优秀论文,为学生的论文写作提供范例。课程的开设一改一门课程只由一人讲授的传统,主要由入选文章的作者给学生讲授写作体会和治学经验,让学生获得多角度、多方面的启示。

(3)管理创新。三级论文均实行专人指导和目标管理,以增强实际效果为目的。在学年论文和毕业论文选题阶段,组织各个学科的学术骨干进行选题指导,通过双向选择,让学生找到最合适的选题和导师。在具体写作中,注重过程管理,注重集体指导,充分发挥学科整体的指导力量,有效提高学生论文的学术含量。

四、推广应用

人文学院实施"三级论文"制度以来,受惠学生已有十届,先后有三千余名学生在这一模式下得到学术研究的科学训练,学生科研能力显著增强,造就了一大批具有较强创新意识和研究能力的毕业生,先后已有百余篇论文在各类学术期刊公开发表或获得奖励,多名学生参加全国性学术会议并在大会上报告研究成果,一批学生考上研究生。课题组成员在此基础上完成本专题校级研究课题7项、硕士学位论文1篇,发表学术论文多篇,出版学术专著1部、特色教材《文史论文写作文鉴》1部。培养模式受到教育部评估专家的高度评价;《中国教育报》等国内重要媒体给予了充分肯定,认为通过"实行三级论文制"等一系列的教学改革,"浙师大人文学院毕业生站得稳"。

(曾刊于 2012 年总第 8 期)

指导方言论文写作的一点体会

刘力坚

随着我校对师范类大学生科研能力要求的提高,各种论文的写作也受到了重视,特别是本科生的毕业论文,被提到了非常重要的地位。从毕业论文的选题、格式、写作步骤到修改、结题等,都有了不同以往的严格要求。这对于扭转过去只重视知识吸收,不重视对所学知识的运用与创新能力培养的做法,是非常有意义的。

毕业论文应该是检验大学生在校期间,对所学知识的掌握和运用程度的一项重要考核指标。它展现了学生的专业兴趣、思考方法、动手能力、理论水平等多方面的内容,是其综合素质的反映。然而,由于种种原因,一些同学没有对毕业论文的写作给予更多的重视,往往迫于压力在网上"东借西凑",在很短的时间内"拼"成一篇文章,应付了事。这种做法对学生自己是不负责任的,也说明某些学生对论文写作的"内涵"缺乏更深入的了解,似乎把它等同于"写作业"了。

对于今天的大学生而言,面临着就业、考研,甚至出国的压力。毕业生能力的大小决定其未来的发展,而文科的学生在技能方面的训练要弱于理工科。对于中文专业学生来说,就业能力在很大程度上反映在写作技能方面。因此,中文专业学生无论选择文学或语言哪一种毕业论文的写作,都应该有一个明晰的认识,要把它当作一种不可或缺的能力训练过程,这样才能确立一个良好的心态。

中文专业的学生对于语言学科的兴趣,总是不如对文学类学科的兴趣浓厚。如何让更多一点的学生对语言学科感兴趣,学院有关领导在这方面采取了一些有效的办法,比如办"语言提高班",鼓励学生写语言方面的论文等。然而,作为一名语言学科的教师,理应在培养和引导学生的专业兴趣上有所作为。我这两年曾担任"古汉语""方言学与普通话",以及"音韵学"等课程的教学工作,在指导学生毕业论文方面,注重结合地域特点,引导一些学生从事方言方面的毕业论文写作。这两年中,每届指导约十篇左右的方言论文。在这方面自己作了些思考,也尝试了某些方法,总结起来大体有如下几点。

一、注重积累,由浅入深

一次偶然的机会,我担任了"方言学与普通话"的教学工作。该课程很有针对性,因为在校的学生大多数是吴方言区的,有着学习普通话和参加测试考级的任务,所以该课程除了要求掌握必要的理论知识外,还有口耳技能方面的训练。同时,这也是学生通过方言与普通话的比较,真正认识和了解语言实体特点的一次机会。因此,在讲课过程中,我注意将学过的其他语言学基础知识与该课的内容联系起来。比如,利用多媒体和语音设备,加强了全套国际音标的学习和训练,使学生们基本掌握了听音与辨音的技巧。在此基础上,要求学生将自己方言的语音系统用国际音标记录、整理出来,然后再与普通话的音系进行对比,归纳出两者的特点和差异。最后写成一篇书面的调查报告作为课程论文。

由于这种方法既训练了学生的审音辨音的能力,提高普通话的水平,又避免了为拿到学分而到网上拼凑论文的现象。我还进一步鼓励对语言学有兴趣的学生,以这篇课程论文为基础,就某一问题再进行开掘,将其发展成一篇学年论文。等到大四选修了音韵学后,再用所学的知识把它充实提高,最后写成一篇真正凝结着自己辛勤汗水的、有水平的学士学位论文。这种由浅入深的写作方法,注重的是知识和技能不断积累的过程。它分散了难点,但考验的是做学问的毅力。当看到那些写方言学毕业论文的学生,在开题报告及正式答辩中镇定自若、对答如流的表现时,作为教师,内心是多么愉快啊! 只要有了必要的过程,结果还会差吗?

二、强调技能,培养兴趣

无论是方言学还是音韵学,在讲授必要理论知识的同时,都强调一种技能的训练。比如说,你了解某个音素的发音方法和发音部位是不够的,你还要能准确地发出或听出这个音来,并把它记牢。这就需要不断地练习巩固,才能真正掌握。整套的国际音标都要一个一个地去练习。但这只是第一步,接下来还要能在某一特定语言的词中分辨出其中的音素构成,并写出相应记音符号。如果掌握这些国际音标再加上一些辅助符号,基本上可以记录、听辨任何一种语言。

由于语言首先是一个有声符号系统,因而对于语音的认识是必不可少,它是语言的物质表现。对于记音符号及所涉及的相关语音学知识的掌握,不仅是课程本身的要求,而且还是师范类大学生从事中学语文教学工作,提高普通话水平,学习外语,考研以及对外汉语教学等方面的一项基本要求。它既是重点又是难点,同时又具有很强的工具性。因此这类课程不同于以往单纯讲授知识、理论的科目。上课时要用一定量的时间来模仿发音,举例听辨和审音,特别是有些音素是汉语中没有的,更要花时间来练习。为了更有实效,讲授中应注意结合具体语言或方言中的语音素材。汉语方言复杂,又有许多少数民族语言,其中好多语音现象可以用来给学生举例。出乎预料的是,学生对这种方式的教学表现出较浓厚的兴趣,主动举自己方言土语中的语音来听辨,这种师生间的互动,既活跃了课堂气氛,又加深了对知识的理解和掌握。有些学生还利用假期回家的时间,就某些方言的发音与父母或祖父母进行交流。自我加强记音、审音能力的训练,进而也为最后的论文写作打下了比较扎实的基础。一些同学将自己调查的材料加工整理后,还申请到了学校或学院的学生科研课题。

三、加强理论修养,提高论文质量

在注重基本知识、基本技能的训练的基础上,随着相关课程的开设,为论文的进一步提高准备了必要的理论知识。在大四时开设的音韵学这门课刚好由我来讲授。如果按传统的方法来讲,一般局限于书面的材料,学起来未免有些枯燥。而吴方言中保存了大量中古汉语的语音线索。如果把这些与书面材料结合起来,学生接受起来会容易些,更何况听课的大多数学生都有方言调查的背景。实践证明,此方法比较有效。

音韵学属历史语音学范畴,它揭示了汉语语音系统发展变化的一些规律,特别是对于方言的调查研究有着理论指导的作用。恰好这时也接近了毕业论文的写作期。通过音韵课的学习,学生对原先课程论文或学年论文中似懂非懂的问题有了较具体的、系统的认识。学生们学会了运用"清浊""开合口""韵摄"等音韵学概念,解释论文中的语音现象。对照普通话中"浊音清化""平声阴阳分化""入声消失"等规律,考察自己方言土语的变化和发展,揭示其特点,同时还制作了大量的声韵调配合字表。因此,随着知识的积累,其论文水平也随之进一步提高。当这些学生捧着自己用长时间的汗水写成的两万字左右的毕业论文参加答辩时,他们会是什么样的心情呢?

此外,人文学院创办的"语言提高班",对方言论文的写作中理论素养的提高,起到了非常有益的作用。学院领导亲自带头为提高班的学生讲课,各位学有专长的教师也分专题举办讲座。这些对从事语言方面论文写作的学生具有"精雕细刻"的帮助。因此,语言提高班的举措对培养学生语言学方面的综合素质是不可或缺的。

总结这两年来指导方言论文的体会,有一点很重要,那就是让学生多关注知识的应用以及学习的目的性。引导他们将学习兴趣和未来就业、考研等志向结合起来,尽量减少因盲目随大流所耗费的"无用功"。在大学期间,要集中精力干自己想干的对个人有益的一两件事,以免毕业后学生发出这样的感叹:要是再让我上大学,我就知道怎么读了。记得有两位曾经写过方言论文又参加过语言提高班的学生,经过自己的努力分别考上北京两所著名大学语言专业的研究生。她们后来跟我说,对方学校复试时很看重她们的论文经历,其中一位已经读研的学生,在音韵学等课程考试中还取得了非常优异的成绩。

总之,毕业论文应该是大学生在校期间学习成果的一项综合检验,它包含知识、技能等多方面的因素,也是学生未来发展的奠基石,只有充分认识到毕业论文的重要性,才能把大学作为一个学习和锻炼自己的"练兵场",将自己培养成既有超前的意识,又有深厚传统底蕴的大学生。

(曾刊于 2006 年总第 5 期)

九层之台　起于累土

——关于指导本科生课程论文写作的心得体会

葛永海

人文学院自实行本科生三级论文写作制以来，取得较为良好的教学效果。从课程论文到学年论文，再到毕业论文，这使学生能够基本掌握论文写作的规范和技巧，巩固专业学习的成果。所谓"九层之台，起于累土"，知识体系的大厦是依靠阅读和写作一点点积累而成的，初始阶段的课程论文在论文写作体系中起着奠基的重要作用。

同时，作为大学专业课程的一种考核形式，课程论文与笔试开卷、闭卷考核等形式同等重要，也是检验学生对本课程所学理论知识、方法的理解及综合应用的主要评价形式。学生在认真学习完课程基本理论知识之后，选取自己比较感兴趣的论文题目，通过收集资料，展开研究，深入了解所学课程的有关学科现状，既包括对于相关成果的掌握，也能够通过自己的探索、比较，去发现一些问题，深入思考，进行课程论文的撰写。课程论文的考核形式能更好地使学生将所学习的理论、方法应用于实际，验证、巩固、充实所学的理论知识，加强理论与实践的结合，从而提高学生发现、分析和解决问题的能力。

下面，我想从写前辅导、过程把握、写后讲评等方面来讨论课程论文写作指导的一点体会。

首先是写前辅导。课程论文大致可分为文献综述类和专题研究类。相较而言，本人更倾向于前者。因为在三级论文中，课程论文设置的目的就是打基础、立规范，文献综述写作作为专题论文写作前必须经历的阶段，恰恰能够达到这两点目的，所以本人认为文献综述写作是学生初写论文阶段一个较好的选择。

文献综述类论文写作要求对某一方面的主题搜集大量文献资料后,对文献资料进行综合分析、归纳整理,并进行全面深入、系统的论述。比如古代文学课程论文可以就某个作家的生平经历、作品思想特色、艺术成就分别写文献综述。文献综述类论文要求介绍与主题有关的详细资料,包括历史状况、现实形态、发展趋势及对以上方面的评述。这其中不仅要"述",而且还要评,要有必要的"问题意识"。撰写文献综述类论文时大致可按四部分进行撰写:一是前言部分,主要说明写作的目的,介绍有关的概念、定义及综述的范围,扼要说明有关主题的现状或争论焦点,使读者对讨论对象有一个初步的轮廓。二是主题部分,是综述的主体,其写法多样,没有固定格式。既可按不同专题展开综述,也可按年代顺序进行综述,还可按不同的观点进行比较综述,无论哪一种格式综述,都要将所搜集到的文献资料归纳、整理及分析比较,阐明有关主题的历史背景、现状和发展方向以及对这些问题的评述。三是总结部分,将全文主题进行扼要总结。这一部分可根据实际情况,把握篇幅。假如前文述评已很详尽,此部分可以从略。四是在文献综述后面应附有参考文献,参考文献虽然置于文末,却是文献综述的重要组成部分,应认真对待。因为它不仅表示对被引用文献作者的尊重及引用文献的依据,而且为阅读者开展相关问题的探讨,提供了可资借鉴的文献线索。

另一类就是专题研究论文。同学们在撰写课程论文时,往往需要从本课程老师拟定的题目范围内选择一个题目进行。在选题时同学们可以把握住几个基本原则:结合自己的兴趣、爱好,选自己比较熟悉、有一定基础的论题;所选论题要易于搜集资料,难易、大小适中;能发挥自己的知识结构专长,与已有的知识储备相匹配;通过努力,在规定的时间内能够顺利完成。

还应说明的是,在选题的方法上,要注意几点:

一是题目确定之前,要查阅文献资料。一般情况下,主讲老师会针对每个论文题目给出写作提示,同学们可以根据提示去搜集资料。凡是与论题有关的资料都应尽量搜集齐全。在查阅文献资料的过程中,将不同类型的资料进行细致筛选整理,按照一定的逻辑关系使之条理化,成为适用于论题的具体文献。

二是发挥想象力进行积极的思考。在查阅文献资料、对资料进行整理的过程中,相关的思维活动就已经开始了,包括分析、综合、演绎、归纳、分类、组合、加减、反逆、类推,等等。同学们应该充分运用清晰的思考力,对文献资料进行积极的加工整理。

由于初涉论文写作领域,同学们对于如何查阅文献资料往往感到很困惑,不知从何入手,下面首先介绍几种常用的查阅文献资料的途径。

(1)立足于教材。目前课程论文选题多数都可以从教材的相应章节找到大致方向,只要同学们认真学习课程教材,就可以大致了解所选论题的意义、价值。

(2)常用的电子期刊数据库是中国知网(CNKI 数据库)。它是由清华同方光盘股份有限公司和清华大学中国学术期刊(光盘版)电子杂志负责牵头实施的。其建立的 CNKI 系列数据库包括期刊、报纸、博士硕士毕业论文等,收录了自 1979 年以来的国内公开出版的上万种期刊和报纸上发表文章的全文。

(3)利用搜索引擎,例如百度、谷歌等,通过查询关键字、句查找相关的资料或者相关线索。需要说明的是,这些网页上搜索到的资料,往往是网友添加的,大多数不具备学术的严谨性和规范性,所以可以作为查找纸质资料的线索,一般不能直接取用。

其次是过程把握。这里主要指的是老师应参与学生的提纲写作过程,要对其论文提纲结构进行把握。同学们需要先拟定一个写作提纲。其步骤大致是:先拟标题。其要求是:直接、具体、醒目;以论点句写出论文基本论点;选择论文构成的基本类型,确定全篇逻辑构成的骨架;写出层次与段落的先后顺序;全面检查、修改提纲;通过拟定写作提纲,可以使论文骨架、轮廓直观化,便于把握全篇文章的论点与材料的组合关系,了解局部与整体的逻辑构成是否均衡、严谨。

具体而言,根据论文写作提纲执笔撰写,有两种思路:一是按照提纲排列的顺序从绪论(导论)写起,接着写正文、结论。二是从正文入手,写好正文、结论后,再写绪论。撰写时,较短的论文可以在充分准备的基础上一气呵成。对于篇幅较长的论文,可以先分成几部分,一部分一部分地写,然后合成一篇。另外,论文初稿完成之后,还要再三推敲,反复修改,认真誊清。论文的修改,一般包括观点的订正,结构的调整,材料的增删,语言文字的润色等方面。

最后是写后讲评。这是决定课程论文写作成败、突出课程论文写作意义的关键环节。尽管,任课老师也许反复强调,对于选题策略,乃至论文的格式规范,都有明确的说明,但是所有这些对于同学来说,还只是纸上谈兵,没有自己的亲自实践,个中滋味是很难间接而得的。很多同学毕竟是初次进行论文写作,在论文写作的各个环节都会存在这样那样的问题。

严把格式规范关,是写后讲评的一个重点。它包括:一是标题,可能出现的问题或者模糊、不确切(如《从张铁臂看〈儒林外史〉》),或者太大,或者较为陈旧,或者太长(这种情况可用副题方式处理);二是摘要,必须明确,摘要的内容不是对论文对象的描述介绍，也不是论文的前言部分，而是对论文主要观点的概要性说明；三是关键词，一般 3～5 个，关键词的目的是使文章能够依据这几个词，在茫茫文海中被检索出来，这几个词是文章的核心特征。以文学研究为例，注意不能遗漏作为文章讨论前提的作家与作品名。比如讨论《红楼梦》中的丫鬟形象，"《红楼梦》"应为关键词，而这种情况往往被大家所忽略。四是引文，包括直接引用和间接引用，按照学术规范，无论是直接还是间接引用他人观点，都要注明观点的出处，注释的内容一定要规范。最后是参考文献，将文章撰写过程中参考过的相关文献列出，一是向著者致意，表明对其研究成果的尊重，以示不敢掠美之意；二者可以使阅读者以此处所提供内容为线索，自己去探索研究相关话题。

　　总而言之，假如本科同学在课程论文阶段，将自身出现的许多问题比如选题、寻找资料、写作提纲，尤其是格式规范（这是几乎所有同学面临的最大问题），都加以认真审视，并在教师帮助下能得到较好的解决，那么，课程论文就能够较好地完成。而课程论文的高质量完成对于本科生的学习生涯而言，影响深远，将不只是一个良好的起点，更具有学术能力跃升的里程碑意义。

（曾刊于 2009 年总第 6 期）

毕业论文写作中的"对话"与"引用"

赵山奎

我提交了一篇论文给人文学院《文史论文写作文鉴》编委会,是解读福楼拜长篇小说《萨朗波》的。选择这篇论文主要是考虑到单个作家作品的研究是目前文学类本科毕业论文最为集中的选题方向,福楼拜也是大家熟知的作家,估计能更好地发挥编委会所希望产生的"示范"作用。文末谈了写作此文的两点体会:其一,要对论述对象有兴趣,要对研究对象有较全面的了解和较深入的理解,要努力进入所论对象的内部,在此基础上根据自己的理解与研究对象展开"内部的对话";其二,要广泛搜集资料,国内国外的资料都要搜集,在搜集材料的基础上以自己的兴趣和关注点为中心对所搜集的材料进行组织和整合,根据自己的理解与其他学者的观点展开"外部的对话",在对话中确立自己的论点和看法。

之所以想到再谈谈"对话",主要是针对我在近年指导、审阅毕业论文过程中所发现的问题。应当说,经过"课程论文"和"学年论文"的训练,大部分同学对于论文的基本要求并不陌生了,比如论文应该有一个明确的论题、应该有一个合适的论述框架、在形式上应该符合相应的规范等等,这些都已经是老生常谈,就我所了解的情况,最后提交并获得通过的毕业论文,也都达到了上述基本要求。但从更高的要求来看,问题也恰恰在于,只能达到上述基本要求的论文还只是看上去"像是"一篇论文,要使其"成为"一篇论文还需要做出更大的努力,因为有些看上去"像是"论文的论文,仔细审查下来会觉得越来越不像是论文。就上述对毕业论文的"基本要求"而言,在很大程度上可以将其理解为是一种来自"外部"的规定,而要使论文成为论文,更根本的恐怕还是来自"内部"的要求,这一方面指的是论文所指向问题本身的"内在要求",另一方面则是研究者对自己思想(思维和想象)能力和表述能力的"内在要求"。说到底,这种来自研究对象自身,以及研究者自身的"自己对自己"的"内在要求"就要求研究者更深入地展开与研究对象的对话及与其他研究者的对话。

与研究对象的深度对话,就意味着研究者要进入研究对象的内部,这并不容易。做到这一点既需要忠实于自己的阅读体验,又需要与自己甚至还没有意识到的"先见"拉开距离;就文学作品而言,既要努力以作者、叙述者的视角进入作品的世界,又要以自己的方式理解这一世界中的人和事,既要理解作者、叙述者对作品中的人和事的理解,又要知道作者及叙述者影响和控制自己如此理解的方式和策略,从而在某种程度上与作者及叙述者的理解拉开距离。在"拉开距离"这一问题上,有时候就需要借助其他研究者的观点了,这也是与其进行"对话"的一种方式。

比如在探讨《萨朗波》的"历史主义主题"时,我遇到的一个问题就是如何解决自己的阅读体验和关于"历史主义主题"之"先见"之间的矛盾,这一"先见"既是不少研究者的,是我的,同时也是福楼拜的。一般认为《萨朗波》是一部历史小说,取材于历史,其主题也是历史主义的,但这与我在同这部小说的"对话"以及福楼拜本人"对话"过程中获取的印象相去甚远。福楼拜自称不关心"考古学",也不关心"历史进步"的观念,小说汪洋恣肆的欲望化叙述确实也很难与"历史主义"联系起来。这里面就出现了一个矛盾。当然我也可以根据自己的阅读体验完全认同福楼拜的看法,完全颠覆通行的观点,径直论述小说的"欲望主题",论文的初稿就是这样做的。但我在其后进一步查阅资料时发现了更好的解决办法。对于"历史主义",美国学者弗雷德里克·詹明信(国内影响甚大的《后现代主义与文化理论》《晚期资本主义的文化逻辑》的作者)提出了两种"历史主义"的说法,一种是"关于表征的固定观念"或某种"对历史的洞察力的信念",也就是我们一般认为关于历史发展、进步的"历史主义";另一种则是"对于历史的欲望投注",是为"欲望的历史主义",而这一观念恰好就是他在研究福楼拜的短篇小说集《三故事》时提出来的。他认为,福楼拜恰恰属于后者,他是一个地地道道的"欲望历史主义者"。把这一观点用于理解《萨朗波》中的历史主义主题就较好地解决了上述矛盾,使得"欲望"和"历史主义"之间的矛盾变成了"欲望的历史主义"内部的张力。这既能纠正传统的"历史主义"对这部小说的扭曲性理解,又与福楼拜对"历史"的全然"非历史"的理解拉开了一定距离,论文对小说的"欲望叙事"及其象征意义的解说也获得了一个较为稳妥的立场。

再谈谈与"对话"相关的"引用"。其实,论文写作过程中与研究对象及其他研究者的"对话",反映在操作层面上就是论文中的"引用"。"引用"的深层理据就在于"对话",而只有通过"引用",研究对象和其他研究者才能在你的论文中"活起来",才能真正参与"对话"。但我所见到的不少毕业论文还不会很好地"引用",其根本原因就在于没有深入理解学术论文写作的"对话性",没有在论文中营造出"对话"的情境。一般说来,这一情境可以理解为,要为所引的"引文"设置个"上下文","上文"要有个"引入"的情境,就某个问题"引入"相应的作品原文或其他研究者的观点,"引文"后一般还要有个"导出"的过程,也就是以评述的形式将其编织入论文的整体之中,而不是引得突如其来,引后不管不问。

解决了"对话"和"引用"的问题,参考文献的问题其实也解决了。有同学常常抱怨与研究对象直接相关的研究资料不够用,或者有用的不够多、不够好,其实最重要的原因还是"对话"不够深、不够广,深入下去就会发现相关的理论著作、论文都可以纳入参考资料。去年有个同学选了一个很少有人研究的作家作为研究对象,就遇到了参考文献的问题,由于他的论题是这个作家笔下的父亲形象,我就向他建议可以参看有关父亲形象的研究资料。还有的论文所列的参考文献不少,但并没有很好地体现在论文中甚至根本没有引用,这是一种浪费,严格说来,也是不规范的。总之,论文写作过程中的"深度对话"及在此基础上的恰当"引用",既是避免不顾研究对象的实际情形和其他研究者的相关看法而"自说自话"、提高学术研究"客观性"和"科学性"的重要方法,也是规范学术论文外在形式的内在理据。

我觉得,只要静下心来好好研读作品,好好研读所收集来的材料,充分发挥大学期间所学,就一定能写出一篇像模像样的毕业论文来。

(曾刊于 2009 年总第 6 期)

本科毕业论文写作绩效调查

曹禧修

本调查问卷在某省级重点师范大学人文学院汉语言文学专业 2011 届全体毕业生中展开,共分发 167 份问卷,实际收回有效问卷 155 份。全套问卷共计25 项,包括毕业论文写作动机、前期准备、选题方式、资料收集、文献著录、指导环节、导师水平、学术规范、投入时间、修改次数、评价机制等,涉及了论文写作全过程的方方面面。

一、前期准备或积累

为了简便,关于毕业论文写作动机的调查项目也权且放置在本栏目中讨论。这样,在总共 25 个项目中,共有四项涉及毕业论文的写作的前期工作。从调查结果来看,绝大多数学生对待毕业论文的写作态度是严肃认真的。65％的学生做毕业论文出自于兴趣、能力培养及教育制度设计等综合因素,21％的学生表示即使选修也会出自兴趣与能力培养的需要而选做毕业论文。在做毕业论文之前,不存在没有阅读过任何相关文献现象,其中 65％的学生阅读过大量相关文献资料。68％的学生完成毕业论文之后,感到书到用时方恨少,遗憾自己平时积累不够。36％的学生表示毕业论文与自己的学年论文相同或有一定关联度,16％的学生认为毕业论文与自己某一篇的课程论文相同或有一定关联度,7％的学生认为毕业论文与自己申报各类课题相同或有一定关联度,19％的学生表示毕业论文与指导教师主持的各类课题有一定关联度,这四个统计数据反映了毕业论文写作在本科教学各环节中不仅地位重要,而且绩效显见。

二、选题环节

近十多年来,毕业论文写作的不少问题被归为学生的学术意识淡薄、对学术缺乏足够的敬畏、前沿意识欠缺等症结性问题。然而,从选题环节的问卷的统计结果来看,这些问题固然存在,但并不是普遍性症候。仅有3%的学生对自己研究选题的价值采取无所谓态度,80%的学生确认自己的选题有一定研究价值,其中36%的学生认为自己的选题很有价值,26%的学生会选取当前学术研究的盲点、空白点,以及相对薄弱点的研究性选题。从毕业论文选题环节来看,也不存在学生敷衍塞责现象,学生和指导教师发挥了应有的作用。

三、文献资料查阅

尽管由于专业性质的关系,并不是所有的汉语言文学专业论文都需要参阅外文资料,绝大多数专业论文甚至没有直接相关的外文资料供参考,但还是有77%的学生参阅了一篇或一篇以上的外文资料;这固然因为学校毕业论文写作对外文资料的阅读参考有硬性的程序方面的规定,但客观上也反映出大多数学生不敢马虎的写作态度;与此相对应的是阅读过中文文献资料的学生是100%,其中69%的学生阅读过20部(篇)以上的中文资料。

四、写作与修改

77%的学生投入到论文写作中的时间在两个月以上,其中57%的学生在一个学期以上。从调查问卷结果看,不存在毕业论文写作寻找外援,网上找或请人代做或花钱购买论文等严重失范现象;95%的学生投入了过半时间和精力到论文写作中,其中48%的同学能够排除一切干扰,全力以赴;考虑到毕业论文写作时间与教学实习及自找工作同步进行,这个调查结果还是令人比较满意的。论文修改过两稿以上达100%,90%以上修改过三稿以上。遇到困难99%的学生会想方设法解决,仅有1%的学生选择绕开难题。

五、教师指导

指导教师的学识、能力,以及责任意识等综合素质是毕业论文写作绩效的重要保证。因此,本问卷共有六项涉及这个方面,占全部问卷的近四分之一。从统计结果看,完全可以得出如下两点结论:一是教师综合素质较好,学识水平较高,学生满意度高;93%的学生认为指导教师学识渊博、见解超群,很值得尊敬;66%的学生认为指导教师的指导高屋建瓴、醍醐灌顶,往往一语中的,帮助很大。二是指导教师责任心比较强,指导工作比较认真负责;94%的论文批改过两稿以上,其中82%批改过三稿以上,95%的教师通过面谈、电话、邮件、QQ等多种途径指导过三次或三次以上;91%的学生认为自己的指导教师比较认真、比较耐心、比较细致、比较严谨;98%的学生认为自己的论文会得到教师比较公正的评价。

六、学术规范

本问卷间接涉及学术规范的项目不少,但直接关涉学术规范的项目只有一项,不过反映出的问题却很严重。只有51%的学生严格遵守学术规范,尊重前人研究成果,绝无抄袭。44%的学生承认少量甚至大量观点是别人的,语言表述却是自己的。这种隐性抄袭的大量存在,这是当前整体学术生态长期恶化在高校学生中的表现,务必引起高度重视。

七、体会与收获

80%的学生完成毕业论文后感到满意,认为达到预期目的;没有哪个学生认为毕业论文写作纯粹浪费时间和精力,99%的学生认为有一定收获,其中68%认为收获颇丰;64%认为自己得到一次严谨而科学的学术训练;94%认为毕业论文写作在四年本科学习生活中地位重要,其中61%认为其有不可取代的重要地位,仅有36%的学生认为或可被诸如教案撰写等环节所取代,其中只有不到1%的学生认为弊大于利,应当被替代。

(曾刊于 2012 年总第 8 期)

○ 对话教学

对话求共识　互动促发展：
古典文学教研室开展"对话教学"活动

刘天振　占梅英

　　作为人文学院"对话教学"系列活动的一个部分，"古代文学对话教学"活动于 2003 年 10 月 25 日晚在田家炳教育书院 114 教室举行。参加这次活动的有古代文学教研室张继定、陈兰村、王明煊、刘永良、陈玉兰、刘天振等老师，教务处副处长俞樟华也出席了本次活动。不同年级爱好古典文学的同学积极参与了对话，可容纳 100 多人的大教室座无虚席。整个活动围绕着为何学、学什么、怎么学等问题展开。同学踊跃提问，老师耐心作答，现场气氛十分热烈。

　　本次活动由副院长傅惠钧主持，他就对话教学的目的、意义及其安排，古代文学课程改革的思路与做法做了简要说明。接着俞樟华副处长代表教务处发言，他说，现在的大学教师任务都非常重，师生之间交流不够，人文学院开展对话教学，是深化教学改革的一项重要举措，对话教学是课堂教学的延伸，这样的活动有利于培养同学的学习兴趣，拓宽他们的学术视野，培养他们善于思考、勇于发问的良好习惯；对话是双向的，对于教师的教学也有促进。张继定老师就学习古典文学的意义与方法谈了自己的看法。他们的讲话，博得了同学们的热烈掌声。

　　本次活动的提问环节以递送纸条的方式进行，共递了 50 多张纸条，提了 80 多个问题，时间持续了三个多小时。所提问题归纳起来主要包括三个方面的内容：一是当代人为什么要学习古代文学，二是如何学习古代文学，三是学习中的一些具体问题。

比如有同学问："在当今商品经济社会,学习古代文学还有什么意义,古代文学学科未来的发展前景如何?"这个问题表达了在场许多同学的共同疑惑。张继定教授作了回答,他旁征博引,联系古今,从传统文明的传递,说到现代文明的发展,从全球经济的一体化谈到对民族优秀传统的弘扬,又从功利主义的诱惑谈到民众文化素质的提高,在新的时代背景下,传统文化一定会更加受到社会的重视,作为传统文化的重要载体——古典文学有着光明的发展前景。

针对第二个方面的问题,俞樟华、陈兰村、傅惠钧、陈玉兰、刘天振等老师现身说法,联系个人教学、治学实际,谈了学习古代文学的一些具体方法。俞樟华教授强调学习古代文学一是要有兴趣,二是勇于探索,三是要有锲而不舍、敢啃硬骨头的精神。他向同学们介绍了自己走上古代文学研究之路的体会,颇具启示。陈兰村教授提出精读与泛读相结合、课内与课外相结合的方法。精读要仔仔细细、一字一句地读,反复地读,泛读可以不求甚解。课本是最基本的,要精读;课外应该"以点带面",至少要精读一本原著,如《论语》《诗经》等,其他作品可以有选择地泛读。傅惠钧教授强调,学习古代文学要多读多背,本科生必须背诵一定数量的文质兼美的经典名篇。这样不但可以有效地培养文言语感,更能打下精神的底子。王明煊老师谈了学习元杂剧的方法,说学习戏曲、小说、散文等不仅要注意它的内容,而且更要注重它的形式,对戏曲产生兴趣要靠大量的、长期的阅读,并向同学们介绍了《论戏剧》这本书。陈玉兰老师作为一位女博士,同学们对她特别地关注。陈老师以女性特有的柔美的声调非常坦诚地讲述了自己是如何克服家庭、生活等重重困难,顽强攻读硕士博士迈入学术殿堂的经历。她说她在苏州大学图书馆当管理员的时候,发现图书馆最没人问津的就是清代的诗歌集子,于是就去整理,慢慢地就对它产生了兴趣,后来考了苏州大学清诗方向的博士。她觉得清诗量多质低,和清代的国家文化政策不无关系。清代贵族一方面为有能力夺取政权而自豪,另一方面又因为自身文化比不上汉文化而自卑,所以清朝满人努力学习汉文化,了解汉文化,如乾隆作诗十万首,又如在整个官僚机构中有所谓的"纱帽"诗群,创作都比较平庸。她认为"寒士"诗群的创作不愧是清诗创作的优秀诗篇。并告诉同学:"作为女人,我克服了很多的困难,为了小孩,我差点放弃自己的学业,求学是一个艰难的过程,我以前浪费了很多的时间,希望大家珍惜时光,自立、自强。"她的讲话赢得了同学们热烈的掌声。俞樟华、刘天振两位老师还就古代文学深造、考研等具体问题回答了同学们的提问。

同学们还提了很多学习中的具体问题,如:如何理解李商隐的无题诗?汤显祖的《牡丹亭》是否逊色于莎士比亚的《罗密欧与朱丽叶》? 古代文学研究如何着手?"孔孟之道"的精髓是什么? 如何真实地阐述"孔孟之道"? 可见同学们在学习中的问题还是很多的,重要的是学院要创造机会,让问题得到及时的解决。

最后,张继定老师做了总结性发言,他特别强调同学们要发扬古人和前辈学者勤奋刻苦的精神,要正确认识科技发展与人勤奋作风之间的关系。他还建议同学们最好每天背诵一首唐诗或宋词,每学期阅读两部到三部文学名著,要坚持不懈、长期积累,并举例本校黄灵庚、俞樟华两位教授长期坚持专业研究取得丰硕成果的事迹,激励大家勤奋读书,勇于创新。古典文学还有许多未开垦的处女地,有许多存在争议的问题还没有解决,有待于各位同学去勇敢探索。他相信各位同学,只要坚定信心,发奋图强,勇于创新,到不久的将来,各位当中定会产生造诣深厚的古代文学研究专家。

综观整个对话过程,同学们表现出了强烈的参与意识,提出了许多对于古代文学教学和学科发展有启发意义的问题,但是对话现场教师发言太多,学生缺乏说话的勇气,没有足够的发言机会,就是说平等、讨论的氛围还不够,这是我们以后需要改进之处。

(曾刊于 2003 年总第 2 期)

附:

关于开展"对话教学"试点工作的意见

人文学院

大学教学存在一个普遍的现象,教师通常只在课堂上与学生接触交流,师生平时交流的时间和机会很少,学生在日常学习中遇到的一些专业上的问题和疑惑,往往得不到教师的及时指点。这种情况,在我院也明显存在。为了增加师生之间交流的机会,帮助学生及时解决学习中的困难,指导他们学会学习,从本学期始,我们尝试进行"对话教学"。具体办法如下:

一、教学方式

以学科为中心分高年级和低年级两段组织教学,学生自愿参加,每次教学活动由学科负责人安排同一学科的 3～5 位教师出席,解答学生关于本学科学习内容和学习方法方面的各种问题。可以由学生当场提问教师直接回答,也可事先通过学习委员将有关问题提交给学科负责人,教师有选择地进行回答。学生如有不同看法也可以表达,实行双向对话交流。有条件的学科可组织专题对话,内容则要求相对集中。

二、组织实施

本项活动由学科负责人提出具体计划,由教务办组织落实。原则上一个学科每学年安排1~2次。活动计划应提前一周交教务办,以便及时通知学生。时间安排应考虑课程进展。每次活动以三个课时为宜,参加活动的教师按实际课时计工作量。

2002 年 3 月

(曾刊于 2002 年总第 1 期)

汉语言文学专业 2010 年下学期"对话教学"综述

学生会学习部

对话教学蕴涵着交互性，平等，生成等教育概念，是一个师生互动交流的平台。作为第一课堂的延伸与拓展，对话教学具有课堂内容自由广泛，打破单项课程限制，促进交流互动，答其所惑的特点，能有效激发同学们的兴趣与学习热情。"对话教学"活动举办八年来，深受广大师生的好评。本文对本学期的对话教学系列活动作一个综述。

一、中国现当代文学——阅读丰富生命

本场对话教学于 2010 年 11 月 16 日在 25 幢 102 教室举行。高玉、周晓波、李蓉、曹禧修、马俊江、吴翔宇、首作帝七位现当代文学学科老师出席了本次活动。

本场活动主要就"鲁迅作品是否应该退出中学语文教材""现当代文学与古代文学、外国文学的比较""如何学习与如何看书"几个问题进行了探讨，曹禧修老师指出鲁迅的文学作品是不可替代的精神资源，坚决反对鲁迅作品退出中学语文教材。高玉老师列举了外国文学对五四新文学的影响，总结出"理解西方、明白中国"的观点。马俊江老师则表示老师应当"有自己个人感情色彩的赞同"。

此次活动现场教学气氛活跃，他们一致肯定了"人文靠读书""多读书，只因能丰富生命"等观点，鼓励了学生都要有自己的认知和理解，引发了同学们对"读文学著作、做杂家"的思考。

二、汉语言文字学——领略语言文字魅力

本场对话教学于 2010 年 11 月 17 日在 24 幢 103 教室举行。我院院长吴泽顺、副院长傅惠钧和汉语言文字学学科陈年福、刘力坚、唐善生、孙宜志、陈青松、殷晓杰、高玉平、张秀松、张磊共十一位老师出席了本次活动。

针对 80、90 后作者的文学作品出现了一些新的语言现象，傅惠钧老师认为语言规范是需要的，但必须顺应语言的发展，他列举了"七月流火"等具体的例子，认为应该鼓励创造。就"为什么要学习古代汉语"，吴泽顺院长认为古代汉语是一门让人安心、气定神闲的学问，"正如章太炎所说的'你要爱国，首先要爱中国的文化'。"陈青松老师则分享了"语言教学与研究"的心得。

在整场对话教学中，老师与同学们进行了深入交谈，涉及课程内容、学习方法、研究领域等多个方面。一致认为汉语学习不仅关系我们的就业，更关系民族文化的传承，了解了政治、经济、社会等因素对语言文字发展的影响，引起了同学们对语言问题的探寻，为同学们开拓了观察和思考问题的视野。

三、中国古代文学——寻古知新

本场对话教学于 2010 年 11 月 23 日在 25 幢 102 教室举行。副院长葛永海，中文系主任刘永良和中国古代文学的刘天振、崔小敬、于淑娟、慈波、李圣华七位老师出席了本次活动。

"针对课时缩短的情况，如何学好具有几千年时间跨度的'中国古代文学'这门课"，葛永海老师认为："目前很多同学对教材和老师有依赖性，我们在课外注重积累，将课堂作为提升自己的空间，而不是单向的输入。"刘永良老师提出阅读和研究古代文学的关键在于"细读、精读"。于淑娟老师则以"治世之音安以乐，乱世之音怨以怒"对答了"文学与时代的关系"。

七位老师对同学们提出的问题发表了各自独特精妙的见解与看法，使同学们在与老师的互动中，寻古知新，对学科专业知识的学习研究有了进一步的认识。

四、文艺学——品味文艺之美

本场对话教学于 2010 年 11 月 24 日在 26 幢 103 教室举行。张法、刘彦顺、王洪岳、吴海庆、程镇海、赖勤芳六位老师出席了本次活动。

"美学就是让人们幸福的学科，"吴海庆老师一开场就解释说，"其实我们本

身就很幸福。'上有天堂,下有苏杭',而我们金华就在江南——正是文艺学最发达的地方的中心,所以我们是很幸福的。"张法老师则颇有哲理地说:"文学作品往往蕴含着思想,若思想成了最重要的,那文学就失去了它的文学的价值。"

在活动中,老师们在赞赏同学敏捷思维的同时,耐心地指出其中的不足,解答同学们的疑惑。老师们精彩的言论更引发了在场同学的感慨,点燃了同学们对文艺学的兴趣。

五、比较文学与世界文学——在尝试中培养兴趣

本场对话教学于 2010 年 11 月 25 日在 25 幢 505 教室举行。赵山奎、王生国、范煜辉和朱利民四位老师出席了本次活动。

赵山奎老师就通过对"对话教学"希腊语含义的讲解,向在场学生解读了"对话教学"的真正含义。就"外国小说中的人名太长且角色间关系复杂,阅读时难以产生兴趣",赵老师认为:"我们应该先从自己感兴趣的作品入手,不断地尝试阅读各类作品,耐心地等候契机。"范煜辉老师还提出,我们阅读外国作品需要接受历史、文化、语言、思维的跨越,他建议:"寻找作家思路,精读名家代表作。"朱利民老师则主张阅读不可完全凭兴趣,应该多读经典和现代主义小说。

四位老师对学生提出的问题做了详细而深入的解答。为学生有选择地阅读提供了方法上的指导。让同学们懂得了在今后的阅读过程中应多关注作品中反应的社会现实问题,做到精读、细读与浏览相结合。

六、语文学科教学——与名师对话

本场对话教学于 2010 年 12 月 2 日在 25 幢 101 教室举行。江西省优秀教师曲志平,云南省骨干教师马红刚、李吉运,山西永济中学高级教师柴晓琳,云南文山一中高级教师张顺发,山西长治一中高级教师贾铖虎和五十多位参加"国培计划"班的名师出席了本次活动。活动由副院长傅惠钧主持。

马红刚老师提出"重新组织然后提问""自问自答"和"点名回答并因势利导"三种方案来应对课堂上的冷场状况。对于"如何上好语文第一课"的问题,李吉运老师和大家分享了他第一次上课时把墙壁当学生的经历,随之还为大家示范了一套自创的减缓紧张情绪的方法。张顺发老师认为备课时间要充足,要细致和深入地探求课文内容。各位老师还就"如何理解男、女语文教师在工作中的优缺点""高中写作与大学写作的矛盾""教师的责任"等学生们关注的问题,与学生们分享了他们在语文教学中的经验。将高中语文课堂与教学搬进大

学"对话教学"殿堂是本次"对话教学"的一大特色,有利于我院汉语言文学同学尽早了解语文教学。

七、结语

对话教学系列活动已举办八年,作为第一课堂的延伸与拓展,是学院的一大传统课外教学活动。此活动以"促进同学们对专业学科的认识和理解,激发同学们的兴趣与学习热情,增进师生间的互动与交流"为宗旨,历年来在老师和同学中获得了很大的反响,深受广大师生的好评。激发了同学们的积极性,浓厚了人文学习氛围。期待学院的"对话教学"活动不断创新,更好地发挥它的作用。

（曾刊于 2010 年总第 7 期）

改进对话教学的尝试

刘永良

对话教学是学院教学工作的一个亮点。现在很多学院似乎都在搞对话教学，我们今天再来谈这一问题似乎已经没有什么新意了。其实不然，开展对话教学是我们的一个创举。记得前些年，还有很多学院的领导和老师，专门到学院来考察学习我们的对话教学工作，我们也在很多教学会议、专业建设会议上，当作经验颇为自豪地做过较为详细的介绍，甚至还申报过研究课题专门进行过研究，并且出了一些骄人的成果。多年来，我们之所以一直在坚持搞对话教学，这主要是由于它得到了同学们的普遍欢迎，师生们利用它进行面对面的沟通、零距离的接触，不仅使师生联系更加密切，而且"教学相长"，师生双方都多有受益。

从前尽管我们在对话教学上取得了很多的成就，但是这项工作不可能尽善尽美，无一缺陷，不可避免地有其不足。于是本学期，我们尝试着对这种对话教学进行改进，以使其在教学工作中发挥更大的作用。

过去我们的对话教学，一般都是以学科为单位进行，每个学科搞一场，整个活动要搞很多场，一时间师生都感觉有些忙乱，应接不暇，尤其是学生要参加很多场对话教学，忙得不可开交，致使个别同学忙于赶场，而实际收获并不大。对一部分师生而言，对话教学不仅不会历久弥新，而且还让人久而生厌，不大感兴趣了。过去我们的对话教学虽然分学科进行，表面上看，内容相对集中，一场对话教学专就某一学科进行讨论和交流，但实际仍缺乏针对性。同学们或许在某一学科没有具体问题，或者疑问较少，于是人虽参加了，但是主动性不强，更谈不到能动性，往往是被动地听别人的提问和老师的回答。

而本学期，我们所进行的对话教学，只分专业，而不分学科。每个专业不搞很多场，而是只进行两次。其中一次是针对大一、大二的低年级同学而进行对话教学，问题集中在课程学习方面。首先由本专业主任介绍教学计划和培养方案，然后再由各学科教研负责人介绍本学科的课程设置及其具体内容，这样就使低年级的同学对有关培养目标、课程设置和如何学习课程，有一个比较清楚的认识。接下来便是同学提问，老师答疑的过程。这次对话教学提问与往次也有明显的不同，同学很少把问题写在纸条上，送到老师面前，也有很多人直接站起来发问。这样做，一方面锻炼了学生在众人面前讲话的胆量，同时也培养了他们的口头表达能力；另一方面也使老师精力高度集中，非常认真地听取同学的问题，针对同学的问题，尽可能给同学们一个较为满意的解答。这样一来，整个场面就显得非常好，既热烈又紧张，人人都被话题所吸引。由于过去有的是学生写纸条，老师根据纸条的提问，有选择地予以回答，虽说也有它的好处，但毕竟是经过了老师的筛选和过滤，学生提的问题当场未必能得到解答，老师有时也难免要驾轻就熟，回答不上的就干脆不回答了，这样就一定程度上挫伤了同学提问的积极性。而这次，问题直接就提在眼前，在座的人都听得真真切切，于是老师的回答就需要非常认真和慎重，而这对师生双方的能力来讲都是一个不小的"考验"，问得和答得好与不好，都不是那样简单了。

其中另一场是针对大三、大四的高年级同学举行的对话教学，问题集中在考研、写论文上。从前在以学科为单位的对话教学上，也有部分同学问起考研的问题，但是由于往往低年级的同学也有，高年级的同学也有，有的同学感兴趣，有的同学就未必当一回事。而这次对话教学，参加的老师一般都有指导考研的经验，并且基本都有博士学位，所以由他们向学生讲解如何考研，指点迷津，就相当有说服力。至于撰写论文，这也是高年级同学极为关注的事情，把这一问题与考研放到一场，也是较为合适的。到了高年级，问题积累多了，研究意识就会很强。但是如何写文章，其实学生还普遍不太明白。于是老师们针对学生的特点，给他们讲如何发现问题，如何选择题目，怎样分析问题，怎样解决问题，怎样严守学术规范，等等，这就得到了同学们的欢迎。

这样的对话教学应该说仍然还是一种尝试，尽管我们上面说了它的很多好的方面，但它仍然还不可能非常完善，还需要今后在实践中进一步改进，使之日益趋于完美。比如说，对话教学进行前的准备工作就很重要，不能够忽视。事先一定要让师生都有充分的准备，要问什么问题，究竟该怎样回答，事前应该仔细考虑，这样才会使对话教学最大限度地发挥作用。比如这次，有的问题提得过于简单,有的问题不成问题,有的回答不够准确、针对性不强,如果事先师生都有充分的思想准备,有些不足就可以避免。再比如,参加的老师面再广一些,让同学们能够通过对话教学结识更多的老师,也让很多老师通过对话教学较大范围地了解学生,这样或许会更好一些。另外,对话教学活动结束,要在师生中做一些调查,在不同的层面进行必要的总结,这都有助于对话教学的良性开展。

（曾刊于 2012 年总第 8 期）

"对话教学":高校教学形式的新探索

占梅英

  "对话"是一种传统的教学方式,如孔子、朱熹向弟子传道授业,就多用"对话"形式。但在时下的大学教学中,"教师讲、学生听"的"满堂灌"方式却是课堂教学的主流。大学教育如何继承传统教育方式中的合理因素,仍然是一个当代话题。对此,这里不想全面讨论。本文仅就人文学院所实施的"对话教学",进行回顾和总结。如学院《关于开展"对话教学"试点工作的意见》所言,此种教学方法仅限于课外进行,即每个学期安排几次相对集中的时间,以学科课程教师集体辅导的方式,与授课班级学生展开"对话",以改变当前师生之间交流通道不畅的问题,为师生之间搭建一个相互交流的新的平台。"对话"方式:基本采用学生现场提问,教师即席答疑,并鼓励学生就某些问题提出自己的看法,与教师展开"对话",求得问题在现场的有效解决。整个对话活动既紧凑、有序,又轻松、活泼。此项"对话教学"活动已实施多年,是高校教学形式的一种有效的创新与实践,值得认真总结。

一、"对话教学"的内涵与意义

  "对话教学"尽管是在课余进行,但它同课堂教学内容是密切联系的,对课堂教学具有补充和深化的作用。

  一是平等对话,营造良好的教学氛围和风气。课余"对话"的形式,师生之间是一种"平等对话"的关系,师生间就同一命题展开研讨,发表己见。对话教学课堂是一种特殊的"学习共同体",是师生双方为达到共同提升与发展而建立的一种特殊课堂形式。在这种关系中,教师和学生都作为完整的、独立的个体而进行交往,在一种平等宽松、彼此尊重的对话交往中理解对方、接纳对方。这种形式,不仅拓展了课堂,更重要的是营造了一种良好的"教"与"学"的氛围和风气。

二是解疑答难,促进课堂教学的强化与深化。每次"对话"要求学生就教材和教学中的重点、难点、疑点提出问题,寻求解答,教师也围绕问题进行回答。这种"集体辅导"的方式部分地弥补了平时辅导不足的弱点,既解决了学生学习中遇到的困难,也是对课堂教学内容的深化。高校教学的独特性是在于大学生的自主、自立能力较中小学生强,平时的"督促性"辅导时间就相应偏少,而高校教师繁重的教学科研任务也往往难以满足学生的辅导需求,"集体辅导"的方式就较为可取。集中的解疑答难,好处还在于,此类问题大抵是学生共同碰到的问题,教师在有限的课时内没有讲深讲透,通过"对话"的形式由师生共同展开研讨,可以求得问题的解决,同时也扩大了重点、难点、疑点问题的受教面。

三是注重研讨,促进学生研究性学习。"对话"的方式有利于促进学生的研究性学习。"对话"中必然会触及某些学术争议问题或学术前沿问题,此类问题学生也最感兴趣,教师在回答中因势利导,就学术研究方法作必要指导,培养学生独立研究问题的能力。如在中国现当代文学专业的首次对话会上,有38人次提交问题近50个,主要集中在张爱玲、余华、王小波等作家作品的解读,五六十年代文学的重新审视,当下新诗创作及"另类文学"的评价等方面。这些问题有不少是越出教材的,但对学生拓宽知识面、促进研究性学习仍有补益,教师有选择地作了回答,对有争议作家的评价发表了自己的学术见解。整个对话中,学生提问、发言踊跃,教师答疑简明扼要,并就阅读、研究方法给予引导,激发了学生探究的兴趣和热情。

四是沟通教学,实现教学信息的有效交流。在"对话"时,允许学生提出各种不同意见,包括教学安排、教学方法、学习方法、学业评价方式和意图等,使"对话"成为一次集中的教学意见反馈,有利于教师有的放矢地改进课堂教学,也有利于教学管理者改进管理。

二、"对话教学"设计遵循的原则

"对话教学"是民主的、平等的教学,沟通的、合作的教学,互动的、交往的教学,创造的、生成的教学。根据人文学院开展"对话教学"活动的实践经验,笔者认为,"对话教学"的设计应该遵循如下原则。

一是在理性生长处对话。大学生在阅历、知识、思维能力等方面都有一定的积累,但他们的体悟、认识仍需要理性的提升。要使对话成为可能并取得成效,教师还必须通过创设合理的问题,激起学生探究、研读、感悟问题的思维浪花,使其原先零散飘浮的认识逐渐凝聚成一片或连接成网,学生的认知在此过程中逐步生长。因此,对话的目的预设就非常重要,不能要求通过一场对话解决很多问题,必须有选择地设计问题,对学生提出的问题也不是有问必答,而是重点解决适应学生理性增长需要和实际接受能力的问题,促其认知的生成与提升,逐步养成其在专业学习中的理性思维习惯。

二是在认知疑难处对话。心理学中的"最近发展区"是对话教学话题的首选。教师有意地选择介于完全陌生和完全熟知的两极之间的中间话题作为对话选题,使对话得以有效展开。高校教学中的"讲学式"教学,为初入学术之门的大学生提供了许多新鲜的东西,包括教学方法的变化和知识的更新,特别是专业化学习的知识结构、体系、理论深度,都迥异于中学,而教师在有限的课堂教学学时内,往往不可能把有一定理论深度的问题讲深讲透,于是学生在学习时难免会有难点、疑点,理解的"断层"也由此产生。这恰恰使课余的"对话教学"变得必不可少。在理解断层处对话,对话围绕难点、疑点问题展开,既是学生需求的,同时也找准了教学问题的关键部位,有利于课堂教学内容的深化。为保证在"断层"处对话的话题选择能够在可控制的范围内,一方面,教师在提出问题时,必须注意学生已有的知识积累,并了解学生理解问题的失误点,以便有的放矢地进行解疑答难;另一方面,教师需要通过有效途径唤起学生的个性思考,适时引导学生理解问题的原理、方法而不仅仅只是掌握某个具体问题,这样才能从根本上弥合"断层",促使学生更有效地学习,更自如地进入未知领域。

三是在心理差异处对话。教师与学生因年龄、社会阅历的差异性,在同一问题的心理体验和认识上会存在较大的差异性,这种差异性正好成为对话的空间。在人文学科范围内,特别是文学专业,心理体验在教学中的运用占着十分重要的位置,而教师与学生心理体验的同一性与差异性恰恰构成了对话的条件。"对话教学"的作用就是实现师生心理、情感体验的交流,使得学生的见解得到某种程度的印证,也使其只偏于情感导致对教学内容的误解得到纠正。多次"对话教学"的实践证明,围绕不同心理体验而展开的师生对话,总是各抒己见、生动活泼,现场气氛热烈,收到的效果也最为显著。

四是在知识建构处对话。对话教学强调知识的建构。教学过程中教师与学生之间在知识上、观念上、思想上的冲突与碰撞,是师生共同的知识建构过程,预见可能产生的冲突和碰撞之处,可以成为教师进行对话教学设计的重要依据。因此，在对话过程中，教师对于问题的选择和引导，要有利于学生发表自己的看法，与教师展开"争辩"。通过这个冲突和碰撞过程，学生以参与者的角色介入知识建构，可以大大加深对知识的接受程度。对话教学通过师生双方的互动互学，形成一个"学习共同体"，共同构建新知识体系。

三、"对话教学"是深化高校教学的有效举措

在高校实施"对话教学"的实践，具有以下几个层面的意义。

首先，对学生而言，对话教学是张扬个性、形成自我知识体系和专业技能的重要途径和方法。由于对话教学创设了相对宽松的对话环境，为所有学生提供了一个向教师提出问题、发表自己见解的舞台，参与活动的学生提问更加踊跃，许多问题是一般课堂教学中不可能提出来的，这些问题不仅包括了各种专业知识、学习方法、考研动态等方面的问题，而且也包括一些对教师治学方法、日常生活方面的追问，师生的一问一答和看似漫无边际的话题交流，不仅使学生增长了见识，开阔了视野，也培养了学生进行追问的习惯和探寻问题答案的思维方法。与此同时，由于以学科为基础组织的对话教学专业性较强，参与某一次对话教学的同学往往是对某一专业方向具有一定兴趣的同学，在对话交流中不仅表现为师生的交流，也是拥有相同爱好的同学间难得的一次交流，为在学生中建立专业兴趣团队打下了良好的基础。

其次，就教师而言，对话教学能为教师反思教学、改进教学提供契机。学生在"对话教学"活动中提出的问题，能让教师明白学生学习的状况，了解学生的学习实际，因而在平时的课堂教学中做出合理的调整，特别是从学生存在的问题中可以反思自己在教学中存在的不足，从而予以积极改进。另一方面，"对话教学"可以让教师感受到更多的教学乐趣。高校教师在科研重压下，跟学生的交流很少。对话教学的尝试，能让教师更多地感受到与学生交流的乐趣，也激发了教师的教学热情。并且在与学生的交流与讨论中可能产生新的思想火花，并从中找到研究的盲点，开发出新的研究课题。对话教学面对学生提出的大量问题，也锻炼了教师的教学应变能力，使他们能灵活从容地应对教学过程中学生可能提出的各类问题。从而，真正实现教学相长的目标。

再次，对话教学实践有助于高校教学团队的建设与发展。以学科为基础分组对话教学，能展示各学科教学团队的研究实力，同时也能展示教学团队的整体精神风貌和教学风采。这在一定意义上可以促进学科教学团队的建设与发展。各个学科团队在学生面前的集体亮相，面对学生的疑问和要求，既需要团

队个体的智慧,也需要团队成员的相互协作,这能促进学科团队成员之间的讨论与交流,为学科团队成员提供了一个特定的交流空间,这无疑对于学科团队的文化提升具有一定的促进作用。

最后,对话教学实践还有助于形成独特的校园文化和学院"亚文化"。高校本身应该是一个独特的文化园地,其区别于一般社区的最大一点就是其所具有的独特的校园文化,但在高校文化活动趋同的今天,我们很难看到不同学校之间的校园文化差异性。由于高校的"对话教学"具有明显的专业特色,而各个高校在专业方向和专业特征上又具有一定的差异性,因而以专业知识与技能交流为基础的对话教学,可能促进高校教学活动专业特色的形成,进而逐渐渗透在校园内部群体中,形成独特的高校校园文化。而高校内部各学院之间的学科专业性差异更加鲜明,各学院以其专业为基础的师生对话交流,无疑会更易于形成特色鲜明的学院"亚文化",这对于促进校园文化的多样性具有积极作用。

实践课堂

六个关键词：大学生话剧中的"立人"教育

常　立

时常在媒体和生活中听到类似的说法：现在是迷惘的时代，现在的大学生是"无魂之器物，无根之浮萍"。然而果真如此吗？今不如昔难道不是一种老生常谈吗？我们追思缅怀的黄金时代，难道不是从来仅仅存在于我们的幻想和话语之中吗？今天的人果真比一百年前的人更加"本根剥丧，神气彷徨"吗？我更愿意相信：不管社会怎样变迁，时代怎样流转，人总可以扎下根基而站立起来——只要他愿意倾听自己内心的声音，愿意站立起来。

阿西剧社的"虫子"们，是一群愿意倾听自己内心声音的人，他们能够听到以下六个关键词，这是他们（其实也是我们）能够从大学生话剧中收获的东西。

1. 爱好

古语说，人无癖不可与交，以其无深情也。如同《再见，彼得潘》里永无岛上的孩子，阿西社员为了爱好的事而聚在一起，玩耍般地为梦想而努力，在玩耍的过程中学会长大，学会担负起人生的责任，学会爱——不只是爱话剧，也是爱自己，爱他人，爱生活。

2. 勇气

无论是编写大戏、指导演员，还是排练表演、造景布光，第一次天降大任于斯人，其紧张慌乱，不知所措，在所难免。人生有许多个无所凭借又必须面对的第一次，这时候最需要的就是勇气，而阿西人知道，每个人的勇气都是可以锻炼出来的。

3. 信任

从社会学的角度去理解，信任（彼此）是一个社会复杂性的简化机制，充分的信任提高了阿西人工作的效率。从心理学的角度去理解,信任(自己)也是一个心灵复杂性的简化机制,充分的自信给予了阿西人获得成功的机会。从教育学的角度去理解,对教育有效性的信任,是教育工作者孜孜以求诲人不倦的动力——他们相信:通过教育,人可以扎下根基站立起来,生活也可以越来越美好。

4. 行动

大仲马和恩格斯在戏剧人物的塑造上达成了共识:行动,行动,行动。其实不仅戏剧舞台如此,人生的舞台也是如此。

5. 技术

乔治·卢卡斯说:"一切艺术问题,最终都是技术问题。"话剧也不例外,听说读写技术的提高是基本的,更重要的,他们学会了在各种条件的限制下自由地思考和自由地表达,这不仅是表达的技术,也是表达的艺术。

6. 坚持

2004 年我暂住的房子里有一只蜘蛛,我从来没有见过它,只是每天看到它结成的网,就结在通向阳台的两重门之间,我每一次开门,都会毁灭它精心编织然而纤弱的"作品",而次日一早,一张新网又结在两重门之间,如此往复,一月有余。为什么它不换个更优越、更安全的环境?我很讶异虫子身上的坚韧的秉性。而在阿西人身上,我看到了同样坚韧的秉性,在别人以为停止的地方继续前行。

穆旦有这样一句谈论理想的诗——"为理想而痛苦并不可怕。可怕的是看它终于成笑谈。"愿以此与阿西人和阿西之外的每一个理想主义者共勉。

(曾刊于 2012 年总第 9 期)

附:

阿西剧社简介

阿西剧社为浙江师范大学校级社团,挂靠单位为人文学院。成立于 1977 年,前身是校文工团话剧组,初名"WM 剧社",后更名为"阿西剧社(A.C.)",是浙师大历史最悠久的社团之一。经过四十年的发展,阿西剧社已成长为集编、导、演于一体,体系较为完善的校园剧社。每年四季常有演出活动:春季·小剧场、夏季·毕业会演、秋季·迎新演出、冬季·内部公演,对师大的校园生活产生了很大的影响。通过在北京、长沙、杭州、宁波等戏剧节及有关高校的邀请演出,在高校中已形成了较高的知名度和认同感。在 2009 年和 2011 年凭借《沧海月明》和《再见,彼得潘》两次获得我国大学生戏剧节金刺猬奖。2010 年以第二名的好成绩,被评为全省高校校园文化品牌;同年年底,以"阿西剧社:立足校园坚持原创传播戏剧成就精彩"项目获全国高校校园文化建设成果评选一等奖。

编·导·演·排

李维肖　张宇航　严舒文　卢科利

一、编：别无选择，去爱去写

当我们谈论所热爱的事物的时候，如果能回想起最初是在哪里和它相遇的，是怎样爱上它的，那我们就多了一笔财富，多了一个帮我们理解这种事物的机会。

我第一次遇到戏剧，是读小学时，学校安排我们看了一出儿童剧。剧的名字想不起来了，只记得是一个澳大利亚导演带一个中国剧团演出的。讲述的故事也很简单：一个澳大利亚原住民的孩子因为种种缘故离开故乡，到白人的学校上学，从与他人对立到渐渐融入集体。记忆中那个剧场非常简陋，空间狭小，灯光昏暗，我们围着半圆形的舞台席地而坐，和演员离得很近。就是在这样一个触手可及的距离之下，我第一次和戏剧狭路相逢。

现在很多细节都忘记了，但有两个场面一直记忆犹新。一个是陪伴主人公度过童年的小白羊在屠宰场里被无情宰杀的时候，舞台上只有一道惨白的屏风，一束强光打过，白屏风上溅满了鲜红的血，场面迅猛有力，让即便年幼无知的孩子们也一下子震惊得鸦雀无声。另一个是快完结时，主人公站到桌子上唱起他家乡的民歌，伴着优美的歌声，他所有的同学也一起爬上桌子，一起望向他家乡的方向，陪着他唱起了那首歌。那时，我们虽然还不明白什么叫思乡，更没有好好考虑过什么是友谊，依然被深深地打动了。

我当时并不知道是什么吸引了我，却开始莫名地喜欢上有关舞台的一切。那次剧场之行在我心中埋下了一粒戏剧的种子，而种子在遇到阿西之后渐渐发芽了。

　　提起阿西,我首先回想起的不是某个具体的人,或是某件具体的事。一想起阿西,脑海里最先出现的是破乱不堪的人文活动室、暗无天日的地下车库,一片昏黄路灯下的背影及夜空中嘹亮的合唱之声,都是一些零星的片段和抽象的感情。

　　关于阿西的一切,我从来没有刻意记住些什么,毫不夸张地说,在那里经历的一切都已成为血肉,刻印在灵魂里,无论走到哪,都会带在身上。

　　在这个集体中,我学会要怎样与他人协作,要怎样信任他人并取得他人的信任,在阿西,学习就是人和人之间的交流,大家毫无保留地分享自己所知的一切,争取最快地传承以往积累的经验。这样轻松的氛围、简单的人际,很容易让人关心他人,希望了解他人,我最初的创作激情,就是在这样的心情下点燃的。

　　我刚加入剧社时有位叫余勇的前辈,一直坚持不懈地写剧本,虽然这些作品大家都认为不太成功,但他一再坚持写作的精神一直感动着我。也差不多是在这时,我在常立老师的文学写作课上学到了许多新鲜的知识,也看了他介绍的一部精彩的电影——《笑之大学》,这部电影里的男主人公和余勇一样,有一种一直写下去的执着精神。我非常敬佩他们,打心底渴望成为像他们一样有某种坚持的人,所以我开始尝试创作剧本。

　　我写剧本的时候并不抱有什么期待,很多时候得到的成果都和当初的设想大相径庭,得到一个自己想要的东西是很难的,所以我总是想到罗伯特·麦基在他的编剧教程《故事》里写过的一句话:"全世界的剧作家都会有这样的问题,有90%都很差,只有不到10%是好的作品。你得意识到,90%是为了让你写出那10%的好作品,最好的永远是下一件作品。"他的话让我有勇气写作。

　　我一直觉得写作最重要的就是勇气,对自己的质疑会很迅速地打断思路,并且把状态引向最不好的方向,如果让质疑蔓延,很有可能让写作的热情熄灭。我也有犹豫的时候,写着写着恐惧起来,在握笔的一瞬间,害怕那些好不容易闪现的火花会在转移到纸上时意外逃走,又怀疑自己的想法是不是太拙劣,到时候贻笑大方,但这种感觉不会抓住我太久,因为当我一面对白纸的时候就仿佛离开了所在的世界,好像被丢弃在一片辽阔的原野之上,在这个世界里,看不到边际,又找不到归路,只能义无反顾地前进,没日没夜地奔跑……就像卡尔维诺说的:面前是白纸,别无选择,没有退路。

　　创作的过程其实相当痛苦,有时一整天都盯着材料也未必有一句自己中意的台词、一段让人满意的桥段。但当绞尽心思所写的词句从演员的口倾泻而出的时候,却能让人感到世界上最大的幸福。所以我特别希望阿西的"小虫"们,即使艰难,即使可能失败,也不要放弃写作,哪怕是为了体验一下类似的幸福。我们能相聚于阿西很幸运,总有一群朋友在身边,不断地支持着我们。每完成一个剧本之后,大家总能一起奋战,把平面的文字搬向立体的舞台。很多时候只有三分的剧本,经过导演和演员的再次创作,可以再加上七分,乃至更多。

阿西的剧有种天真的气质,既有不成熟的一面,也有纯粹的一面,是好是坏很难说。但这倒能说明阿西的人,他们大都不太精明,说话办事都很直接,对待别人的态度也都是干脆热情的,他们也都不太严肃,说话行动时,把幽默的态度放在第一位。这当然不是一个优秀青年应具备的好品质,不过我总认为这样不精明和不严肃的人,心地不会太坏。

我就是在这样一个单纯善良的集体中,逐渐明白了当初为什么会爱上戏剧,爱上舞台,明白了那粒种子是从哪里来的。十几年前的那个小剧场里,吸引我的正是那些演员专注的神情,诚恳的眼神,简朴的话语。正是那样的简单,使我开始喜爱别人。

我喜爱别人,喜爱每一个活生生的人,他们正在做什么,曾经做什么,在想什么,在简练的话语下表达了什么,没有说出口的是什么,正在谈论但却没有去做的又是什么,等等,这一切使我感到好奇,所以我爱上了戏剧。

我写的东西都从感情出发,我相信写作是一个建立联系的过程,人与人,人与世界是靠感情联系在一起的。我虽然也很喜欢冷峻的作品,但自己没法用冷漠嘲讽的口吻对待一个普通人,我在 2011 年的大学生戏剧节上听到一句话:"从你想起生命中最重要的事情开始,到你让别人想起生命中最重要的事情结束,故事就是这么开始的。"这就是我希望达到的效果,把我的感情分享出来,让观众能在某种程度上和创作者联系在一起,被感动并想到了自身的存在。我们都要被提醒,自己是个人,这是很重要的。

对于阿西今后的戏剧,我希望可以更多地和观众交流,甚至把舞台交给观众,像现在欧洲、日本很多的小剧场那样,在演出方的精心布置下,让观众都有机会变成戏剧的一部分,有机会说一说自己想说的话。

因为戏剧并不是一个单调的东西,几十平方米的舞台可以是任何一个空间,金色的场灯照亮的可以是任何一个时间,成百上千的人走到这里来坐下,交出生命中宝贵的两个小时,把注意力集中在舞台上。如果观察这些人,他们之间并没有什么相似之处,但蓦然间,所有的人却为台上的震惊而震惊,为台上的眼泪而眼泪,为台上的欢笑而欢笑,剧场就是这样一个地方,让陌生的人们相聚,共同分享一种情感,从那里可以把许多善良的事告诉世界。如果每个人都能充分地参与进来，适当地表达自己，戏剧将变得更广泛，更有意义。

我们演戏是因为我们有话要说，但这个世界上所有人都有话要说，所以我们也想听听别人怎么说。对于一个爱戏剧的人来说，他人和自己同样重要，听比说更加重要，这一切都会拓宽我们的视野，丰富我们的材料，充分关注他人的戏剧，才能成为人们的戏剧。

钱穆先生说："能存吾记忆中，方为吾生命之真，其在吾记忆之外者，皆非吾生命之真。"我相信每一个能走上舞台的人，那段戏剧生涯都会成为他一生最真的回忆。

最后我想起梁文道先生说，大学里重要的只有两件事，得良师识益友，这两件事，阿西都帮我办到了，我们相聚的每一天，都是节日。

亲爱的阿西，节日快乐。

二、导：导演好人生这出戏

罗伯特·科恩在《戏剧》这本书中认为"导演的作用就是在头脑中预想演出的主线，然后领导艺术家来实现他的想象"。相对于《再见，彼得潘》这出剧而言，我更多地扮演着一个组织讨论者的角色。大家共同讨论剧本的成熟度、讨论观众的心理、讨论演出的效果。

很荣幸的是，大家都很配合地听从了我的分派和组织，并且能够自觉地找到自己的方向。从一个最简单的构想——用演出支撑起整个舞台，到最后的成型——用行动感染每一位观众。这个过程来得并不算缓慢，是长期训练的成果。

最突出的问题出现在选演员上，为了有一个优质的"第一印象"，我总是逼迫着大家共同来寻找那个演技高、外形接近的演员。而且越挑越发现手头上的演员，离心目中的形象越来越远。可是最后还是强迫自己相信：他就是最像的，绝对没有比他更像的演员了。

为了追赶大戏节的脚步，不得已要突击着排戏，最开始在剧本的缩减上纠结了很久，为了使剧本在舞台呈现的过程中不显得太突兀，不得不反复地排几页戏。第一遍，删掉几句话；第二遍，删掉几个语气词；第三遍，缩减几个对白……如此反复之后演员们都几乎累得没有情绪了，甚至说不知道自己该用什么样的情绪去演这一段戏。有时候很心疼演员们，想让他们多休息一段时间，可是一段时间之后又要硬着头皮把他们叫回到排练场的中央，继续演这几段戏。也多亏了常老师还有编剧组的支持，剧本的过渡算是非常平稳的了。尽管在过程中不停地反复,但是正因为有了这种反复,才突出了大戏节的排练容不得一丁点的马虎。

作为《再见,彼得潘》的导演,肚子里总是有很多的苦水要倾倒。排练进度缓慢,同时也需要考虑到演员的感受。不得已必须保持情绪稳定,以一个积极乐观的态度去面对演员,这样才能使整个剧组充满朝气,死气沉沉的排练往往带来的是负面的效果。时刻提醒自己要规范,整个剧组是由二十多人共同组建的,并且有了简单的规章制度,定好了下午一点半的排练,如果自己稍微懈怠,迟到几分钟,整个剧组就不得不因为导演未到而推迟排练。同时,作为一个导演,一方面必须要有与演员不同的地方。这体现在舞台的调度、道具的摆放、舞台的空间把握等方面,单凭自己的经验肯定是不够的,必须要阅读过部分戏剧表演类的书籍,把一些带有说服力的话语交代给演员,这样才能让演员听从导演的意见。另一方面,纠正演员的演出更多是引导的作用,而不是教导。这样集思广益,让大家都能把自己的想法带进剧组,这样一出剧就会有很多的亮点和表现方式,不单单是导演一个人思想的体现。

就像心理学家马斯洛说的那样,每个人都有对现实的感知。感知的过程需要我们妥善合理地处理人际关系,并且掌握一定的能力。《再见,彼得潘》带给我的感知就是多学、多说、多交流,听取大家的意见,并且从自己出发,扮演好一个组织讨论者的角色。

当然,也多亏了能有话剧导演这个身份的磨砺,使我能够顶住压力,并且快速地融入集体当中找到自己的方向。幸好有了话剧,才使我的师范技能水平、社会交际能力总能略胜一筹。相信在不远的或者遥远的未来,"话剧导演"带给我的这一切,能够帮助我导演好人生这出戏!

三、演:成为林温迪

人生就是有那么奇妙,进大学前设想过关于大学生活的种种,但无论怎么都想不到自己竟然和话剧联系在了一起,很幸运我的大学生活有阿西做伴,同样幸运的是和大家一起去参加了北京大戏节,细细想来整个过程还真是五味俱全。

尤记得角色PK时候的忐忑,社里各个方面比我出色的大有人在,当时的我几乎不抱什么希望,但是结果却让我又惊又喜——林温迪,大家给了我充分的信任,将一个这么重要的角色交给了我,欣喜之后接踵而来的便是压力和担心:那么大的舞台我能表现自如吗?那么重要的角色我能驾驭得了吗?这一切对没有太多表演经验的我来说能做到吗？种种疑问使得我在一开始的排练中完全没有进入状态，最初的欣喜也被消磨殆尽。那段时间由于删减剧本的需求，总是重复着排练同一段，一遍又一遍，但自己却感觉在走下坡路，离心里对角色一开始的想法越来越远。也就是在这段时间大家好像都进入了疲惫期，被这一次次的重复磨光了情绪，好在陶璐、金晨等那些老阿西们都回来看我们，他们帮我一句一句地分析台词，理解台词背后的意思，揣摩每个字每句话的语气、重音和停顿，让我觉得眼前的路顿时明朗了很多。之后的排练也因为道具、场景布置的丰富而慢慢变得有趣起来。导演张宇航还时不时让我们做做小游戏，那段日子现在想来真的是辛苦，但是很快乐很值得。最后，当我站在北京九剧场的舞台上，第一次没有任何紧张的感觉，觉得演戏那么放松，这让我自己都觉得意外，每一句台词、每一个动作都那么自然，那一刻我真觉得自己就是林温迪了，与其说这两个小时我是在演林温迪，不如说是我在成为林温迪。

台词里印象最深的有这么一句话——"当我们还是孩子的时候可以为了梦想而壮烈赴死，而当我们长大了要为了梦想辛苦地生活"。经过这两个月的排练，收获颇多，不仅是演了一个角色，更收获了一帮朋友，最重要的是我们一起完成了一个共同的梦想，那就是将我们最好的表现留在了舞台上。每个人都懂得了为梦想辛苦付出的意义，无论什么时候，想起来都是一段快乐的回忆。彼得潘的故事结束了，阿西的故事还会一直延续，也许我还会演更多更多戏里戏外的角色，也许会有难过，有痛苦，但我都不会后悔，因为它们都让我的人生更有意义，我们都要成为一个带着梦想努力的林温迪，就算以后离开了，就算生活再难，想起有一个叫作阿西的"无忧岛"，想起一起哭笑的我们，便觉得一切都是美好而有意义的。

我们一群"大人"坐在舞台下，被彼得潘指着说道：大人的世界里是没有梦的，日复一日重复行走却没有出路，摆脱一个苦难后又陷入一个更大的苦难中去，直到有一天死去。可是我们相信：这个世界存在很多梦，它们在某个不为人知的奇异国度里暗暗酝酿，做梦的时候床底下也藏着一个，直到有天成为泛黄书本中的一页。

当长大变成一种势不可挡的大潮向我们涌来，伴随而来的是现实的迷茫、孤独和不被理解。于是大多数人渐渐抛弃儿时那些美好的梦想，变得自私、狭隘。精灵讨厌成人的世界，因为大人们从来都不相信有精灵的存在，伴随着一个人的长大，梦的消失，天上那颗做梦的星星也跟着一起变成流星而消失在夜空中。

可是梦想和现实交织缠绕,彼此争斗而又难分胜负,这本身就是一对矛盾体,彼此都为对方而存在,一方的消失必然导致另一方的灭亡。于是虎克和彼得潘握起了友谊之手,林温迪不再考虑自己究竟是活在梦里好呢还是在现实里苟延残喘。人就是如此奇怪的动物,我们历经千辛万苦要寻找的答案原来就在问题的背面。当灯光亮起,幕布撤走,演员们挨个上台向观众致谢,一场关于梦与现实的演绎宣告结束。

然而思考并未结束,观众观后有感:"谢谢阿西人,将一部戏演得如此感人,在这浮躁的社会环境下,能有如此情节动人、富于哲理的故事打动我的心,让我在欢笑过后思考自己的人生现实和梦想。只是他们没有告诉我们如何面对这残酷的现实,没有告诉我们该如何将我们的梦转变成现实,没有指给我们一条道路。也许这条道路只能靠我们每个人自己去摸索探求。再见,彼得潘,再见,我们的童年,我们的梦。"

是的,我们也没有答案,我们仍在路上。但愿我们能够成为林温迪,微笑着面对每一天。

四、排:在历练中学会成长

人的一生能经历很多很多事情,但因为你的一个选择一切都会不一样。我很感谢命运,让我进入阿西,使我的大学生活能与阿西紧紧相连,这一切都让我觉得不可思议,回想起来脑海中是满满的记忆。

2011年暑假,剧社有幸接到了北京大戏节的邀请,以《再见,彼得潘》前往北京九剧场展演,这对于剧社每一个成员而言,都是一个振奋人心的消息。深切地记得那一天,我们一群人在一起吃饭,大戏节组委会的电话就是我们在饭桌上接到的,当时在场的人都欢呼了。这之后,我们就进入紧张的排练阶段。因为每一个人都知道,站在北京的舞台上,需要我们打起十二分的精神,投入万分的努力。

7月2日,剧社内就进行了角色PK,之后阿西剧社"大戏节剧组"便真正进入排练。虽然我们曾经在2010年5月下旬,在师大上演过《再见,彼得潘》,但是参加大戏节的是全新的剧组成员,所以每个人都有自己的压力。为了能达到更好的演出效果,我们每天排练的时间长达6个小时。为了让10级的参演人员更好地找到演出的感觉,7月5日,09级的"大虫"就对他们展开了相关的训练。在7月8日真正进入排练后,剧组仍然安排3天的时间给所有演员进行全面的基础训练。基础训练的内容很简单,练声结束之后,进行虚拟障碍物的训练,这个训练要求参与者对障碍物的存在有信念感,而且能顺利地通过虚拟障碍物。除此之外还会进行情景小短剧训练,这要求参与者在短时间内构思一个情节完整的小故事,并通过自己的表演完整地呈现这个故事。这两个训练看似简单,背后却有不凡的价值和意义。障碍物的训练,加强了演员对舞台上虚拟道具的信念感,加强虚拟道具的存在感。这个训练也可以看作一种心理建设,当你告诉自己这个道具是存在的,它就存在着。在平时生活里我们也需要这种心理暗示,面对困难时,告诉自己"我能行!",自己给自己足够的信心,做事情才有可能成功。而另一个情境小短剧的训练,不仅能锻炼人的快速思维,完整的表演也锻炼了演员的自信和胆量。在生活中,很多时候我们都会很胆小,不敢说出自己心中的话,不敢表达自己的想法,这都是不自信的表现。当我们建立了自己的信心,我们就会自主地憧憬自己的未来,更愿意去尝试新鲜的事物,也能看到更多生活的美好。

排练前期的小训练和针对剧本的排练,很多细小的地方都是极其具有意义的。当你用自己的方式诠释一个人物的时候,你就等于体验了另一种生活。一般人的一生只有一种生活体验,可是通过一出剧的排练,你可以体会到不同的人的生活,你的生活阅历和人生体会自然而然就增加了。话剧还讲求表演的技巧,要做到好的舞台呈现,演员必须要有足够的表演能力和表演欲望。一个好的演员就是一个会善于观察生活,体会生活的人。其实每个人在自己的生活中,都是一个演员,在不同的场合我们需要扮演不同的角色。在阿西,不同剧目排练下来,我也渐渐克服了自己的自卑,锻炼了自己的胆量和自信,除此之外,还收获了很多友情,我想这些就是我最大的收获。

在阿西,我们每个人都是独立的个体,各司其职,当每一个独立的个体自觉、自愿凝聚在一起的时候,就会创造出很多奇迹。这种凝聚对于个体而言,与其说是牺牲、奉献,不如说是彼此分享、共同收获。在剧社,大家都是平等的,出发点都是为了呈现一部好的话剧。校园话剧虽然不像专业话剧一样有强大的经费支持,但是正是因为经费欠缺,大家才会想尽办法自制道具,创新舞台,这不仅锻炼了大家的动手能力,也培养了大家的合作能力。

大戏节剧组的舞美设计吴霜梅,为了达到更好的演出效果,想尽办法呈现更好的舞台布景。剧中有三扇门和一个钟盘,这些都是她和另外几个剧组成员一针一线完成的。制作道具的房间在二楼,里面只有一台坏掉的空调,夏季的气温几乎使那里成为火炉。可就是在这种环境中,她度过了半个多月。很多时候因为做道具,她都忘记了吃饭。当第一次所有道具呈现在众人面前时,导演觉得布景需要修改,她欣然接受意见,把当初用针线辛苦缝上去的布拆掉,重新设计。整出剧能很好地展现在众人面前,少不了她制作道具的百般辛劳。在这个过程中,她一直默默无闻地在那个房间工作,她就那样坚持了两个月。在生活中我们常常需要这种忍耐力,来帮助自己克服急于求成的心,当我们真正懂得静下心来做一件事的时候,才最有可能接近成功。

其实剧组的导演、演员及其他主创也同样如此。在排练最紧张的时候,大家都把对家人的思念放在一边,把注意力集中在演出上。所以一出话剧能演出成功,导演、演员,以及幕后的各个工作人员都在其中付出了很多很多汗与泪。对于幕后工作的人来说,更需要的是自我成就感,虽然没有耀眼的灯光照耀,但是因为幕后工作的完善,舞台上的表演才会更完美。所以我觉得每个人只要在生活中找到自己的位置,都能散发出自己的光和热。

大戏节落幕了,我们有了很大的收获,可是对我们而言,最重要的不是那个奖项有多大,而是我们一群人在一起做成了一部剧。我们深知未来还有更长的路要走,我们还必须更加努力。回想起那一段日子,我过得前所未有地充实,每一天都充满了意义,一天如果分为上午、下午和晚上三个时间段,我除去排练时间,会有一个时间段去做兼职。家教的工作很枯燥,可是每次想到结束之后要去排练,我就觉得很开心,很满足。虽然也会觉得很累,有的时候也会哭,也会难过,但我从来不后悔,因为这一切都充满了意义。在这里做的一切,不是为了什么个人利益,而是为了守护一群人的梦想和希望。在生活中,有很多的无奈和迷失,可是在话剧的舞台上,我们总会找到生活的梦想和希望。

小飞侠的故事中说,所有的孩子都会长大,只有一个例外,那就是彼得潘。在生活中,有一句类似的话,所有的故事都有结局,只有一个例外,那就是阿西的故事。我不知道阿西会在我的大三留下什么故事,但我想一定是快乐的回忆。就算有一天我也站在毕业会演的舞台上,告别我热爱的团体,我相信我仍然没有离开,因为我总有一丝牵挂留在这里,我还是会继续讲述阿西的故事。不管过去多长时间,那份情感都不会变质,因为曾经拥有过,比一切都重要!

(曾刊于 2012 年总第 9 期)

话剧《活着》策划手记

王 侃

在可以回溯的至少十年间,中文系的文学教育因为对学术训练的过度强调,而越来越远离美的本义。我们的文学课堂,被各种浮泛的"思想"所充斥,一些貌似吓人的宏大论述戴着统一的学术面具粉墨登场,其功能其效果也只能是吓唬把猫当虎的人而已。

在可以回溯的至少二十年间,有关学术规范的争论甚嚣尘上。在争论的背后,恰恰是日益失范的学术。有关于此,我们每天都在目击。在一个市侩都成了学者的年代里,那些通过钻官僚裤裆来博取名位的学术动物,你能相信他的文学课堂会与美有关吗?

《活着》,从小说到话剧,不只是审美形态的一种转移。更为重要的是,这是一次空间转移,是对面目可憎的文学课堂的突围。它以审美自备的方式,让思想回归思想,情感回归情感,美回归美。

如果说这样的演出还有另一层意义的话,那就是,它不再让文学教育成为中文系的一己之私。

此前,还没人在舞台上演绎过全本的《活着》。孟京辉执导《活着》,虽屡见报章,但始终是只听声不见人。张艺谋电影版的《活着》,其电影风格中标志性的民俗把玩,不经意间分解着原著的悲剧张力,尤其是其中一些中庸的情节改编,使《活着》由小说的翘楚沦为平庸的电影。

我们的《活着》,剧本到定稿时共写了七稿。这七稿不是依次递进的顺序,有时是完全重起炉灶。最后演出时,依据的是第三稿。这说明,这是一个不断探索、反复思考的过程,是一个在尝试中求取最佳方案的过程。

剧本有几处设置与改编被视为亮点：(1)作为叙述人的老年福贵的设置。这个角色的设置，不仅是推动叙事的需要，也是某些特定的抒情性情境的需要。他的每一次出现，都有点睛之感。(2)家珍的病由软骨病改为痴呆症。这是一种舞台规定，它要求我们要避免让角色在舞台上卧床。同样是舞台规定，我们让凤霞提前结婚，使舞台叙事变得更紧凑更有张力。(3)每一个重要角色的死亡，都增加了一些情节回溯。作为一种补叙，它增加了情节的悲剧力量。这种补叙，有着鲜明的先锋戏剧的痕迹，是对已逝的先锋戏剧的致敬。(4)舞美设计上，虚实互映，写实与写意互参，转换自如，变动随意。

遗憾的是，由于演员身高的限制，我们无法让苦根的死亡成为舞台上的真实情境。

但不管怎么说，从演出的效果看，尽管剧本仍然有需要改进的地方，总体而言，它是成功的。

选择与阿西剧社合作，原因简单至极：没有功利的约束。一群没有合同在身的业余演员，各安其位地在指定的角色中发挥着最大的力量。他们的演出，诠释了校园话剧的正式定义。我在某些博客中读到以所谓的"专业标准"对他们所做的批评，完全不得要领。他们对《活着》进行了精彩绝伦的演绎，与此同时，他们也在《活着》的演出中变得异常自信和强大起来。带着这种自信和强大，他们在8月中旬赴北京参加大学生戏剧节，一举夺得金刺猬奖、最佳编剧奖和最佳剧目奖。相反，依据"专业标准"出演的剧目却受了冷落。

我喜欢阿西剧社在演出谢幕时共同喊出的一句话：感谢"活着"。这是一种身处"业余"的低调，是一种在美中收获丰赡的感怀。余华在看完演出后对我说："我喜欢他们中的每一个。"

我希望阿西剧社保持如此这般的本色。我同时希望，我们还会有更值得记忆的合作。

策划一场演出，是一项系统工程。不过，其间的烦琐、辛苦甚至委屈，都不足与人道。因为，总有一些人，选择与美同在，伸出援手，给予我们最有力的支撑。依我的习惯，我不会一一点名。但我会记住那些在困难中给予我们真诚襄助的人。

（曾刊于2009年总第6期）

导演·演员·观众

郭　松　王聿宵　李渊昕

一、话剧《活着》导演手记

很难想象一个女孩子在冬日寒冷的北京埋头奋笔疾书剧本一个月，但是我们的唯笑做到了。第一稿很成功，老师基本满意，我们也满意。不过这时的我有些手痒，在老师跟我们谈完剧本修改意见之后，我开始改第二稿。第二稿改完后，我们就剧本进行讨论，大家各抒己见，场面很理想。最后由导演金晨根据大家的意见整合两稿，确定了现在剧本的基本架构。随后，老师宣布可以开排。

一度创作完毕之后，二度三度创作随后开始。演员们一个个确定下来，大家都十分忐忑，于是就有了"先塑型再排练"的模式，导演让演员们用心体验人物，表现人物。排练一开始并不顺利，大家跟不上导演的节奏，每天要求完成的任务也很难达到，但是后来随着时间的紧迫和不断练习后的积累，排练如同顺水行舟般赶上了进度。每个演员都写了人物小传、排练日记。有些演员为了演好角色，每天必观摩作品，并进行自我练习。还有几个演员因角色设置和自我条件特殊，为了达到演出效果也很投入地排练。

除了主演的排练，群众组演员的排练更为重要，因为在这个大时代小人物的故事中，群众所代表的大时代是十分重要的。尽管群众组的演员都是大一大二的同学，但是他们依旧很热情地参与了排练和演出，也是因为他们的朝气蓬勃，使得群众组的排练进行得比较顺利。

当然，尽管排练情况还好，但其他很多事情却不由得让人操心了。首先是道具，为了达到一种写实的风格，道具负责人自己找到专业书籍进行研修，并将各种道具制作、借调及财务预算做好,劳动节过后协同道具组成员约十余人开始了全剧道具的制作工作。在人文学院地下车库十二天的暗无天日的工作中,大家学会了席地而睡,学会了驱逐蚊虫,学会了在孤闷中找乐子,学会了过没有太阳的日子,学会了面对那些来车库停车的人的异样眼光,学会了面对整个剧组苛刻的要求。更重要的是,这其中有八个女孩,占道具组五分之四的比例,这些都是阿西的女孩,是师大与众不同的美丽风景。在这十二天中,"活着"道具组,共手制制成道具五十多件,其中包括三米高两米宽的仿真树一棵,轿子一顶,13米乘8米手绘幕布一块,13米乘2米手绘战壕布一块,4米乘2米手绘门板三块,六面。这些只是其中一部分,其余小道具则无法一一列出,加上购置的几十件道具,终于形成了百余件宏大道具的场面。不但道具组的工作在紧张地进行,宣传组、服装组、票务组、行政组也是马不停蹄地奔波劳累。观众看到的只是一块大广告牌、几十份手绘宣传海报、十几份喷绘海报,还有一张张书签式入场券、台上几十套服装,还有一场圆满的演出。这些幕后的工作,只怕说出来也不会有人能理解。这些工作都是阿西们用时间、精力、心血一点一滴汇积而成的。

《活着》演完了,但阿西要继续活着,在演出的过程中,我突然感悟到,一个集体也无非是为了活着而活着。阿西,要好好活着。

二、话剧《活着》演员手记

"谢谢大家来看阿西的演出!"

每一次演出后,剧社成员们都要站在台上大声对观众致谢——我们的"谢幕",是在感恩中落幕。在舞台上,我们的每一句话都是虚拟的、多变的,唯独这一句,是我们真实的、永恒的台词。永恒,但并非一成不变。不一样的演出,不一样的剧情,不一样的演员,于是也就有了不同的谢幕。

3月13日,阿西剧社毕业会演《活着》正式建组。我们开始为了属于我们的谢幕共同努力。从这一天开始,余华笔下的一个个人物,就像一个个生命开始在阿西诞生。我们演绎《活着》,我们在故事的发生地徐家川活着,我们在一个诉说人如何去承受巨大的苦难、诉说眼泪的丰富与宽广的故事中活着。

我们有斯坦尼式的现实主义创作、表演方法。福贵那从少爷到雇农的人生起伏,一家人几十年的辛酸甘苦,民间赌场、妓院背后的江湖,以及新中国成立后历经的土地改革、"大生产""文革",我们共同走过的岁月。一幕幕生活的画卷在观众面前徐徐展开,就像一棵苍老的树向人们展示自己的年轮。年轮,并非只是刮掉一层树皮,那是造物主演示给人看的生命的足迹。我们讨论剧本、分析人物的案头工作结束后,并没有马上按照剧本排练,而是先进行与人物相关的"小品"练习。福贵、家珍、凤霞、有庆等人,他们的喜怒哀乐到底是什么样的;面对人生的苦难,他们该怎样做;他们的举手投足跟我们有哪些区别……如果弄不清这些,塑造人物便无从谈起。在导演与演员的共同努力下,这些人物的形象渐渐地在心中清晰起来。换句话说,福贵一家及徐家川的其他男女老少已经在我们的身上活着了。

我们有布莱希特式的先锋戏剧模式。生死别离的情感戏是《活着》的一大亮点。凤霞不会说话,然而她的离去却不是一个单调的无言的结局。绚丽、浪漫、感人、煽情……所有被眼泪滋润着的词汇都可以用来形容这场戏。我们初读剧本时,许多人便情不自禁地被这场戏催出了在当今这浮躁的物质社会中几乎绝迹的眼泪。

我们还有完整具体的剧组编制:我们有强大的道具组,我们有舞台监督、美工、宣传、我们还有网络支持……最重要的是,我们有为阿西、为话剧、为校园艺术奋斗了四年的青春。毕业会演,是我们告别青春的纪念。四年的时光,我们在舞台上演出的故事各不相同,可最终关于青春的感动是相同的——台上台下,演员观众,每一个与阿西有关的人都拥有过一样的青春。哦,对了,在告别之前别忘了说一句:

谢谢大家来看阿西的演出!

三、话剧《活着》观众评价

(一)

阿西这一次给我们带来的,是一出关于生命的话剧。于是,它就成了一个沉重的故事。沉重到阿西放弃擅长的双线结构,用最质朴的演出方式,为我们讲述生命的故事。那么,就让我也放弃图片与音乐,用最纯真的文字,讲述我心中,活着的故事。

1. 回忆

回忆,永远是最哀愁的叙事方式。可是,我们所听到的,最好的故事,又有多少不是他者的回忆呢?又或者说,最好的故事,一直都是哀伤的。

所以,当老年福贵首先出场时,我就已经做好了准备。听他用低吟的声音,说他自己的故事。从徐家少爷到"老不死"的坎坷一生。看福贵的一生,听福贵的故事,简单地活着,却也仅仅是活着。也许,很多年后,我再回忆起这个阿西带给我的故事,我还是会忧愁得泪流满面。

2.生命

福贵一家都死了,只留下福贵这个讲故事的人。于是,慷慨陈词的老全就这么被子弹击中了。于是,刘春生的死只有"城里的刘县长死了"几个字的画外音。于是,二喜就这么走到台后,吼了声"苦根"后死去。甚至连我最初认为代表着希望的苦根也仅仅是停留在一个道具阶段,就由福贵的口述,结束了生命。哪怕是有庆,哪怕是凤霞,都是那么突然地死去,前一分钟还在台上,后一分钟就是死亡的念白。生命,在这里突然变得那么没有价值,似乎在命运面前,我们只有低头,阿西的演出,那么直指人心,让我揪心不已。

好在还有家珍,代表美好的家珍,虽然也死了,但是,她留下了美好。所以,我们才会有那一段止不住的流泪。因为美好的事物,在我们心中化作了最纯净的眼泪。然后,用最美好的弧度划过脸颊,散在空气里。而家珍所代表的美好,我们称之为:母爱和爱情。

3.历史

阿西用《黄埔军魂》配上演员的舞蹈演出来表现时间的流逝与战争的推进,表现手法很棒。舞蹈赚足了笑声与掌声。

第二个喜剧元素在于夸张的红卫兵批斗。

只是,我始终觉得这个元素,很沉重。我是笑了,却多少有些嘲笑历史的成分。可是,古人早就告诉我们:后之视今,亦犹今之视昔。我不知道,40年后,当我回首今日,我能否依然像今天这样,不动声色地笑着。

最后,我说,有限之物,即称之为生命。
最后的最后,阿西告诉我,活着,才是生命。

(二)

那天晚上从音乐厅出来,我恍惚着想,话剧《活着》是被那些阿西人用心血熬出来的。

那时看完原著掩卷,很难想象这部在几万字之间闪过一个亲友离亡的苦难人一生的故事可以改编成矛盾冲突激烈的话剧。余华是一个以冷静、严酷而著称的作家,虽然《活着》是他少有些许善意的作品,但最后的最后依然表现的是他所擅长的死亡。在他笔下,叙述这个故事的福贵是一个已经与命运在"感激与仇恨"中和解了的人,所以余华给了他的福贵一个主观的上帝的视角,把他的喜怒哀乐蕴含在内心的独白中——他活着,命硬的福贵他活着——而让他的视线,见证了周围一切人和事的死亡。

而话剧《活着》则将两者剥离,它分离出了两个福贵,一个回忆着一切的福贵,一个经历着一切的福贵,两者或前或后,在舞台上共叙着同一个人生。这两个福贵穿梭在每一幕间,交替着叙述了整个福贵的故事——然后,我们看见一段记忆中真实的自己与许多年后他的天命,在舞台的演艺中,碰撞在了一起。

话剧《活着》是被那些阿西人用心血熬出来的,熬出了更情深的一锅粥。粥里那些先福贵去的人唱出了歌声,多了层"恋生"的血肉。死也要活着,他们不舍得离开。升华了余华只是为活着而活着的淡漠,更多了刻骨铭心的情感羁绊。

原著里,失去凤霞的家珍最终因软骨病一点点冷在福贵的怀里;而话剧中,家珍从软骨病变作了间歇性的痴傻,她错乱的记忆将那些死去的人从坟墓里唤出来,引得我们只能无奈唏嘘。她的死处理得很美,蝶一样,她从福贵的身边慢慢走开,走开,然后消失在深蓝色的光影中。

原著里,有庆的死,凤霞的死,都是福贵听人转述,他只摸到一双儿女冷冰冰的尸体。余华是将那些福贵爱的人突然抽离了他的生命,淡淡的残酷,就像命运,不给你去怀疑,去反悔,去撤销。而在话剧里,编剧给了他们再次在瞬间定格中闪回的相逢。

知道有庆死的时候,福贵对着医院里的白屏,走着,走着——舞台变暗了,一道惨白惨白的光将情景回闪到那个下午,那个精灵鬼有庆还在为自己的血型对上了校长的而高兴的时候。福贵就这么眼睁睁地看着,看着他的儿子晃着脚新奇地坐在抽血的椅子上,看着他的生命就这么随着他人的贪婪与冷漠而流逝——有庆头晕了,有庆的身子往椅子背上歪了,然后,有庆不会动了……福贵看到了。然后他的手一点一点地摸着有庆的身体,抚摸着,那是他心爱的儿子啊,原来就是这么冤枉地死了的。

知道凤霞死的时候,又是在那张白屏风前。一片绝望的灰白中,舞台上闪出热闹的大红色,在梳头嫁歌中,时间突然回到凤霞初嫁,她在男人女人们的羡慕中风风光光地被抬到花轿上,那样的红艳艳——可一切再次戛然而止,回忆成了定格的黑白影像,红色迅速消退成死亡的灰白,从大喜一下子落入了大悲。凤霞的脸被一束白光刻在阴影里,她打着哑语,后台响起了她的声音。她真的不想死,她要她的爹娘,她要她的二喜,她的苦根。当大红的花轿成了死神的灵车,她就这么被抬着,抬着——她挣扎着,她叫出了声音,她是真的真的不想死呀!而这一切,福贵还是看见了,而我们作为观众,也被深深地感染了。

(曾刊于 2009 年总第 6 期)

问题与对策

——第三届师范技能月活动总结

于淑娟

2012年5月30日晚,校大学生活动中心二楼报告厅灯火辉煌,人文学院师生济济一堂,在院领导班子《江南好》的合唱声中,吴泽顺院长挥毫写就"江南好"三个大字,在欢笑和掌声中,人文学院第三届师范技能月活动圆满地落下了帷幕。

自2010年以来,师范技能月已成为人文学院培养师范生的重要手段,旨在营造学院浓郁的师范技能学习氛围,促进学院师范生夯实专业素养,提升师范技能。在第一届、第二届师范技能月的基础上,今年师范技能教研室与教务办、学工办老师群策群力,制定出第三届师范技能月的系列活动方案。方案针对目前学院师范技能培养与考核的主要内容,分为强化意识、培训指导、考核评测三个环节,设计了一系列内容丰富、形式多样的活动,主要有师范专业技能培训讲座、师范生专业技能基础考核、调研与见习、师范生培养与考核立项研究等系列活动,邀请校内外名师和专家,就演讲技能、求职礼仪、多媒体课件制作、教学研究、课堂教学等各个方面开展专题讲座,组织"江南好"师生经典诗文朗诵会暨第三届"师范技能月"闭幕式演出。

2012年3月30日,学院组织召开了"师范技能月"开幕式暨动员大会。会上傅惠钧副院长介绍了现今中学教育的实际需求,指出培养未来的优秀师资队伍,大学师范生教育实现与中学教育的对接与提升,是学院本科生培养的应有思路。通过会议的宣讲,学生的师范专业意识得到了强化,调动了学生学习师范技能的积极性。作为整个活动的序幕,有效地触动了学生的学习意识,成为学生全身心投入后续系列活动的良好铺垫。

　　强化师范技能意识仅仅是活动的第一步,随之而来的是对学习方法与训练途径的指导,这也是师范技能月中人文学子受益最多的环节。学院动员了校内外的师资力量,举办师范生专业技能培养系列讲座 12 场,对师范生的口头表达能力、书面表达能力、教学设计与实践能力、教研能力进行了全方位的培养。其中,针对朗读、演讲的专门辅导就有 3 次,从基本的文本朗读,到备稿演讲,再到即兴演讲,从易到难,完成了阶梯式的口语表达能力培训。书面表达分为汉字应用水平测试和写作两类进行培训,教学设计、说课、课堂教学实践是师范技能培训的核心,学院聘请了中文、历史学科的学科教学专家和具有丰富经验的中学语文教师,举办了 2 场相关讲座。这些讲座普遍注重理论与实践的结合,以理论分析为框架,结合具体的初、高中课堂教学,用实践经验分析问题,介绍了相关成功案例与避讳点,讲解方式生动细致,使学生获益匪浅。

　　师范技能月中,受益的不仅是学生,人文学院教师也展开了一系列的教学交流活动。新博士课堂、教授课堂的开展,让老师们在听课、评课中相互砥砺,相互学习,不断进步。师范技能的交流并不局限于院内,他山之石,可以攻玉,人文学院教师们继 2011 年北师大、首师大考察之后,又跨省至安徽师大学习交流经验,收获良多。此外,师生书画展、师生经典诗文朗诵会更是将人文学院的老师与学生融为一体,同写丹青,同台演出,营造了最欢乐、最融洽的师范技能学习氛围。

　　回顾第三届师范技能月的整个过程,成绩和经验固然应该总结,但不足和缺憾更值得反思。只有清醒地认识到培训与考核中存在的问题,才能让未来的实践更加顺利、圆满。

　　首先,师范技能月活动在时间安排上的问题值得注意。选定每年 4 月作为师范技能月,是学院考虑到诸多因素后做出的安排。这是一学年中的第二学期,对大一新生而言,已经渡过了适应期的忙乱,开始真正进入专业素养的培训时期,是强化师范专业意识的较好时机。其次,学生在 3 月份有较多的集体活动,进入 4 月,才有闲暇消化大量、集中的师范技能培训。4 月确实是师范技能培养的理想时段,但大量的讲座集中在 4 月份,使学生连续处于较为紧张的学习状态,对知识的消化和吸收需要一定的时间,这就造成了学习效果的不尽如人意。如何更为合理地制定科学培训计划,在师范技能月之后持续对学生进行培训,是我们必须要面对和解决的问题。未来的师范技能培训与考核安排,应该更侧重有张有弛地合理分配。

　　其次,师范技能月培训与考核中的实效问题值得反思。师范技能月活动中,老师、学生都付出了较多的时间、精力,但在对学生的调查和访谈中,仍有学生感觉培训不够深入,觉得一些活动没有收到理想的效果。这一问题在考核中也有所反映。比如在师范生书面表达培训讲座中,我针对上一年度应用文写作考核存在的问题,举例分析常见的错误,同时也着重讲解了几种常用应用文文体的写作知识。而 2012 年应用文写作考核的题目恰恰就是讲座中重点培训过的,但仍有部分学生失分严重,甚至未能过关。这表明,培训讲座有一定作用,但尚需与学院所设的写作课配合。而如何使日常教学与师范技能培训有机地结合,使师范生的各项技能得到切实提高,尚需多方力量的配合与衔接。而这一沟通在实施上有一定困难,有待教学团队思想认识的统一,以及教学安排的综合考量。

最后,学生在师范技能意识上存在的问题值得重视。在人文学院良好的师范技能培养氛围下,大多数学生能够自觉地投入到专业技能的训练与学习中,并有较强的师范意识和学习动力。但仍有少数学生认为自己将来并不打算做教师,或因对培训与考核感到厌烦,因而不能正确看待学院的师范技能培训,对考核敷衍了事,甚至有一些抵触情绪。学生的专业意识是逐步培养起来的,真正的触动往往来自于自身的教学实践。较为明显的例子是,教学实习归来的大三学生对师范技能培养与考核的重要性有了深刻的理解,大多数认为自己在师范技能方面有所欠缺,希望能有更多的培训机会;有同学提出希望学院能从大一开始要求学生达到某一技能训练强度。为使学生更早地对师范技能有真正重视和理解,应当在入校时即强调学生的教师角色意识,适时适度地引导学生了解中学教学实际需求,并创造多种多样的交流、尝试机会,让学生认识到自己在专业技能上的欠缺与差距,从而促进其自觉学习。比如举办实习经验交流会,让实习归来的学生结合自身的切实体会,与低年级同学畅谈师范技能学习的重要性及学习的重点、难点,这不失为一个较好的方法,在下年度的师范技能培养工作中,希望能探索到更多有效的方法。

(曾刊于 2012 年总第 9 期)

开展汉字应用水平测试的探索与思考

王洪钟

如今的大学生十指翻飞于键盘、两眼紧盯显示屏的时间恐怕并不少于奋笔疾书于纸面、埋头苦读书本的时间,对于书写的疏离感已经让提笔忘字越来越频繁地出现在书面交流中,而拼音输入法制造的"版主—斑竹"之类的谐音别字也颇有泛滥之势,此外光怪陆离的"火星文"在大学生的日常书写中也时有出现。所有这些都在不断蚕食我们的汉字规范意识,消磨我们对汉字应该持有的敬意。

如果痴迷键盘与网络仅仅牺牲手书汉字的工整与美观,作为跨进信息时代所必须付出的某种代价倒也还情有可原,但如果更进一步导致错字不断、别字连篇的话,那显然不是我们付得起的代价,如此得不偿失,逼迫我们必须反思当前的汉字教学是否出了问题。

在目睹师范生用语用字不尽如人意的同时,我们也时有这样的耳闻——教育实习的带队老师称:中小学仍然非常看重实习生的"三字一话"等传统师范技能;学有专长的研究生云:去中小学应聘试讲往往不敌"技"高一筹的师范本科生。在普通话水平测试(PSC)走过十个年头之后的 2006 年,教育部和国家语委联合发布了《汉字应用水平等级及测试大纲》,这是又一项国家级的语言类标准化水平测试标准,目前全国已有十多个省市开展了汉字应用水平测试(HZC)。毫无疑问,在不久的将来,各级政府部门、新闻出版单位、各级各类学校和教育机构等录用人员或核定岗位资格时,均会要求相关人员通过 HZC 并获取一定的等级。浙江省迄今为止尚未启动汉字应用水平测试,我们人文学院在 2010 年将汉字应用水平测试列为师范技能考核的项目之一,到现在已经连续开展了三年，在省内高校中独一无二，目的无非是通过提高人文学子的语言文字应用能力，更好地服务浙江的基础教育，增强毕业生在就业市场上的竞争力，同时为接轨国家级的 HZC 打好基础，积累经验。

人文学院这三年的汉字应用水平测试在测试范围、试题总量、试题类型等方面都参考了国家测试大纲，在此基础上又作了不少调整，如：测试范围，即测试的总字量，我们暂时控制在甲表 4000 字的范围内，而国家试卷的测试总字量达 5500 字，即甲表 4000 字、乙表 500 字、丙表 1000 字；试题总量，我们总题量为 100 题，60 分钟完成，国家试卷为 130 题，80 分钟完成；试题类型，除了国家试卷有关汉字音形义的选择题、书写题之外，我们还增加了对汉字笔画、笔顺及检字部首等项目的考查。

测试不是目的，何况我们的测试尚无外界认可的等级证书；测试只是个手段，通过测试前有针对性的学习与训练以提高师范生应用汉字的水平才是我们的目的。为此我们编写了《汉字应用水平测试指南》，内容除了收录测试字表、普通话异读词审音表、第一批异读词整理表等规范文件以供查检外，还分类归纳了容易读错的现代汉字、容易误写的现代汉字、容易读混的常见多音字、容易写混的非规范词形、容易写错笔顺的汉字，以提示学习的重点与难点，提升指导针对性，提高应试有效性。对于不便编入手册的，则提供检索目录、电子图书或相关名称，方便进一步查检与核对，比如《现代汉语通用字笔顺规范》《在线新华字典》《笔画笔顺字典》等。测试前我们组织专题指导讲座，明确测试的目的、要求，分析往年测试试题，介绍复习应试的方法。三年测试的总体情况差强人意，但年度之间、年级之间、班级之间、专业之间的过关率还存在较大的不均衡现象，原因固然有来自试卷本身的难易系数及判卷宽严等方面的差异，但更多的恐怕来自应试人的重视程度差异、准备的充分程度差异及训练的有效性差异。为进一步完善此项测试考核并总结前期实践中存在的缺陷与不足，我们组织此项测试成绩优异的学生成立了一个院级课题组，除拟制了八套模拟试题初步建成测试题库外，还全面统计分析了所有的测试答卷，得出了一系列有说服力的统计数据，这些数据对如何合理安排复习应试的进程、如何改进试题的命题思路、如何调整测试指南的内容、如何完善培训指导模式等都有启发意义。

综上所述，未来我们需要作进一步探索的问题主要包括两个方面。

一是拟制科学合理的试卷。

以往我们对试题难易程度的控制缺乏参照系，不同试卷之间难以做到相对平衡，今后可以参照国家测试的命题思路，对测试用字进行分级、分比例的调整。即将测试总字量扩展为 5500 字,包含甲、乙、丙三张字表。其中甲表 4000 字,主要是现代常用汉字;乙表 500 字,主要是常见的通用字;丙表 1000 字,主要是不常见的通用字。每份试卷的 100 道题目涉及甲、乙、丙三表辖字的比例分别为 70%、20%、10%。对答题正确率的要求则分为五档,即一档极高,90%;二档很高,80%;三档较高,70%;四档一般,60%;五档较低,50%。要求一级水平对甲表 4000 汉字的正确掌握率为极高 90%,对乙表 500 汉字的正确掌握率为很高 80%,对丙表 1000 汉字的正确掌握率为较高 70%;二级水平对甲、乙、丙三表汉字的正确掌握率比一级水平各降低一档,即在一级基础上各降低 10%;三级水平对甲、乙、丙三表汉字的正确掌握率比二级水平各降低一档,即在二级基础上各降低 10%。详见下表:

等级	题 量			分数/百分制
	甲表 70 题	乙表 20 题	丙表 10 题	
一级水平	≥90%	≥80%	≥70%	≥86
二级水平	≥80%	≥70%	≥60%	≥76
三级水平	≥70%	≥60%	≥50%	≥66

一般而言,我们要求中文专业的师范生达到一级水平,其他文史类专业的师范生达到二级水平,艺体、理工类专业的大学生达到三级水平。

二是研制自测训练系统。

具有即时反馈功能的自测训练系统有助于激发学生的学习兴趣,提高学习效率,避免单调乏味的死记硬背。

(1)研制汉字笔顺自测软件。将基本笔画"横竖撇点折"编码为 12345,电脑随机显示一个笔顺易错汉字,只要输入正确的数字系列,电脑自动显示正确,否则便判为错误;判错后可即时显示正确答案,也可做完一个单元后集中显示错题的正确答案,两种情况均可通过动画形式或分解形式显示该字的正确笔顺。以"方"为例,正确的笔顺编码为 4153,如果输入 4135 则显示错误,点击按钮显示动画形式或分解形式的正确笔顺。通过自测,可以有效了解自己在笔顺、笔画数方面的正确率,有助于学生有针对性地进行强化训练。

(2)研制汉字注音自测软件。以拼音输入法为基础,将普通话的四个声调编码为 1234 附在拼音后面,电脑随机显示一个读音易错汉字,只要输入正确的拼音及声调,电脑自动显示正确并进入下一题,否则便判为错误,可即时显示正确答案,也可做完一个单元后集中显示错题的正确答案,两种情况均可通过语音播放该字的正确读音。通过自测,学生可以有效了解自己掌握汉字字音的正确率,有助于有针对性地进行强化训练,提高自己的注音水平与发音准确性。对于多音字,可以通过呈示语境词的方式来检测,如"参"可以显示"(人)参""参(差)""参(与)",要求正确答案分别是 shēn、cēn、cān。

(3)研制各类易错字自测题库。通过若干套互不重复的试题,将汉字应用中的常见错误尽可能包含在内,有效提高应试人辨别用字正误的水平。如:形近易错字自测题库,可有助于辨别"鸬—鸠、戊—戌—戍、坠—堕、燥—躁、耽—眈、悛—俊、晤—唔、喧—喧"等形近字;音近易错字自测题库,可有助于辨别"带—戴、手—首、拥—涌、黄—皇、躬—恭、败—拜、即—及、肖—孝"等音近字。

(曾刊于 2012 年总第 9 期)

理性与情感交融的智慧

——从省师范技能竞赛看师范生即席讲演的能力培养

陈海峰

《浙江省高等学校师范生教学技能竞赛实施细则》规定："即席讲演具有即兴发挥、主题集中、篇幅短小等特点""要求参赛者具备多方面的知识素养和能力,特别是需要敏捷的思维能力,快速的语言表达能力和灵活的应变能力",简要概括了即席讲演的特点与能力要求。同时,《实施细则》也提出了具体的评价标准。

基于此,学院师范技能培养与考核教研室将即席讲演纳入学院师范技能考核项目,对即席讲演的能力培养与考核进行了必要的探索。教研室搜集了历届省师范技能竞赛与学院师范技能考核的即席讲演试题,编订了《即席讲演案例汇编》。并于每学年第二学期,针对学院三年级本科生进行"过关式"考核。此外,也不遗余力地指导学生开展"师范生即席讲演技巧"等课题研究。

本文认为,师范生即席讲演的本质特点应当是重在分析和重在交流,特别是充分运用专业知识分析案例。其基本要求包括准确性、生动性和创新性。

1. 准确性

准确性首先表现为演讲者在阐释观点、例证分析时,准确把握命题。其次,演讲者所运用的教育教学原理或专业知识必须科学准确,即准确运用理论。再次,语言表达必须规范得体,符合师范生的身份,即准确组织语言。

2. 生动性

首先,应当做到语言流畅、表述完整、内容丰富。尽管即席讲演准备的时间很短,但仍然有章法可循。演讲者应当按照一定的逻辑思路,夹叙夹议,以促成语言表达的流畅与完整。其次,要培养演讲的技巧,注意有声语言和体态语言

（无声语言）的合理使用。

3.创新性

演讲者运用专业知识与教育教学原理进行阐释和分析本身就是一种创造性过程。同时，要在竞赛或考核中脱颖而出，贵在表现出自身的特色，令人耳目一新。

在明确了即席讲演的本质特点和基本要求后，本文试结合《实施细则》规定的评价标准和相关案例，对如何培养师范生即席讲演的能力作一粗浅探讨。

第一，在即席讲演中，巧妙运用教育教学原理和专业知识能够深化主题、提升立意。理论是灰色的吗？歌德有句名言："理论是灰色的，生命之树常青！"如案例：

一天，一个小男孩在家里照顾他的妹妹莎莉，他无意中发现了几瓶彩色墨水。小男孩忍不住打开瓶子，开始在地板上画起了妹妹的肖像。不可避免地，他把室内各处都洒上了墨水污渍，家里变得脏乱不堪。当他母亲回来的时候，她对色彩凌乱的墨水污渍视而不见，却惊喜地说道："啊，那是莎莉！"然后她弯下腰来亲吻了她的儿子。这个男孩就是本杰明·威斯特，后来成了著名的画家。他常常骄傲地对人说："是母亲的亲吻使我成了画家。"

案例中扑面而来的是生命教育和赏识教育的气息。泰戈尔说："教育是向人们传递生命的气息。"生命教育可以说是三维目标中情感、态度与价值观目标的内在要求。而赏识教育更是教学园地里的阳光雨露。罗丹说："生活中不是缺少美，而是缺少发现美的眼睛。"哈佛大学心理学家威廉·詹姆士更有名言："人性最深刻的原则就是希望别人对自己赏识。"

第二，"形散而神不散"，这便是逻辑的力量。在第五届省师范技能竞赛中，选手王巧丽巧妙地借用《中学历史教学参考》"征题精选"栏目的解释语，以"放大镜"（全面把握前期分析）、"显微镜"（具体阐述教学目标）、"望远镜"（统筹构思教学过程）、"多棱镜"（多元选择教学方法）、"回光镜"（剖析体悟教学反思）这"五步骤"来开展"说课"讲演，条分缕析，收到良好的效果。尽管即席讲演一般按照这样的逻辑展开：开头、案例描述、教育教学原理或专业知识分析、个人认识与评价、结尾。但在具体阐释中，结合案例做类似上述"说课"的逻辑处理有助于条理清晰。

第三，知识积累十分为重要。"巧妇难为无米之炊"。知识积累的素材包括专业知识、教学案例、名言警句、古典诗词、成语典故、社会热点等。只要能结合所选话题，自圆其说、言之成理即可。当然，这里也考察发散思维的能力。如案例：

"孟母三迁"的故事为历代所称述。如东汉赵岐《孟子题辞》："孟子生有淑质,丧其父,幼被慈母三迁之教。"宋代苏轼有诗句："自言总角岁,慈母为择邻。"元代关汉卿《蝴蝶梦》："想当年孟母教子,居心择邻;陶母教子,剪发待宾。"孟母三迁成为后世母亲重视子女教育的典型,影响至今。

不禁让人联想起诸如孟郊《游子吟》——"谁言寸草心,报得三春晖",或如史铁生的《我与地坛》——"有过我的地方都有过母亲的脚印",再如李密的《陈情表》、归有光的《项脊轩志》、朱自清《背影》,包括上文所引的"是母亲的亲吻使我成了画家"。引用素材一定要有真情实感,如《项脊轩志》中"儿寒乎?欲食乎?""儿之成,则可待乎!"寥寥数语,母亲对儿子的关切和期盼之情跃然纸上,自然可以感人。另外,即席讲演可以结合身边发生的故事,但是必须要典型且能够反映主题。

第四,语言要富有文采。所谓"言之无文,行而不远"。古诗词的运用是文采,整齐的排比句是文采,贴切的类比也是文采。此外,音韵和谐与长短句交错也都能够增强语言的文采。

第五,举手投足间的交流艺术。演讲是一门艺术,它的最高境界是引起听众的共鸣。成功的演讲除了运用语言本身的艺术外,还应注意体态语的运用。体态语包括手势、站姿、表情等,代表了演讲者的形象气质。其中眼神是最关键的,需要经常与观众交流,以达到心灵的互动。

演讲是有生命的,它是理性与情感交融的智慧。语言源自生活,即席讲演的智慧也来自生活。浸润于生活的艺术,徜徉于文史知识的殿堂,那么,在这场即席讲演的邀约中,生命必然走向丰美。

（曾刊于 2012 年总第 9 期）

关于师范生专业技能培养的思考

——第四届浙江省师范技能大赛指导总结

于淑娟

第四届浙江省师范技能大赛 2010 年 11 月 28 日在湖州师范学院落下帷幕,我院选送了四名选手参赛,三名汉语言文学专业的学生参加高中语文组竞赛,一名历史专业学生参加综合组的竞赛,最终获得语文组一、二、三等奖各一名,综合组一等奖一名的成绩,参赛选手获奖率达到了 100%。

浙江省师范技能大赛既是浙江省各高校师范技能最高水平的展示,也是对各校选手师范技能的一次检验。在众多高校中脱颖而出,最终获得优秀的成绩固然令人的欣慰,但荣誉自比赛结束那一刻即已成为过去,比赛过程中所反映出的师范生培养经验与问题却值得总结、深思。

一、人文学院师范生专业技能的优势

中学语文教师本身承担着培养中学生人文素质的重要责任,因而对师范生的综合素质要求较高。在比赛中,评委和观摩的教师都将选手放置在"放大镜"下,用最挑剔的眼光来评判。在观摩整个比赛的过程中,我院选手的整体素质突出,气质优雅、教态端庄自然、语言流畅优美、思路清晰、表述准确、文本理解深入,做到了内外兼美,体现出较高的师范专业素养,以整体的优势征服了评委,获得了优异的成绩。

取得这些优势的原因是多重的,首先与人文学院制定的合理的教学体系密切相关,是各位任课教师辛勤培育的结果。人文学院制定的教学体系,使学生拥有良好的专业知识储备;严谨认真、广博优雅的教学特点在我院很多教师身上体现得很突出,他们以身垂范,学生耳濡目染,自然学习到良好的教学风格。

其次，与我院对师范技能考核的重视密切相关。院班子高度重视，领导亲自参加，还聘请学科教学论教师参与指导，使整个训练高效、严密。在选拔及训练环节，我院高标准、严要求、重细节的做法，有显著的效果。如要求学生脱稿说课、脱稿模拟上课，训练学生的记忆及组织语言的能力，在仪表体态上都力求完美等。这些工作非常重要，在比赛中，他校的选手有的未能脱稿，有的语言欠流畅，有的仪态欠优雅，而这些问题在我院选手身上都没有出现，相比之下自然优势明显。

另外，学生的成长还与学生工作密切相关。我院所选送的选手有的是从各种比赛中成长起来的；有的是获得语文组一等奖的学生；有的从大一开始，参加过演讲赛、辩论赛、社会实践等活动，正是一次次的活动磨炼出过硬的心理素质、自然得体的仪态以及语言表达能力。这些活动，还有助于发现人才，为竞赛输送优秀选手。

二、专业知识存在的问题及对策

这次训练及比赛的过程，充分体现出我院师范技能教育的长处和优点。但如果单单就我院选手的表现来看，仍反映出一定的问题，还有提升的空间。

首先，对文本的整体把握能力有待提高。在备赛过程中，即使基础比较好的同学也暴露出这方面的问题。比如在赛前的模拟授课中，一位专业学习上表现较突出的同学，却未能理清余光中的散文《听听那冷雨》的文章脉络，思路显得有些混乱。这暴露出学生在专业学习中的问题：对文本细节的某一点或许能有较深的理解，但对课文的整体把握及内在情感脉络的梳理却较为薄弱。

其次，对文本的领会多依赖参考书，缺乏独立的思考。在师范技能比赛中，参赛选手的思想深度也是一个重要的考察内容。但因为学生过多地信赖教学参考书，照本宣科，千篇一律，缺乏创新，竞赛只成了技能上的表演。竞赛时参赛选手讲解同一篇课文，这个问题就更为突出，没有出新自然就难以脱颖而出。

再次，灵活运用知识深化教学的能力有所欠缺。我院深厚的科研及教学实力，使学生具备了较为全面的知识体系，但在语文教学中如何自觉灵活运用，却表现出不足。培根的《论厄运》，是一篇高中阶段学习的议论文。讲授课文中的重点语句，"这个故事其实正是对于人生的象征：因为每一个基督徒也正是驾着血肉之躯的轻舟，横渡波涛翻滚的生活之海的"，缺少对西方文化基督教背景的介绍，缺乏中西文化的对比贯通，就很难帮助学生准确理解语义。比如联系儒家思想中的"勇""毅"，指出中西文化对人的品格的共同认识，帮助学生理解课文内容,就能加深对问题的认识。学生表示,这些内容是了解的,但在讲解时却没有想到。这表明,学生在如何综合运用知识储备上,还缺乏应有的训练。

参赛学生是经过多重选拔才脱颖而出的。他们的问题,应该是学生中普遍存在的问题,因而应该引起足够的重视。下面谈谈我的一己之见。

目前我院的师范生专业教育主要通过基础课和选修课进行。这两类课程中都应对中学语文教学有所兼顾,但侧重点应各有不同。

首先,基础课程应重视与中学语文教学相对接。在文学史的讲解中,应尽量涵盖中学语文课文,强化对这部分作品的解读,特别应重视对解读方法的指导,让学生学会整体把握文章主旨,梳理脉络,学会细读深读。通过这种有意识的训练和示范,提高学生分析文章的能力。

其次,选修课程应重视开阔学生的视野。要在基础课的基础上进一步拓展学术领域,训练研究方法,贯通古今,融汇中西。克服学生的视野局限,使学生对文本的解读更具广度与深度,更富有创造性,从而更充分展现自己的专业能力。

最后,在赛前辅导阶段,要更有针对性地进行个体训练。我院学生多数素质较好,参赛选手更为突出,略加点拨就能有所提高。这次语文组说课、模拟上课、板书环节,抽取的篇目是《米洛斯的维纳斯》,面对陌生的课文,在一个小时的准备时间里,两位选手都设计了把问题放在中西文化的背景下进行讲解的内容,也都抓住了全文的主旨,并进行深化。这显然与赛前有针对性的指导和训练是分不开的。

三、师范技能存在的问题及对策

从这次比赛来看,学生在师范技能方面同样存在不少问题。

首先,是字、词读音问题。语文教学,字词读音的正确是最基本的要求。因此,在竞赛中针对知识性错误的扣分也较为严厉。而学生在这方面表现出来的问题也令人吃惊,在《祖国呵,我亲爱的祖国》这篇课文的讲解中,两位同学在朗读时,出现了"纤绳"的"纤"字、"勒进"的"勒"字、"挣脱"的"挣"字三个读音错误。方言发音仍普遍存在,如前后鼻音混淆、舌面音发不好等。可以看出学生的语文基本功仍欠扎实,备课还不够充分。

其次,是粉笔字的书写问题。有两种现象:一是写字基本功差,粉笔字自然写得差;另一种是字还过得去,但粉笔字写得不怎么好。两种情况都需要训练,而前者的训练更加艰巨。

再次,是板书的设计问题。一是缺乏新意,大多雷同;二是书写潦草,布局松散随意。雷同的现象与过于信赖教参有关,也与缺乏设计训练有关;而书写潦草、布局随意的问题,自然与学生自身不够严谨有关,但与大学课堂上许多教师板书潦草随意的影响不无关系。

针对以上问题,我们要有积极的对策。语音与书写都是一个长期形成的习惯问题,想要在短期内有飞跃式的提高,一般较难。因此需要从大一开始抓,有计划地进行语音和书写训练。到大三参赛时可有明显改观。教师教育学院目前承担师范技能培养的任务,但因学生数目庞大,难以真正落到实处。必须立足专业学院来强化这项工作。目前我院开展的师范技能培养与考核工作是有前瞻性和创见性的教学工作,这对提高学生的师范技能有很大的促进作用。如果能持之以恒,并不断在进展中加以完善,在全院教师的努力下,定会提高我院的教学水平及教学声誉,培养出更多优秀的师范生。

(曾刊于 2010 年总第 7 期)

忧思与展望

——2012年教学技能大赛指导工作总结与反思

钱淑英

2012年第六届浙江省师范生教学技能竞赛业已结束,我们有七位选手参赛,获得三个二等奖和三个三等奖。虽是主场作战,却未能斩获一个一等奖,终究有些遗憾。不过,过程比结果重要。作为指导老师,我们愿意相信,这句话里所包含的本质性意义,胜过心理上的一种安慰。

整个备赛培训的过程,从培训方案的拟定,到各位指导老师的细致分工,以及大家群策群力的指导,无不体现出我们对过程的重视。成绩固然是衡量水平的一个标准,然而我们认为,全面提高人文学子的师范技能才是关键,这也是推动我们全身心投入其中的一个重要原因。比赛结束,我们需要从中总结经验,目的是为了更好地开展师范技能培养工作,营造学生积极参与师范技能训练的良好氛围,提高他们的师范技能水平。

在半个多月的时间里,我们进行了赛前的积极备战,不仅安排了多媒体课件制作、教学设计、即席讲演等方面的专项指导,还组织了四次全程模拟竞赛。参赛选手们很努力,也很辛苦,而且在整个训练过程中,呈现出很好的现场掌控能力。他们经过教学论的专业学习,再加上实习的锻炼,在各个环节都表现得十分老练、不紧张、不怯场。这一点,尤其值得肯定。

然而,由于赛制的变化,使得我们的备赛过程困难重重。首先,竞赛规则在时间上做出调整,要求选手在150分钟之内完成教学设计并制作课件。这就意味着,如果学生对教学材料不熟悉,在专业上没有很好的积累,就很难在短时间内深入解读文本,也就难以组织精彩有效的教学活动。从训练过程来看,七位参赛选手在文本的理解和传达方面都做得不够精准到位,甚至出现了知识性的错误和硬伤。对此,我们深感忧虑。这说明,我们的学生在专业素养方面还存在较大缺失,而这种缺失,是无法通过技巧来弥补和掩盖的。

教学技能竞赛实际上就是扮演教师角色的过程,在这个舞台上,选手的确需要具备表演的才能,大方得体的仪表,自信从容的体态,生动流畅的语言,这些都可以为比赛加分。但我们仍然需要明确一点,讲台不同于一般的舞台,教师的最终任务是传授知识,并且通过情感态度和价值观引导学生与文本进行心灵的对话。情感的力量胜过一切技巧,只有将适切的情感和适切的技巧融合在一起,课堂的空气才会流动起来,教师的魅力才能得以显现。而情绪的到位,是建立在对文本准确理解的基础上的,唯有如此,教师才能产生与文本相契合的情绪,并将这种情绪自然转化为课堂教学中的语词和神态,激发学生的学习热情。就这点而言,我们的参赛选手普遍做得不够,没有深入文本世界,缺少应有的激情和感染力。

其次,这次竞赛对即席讲演提出了更为专业的要求。往年竞赛中的即席讲演部分,基本上是就教学管理方面的常规性话题展开讨论,只要参赛选手思维活跃,具备讲演的才能,就可以应对自如。这次竞赛将即席讲演的内容限定在特定的专业领域,要求选手就教材、教法的一些问题提出专业性的见解。在 5 分钟内充分解读材料,形成观点,同时组织讲演内容,确实是一件不容易的事情。针对这一状况,我们专门为选手开设了即席演讲的专项指导,中文专业特地邀请童志斌老师做专业解析,引导学生通过寻找关键词的方式,以多角度的发散性思维解读材料、表达观点,同时寻找新课标、新课改的纲领性文字及相关的教育学原理作为论据,使讲演更有说服力。经过指导之后,同学们逐渐明确了方向,并且在训练过程中提高了即席讲演的能力。

今年赛制的另一个变化内容就是多媒体课件演示。过去的竞赛只是将课件作为单项考核内容,不要求在上课过程中进行展示。今年的竞赛则要求选手在模拟上课时使用与教学内容相关的课件。这就意味着,多媒体课件制作不仅要考虑技术性和艺术性,还要考虑专业性。应该说,选手们在课件制作方面反映出了较好的技术水准,但仍存在一些不足,有的不够美观,有的在实际教学板块的设计上产生偏差,有的还出现了较多文字上的错误。如何使课件做到既美观又实用,如何使其紧贴教学实际,突出教学思路和重点,更好地为教学服务,还需要我们不断摸索和实践。这不仅需要技术上的支持,还需要专业上的积累。

最后,不得不提板书的问题。在每一年的师范技能竞赛培训中,我们都可以发现,板书是参赛选手的一个薄弱环节,学生既难以做到书写的美观和规范,也很难在整体构图上创新。这是基本功的问题,只能通过勤学苦练提高书写水平,别无他法。另外,在板书设计时,还要处理好与多媒体课件之间的关系。板书如果要发挥自身的作用,不应只是简单地复制课件上的关键词,而是应该通过简洁的文字和独特的构图,与课件形成互补,以丰富教学形式,提高教学效果。这是赛制变化以后我们需要重新考虑的又一个问题。

面对学生在师范技能方面存在的诸多问题,我们的确忧虑重重。不过,让人感到欣喜的是,2010级师范技能兴趣小组的同学认真参与了这次模拟竞赛培训活动,他们充当听课学生,是很好的合作者和听众,同时表现出专业探究的兴趣和积极性。而且,在说课、模拟上课的考核中,2010级同学整体表现优良,冒出了几个好苗子。因此,我们期待他们在以后能有精彩表现。毕竟,结果是对过程的最好诠释,好的结果,会让过程变得更有价值,使人信心倍增。那么,就让我们怀着信心和期待展望未来吧。

（曾刊于 2012 年总第 9 期）

电影配音与人文素养

李　震

在我成长的岁月里,观看外国电影的译制片曾经最为常见。看着电影里的外国演员说着地道的中国话,不仅没有丝毫的违和感,而且往往会让你习惯于佐罗的高亢亮丽,罗切斯特的沙哑沧桑,波洛的沉郁睿智,还有茜茜公主的纯洁活泼,会让你觉得这些令人难忘的嗓音天然就是这些电影人物难以磨灭的标志。多年以后,面对这些电影的原声,与我有同样经历的人将会回望这些业已久远的译制片,感慨上海电影译制片厂对电影传播的巨大贡献,领会那些看似寻常的点滴话语中蕴藏的艺术品格,惊叹邱岳峰、毕克、童自荣这些配音演员精准的功夫和不朽的声音。

与电影配音呈现出的激情澎湃、卓尔不凡相比,从事电影配音却是一个需要超出常人想象的技术、耐力和毅力的工作。配音,实际上体现为一种声音的表演,而这种表演极大地受制于电影中演员的身体表演。而外国电影译制片的配音,又需要跨越不同语种之间的文化距离,以得体的中文语式和声腔音调表达出合乎情理的文字内容和言外之意。所以,配音事实上是在极为明显的限制条件下、在语言的口头表达中追求艺术创造的过程。"戴着镣铐跳舞""在细节处彰显艺术",往往是对配音恰如其分的形容。正是由于这个原因,从事电影配音需要投入事业的热情,甚于对光彩荣耀的追逐;需要经受的磨难和考验,甚于完成一件艺术品时的自得;需要懂得逐步完善的过程,甚于期待美好的成果。

配音开始于集体观摩和讨论电影。为何强调"集体"?虽然配音表现为个体的表演,但却和戏剧电影的身体化演出一样,依赖于群体性的合作。重要的是,配音群体需要通过观摩和讨论对所配电影从思想主题到角色关系,再到人物性格与场景转换的节奏等达成一定的共识,配音工作方能展开。这种共识尽管不一定直接转换为配音成果,却可以在配音的过程中弥补演员们在理解过程中可能出现的分歧,使合作拥有一个清晰晓畅的体验基础。

配音,其实就是说话,替影片中的演员说话,只是这种说话全然不是无条件的。程序上,配音要做的第一件事就是翻译。通常翻译的标准是意义准确、通顺明白、得体文雅,后两条又以准确与否为前提。然而在电影配音中,翻译台词所需要遵循的标准与以上要求相较却完全颠倒过来:顺畅得体与否往往是决定如何翻译的首要条件。因为电影配音是需要尽量匹配演员说话时的口型和时间长度的。这一要求促使台词翻译虽然仍以准确为基础,但在表达的细微处却需要根据对白的长度和演员的口型,结合电影故事的具体内容和电影人物的性格习惯来设计相应的对白翻译。影片中的演员从张口说话到嘴唇合拢之间的时间,也就是配音演员可以表达的时间。这要求台词翻译时必须考虑到时长的一致,同时又需要尽量表达出外语台词的核心内容。由于对口型的关系,必要时甚至可以改变台词的原始意义和顺序,选择符合电影内容情境的词汇与句法。显然,这对配音群体的语言能力提出了比较高的要求:不仅中外文的意义需要对应、贯通,而且台词对白的设计更需要兼顾人物个性、语速时长及中文的表达习惯。凡此种种,都在提醒我们,电影台词的翻译远非一蹴而就,而是需要在实际配音过程中逐步修订和完善。这是对配音演员艺术语言的积累和语言艺术的表达能力的考验。

配音的另一关键之事在于分配角色。一般根据各位配音演员的声线特质来进行,当然也要考虑各人声音的可变程度及所配角色的塑造要求。例如,两个年轻男性角色的对手戏,让两位同样年龄、声线相近的男性来配,或是其中一个角色利用另一位女性较为靠近男性的变声来配,以求凸显出对话双方的差异、对立和可区分度,这种选择取决于对角色塑造的具体要求。然而角色分配中蕴藏着另一重考验,这种考验发生在影片整体风格和角色话语特征之间的协调上。每一部电影都有自己的叙事主题和节奏,同样也具备了相应的表现手法和影像风格,这些无疑深刻地扎根于电影本身所依赖的民族文化传统和时代地域特征。电影人物虽然有不同的性格倾向,但角色性格一来不能脱离电影主题而成型,二来也无法在文化背景模糊不清的条件下得以确立。这就要求配音演员在熟悉电影故事来龙去脉的前提下,对人物角色的言行举止进行整体的考虑。每一个配音演员不仅需要对所配角色的行为心理了如指掌,而且还要对影片中有对手戏的其他角色的性格状态有所了解,更要对角色之间的互动模式有感同身受的理解和把握。这就是说，每一位配音演员所要考虑的，除了自己的角色如何说话，其他角色怎样表达，乃至整部电影的话语通过什么样的总体风格加以呈现，都在其中。此时，配音导演的工作就显得尤其重要。电影配音是一项需要整体协调的活动，配音导演不仅需要根据配音演员的声线和音质分配电影角色，而且需要引导全体配音演员深入领会电影故事的文化意蕴及影片所采用的拍摄方式的意义，力求在配音的措辞、语气和语速中加入对这种文化价值和意义的理解。如此，配音才不至于是脱离电影本体的自说自话，方能显现出与电影主题和影像特点的契合，影片的整体言语风格才得以构建起来。同时，配音导演需要依据每个角色的具体情况，引领相应的配音演员明确角色的声音表现方法与话语模式，既体现出角色的情境个性，又不至于和影片整体言语风格相距过远而显得突兀。

电影配音在一定程度上要求配音演员与影片中的演员一样入戏，非如此，配音演员难以在声音上完成与剧情结构、人物格调丝丝入扣的表演，钻研剧情和人物就成为每一位配音演员的必修功课。配音训练如果仅仅是单纯地识记台词，则很难在入戏的情形下提升配音演员对声音表现力的把握水平。因此，配音训练实际上也就成为配音演员们反复进行剧情排练的过程。其中所需要的毅力和耐心是可想而知的。然而，也正是通过这些繁复的排演活动，台词的磨炼、声音的收放力度、对话中的张力，才能具体地显现出来，配音演员也才能获得语言艺术经验的积累和表达能力的提升。

电影配音的完成无法离开录音技术设备和专业影音制作软件的操作，这也是电影配音技术层面上的必经环节。与技术环节相对的是，电影配音更是一种需要充分人文素养的事业。在电影配音的实践中，许多程序步骤都需要参与者有相当的人文素养：对文学艺术的理解、对语言能力的掌握、对表演分寸的拿捏，还有人与人之间合作精神的可能。缺乏人文素养的电影配音，是难以想象的。配音实践既是参与者人文素养的集中表现，也是推动参与者自我吸收和自我汇聚多方面人文素养的过程。从这个意义上来讲，电影配音可以被视为进入人文生活与素养培育的一个值得关注的方式。

（曾刊于 2012 年总第 9 期）

电影配音实践反思

王　晨　李钰雯　汪子骁　谢莉莎

一、人要敢于尝试与挑战

"电影配音艺术的理论与实践"是浙江师范大学 2012 年度开放试验项目之一。为了完成这个新颖、艰巨的任务,我们 09 级人文教育、历史,10 级汉语言文学专业的 8 位同学在人文学院李震老师的带领下,组织了一个名为"人文精神(Humanistic Spirit)电影小组"的团队。从 2011 年寒假开始到 2012 年 12 月中旬,主要完成了电影观摩、脚本翻译、角色配音、后期影音制作四方面内容。

"人要敢于尝试与挑战。"记得刚刚决定申请这个项目的时候,人文精神小组的每个人心里都没底。什么是电影配音? 用什么软件、在什么场地配音? 以我们团队的条件能否最终完成项目? 甚至,最后一个问题一直贯穿整个项目的实施过程。不是逃避,也不是懦弱,而是对于电影配音毫无经验、毫无准备的客观实际的承认。身边的人也多次问过我:作为负责人,你拿什么来保证你们能做出三部电影来呢? 我当时根本没有答案,经常一个人选择一个阳光明媚的午后,在情人坡上看着远山"打坐"沉思。经过一段时间痛苦的冥想,我自己给自己吃了定心丸:怕什么! 目前能拿出创意与激情! 于是,一步一步地做,一点一滴地积累。高瞻远瞩,事无巨细。大到配音角色的分配——哪些人的声线更浑厚,哪些人的声音富于变化,哪些人易于表达内心真实的感情,哪些人善于"伪装"而诠释不同的喜怒哀乐,小到每一句电影台词、每一毫秒台词的进度都要努力做到翻译准确、不差毫厘,每一次配音的时间、场地、内容安排要照顾到每一个队员的实际情况,每一块钱都要花在"刀刃"上,用有限的经费设计制作队服和标志、采购与维护配音设备，等等。前期各方面的准备做得比较充分，大大小小开过不下四次会，小组在一起筛选、确定、观摩了每部电影，七嘴八舌地论证配音方面的可操作性。学习了若干"如何电影配音"书本上的理论知识，以及利用寒假初步翻译了四部电影脚本（*Puss in Boots*、*The Three Diablos*、*Our Idiot Brother*、*One Day*）。然而，到底如何进行电影配音还是个谜。

直到"硬着头皮"去配音才发现："当头一棒"便是复杂的 EDIUS 5.0 与 Vegas 7 专业影音制作软件的操作。没有这两个专业软件的熟练操作，完成三部电影配音所涉及的数千个音视频文件的记录与制作，是根本不可能的事。于是只好根据最基本的软件教程学起，摸着石头过河，反复地尝试各种音视频软件，队员们有过争吵，有过摩擦，有过叫骂，甚至险些大打出手，每一次操作的成功与失败都让人铭记。然而时间不待人，我们只能边进行实际配音，边学习软件操作，及时解决各种意想不到的突发事件。比如，笔记本电脑因为相关软件运行太占据 CPU，又长时间运行而过热，只好停下来，凉一凉，好像做一次饭重新生一次火，结果可想而知！同样，实际配音更是一项难题。我们选择 *Puss in Boots* 这部美国 2011 年 10 月份上映的动画片作为一种尝试。首先，集体观摩电影之后，角色分配上仔细考虑每个成员的声线、音色、表现力，甚至自身与角色的性格、外貌、品质等方面的符合情况，并在具体的配音过程中随时调整。虽然时常难免存在一个人担当几个不同角色的特殊情况，但基本上努力保持电影整体风格与主题的一致性，并在一些细节方面很好地加入了团队自己的理解与演绎。例如，凯蒂（李钰雯配音）在电影中本是一位侠义的、内心悲伤的、十分重感情的人物，而李钰雯从声音及感情上都更好地表现了凯蒂比较矛盾的内心世界，较电影人物原声更人性化，更现实化，体现了动画配音方面的灵活性。傻蛋（陈若毅配音）将二号人物看似邪恶实则单纯、自闭、容易相信别人的内心性格特点，结合自己的表演（语气、动作、神态等）使其更加笨拙、滑稽、更富同情心，让人又气又恨又怜悯，这与电影的主题"无论一个人（傻蛋）经历了什么，他的内心深处都是善良的，都可以改邪归正"很好地保持了一致并且不失自身鲜明的特色。利用有限的设备、有限的环境、有限的经验，队员们靠着一股渐渐形成的、独特的精神力量——人文精神，就这样一路坚持走下去。

的确，直到 *Puss in Boots* 完成了将近一半的时候，小组才对电影配音的主要工作有了方向感与信心，找到了"按部就班、各就各位"的感觉。对实验项目前途未卜的"恐惧感"也随之减少。灵感来得不容易，一旦爆发了却十分惊人！小组在 2012 年 3 月 4 号至 29 号将近一个月的时间里便完成了 *Puss in Boots*

的整体配音,花费大约 28 个小时,形成实验图片约 320 张、视频约 20 份。更重
要的是为后期制作与接下来的配音积累了大量宝贵的经验。*Our Idiot Brother*,是一部美国生活喜剧。与动画片相比,这种跨文化背景之下的剧情片,
充满了现代美国人的价值观与精神追求,这也是小组感到最棘手的问题之一。
比如,片中人物普遍表现出的追求个性自由、追求性解放、追求独立的家庭与生
活等,与我们当代中国大学生的价值观有一定距离,直接导致小组成员与片中
的角色从翻译脚本开始便常常发生冲突,不得不时常停下来重新思考与调整。
试想:让一个未经世事的、老师家长眼里的乖孩子去努力诠释一个放荡不羁、性
生活混乱、有独立的人格与思想的外国女孩子形象,并且要努力在音色、感情、
表现力方面保持一致,其中的困难可想而知! 就是这样迎难而上,在不断地理
解、调整与适当地演绎过程中,我们始终保持着电影的主题与中心,努力保持原
汁原味地表演,真实地体会,体悟到了现代美国人与现代中国人的相似之
处——团结和睦的家庭对个人的重要性,也理解了影片中人所秉持的人在生活
中要敢于活出自我、不受世俗的眼光与物质利益诱惑的羁绊等有益的价值观。
从 2012 年 4 月 12 号到 6 月 25 号将近两个月的时间里,我们"跌跌撞撞"之中完
成了 *Our Idiot Brother* 的整体配音。总共形成了约 35 个小时的文件,形成实
验图片约 396 张,视频约 30 份。从中收获到的,我想不仅仅是 8 个人集体协作
完成了一部跨文化背景的电影配音这么简单,而是作为一名当代中国大学生对
于当今世界上最发达国家的文化优缺点的一次深刻的体会与感悟,有意识地将
自己融入了现代美国社会,并且扮演了一个甚至多个在现实生活中根本不可能
扮演的角色,品味人情世故,体会人间冷暖,感受五味人生。我想,这种收获显
然是从书本与课堂上得不到的。

作为配音导演,我最深刻的感受就是:在配音过程中,动画片也好,生活剧
情片也罢,如果想把它们转化成我们自己的文化与思维模式能够普遍接受与理
解的成果,最重要的是找到两者间的共通之处。这是一个再加工、再创作的过
程,而不是简单的、乏味的、机械的声音与表演模仿。因此最重要的是:要将配
音团队的精神贯穿整个配音过程的始终。中西相通的"人文精神"贯穿了我们
整个实验项目与最终成果的始终。而此处的"人文精神"并不是什么抽象的、神
秘的、艰深的、古今中外老学究口中的概念,它是指导我们小组做的每一件事、
完成的每一件成果、融进了每一滴汗水的平平常常却力量无限的精神支柱。概
括而言,"人文、耐心、团队精神"这三个词表达了它的内涵。首先,"人文"即我
们小组做的一切都以人为中心,语言、表演、成果,台上台下,戏里戏外都充满了

人性、充满了爱。在电影配音过程中努力表达人类真实的喜怒哀乐,塑造不同文化背景下人的多变的形象,透视其心理,挖掘、思考、拷问其人性,反映不同的人生,并指导我们应该如何更好地理解人生、把握人生、享受生活中的一切美好……都是我们这个实验项目追求的高层次理想。其次,"耐心"是电影配音成功与否的重要因素。从一个俚语、一句语法复杂的话、一个典故或歇后语入手翻译制作电影脚本,需要耐得住机械重复的寂寞与思维随时枯竭的痛苦;从每一句台词反反复复对口型、控制语速、控制情感、控制音量大小入手录制配音视频,需要不断揣摩、总结经验得失、不厌其烦;后期成果的制作,三伏天,在电风扇下连续工作十几个小时,如何配乐、如何将音视频文件同步、数千个影音文件(总计几百个小时)的剪辑与处理,直至最终合成整体的电影成果,没有高于常人的毅力与耐心是绝对完不成的。

最终,团队精神是这一切的保障。人文精神也正是因每个队员充分发挥自身的荣誉感、责任心、奉献精神而汇集成的一种独特的团队精神力量。无数个夜晚,人文精神小组 8 个兄弟姐妹通常奋战到晚上十点,激情远远大于疲惫,直到忍无可忍的收发室师傅强行断电。无数疑问、痛苦、矛盾、彷徨、明白、快乐、释然、欣慰等统统凝结在项目的一个个大大小小的成果之中。无数个下雨的夜晚,小组 8 个兄弟姐妹冒着倾盆大雨,大声喊、大声笑、大声唱着歌,结伴而行走在结束配音回到寝室的路上……在这个充满了功利主义,物质利益至上的时代,能够利用宝贵的大学时光与志同道合的朋友一起为了一个任务而奋斗,不计个人得失,不计个人利益,释放自己,活出生命,为艺术而艺术,年轻人敢于向自己未知的领域探索与挑战,区区几场大雨怎能浇灭这种澎湃的激情与生机勃勃的人文精神呢? 可以说,在课余时间有限、经费有限、设备有限的情况下,能够最终完成三部电影的配音工作(*Puss in Boots*、*The Three Diablos*、*Our Idiot Brother*)靠的就是这种敢于挑战、舍我其谁、越挫越勇的无限的人文精神。

如今,手捧成果,感慨万千。小组 8 人也即将为了梦想各奔东西。或许遗憾总是大过完美,或许想法终究不能完完全全地表达出来,或许"人文精神电影小组"并未做到名至实归。而从为期一年的电影配音实验项目中,走进来又走出去,8 位小组成员在李震老师的带领下经历了一次奇幻的、丰富多彩的艺术旅程。一路上,争争吵吵,嬉笑怒骂,激情澎湃;烦躁、喜悦、激动、平静,看过了浓缩的社会百态,品味了历史无限的风流与繁华,短暂的人生旅程也不过如此吧!

二、猫才了解喵

从 2011 年的 11 月 21 日开始,我的电脑桌面上多了一个显眼的文件夹,我把它命名为"电影项目",从第一张申请表开始,里面装满了我们小组将近一年电影配音艺术实践的种种回忆,每次翻看这些照片、视频、文字记录以及我们的成果文件,都会油然生出一种"成就感"和"幸福感"。

喜欢的东西总是会不期而遇,就像我热爱音乐,听到一首动听的旋律,心中挂念着,总有一天便会知道它的名字;就像我热爱美丽的风景,跟着微风跟着阳光,控制不住自己的脚步便融入其中;就像我热爱电影,在人文大厅遇到了王晨,便成了电影配音艺术理论与实践小组中的一员。只记得那天很激动,幻想了很多配音的种种,尽管那些幻想与后来实际的操作有很大的不同,配音中实际有很多工作是很繁杂和细碎的,特别是后期的制作与剪辑。不论如何,时过一年,与队友们在一起的每一天,每一点一滴,回想起来,一点儿也不想遗漏。电影配音提供给我一个方式,以一个之前从未尝试体验过的角度去观赏电影,深刻地感受电影的方式,也可以说,电影配音这个极具创造性的艺术方式让我体验到了美。

著名编剧和导演萨利·波特说:"有一种乐趣来自分析、探索和思考。"从电影配音的前期准备到实践的过程,也是一个分析、探索与思考并发现其中乐趣的过程。在确定了配音的影片正式开始录制声音之前,整整一个假期,大家都在做前期的准备工作,我们的主要任务是熟悉所确定的每一部影片,认真地思考电影本身并分析人物的性格特征,还有很重要的脚本翻译。放假回来后,我们投入到配音实践中,当时整个小组聚到一起观摩第一部电影《穿靴子的猫》,激情澎湃地分角色、改经典又有创意的台词、提各种奇思妙想,快乐搞笑之余也浪费了不少时间,配音旅程才刚刚开始,第一次集体观摩电影,我学会了有目的地看电影,全神贯注地看电影。

对以前从未涉及的领域进行摸索实践总是会遇到各种各样的困难,特别是刚开始时,我们遇到了很多问题并在这些问题上浪费了不少时间。记得第一次配音时我们花了一个晚上一直到学院关门只配出了 8 分钟的电影,录制声音十分考验演员听觉和视觉记忆力的敏捷性,《穿靴子的猫》里我配的角色是猫咪凯蒂,在录制之前,导演允许我们看 1~2 遍原声电影,这时我要做的就是高速运转大脑,运用眼睛和耳朵的配合来记忆一些细节,比如角色从哪个地方开始说话,是皱眉时、抬眼时还是挥手时,角色端起杯子或眼神瞥一下时说的应该是什么,场景切换、灯光变亮或变暗、镜头抬高或压低时,说话声音必须终止。其间很容易因疏忽而出差错,口型对不上、情感不一致的问题相继而来也就意味着要重来,而且很多时候需要其他演员的配合,很多时候还需要制造特效音,比如声音渐行渐远、渐强渐弱，十分考验演员的能力。正因为这样，我们经历了无数次重来。第一个8分钟出来的时候，大家都很激动地围观，尽管没有我的角色但我依然很兴奋，记得大厅锁门的师傅是我们的第一个观众。第一次集体配音，我学会了以"秒"为单位看电影，追求精益求精，发扬人文精神，每个短短的8分钟，都是一句台词要配上几十遍后的结果，不容易。在大哥的带领下，每一次配音我们都在进步，加上他的天才剪辑效果，我们的速度越来越快，并且还即兴创造出了很多精彩的台词。在《穿靴子的猫》里，我的出场台词就很有震撼力，"你居然用吉他打我的头！"正像猫哥说的，受方言的影响，我最末一个字总是说得音调够高，音量够劲儿，后来回过来看影片时都有些惊讶于当时自己声音的爆发力。我最喜欢的台词是即兴演绎的那句"猫才了解——miao"。凯蒂的嘴型仿佛变活了，也很有创意。在情感方面，有两处也是自己很满意的地方，一个是"以前你用吉他打人家"，"人家"这个词是我们集体想出来的词，一开始的目的完全是为了对口型，放在这里却恰恰最合适不过了，因为它可以表达出母猫咪嗔怪的样子。另外一处是凯蒂在给靴子猫讲述自己的遭遇时，大哥给了我两分钟让我酝酿悲伤又坚韧的感情，于是我带着无比心酸的腔调惹人怜惜地说"他们拔了我的爪子"，两遍即成的感觉真的很爽。

可这种感觉在《我们的傻老哥》的配音过程中就很难找到了，因为我担任了一个和我性格完全不合的角色的配音——一个头脑精明说话语速极快有些虚荣心的新闻女记者——二姐米兰达，要诠释她，就必须改变我自己。我开始找米兰达的感觉，诠释人物当时的心境很困难，特别是中间有一段米兰达焦急等车采访、三姐妹聚在一起吵架和米兰达与杰里米起争端三个片段集中的时候，整个晚上用争吵的语气、飞快的语速，以及接近崩溃的心态来回重复配音，处于一种焦灼的状态，重复运作，特别疲惫，没有对手戏，没有搭档，对着设备一个人争吵，心情特别不好。越是神经紧张的时候就越是找不到感觉，当时老大为了给我找感觉连瑜伽里的腹式呼吸都用上了，他坚定地告诉我"你就是米兰达"。调整的过程很痛苦，最后算是基本完成了向职业女强人的华丽变身吧。当我发现把自己想象成米兰达后，就真的有了她身上的某些特征，这些特点在现实生活中一直持续了很久。那天晚上回寝室的路上我想到了尼采的一句话"痛苦之于人生是伟大的刺激"，当我认真思考和用声音的方式表达米兰达的情感的时候，我相信我受到了很大的刺激。与此同时，对于这个人物、这部电影有某种特定感受的原因也变得清晰起来，我明白了米兰达到底是怎样的一个人，她的性格决定了她哪些行为的合理性，以及她为什么会采取一些特定态度和言行举止,我甚至还思考了她为什么会叫米兰达。正如李震老师在指导我们配音时反复强调分析人物性格把握人物情感变化的重要性,配音也是一种舞台表演的形式,我们要用我们的声音来诠释角色、演绎角色,只有头脑中有思想,情感跟随起伏变化,眼里有情境画面,口中有灵活变化,即兴演绎才会收到好的效果。应该说思考和分析帮助我提高了配音的表现,而声音的演绎与观摩反过来又加深了我对人物和剧情的理解,所有的这些又推动着我反观自身的生活态度。当对着话筒等待读秒器数字跳到一的时候,谁都不知道下一秒自己会说出怎样的台词——甚至是自己,有那么几个瞬间,我觉得我的头脑一片空白,却还是说出了令人意想不到的话,当然不排除糟糕的可能,因为它有可能是云南方言,甚至我清楚地记得有一次我说了文言文的语句,大概是疑问句式,自己加了个"否"字作结,惹得全场大笑。

融合了记忆、思考、理解、感受及潜意识隐藏的即兴演绎的成分,每个人物的每一句台词是"师太"辛苦做电影脚本和我们每个演员以脚本为参照并辅之以头脑风暴后的伟大结晶。电影配音给了我一种前所未有的方式来享受观影的愉悦,它是复杂又痛苦的,但它又是激动人心和令人受益匪浅的。为期一年的电影配音艺术实验项目告一段落,其间欢笑,其间苦乐,每每忆起来时,都是青春里一笔巨大的精神财富。

三、靴子猫的自白

我们这次电影配音从结果来看不可谓不成功。虽说算不上精品,却也勉强可看。鉴于我们整个团队在此之前无人拥有这方面的经验,能在众人的强大协作下做出几个像样的作品,成绩也算可圈可点了。

大二下学期的一天中午,我在图书馆接到了后来的组长打来的电话,说有一个关于电影配音的课题计划,想邀请我参加,是由中文系李震老师带队指导的。我当时想这工作我还真没做过,虽说花功夫,但也可算作课余调剂了,于是便欣然答应。回寝室后室友说他也应邀参与了,组长另外还召集了六七个女生,我们的小组就算正式成立了。

我们在课题申报阶段便开始了准备。选好电影,整理了适用的台词,对网上现存的各种电影版本进行了筛选。初步选定了《穿靴子的猫》《我们的傻老哥》和《一天》(《一天》由于难度系数太大,后来改为《萌猫三剑客》)三部电影。大约在大三上学期,在组长和指导老师的努力下,我们的工作正式启动了。第一次的工作是需要重点讲讲的,地点选在我在校外的出租房内。房间本不宽敞,室友为了招呼大伙,事先买了许多零食和饮料,使狭隘的空间更显凌乱,体型稍大的朋友更是直接倒在了床上,我们还为如何摆放电脑惆怅了好一阵子。那天要做的事是确定角色,毕竟谁都不知道谁能发出怎样的声音,而第一部电影是早已确定的《穿靴子的猫》。我们团队只有三名男生,组长是东北人,声音粗犷,我觉得挺适合靴子猫原声的,可惜其东北味太重了。在确定最重要的男主角人选的时候,他先开口推选了我。我想三个男人中,一个声音浑厚阳刚,一个声音温柔敦厚,而我比较油滑,在爱出风头与侠义心肠方面算是与男主角相对契合,想必还合适,顿时如临大敌,却也跃跃欲试,张口就来。头一句"多年以后,江湖上流传着许多哥的名号……"还没说完,众人便纷纷摇头说不行,最主要是没有入戏。可是私底下也就罢了,要我当着这么多人的面,心理压力不可谓不大。犯了几次错误之后,我调整心态试着录了一遍音。放完录音,众人交口称赞,组长兴奋地说:"就是为你准备的!"这之后,大家分配了角色,而我几乎是心不在焉的,大起大落实在是太突然了。只记得当天大家分配完工作尽兴而归,似乎都对这次合作满怀期待。

与所有英雄类电影的男主角类似,靴子猫拥有他们身上普遍的特质:敏捷的身手、强悍的体魄、勇猛的气势,年轻帅气、侠骨柔肠。只不过,这次的主角是一只猫。从业余角度来说说他的声音,最大的特点便是干净利落,底气十足。但我配出来的声音明显受自己平时懒惰散漫习惯的影响,一不注意便软绵绵的,显然不是一位侠客应有的风范。有几次配音正好赶上身体状况不佳,情绪不高,一个晚上得重复无数次,特别浪费时间。配音的进程总是很慢的,一般来说三个小时只能配 10 分钟,这是一开始的速度。到最后一部的时候,大约两小时能配 10 分钟,比原来提速三分之一。这就是为何我们前前后后弄了大约一年的原因。

说说配音的细节。《萌猫三剑客》实际上相当于《穿靴子的猫》的续集,在配音的效果上我们显然有了很大提高,这当然少不了第一部中积累经验的功劳。主角的语言情感丰沛,无论在什么情境中,都要对声音进行一定程度的拿捏,宗旨是"与其平淡,宁可夸张"。是的,由于是动画片,夸张的人物动作配合适当的音调起伏、音色变换才能收获应有的表现力。而显然,两部片子下来,我觉得我在这方面做得还远远不够。片中与我进行对话的主要是"傻蛋"和"凯蒂"。由于靴子猫与傻蛋是曾经的兄弟,傻蛋于靴子猫有恩,因此尽管傻蛋背叛了靴子猫,靴子猫依旧念着旧日情分。言语中很透出对过往生活的怀念,对兄弟误入歧途感到失望,但并不绝望,同时对心中所持的正义坚定不移。语调时而激越,时而沉着,时而忧伤。而在与凯蒂的戏中,突出的是靴子猫的风流、知性与体贴。言语虽常常轻佻,内中却透着对凯蒂的喜欢,又因爱而怀着一份责任心。玩世不恭的语调配合时而突显男子气概的言辞,对于俘获女子芳心显然是有绝佳效果的。续集中,靴子猫又化身和蔼大叔,与三只小萌猫一起勇闯难关。有了第一部片子的经验,这一次猫的声音显然成熟和稳重了许多。我自己进入状态也很快,在录制的过程中也不至于犯跟以前同样的错误——说着说着就回到自己的声音了,听着很苍白,与影片格格不入,更不符合靴子猫的英雄形象。片子很短,剧情又不甚曲折,因此一遍下来相当顺畅,修修补补一个下午就搞定了。除了几个片段外,自己基本满意。当时还与组员们说,若以这水准配第一部,至少得好上一倍。

《穿靴子的猫》录制期间,李震老师还亲临配音室指导了我们。当时我们已经做出《穿靴子的猫》的半成品,就差最后的背景音乐与杂音处理。他仔细听着我们光秃秃的对话看了一段片子,指出了一个尤其重要的问题,即我与室友的声音听起来很相似,而整部戏主要是我们的对话,在一些场景甚至分不出来谁是谁。这确实是我做得不到位,我本应该将声音压低的,这样听起来会厚实一些。所以在《萌猫三剑客》中再也不存在这样的问题了,当然,剧中的角色也不同了。还有很多的细节、情感把握等方面我们处理得是很粗糙的,李老师特别强调了对人物心理活动的把握,要我们仔细看影片,多多体会,对我们的帮助都非常大。

《我们的傻老哥》中我配音的主要角色有五个,分别是男主角的大妹夫、二妹夫、画家、一个黑人警官,以及一些酱油。由于主要戏份发生在男主角内德与他的三个妹妹之间,我的配音任务很轻。可是对声音的要求与之前相比要高出许多。大妹夫与警官都是男中音,浑厚低沉,我有时实在沉不下去,只能感慨组里男生太少。二妹夫与画家则是一路人,不光是声音,连生活不检点也是相仿的。他们的声音与时常看到的普通话配音影片大多类似,这就为我配音时候提供了一个参照,感觉效果是所有配过的角色里最好的。

有兴趣的朋友就请观看影片吧。最后,感谢李震老师的指导,感谢陪我走过一年多的伙伴们!

四、那是我们的青春

"电影配音理论的艺术与实践"2012开放实验项目在不知不觉中接近尾声,回首这个漫长而又短暂的一学年,我和配音小组的成员们在一起度过了大学里美好而又难忘的时光,就像组长常说的那样:人的一生中什么是值得回忆的?也莫过于大家在一起为了一个目标全力以赴的那种感觉。虽然我常常会呛他,但是不可否认这句话是实在的。或许在若干年以后,我会渐渐遗忘很多事情,但是那些围着简单设备一遍一遍寻找配音感觉,最终与剧中人物达到共鸣的日夜,会成为铭记于心的感动,因为那是我的青春、我们的青春。

在参加这项活动之前,我对于电影的认知也只不过是力求感悟每位导演借助影片中简单细节(如场景转换、人物的眼神和动作等)所想传达的思想,总是从背景或主旨上去考量一部作品的价值。然而,那样欣赏影片的技巧却让我对于剧中人物在语言方面的表达缺乏进一步的关注。李震老师在给我们进行指导的时候也曾提到过,表演是将自身投入到他人的生活中,去感受当时场景下人物的内心,从表情到身体姿态,以及由此带出的整体感觉都要与剧情融为一体,要是有人能做到这一点那他是高水准的,而或许有人会认为配音相比于表演由于不用站在舞台前被人们关注,也不用展现各种活动所以会相对简单,但是这样的认知存在一种误区,其实配音比表演难,原因在于,配音的时候你所能依靠的只有声音,通过声音的变化在观众心中塑造出鲜活的人物形象,这种抽象表演不得不说是另一个层次的难度。有了对配音重要性和难度的认识,我真正地体会到这种不易还是在过程中。对着麦克风说出台词可不是那么容易的事情,并不是将一句话表达完毕就可以了,也并不是倾注所有的感情去表达就好了,而是要在这些基础上对上人物在剧中的口型,同时也要通过关注人物在场景中的状态,将一句话在适当的时候表达,这同时要考虑到下一个同伴配的时候的衔接性和英语与汉语之间词序的合理性等,总之一切都不是如想象中那么容易,我们从《穿靴子的猫》到《我们的傻老哥》,一步一步,从原来花四五个小时配 6 分钟左右到后来能配十几分钟,能够体现出我们对于配音技巧的一点一滴的渐进把握。

就我自身而言,从一开始带有地方味的饶舌的语音到最后的顺畅表达,我能明显感受到其中的变化,当然这是一个慢慢变化的过程,是在不知不觉中积累的量变最终达成了一定效果的质变。由于我的音色偏粗、偏低,所以在几部电影中主要为妇女和老太太配音,如《我们的傻老哥》中的 Ned 的妈妈和 Liz。这两个角色在年龄跨度上比较大,所以在配 Liz 的时候我一般会用接近自己平时的音色和音调,以配合 Liz 稍显优柔寡断但是沉稳的大姐性格,而在配 Ned 的妈妈时,我则需要将声音压低,尽量将声带向前移,以求符合老太太说话时的那种上了年纪的沧桑的感觉,但是我还是能够感觉到有几处配得不是很好,与

Liz 的音调比较接近。另外我也为《萌猫三剑客》里的公主配音,为了配合公主说话的那种威严感,我故意将说话速度放慢,但是自我感觉整体效果不好,虽然口型各方面都基本接近了,却没有将人物该有的气场表现出来,这是由于我没有找到公主说话时候的感觉吧。整个过程中,我虽然能把握住他们说话时该有的基本调子,但是有时在一些场景和感情的处理上却不是十分到位,真所谓一千个人心中有一千个哈姆雷特,有时候我对于电影中人物言行所要表达的含义的理解与组内的成员会有一些看法上的不同,甚至是南辕北辙,但是经过讨论后我们总还是能相互借鉴。同时我也很羡慕和佩服组长与子骁同学的配音能力,他们能较好地掌控自己的声音去演绎应该有的情感,在配音时也能更好地跟上人物的口型,这些都是值得我好好学习的。所以说只有亲自参与过,才知道要用声音去表现一种感情、一个场景,打动他人和自己是多么困难的事情。

再来谈谈配音过程中的一些感悟吧。首先,最关键的一点是我对于责任感的认识,一个团体一起奋斗,每个人都必须有责任感才能使得整个过程充满力量和生机。不是那种空喊口号的责任感,而是实实在在地愿意付出的行动。其间组内几次争论其实都可以与责任联系在一起,起先我们会经常迟到或是在其他人配音的时候参与度不高,这在组长看来便是严重的责任感缺失,让他感觉自己像是个孤岛一样。其实我明白那种感觉,所以对于责任感这方面也想了很多很多,其他的话在此也不能一一表述,只是会永远记住这次经历给我带来的思考;其次,通过这个配音项目的实践,在参与了整理台词本和财务报表等资料后,我也渐渐明白了自己性格中的一些缺点,例如总是在行动中缺乏深刻的考虑,把一切想得过于容易。另外,我会不耐烦于机械地整理台词本,总觉得这没什么创新,但是与组长最近夜以继日奋斗于电影后期合成的工作相比,我才发现自己所做的都是不值得一提的。一个团队只有每一个环节都做好了,才能不断向前发展,没有谁的任务是轻松的,不论是这项活动还是在以后的生活和学习中,我想我都会更加明白团队合作的意义。只有少份抱怨,多份脚踏实地,人生才不会有那么多遗憾。因此我还是很感谢能参加这样一个实践活动的。最后,话不多说,对于电影配音的点滴都留在了心里,和朋友努力过、争执过、欢笑过的日子是美好的,谢谢大家能够走到一起,未来还是要继续努力。

(曾刊于 2012 年总第 9 期)

课本剧的编演与教师技能的培养

刘永良

师范生必须重视教师技能的培养，这是共识。但是如何培养师范生的教师技能，大家看法或许并不完全一致。我一直以为，培养师范生教师技能的路子应该多一些，可以有专门的培养模式，也可以不拘一格，有其他灵活多样、丰富多彩的培养形式。组织师范生申报课本剧编演研究的课题，指导学生自己动手编演中学语文课本剧，这对培养师范生的教师技能，具有不可忽视的重要意义。而且经过一年多的实践，也已经充分证明了编演课本剧对培养师范生教师技能的确有重要作用。

编演课本剧，首先是"编"。汉语言文学专业的师范生，毕业后大多要到中学当语文老师。要想当好一名中学语文教员，首先必须熟悉语文教材，要求对每一篇课文尽可能吃准吃透。编写课本剧，其实也是深入理解课文的一个过程。只有对课文理解得深入，把握得准确，才有可能把课本剧本编写好；反之如果把课本剧编写得好，这对理解和掌握课文也大有裨益。二者应该是相辅相成，相得益彰，互相促进的，是一个良性的循环、螺旋的上升。比如，中学语文课本中有鲁迅先生的《阿Q正传》节选，中学生读鲁迅作品普遍感觉到有困难，有所谓"一怕文言文，二怕写作文，三怕周树人"的说法。这就需要老师首先吃透课文，把握作品的主旨，而在编写《阿Q正传》课本剧的时候，师范生势必要对作品认真研读，反复探讨，不断品味，这样才可能把剧本写好。而把剧本写好了，其实对作品的理解自然也就更深入一层了。

编演课本剧，其次是"演"。编写出来的课本剧，其实还是一个平面的东西，还是一些语言文字符号。只有表演出来，课本剧才可能获得真正的生命，才是一个立体的呈现,符号才会转化成视觉形象。但是,普通师范生并没有经过专门的表演训练,一般是不懂怎样去表演的。于是,这就需要师范生在老师或相关人员的指导和帮助下,去揣摩形象,扮演角色,把课本剧中的人物形象和故事情节,较为逼真地表演出来。而要想达到这样的效果,那就要求参加演出的同学,训练自己的表演功夫。在这个过程中,参加演出的学生,锻炼了自己登台表演的胆量,培养了自己最基本的表演才能。演课本剧并不是目的,其实只是手段,最终的目的,还是培养师范生的教师技能。因为作为一名教师,尤其是作为一名语文教师,他在讲台上的一举手,一投足,一个表情,甚至一个眼神,对中学生来讲都不能忽视,它所传达出来的东西很重要,如果运用得好,对中学生学好语文,大有帮助。课题组的同学,一年多来通过演出课本剧,普遍提高了自己的教师技能,为将来走上中学讲台,讲好语文课,奠定了很好的基础。

编演课本剧对师范生培养教师技能固然很重要,但是它对中学生学习语文其实更重要。所以课本剧的编演,还必须时刻注意如何面向中学生,如何突出中学语文课的特点,最终这些课本剧是要让中学生去看,去演的,让他们借助这一形式,学好语文,培养他们的道德情操。如果把课本剧的编演只看作是师范生的事,这就不会有多大的实际意义,所以师范生在编演课本剧时,要时刻思考怎样为中学语文教学服务。而把这样的问题真正弄懂弄通,或许也是一种较高层面的师范生教师技能吧!

（曾刊于 2012 年总第 9 期）

课本剧编演的实践与体会

季庆瑜　郭玉萍

　　课本剧是从 20 世纪 80 年代兴起的一种新的语文教学方式。1990 年 8 月，在北戴河召开了"全国首届课本剧研讨会"。课本剧的出现为语文课堂实践及教学方式开辟了一个崭新的天地，尤其是自素质教育全面推广和新课程标准全面落实以来，课本剧以其独特的集教学与活动为一体的功能为广大语文教师和学生接受和运用，在当下的语文课堂中正如火如荼地展开。著名的剧作家曹禺先生曾说："演课本剧，可以启发学生潜在的智力，使他们对听课读书发生兴趣，从而引起学生想读其他的文学书籍。"由此可见课本剧编演实践的重大意义。

　　回顾课本剧的成长历程，从"犹抱琵琶半遮面"地迈入语文课堂教学到急剧走红的今天，专家及一线教师们的实践探索热情可谓有增无减，关于课本剧的前世今生、课本剧何以促进语文教学、如何编排课本剧，以及课本剧对学生能力的培养有何作用等研究已有许多，而关于课本剧编排与师范生培养之间的联系的研究却几乎空白。在教学模式多元化的今天，如何实现高校师范生的培养与基础教学的合理接轨的重大课题亟待解决。正是在这样一个背景之下，我们试图以课本剧为窗口，通过实践和探索，一方面加强汉语言文学师范生的专业性，培养在校师范生的文学艺术素养，为将来从事语文教学工作探索出一条切实可行的道路，另一方面深入研究课本剧与中学语文教学之间的关系，加深师范生对中学语文教学的理解，促进中学语文教学的改革。

　　下面就以人教版高中语文教材（包括必修和选修）为例，试从选、编、演等方面谈谈我们编演课本剧的一些尝试与体会。

　　先谈如何选。课本剧是戏剧的一种新的衍生，因此戏剧所必须遵循的原则首先是选课本剧的重要前提和依据。文艺复兴时期意大利戏剧家提出了重要的戏剧结构理论之一——三一律，即要求一出戏必须在一昼夜之内、同一地点完成，且故事情节要服从于同一个主题。如果所选剧本符合"三一律"的基本准则，那么场景就无须多次变换，且主题鲜明，如《雷雨》完全运用了"三一律"的创作原则，课文所选片段仅以周公馆一个场地为舞台背景，伦理冲突、阶级矛盾都激烈地于此爆发出来。第二，所选剧本应当以冲突为核心。伏尔泰认为，每一场戏必须表现一次争斗，甚至在中国的戏剧界流传着这样一种说法——"没有冲突就没有戏剧"，由此足以显现冲突对于戏剧是何等重要。如《三块钱国币》，围绕着一个打碎的花瓶，在大学生杨长雄和阔夫人吴太太之间连续展开了三个冲突，高潮迭起。第三，人物角色不能太复杂，表演人员不能过多，否则表演现场容易混乱，且要选择易于通过人物语言、肢体动作、表情等来表现人物形象或传达人物思想情感的剧本。同样还是以《三块钱国币》为例，杨长雄是剧中的主要人物，他的大学生身份有利于在校师范生更加容易地揣摩人物心理，把握人物形象。第四，课本剧的时长控制在 8～15 分钟为宜，所以剧本篇幅不能太长。第五，所选的剧本可以是在特定的时代背景中能传达出某种特定意义的，或讽刺剧中人物所折射出来的人类性格的普遍性，如《阿 Q 正传》通过着力塑造阿 Q 这一角色来揭示每个人都难免阿 Q，以此强烈批判"国民的劣根性"。鉴于以上五点，我们从人教版高中语文课本中选取了《阿 Q 正传》《雷雨》《林黛玉进贾府》《守财奴》《邹忌讽齐王纳谏》《秋水》《边城》《祝福》《孔雀东南飞》《茶馆》《三块钱国币》《窦娥冤》12 篇课文进行编排。通过选取课本剧的实践，师范生在总体把握文本的基础上，深入考量了每个剧本的可操作性及其深层的主题意蕴等诸方面因素，对他们在今后指导学生如何选课本剧提出具有实质性和建设性的建议。

再谈如何编。如果说选择好的剧本是觅得一块宝玉，那么剧本编写就是在雕刻磨砺上下功夫了。前文已经说过课本剧一定要选择适合改编成用舞台表演来表现的文本，即情节性强、矛盾冲突激烈、所涉及人物较为集中、人物性格鲜明、活动场所简单。鲁迅先生在《阿 Q 正传》中是用几个典型事例来体现阿 Q 的性格，从其人物性格典型性和矛盾冲突的激烈性来说，它很适合改编成剧本，但篇幅过长，事例太多，第三者叙述过多又导致情节不紧凑，且课本剧的编演受时间的限制，不宜过长，于是决定选择其中三到四个围绕典型人物的典型情节来展开，这一系列问题都进一步促进了师范生对《阿 Q 正传》文本的分析及人物形象的揣摩。从阿 Q 的性格来看，阿 Q 说"我是赵太爷的本家"，无疑是盲目的妄自尊大;说假洋鬼子亡国奴,是他保守愚昧的体现;被赵太爷的一顿爆揍打了个老老实实和被假洋鬼子揍又不敢承认而推脱给旁边一个小孩是他"畏强"性格的再现;调戏吴妈又是他欺凌弱小的一种典型,于是就以"阿Q姓氏""假洋鬼子""调戏吴妈"三个故事为典型,将之串联起来编演出一段时长八分钟的《阿Q正传》。其次,在选择典型人物的典型情节的同时,台词的选择也要符合人物身份,高度体现人物性格。比如阿Q的精神胜利法"儿子打老子";赵太爷自恃有权有势,地位高贵,臭骂阿Q"你也配姓赵,你哪里配姓赵?";吴妈作为一个爱说闲话的典型农村妇女形象,一句"谁知道是儿子还是孙子"等等,虽寥寥数笔却都紧紧抓住了人物的性格特征。第三,课本剧的编写形式不必拘于一格,大可百花齐放。条件允许的话,可以改编成话剧课本剧、戏曲课本剧、木偶课本剧、皮影课本剧,以及舞剧、哑剧、朗诵等形式来演出。如《林黛玉进贾府》就可以采用越剧的形式。当然,这样的改编对演员的综合素质要求较高。在编写剧本的过程中,师范生对人物形象有了更深的了解。结合人教版选修课本《外国小说欣赏》第四单元话题中辨别圆形人物和扁平人物,师范生在今后教授该模块时,大可以尝试用课本剧编演的方法指导学生在实践中分析剧本中哪些为圆形人物,哪些为扁平人物,各应如何演绎,这样不仅可以使学生深入体会圆形人物和扁平人物的区别,又可使该话题教学不拘泥于俗套,不失为综合性学习教学实践的一次大胆尝试。

再说如何演。俗话说:"台上一分钟,台下十年功。"在排演的过程中有许多问题需要解决。第一道难关便是角色的选择。俗话说"像不像,三分样",为尽可能地贴近文本,在选择人物时首先选择从性格到形象都相近的人物。比如排练越剧版《林黛玉进贾府》,林黛玉的饰演者不可能像凤姐一样"体格风骚",宝玉的饰演者要尽可能眉清目秀。在排演的过程中,"敢演"是最首要的。每个学生都不是专业的演员,不必奢求过高的演技,只要用心揣摩和联想、大胆地去表现,想办法用肢体动作和神态语言把所感悟到的再现出来,就是一个成功的课本剧演员,也就达到了编演课本剧的目的。表演的时候随机应变能力要强,比如在《阿Q正传》的一次正式表演中,饰演"地保"一角的同学接过阿Q的钱袋时,失手使钱撒了一地,这时如果慌张或者匆匆忙忙地弯腰去捡会导致整个演出失败,于是"地保"急中生智,并没有紧张,而是依然霸道而贪婪的"指挥"阿Q"捡起来,快给我捡起来,我的我的,都是我的","阿Q"也配合着一副受了委屈又敢怒不敢言的样子一一捡起,递给地保,充分体现了地保与阿Q的性格。当然,这要得益于演员对角色的充分把握和临危不乱的能力,以及团队人员的配合。排演的另一道难关是道具的准备。道具在体现人物形象和性格上有着不容忽视的作用,这就好比关公的美须长髯、赤兔马加青龙偃月刀,即使饰演者没七分气势,也有了三分样子。学生编演课本剧,重在辅助语文教学,加深对文本的理解和把握,同时让学生在此过程中得到锻炼,道具只是辅助编演的一个手段,不能为求形式而过大花费,使课本剧的编演流于形式化,所以很多服装道具都可以自己动手做,力求用最低的成本做出最形象的服装道具。比如阿 Q 的辫子可以用细毛线来编;阿 Q 的破衣烂衫,可以把旧白衬衫放到加了黑墨水的水里浸染,把握好浓度便能得到青灰色的衣服,再用剪刀剪出几个洞,缝几块补丁,活脱脱一件受尽欺压的穷苦大众的褴褛衣衫;再如《林黛玉进贾府》中诸女的头饰,若是成套买下来估计几百上千都不止,但若心灵手巧,买来需要的亮片、花瓣、铁丝,逐个穿起来做成一支珠钗、步摇或者一顶凤冠,成本也就只要两块钱到七八块钱不等,大大节约了成本,也锻炼了大家的动手能力。课本剧表演锻炼了师范生灵活应变等多方面的能力,加强了师范生的舞台意识、受众意识,这些都是将来从事语文教学工作所必需的。排演课本剧的切身体验为将来指导学生编演也打下了良好基础。课本剧编演的初衷即是响应素质教育的号召,使学生的个性得到解放和发展,这一点在演这个环节中得到了充分贯彻。

最后说一说我们的反思。课本剧的编排不仅是在校汉语言文学专业师范生对未来要投入课堂使用的教学技术手段的一次实践和新尝试,更使师范生对中学语文教学的许多篇目有了更深的把握和理解。课本剧的整个编排都是在反复细究文本,充分理解文本内涵的基础上进行的,当把选、编、演一系列工作做完之后学生对文本的认识又有了质的飞跃。当前,许多师范院校虽都开设了戏剧舞台实践等课程,但师范生的戏剧意识尚为薄弱,这有根源的。纵观所有版本的高中语文必修教材,戏剧篇目占所有课文篇目的比例均呈现边缘化,如人教版为 4.62%,苏教版为 2.78%,语文版为 3.75%,北京版略好,有 13.33%,统计结果显示,戏剧几乎成了散文、小说等其他文学形式的附属品。而且在高考中,戏剧基本处于不考状态,这就使得无论是一线教师还是在读师范生,对戏剧的研读与探讨都停留在皮毛阶段。然而,戏剧作为文学作品四大样式之一,承担着不可替代的文学功能。因此,要深化中学生对戏剧作品的理解,从师范生培养开始有其更深远的意义。在未来的学习中,汉语言文学师范生不仅要大胆进行课本剧选、编、演的尝试,还要尽可能多地去实践。课本剧的编演不失为一条联系在校语文师范生与中学语文教学的不可或缺的纽带。

（曾刊于 2012 年总第 9 期）

挑战，无处不在

王丽红

和所有的选手一样，最初报名参加央视《挑战主持人》就是想给自己一个放飞梦想的机会，事实证明，在这漫长甚至有些曲折的报名、准备、培训、参赛的过程中，我所收获的东西不是这只言片语能概括的。

一、幸运与面试同在

以往每次看《挑战主持人》的时候，心中总是有股冲动，而那"挑战，无处不在"的广告语更是让我萌发了尝试的愿望。资料寄了出去，漫长的两个月几乎磨去了我的激情，但一个电话就重新拉回了我的热情——中央电视台通知我3月17日去杭州面试。

17日早上，我赶到中央电视台设在杭州电视台的考点，但原来16日《挑战主持人》栏目组临时改变时间，只通知了在杭州的选手进行面试。"全副武装"的我有点不甘心，向电视台老师表明了心意。因为这次机会没抓住，我就要再等很长时间。之后，我又打电话到中央电视台，终于得到同意先在杭州现场录像，再寄到北京。因为是临时的，也没场地，幸亏在热心的电视台老师的帮助下，与另一位有相同遭遇的男选手在电视台的一个小花园里完成了包括话题主持和才艺表演的面试。回到学校后，我又连夜赶制一份材料寄到中央电视台。

功夫不负有心人，我终于成为浙江省众多面试选手中的幸运儿之一。

二、"黄埔"与"渣滓洞"同在

到达《挑战主持人》栏目选手训练基地的当天下午4点，节目组马上召开所有选手动员会。《挑战主持人》栏目有一些不成文的规定,如每一次集训都会被命名为"黄埔第几期",我们这次是2002年"黄埔第四期",总共有来自全国各地18位选手,除包括我在内3名非专业选手以外,其余均为科班出身。

刚从外地匆匆赶回的赵培军导演给还处于高昂状态的我们狠狠地泼了冷水:我们这里向来被参加过的选手称为"魔鬼训练营""渣滓洞",头几天先上"辣椒水",以后可要给"老虎凳",不信?以往选手都不信,但一天下来全蔫了,曾有七尺男儿最后号啕大哭——我要回去,我不干了,我受不了了!……一番话下来,我们个个面面相觑,胆战心惊。虽然我们有18人参加集训,而到时最多只有16人能参加最后的节目录制,万一被中途淘汰,将无颜见江东父老。那天的晚饭桌上,只来了几个人吃饭,其余的都在房间准备晚上的节目展示,桌上大家也都各怀心事,沉默不语。

当天晚上,《挑战主持人》栏目的掌门人金越(制片人),主持人马东,智囊关正文,军师贾清云,军机处赵培军、丛澍都来了,在轻松的相互认识后,马上进入正题:每个选手把事先准备好的挑战100番和挑战200番全部展示一遍,结果我们全军覆没,几乎没有一个节目通过。栏目组老师经验丰富而且都火眼金睛,一眼就能看出我们每一个人的主持风格,极力鼓励我们按照自己最自然、最真实的状态去主持,忌讳播音腔。

等到全部展示完,回到房间已经是凌晨了,后来才知道这种作息时间在培训期间是很正常的,而且栏目组老师在我们回去休息后还要集中讨论如何更有效地辅导我们,所以其间的辛苦,外人是很难想象的。

三、挑战与磨炼同在

接下来一个星期,每天白天都是分头去找栏目组老师个别切磋,找资料,修改,晚上大家集中把自己的文案进行展示,再根据老师的意见去修改,连自己也不知道死了多少脑细胞、被"枪毙"了多少回,才等到最后方案的确定。由于我做的是教育方面的内容,为此我还专门找到了首都师范大学硕士研究生导师、清华大学附中著名的语文教育家韩军老师,得到了他的支持和帮助,与他共同商讨节目中的相关事宜。在临近录像的最后一两天里,我们还要去拍摄形象宣传片,准备名人的提问等,当然这些相对来说就简单多了。

尤其值得一提的是,在训练的日子里,因为随时面临可能被淘汰的命运,所以每个人都承受着压力,直到看着两位战友提前离去。但那一刻的心情真的是非常复杂,有一丝侥幸,但更多的还是压力和沉重,其实大家能通过层层选拔,来到北京培训已经很不容易，但没能参加最后的录制，毕竟是极大的遗憾。而且大家从到北京的第一天就朝夕相处，在磨炼中结下了深厚的友谊，所以无论是走的还是留的都不好受。

在录播现场，100番我顺利通过，200番是我与韩军老师之间的对话，也许是因为自己对节目掌握得不够，也许是观众对教育节目不够感兴趣，结束后，我听到了主持人马东对我说"你可能不服，你可能委屈，但你……"出了演播厅，面对着递过来的话筒，我哭了，那是在挑战与磨炼之后才有的眼泪。

是啊，以前看《挑战主持人》，发现很多选手都会不约而同地讲"比赛的结果并不重要，关键自己在这里学到了很多，交了很多朋友"。当时觉得这些话多少有点言不由衷，可当自己经历了以后，才发现只有这句话最能代表所有受益于《挑战主持人》的选手的心声，所以我还想重复一遍：所有想当主持人的朋友都来参加《挑战主持人》，参加了，可能你会后悔一星期；如果不参加，那你会后悔一辈子。因为无论你当不当主持人，在这里学到的东西都会让你受益终身。

（曾刊于 2004 年总第 3 期）

治学之路

坎坷的经历，无悔的选择

——回顾我的《楚辞》研究生涯

黄灵庚

一

在历史上，屈原是个不幸的人物。可让人费解的是，之后研究屈原的人也多遭遇各种坎坷。我研究屈原已三十多年，经历坎坷，大概也不能例外。

我生于 1945 年 2 月，浙江浦江人。从事《楚辞》研究，我是先天不足的。首先，我不是出身于具有厚实的家学渊源的"书香门第"，父母世代为农，斗大的字不识几个，我的童年教育差不多是在牛背上度过的；其次，在我读大学的时候，正好赶上"文化大革命"，白白失去了一生中最好的读书机会，五年大学，中文专业知识似乎没学到什么。所以，命运决定我的《楚辞》研究，只能是一条艰难坎坷的道路。虽然，我的成绩微不足道，但是所付出的代价相对要比别人多一些，其间某些曲折的磨难，实在不是顺顺当当从书院里出来的人所可想象的。

我是 1965 年考入杭州大学中文系的，进校时，只对现当代文学发生兴趣，暗暗发誓将来也要写出像鲁迅、茅盾那等"惊世骇俗"的作品来。这样的抱负，恐怕在当时的大学生中也是司空见惯的极时髦的想法。但到后来，多是中途改弃，另谋出路，我也是其中之一。何况在那个非常的历史时期，自己所崇拜的文学"偶像"一个个都被送上"审判台"，我的"作家梦"被彻底击碎了。然而，我竟然会一改初衷，迷上了遥远而高古的《楚辞》，而且自得其乐，"年既老而不衰"，长期游弋在古书堆里不能自拔，曾经很让一些觉得了解我的朋友大为困惑。其实，对于这个人生选择，连自己也感到惘然，确是很难用三言两语说得清楚的。

那是 1968 年夏天，我与千千万万的发过"高烧"的红卫兵一样，在盲目地跟着狂热了一阵子之后,已经日益厌倦于无谓的"政治斗争",于是"逍遥"起来,整天捧着一部残缺不全的《史记》消磨时日。当我读完第八十四卷《屈原列传》时,立刻被屈原的高尚人格和不屈精神所感动了。我一方面同情屈原"信而见疑,忠而被谤"的不幸的人生际遇,更折服于他那种"遗世独立""横而不流"的不妥协的精神。回顾当时的现实,是非颠倒,善恶不分,整个世界处在一种非常可怕的"疯狂"状态,被"权势"二字搅得"昏天黑地",社会人格正在扭曲,变形,堕落,我觉得这多么需要提倡一下屈原的崇高的人格精神!与此同时,我第一次读着他的诗作的时候,不禁击节高吟,连声称好,长久沉浸在"伤怀永哀,汩徂南土"的苍凉悲愤的氛围中,整个灵魂完全为其绚丽、奇倔、狂放的艺术魅力所俘虏了。在这以前,我虽然知道《离骚》是屈原的代表作,可是并没读过,更未曾接触屈原的全部传世之作。当时,所读到的仅是收入《史记》的一篇《怀沙》而已,尽管有崔马因、司马贞、张守节三人的注释,但是读得非常吃力,某些章节的意义百思不得其解。这似乎并没有使我丧失读下去的兴致和勇气,我觉得它奇,它美,说不尽那错落有致的句式,顿挫抑扬的韵律,回肠荡气的悲愤,缠绵动人的情思,不断诱引我去探赜索隐……我生性还有个爱钻"牛角尖"的毛病,遇到愈是不明白的东西就愈不肯放弃,非要弄个水落石出不可,于是乎我捧起屈原的《离骚》《九歌》《天问》等作品读起来了。当然,这算不上是研究,可是我以后研讨《楚辞》的漫长生涯,正是由此起步的。

开始,我不知道该从何处入门去读懂它们。一个非常偶然的机会,我认识了郭在贻先生,并得知他背着"工宣队"的监视,正偷偷地攻治《楚辞》。我向他请教入门的"捷径"。郭先生告诉我读懂《楚辞》诚非易事,要看许多书。接着他翻开一本记录着五十余条考释《楚辞》词语的笔记(后来以"楚辞解诂"为题发表在《文史》上),说为了考证这些条目,就已经查对了上百种注本。当时,我暗自吃惊,真没想到古往今来竟有那么多人在注《楚辞》!我请他开个书目,他就把姜亮夫先生的《楚辞书目五种》推荐给我,并给我圈定了其中必读的二十余种注本。这些书在当时均属宣扬"四旧"的禁书,从杭大图书馆是借不出来的。郭先生手头也没有这些书,他笔记里的那些材料都是"文革"前抄录的。后来我想,他即使有这些书,万一泄露"天机",落得个"复旧"或"复辟"的罪名,也未必敢轻易借给我。可真是天赐良缘,我终于认识了一位家藏万卷古书的朋友,知道他家藏有清代以前的十几种《楚辞》注本。他是清代纂写《说文通训定声》的朱骏声的曾孙,他的生父就是精通汉学的著名教授朱师辙先生。朱老先生其时年逾九旬,解放初就已闲休在家,社会上很少有人知道他,所以在"文革"中,他一点也没有受到冲击。他足不出户，在杭州岳王路的寓所继续读书著书，好像全然不知外面世界所发生的事情。可是，这位"世外高人"嗜书如命，他的书是不肯外借的，只允许在他的寓所里查阅。起初，我在他家看了几天，后来在他的儿子"担保"下，方破例允许我每次可借一种，但必须在十天内归还。我第一次向他借的是清同治十一年（1872）金陵书局据清汲古阁本重刻的宋洪兴祖的《楚辞补注》，时间是1969年的年底。

十天内要看懂《楚辞补注》是绝对不可能的，我只得采用抄书的办法，不管懂不懂，先把它原封不动地抄下来再说，以后再慢慢推敲。为守信用，我夜以继日地抄写，有时抄到凌晨三点，真的在十天之内把四册书全抄下来了。当然这一切都是极秘密地进行的。那时上三届同学都毕业了，只剩下我们69、70两届"末代大学生"，学生寝室多空着，我一人住一间，所以就是同班的同学也不知道我在干什么。以后，我又抄录明周拱辰的《离骚草木史》、李陈玉的《楚辞笺注》、清王夫之的《楚辞通释》、陈本礼的《屈辞精义》、朱骏声的《离骚补注》、于悺介的《文选集林》中《楚辞注》等七种，装订起来，也是"蔚为大观"了。可以说，我的《楚辞》研究，是从抄书开始的。

可是，这种抄书的经历并没有维持多久，1970年7月，我与所有的同学一样，被送进一所劳改农场"接受再教育"，一时中断了抄《楚辞》的"勾当"。

二

1972年2月，从农场出来后，我被安置在浙、苏、皖三省交界的一所煤矿职工子弟学校教书。初到那偏僻、荒远的地方，环顾四周，但见群山环抱，空旷萧条，隐隐觉得有种被流放、遗弃的味道。

这所学校的条件非常简陋，除了一册教本以外，再不见有任何书可供阅读。读书人的日子再也没有比无书可看更难挨的了。在无聊之际，我就翻出当日抄录的《楚辞》注本来打发空闲的日子。可是，许多地方我还是看不懂，以为这大约是读的注本还不够多的缘故，发誓要读完、抄完当今所有的《楚辞》注本。于是，我很快又与朱师辙先生的儿子联系上。这时我才知道朱先生已经去世两年，朱师母也已离世。我的这位朋友原先是没有工作的社会青年，经济来源主要依靠他父亲的薪金，朱老先生一死，他完全失去了生活的依靠，日子过得相当艰难。开始，他卖朱师母的首饰，接着卖古玩，卖字画，卖家具，凡是值钱的东西都给卖得差不多了，最后动脑筋要变卖古书。可是在当时，谁稀罕那些发黄的古书？它们早属被扫荡的"四旧"之列，一般人视之如废纸，实在卖不了几个钱。

我听到这个消息,立即赶往杭州,趁他在没有完全"败家"之前借几部来抄抄。这样,我又重操旧业,抄起书来了。记得在 1973—1975 年间,不仅钞写了《六臣文选〈楚辞〉注》《山带阁注楚辞》《楚辞集注》《离骚草木疏》《屈宋古音义》等二十多种《楚辞》注本,而且还抄写《说文通训定声》《说文句读》《方言疏证》《六书音韵表》《四声切韵表》《文心雕龙》,等等。不断向我提供"书源"的人,除朱先生的儿子外,还有杭州大学的郭在贻、李遵进先生,《浙江日报》的杜永进先生及其他朋友,我至今忘不了他们对我的慷慨帮助。

日复一日,我的抄书生涯大约维持到 1976 年。当时,我已抄录自东汉王逸以来历朝历代的各种《楚辞》注本达四十七种,连现代郭沫若的《屈原研究》《屈原赋今译》、文怀沙的《屈原〈离骚〉〈九章〉今绎》、闻一多的《楚辞校补》、游国恩的《楚辞概论》、陆侃如等的《楚辞选》、姜亮夫的《屈原赋校注》、朱季海的《楚辞解诂》等都一字不漏地抄下来了。开始,我是选用日记本抄写的,后来改用大 16 开的白纸抄写,每张白纸抄一句《楚辞》正文,然后再按注家的时间先后抄录注文于其下。这样一来,原先在杭大抄写的那些本子都得重新抄写一遍。几年抄下来,两只大纸板箱装得满满的,这些抄本至今依然是我从事《楚辞》研究经常翻阅的资料。为了抄录这些书,我是付出了代价的。当时,一方面要躲过别人的眼睛,以免招来不必要的麻烦;另一方面又得不影响日常教学工作还要承担起家庭的责任,所以只能安排在晚上。那个时候,条件非常艰苦,连一张书桌也没有,妻子从医院里找来两只硬纸箱,叠在一起给我当书桌用。我每天给自己规定了抄写万字的限量,常常从晚上六时抄到十二时以后,真是到了废寝忘食的地步。冬天,两脚冻得发麻,仍然笔耕不辍;夏天,为躲避蚊子叮咬,钻在蚊帐里抄写,汗流浃背,憋得满身长出密密麻麻的痱子来。人确实是经不起如此折腾的,几年下来,我终于累垮了,几次被送进医院。可是,躺在病床上吊着瓶子,脑子里依然跳动着那些抄录下来的句子,好像别的都可以放弃,就是这些书搁舍不下。或者干脆拿一册书看起来,只要有一丝力气,决不懈怠。当时,生活中的全部乐趣似乎都在读书和抄书上了,如果没这些书,心里便感到空荡荡的,变得无所适从。书,好像是我生活的第一需要了。自那时候开始,我对书的痴迷程度,用"瘾"或者"癖"来形容,也不显得有何夸诞之处。然而这一切到底是为了追求什么?名乎?利乎?都不是。我实在说不出任何功利目的,只是想把《楚辞》读懂,读通,仅此而已。

可是,怎么也想不到这又竟被诬陷为是秘密配合"四人帮"的"政治阴谋",遭到组织审查,要我说清那些永远说不清的问题,盈箱溢篋的抄本及其他书籍、卡片资料险遭不测。这个意外的打击，事先没有任何思想准备，几乎将我推到了绝境。现在回过头来看，原不过是我治《楚辞》经历中的一段"小插曲"，实在不值得大惊小怪的。但经历了这次意外打击以后，我加深了对屈原的悲剧性的人生际遇的理解，在这种时候读《楚辞》，觉得特别有味道，读出了屈原的精神实质来。我意识到在生活中，不乏专门搬弄是非的"上官""靳尚"式的小人，于是在伤感之余，曾赋一诗以寓当时之慨，诗曰：

> 江东馀子老黄郎，矻矻著书生计忙。
>
> 恨入汨罗悲逐客，魂飞南楚招巫阳。
>
> 才人行吟沧浪水，渔父啸歌不醒乡。
>
> 落度书生重太息，离骚句句断肝肠。

尽管如此，那时候，我仍然读不懂陈第、戴震、朱骏声、孙诒让、姜亮夫、朱季海等人的注释，决心在文字、音韵、训诂方面下一番功夫。从 1974 年开始，我有计划地攻读段玉裁的《说文解字注》，王念孙、王引之父子的《读书杂志》《广雅疏证》《经义述闻》《经传释词》，俞樾的《诸子平议》《古书疑义举例》，章太炎的《国故论衡》《新方言》等，清代的训诂笔记著作差不多翻遍了，而且对每部读过的书都做了词条性质的索引卡片，并按照先秦古韵的韵部编为二十八函，每函又以三十六字母排列，这等于给自己编写了一部非常有用的"辞典"，为以后注释《楚辞》提供了很大的帮助，而且在编卡片的过程中，逐步掌握了上古汉语的声韵知识。当然在整个自学过程中，还是离不开名师的指导和帮助。在训诂方面，给我指导最多的是郭在贻先生。上述的训诂书目都是他开列的，在郭先生的启发下，我一本一本读下来，不明白之处时时向他求教，他总是及时来信给我祛疑解惑，并给予诸多的勉励之语。在音韵方面，完全得力于复旦大学张世禄先生的帮助。张先生精通音韵，且与我同乡。我通过这层关系认识了他，先后两次去上海登门求教。在他的指导下，我首先读完了《广韵》，认真分析了其中每条反切的声韵结构情况，这为我以后着手分析唐宋《楚辞》音切的等韵门法打下了很好的基础；其次通读顾炎武的《音学五书》、江永的《古韵标准》《四声切韵表》、段玉裁的《六书音韵表》、孔广森的《古声类》，以及章太炎、黄侃、曾运乾、杨树达等研讨上古声韵学的有关文章，弄清了古今音韵分合的基本规律。最让人感动的是，张先生还不时把自己给研究生讲课的讲义及过去出版的著作都无偿地寄给我学习，并嘱我读后把"意见"寄给他。这时，我便把《楚辞》里头的几个音韵问题挑出来，结合学习音韵学的心得提出了自己的看法。张先生每次收到我的信后，也总是不厌其烦地回信解答，1975—1980 年，前后给我写了十几封信。如今,郭、张两先生早已不在了,可是他们的信我都完好地保存着,现在每当看到他们的手迹,不觉想起当年的情景。人去物在,真不知其感叹为如何了。

有了这样的"小学"根底,再回过头去看那些《楚辞》抄本,其间是非得失问题,心里就有些底了,于是萌生全面注释《楚辞》之志。

我正式注释《楚辞》是从 1981 年开始的,由于杂事牵连,时作时辍,至 1986年才完成《楚辞校诂》的第一卷《离骚校诂》。继此书之后,原计划有《九歌校诂》《天问校诂》《九章校诂》《远游校诂》四卷,这些都是公认的屈原作品,所以颜曰《屈原赋内篇校诂》,凡五卷,而《屈原赋外篇校诂》只包括《卜居》《渔父》《招魂》三篇为卷六,卷七为《宋玉赋校诂》,收《九辩》《大招》两篇,卷八为《楚辞学杂论》,作为历年单篇论文之结集。应该说,这是一个非常庞大的治学计划,可是我懂得,自己如此先天不足、孤陋寡闻,实在有些力不从心,勉为其难了,不加倍努力付出,能成吗?

从此,我更铁了心肠,一心一意闭门著述,规定日写千字以上。寂寞经年,青灯长伴,为纂写《离骚校诂》,整整六年时间内没看过一部电视剧或一场电影。后来多次改写,力求精益求精,直至 1992 年送交中州古籍出版社时,又进行过一次大修改,说十易其稿也不为过。这部近八十万字的书稿,所参征的历代《楚辞》注本达二百多种,凡是国内重要的著述都涉及了。在这点上说,比起游国恩先生《离骚纂义》更完备(因为游著未收录现代作者)。异文搜集甚为广泛,"上穷碧落下黄泉",我几乎翻遍了唐、宋以前的所有文献,达一百七十多种,上万卷之多。如果再把书中征引的书目都列上去,恐怕是上千种、数万卷了。以后,我又撰写了《楚辞章句疏证》《楚辞异文辩证》两部书稿,并在海内外重要刊物上先后发表八十余篇论文。《离骚校诂》《楚辞异文辩证》二书已为国内数家先秦文学博士点所列的博士生的必读之书。目前,我正在校勘一部一百五十万字的《楚辞章句疏证》,中华书局已列入"中国古代文学基本丛书"。

三十多年的治学生涯,有失也有得,有苦也有乐,虽然,付出了一定的代价,但当看到自己的文章发表,特别是《离骚校诂》《楚辞异文辩证》这两部长达一百六十余万字、倾注了我三十多年心血的专著出版时,其欣喜又当何如?

三

我的学问只能说是微末小事,与当今成绩斐然的《楚辞》大家们是无法相比的,实在没有资格谈什么"治学经验"。下面只想根据自己三十多年的经历,联系当今《楚辞》研究的状况,谈几点微不足道的看法。

第一，继承和创新问题。《楚辞》研究具有很悠久的历史传统，前世学者为后人积累了十分丰富的经验，这份历史遗产是今天我们研究《楚辞》的基础，需要好好珍惜它，利用它，继承它。我认为只有在充分尊重前人成果的基础上才谈得上创新，否则，再高妙的新说也只能是空中楼阁。这是一个问题的两个方面，没有任何理由将它割裂开来，或者对立起来。所以，对待唐宋以前的古注，特别是东汉王逸的《楚辞章句》要持谨慎的态度，尽量从继承方面多着眼，不要动辄加以否定而另立新说。稍不慎重，就是名家也难免出差错。例如，《离骚》"固前圣之所厚"，王逸注说："言士有伏清白之志，以死忠直之节者，固乃前世圣王之所厚哀也。"王注以"厚哀"释"厚"。清代以前学者都没有提出异议，而现在学者纷纷出来批评王逸了。游国恩先生说："厚，重也，《章句》以为'厚哀'，非也。"（详见《离骚纂义》）徐仁甫先生说："'厚'是动词，即赞许。添一'哀'字，把'厚'变成副词。"（详见《古诗别解》）他们是一代宗师，却众口一词。这到底是王逸说错了，还是后人对王注的误解？我以为王逸说"厚哀"，自有其道理，不可轻易否定，并注意到在汉代哀有爱怜的意思，而且哀、爱二字常常相互替代，其书证至富。我认为王注"厚哀"是平列复合词，厚不是副词；厚哀，是说以厚为爱。这是后人不明汉世口语实际情况，曲解了王逸古注。我在认真比较了王逸古注与其后的众家注疏异同之后，认为后世注家多有此类误解、指责汉世古注的讹误。当然对古训不能抱残守缺，要有所甄别，"吸取其精华，抛弃其糟粕"。这道理就不多说了。创新是多方面的，对古训从纵、横两方面进行梳理，求其词义演变的规律，同样也可以做到有所发现。例如，《离骚》"羌内恕己以量人兮"，王逸注说："羌，楚人语词也，犹言'卿'，何为也。"而现在出版的各种新式标点本对王氏注文都作如下处理："羌，楚人语词也，犹言卿何为也。"从其句读分析，大概都是将"卿"字当作"卿卿我我"的"卿"的，"卿何为"是说"您怎么啦"，这不是王氏的本意。我认为，王氏的注释之意是，楚语的"羌"，相当于汉世的"卿"，或作"庆"，这是古今音之变，而"何为"才是"羌"字的词汇意义。为了弄清其南北方言的历史演变过程，我就以古书例证为依据，以声韵为线索，考证南国楚语的"羌"，相当于中土的"遽"，或作讵、渠、巨等，并根于却字。至汉读羌为卿、庆，现世又变为竟，用于陈述句，表示转折的语气副词；用于问句，则表示反诘语气的副词。这完全是在充分吸收汉世古训的前提下，提出自己的新见。只有这样的新见，才觉得达实可信。同时，在《楚辞》研究中，还广泛吸收、发挥前贤的学术成果，用自己的话来说，充分利用前人的成绩来解释《楚辞》。例如，《离骚》"鸷鸟之不群兮"之"鸷鸟"，旧注都以鸷鸟为击杀鸟，如鹰隼之类。我注意到闻一多先生研究《诗经》的成果,他在考证《关雎》的"雎鸠"时,从其鸟的品性执一不贰,指出雎鸠又名挚鸟,取其挚一、专一之义。我认为《离骚》的鸷鸟即雎鸠之类,"不群"即专一不贰之谓,以比忠贞不贰之士。这自然要比旧注贴切多了。如果没有闻一多先生的研究成果在先,我绝对做不出上述解释。

第二,宏观与微观问题。现代《楚辞》研究强调"宏观把握",希望能从传统的"小学"圈子里走出来,开创一个全新的天地。这是不错的。从宏观角度入眼,就造成一种高屋建瓴的气势,把《楚辞》放到中华文化的历史长河中,甚至放到世界历史文化的大背景中考察、比较、综合,确能发人思致,做出前人达不到的成绩来。但是,这个"宏观"研究,必须以"微观"的"小学"做基础。清人戴震在《古经解钩沈序》中说:"经之至者,道也。所以明道者,其词也。所以成词者,未有能外小学文字者也。由文字以通乎语言,由语言以通乎古圣贤之心志,譬之适堂坛之必循其阶而不躐等。"(《戴震集》卷十)这里,戴氏所说的"文字",就是我们今天所说的"词",而戴氏所说的"词",就等于我们今天所说的"语言",戴氏所说的"道",就是我们所说的"思想",甚至包括属于"宏观"范畴的东西。戴氏是说,要想明白古圣贤的思想,从宏观上进行把握,就必须先搞清表达这思想的语言;要想搞通表达古圣贤思想的语言,必须把构成这语言的每个具体的词弄明白。不然,就根本谈不上"宏观把握"。前人总结出"离辞""辨言""明志"这样一个治学公式,我以为,这仍然适用于我们今天的《楚辞》研究。这虽然是在走前人的老路,可是从我个人的治学经历看,这条前人走了上千年的老路还得走下去。例如,《离骚》"汤禹严而祗敬兮"之汤禹,自汉王逸以来都认为是指商汤与夏禹。唯姜亮夫认为汤应训大,汤禹即大禹,还断然认定古无禹汤倒作汤禹的。我首先从前汉文献中引征出七例倒言作"汤禹"的书证,说明古时确有与"禹汤"同时存在的"汤禹"的词例,而把大禹称作"汤禹",在古书里找不出一个实例。说明姜氏的"发明"不可靠。为什么"禹汤"可以倒作"汤禹"呢?前人对此未置一词。我从余嘉锡的《世说新语笺疏》第二五《排调》一段话中得到启悟。余氏认为,"凡以二名同言者,如其字平仄不同,而非有一定之先后,如夏商、孔颜之类,则必平声居先,仄声居后,此乃顺乎声音之自然,在未有四声之前,固已如此。"我认为"汤禹"即属其例,平声"汤"居前,上声"禹"居后,即有"一定之先后"的词语也可以照字音声调的平仄关系来排列。我还举了王逸《九思》中"吕傅举兮殷周兴"的吕傅,认为上声"吕"字居先,去声"傅"字居后,本不以其时代先后排列,而闻一多把它校改为"傅吕",实在是多此一举。还举了出现在《荀子·赋篇》和《盐铁论·诛秦篇》中的"禹舜"的例子,以上声"禹"字居先,去声

"舜"字居后，没有据其时代的先后次序。再推而广之，屈赋里的兰蕙、兰芷、荃蕙、草木、云霓、霰雪、鸾鸟、鸡鹜、燕雀、时世、关梁、媒理、江夏、幼艾等，都可以如此看。如果没有对具体的一个个骈词的微观研究，能做出"二名连用不较其时代先后，而以平上去入为次序例"这样概括性的结论来吗？又如，《离骚》灵氛占语用了两个"曰"字，古今注家都没说清楚。我一方面认真考察了先秦古世占卜的礼俗，了解到古代占卜有一人习（袭）卜"不过三"及"三人占从二人"之法，灵氛为屈原占卜是属于袭卜法。灵氛始用琼茅之草占筮，而后袭用竹具贞卜，是为二占，每占各有贞辞，前一"曰"下二句，是占筮之辞；后一"曰"下二句，是以竹具贞卜后的贞辞。这个条例，用在《九章·惜颂》"吾使厉神占之"下的两个"曰"字，也可以得到验证，说明厉神为屈原贞卜也是袭卜法，而且是"袭二卜"，有两条贞辞，所以用了两个"曰"字。我还发现出土于战国楚墓的竹简文书有袭卜的记载，以地下实物证明其说可靠性，就显示出更加具有无可辩驳的说服力了。于是，我在这些微观研究的基础上，概括出"一人占卜分用二物而其占辞别以二'曰'例"这个具有普遍意义的结论。现在，有的研究者歧视微观问题，甚至在根本没有读懂《楚辞》原著的情况下，竟然洋洋洒洒地写起评论屈原的"大文章"来。我想，他们的结论除了谬误和空泛，还会有什么呢？汤炳正先生曾感慨地说，《楚辞》里头"还有许多文字没有认清楚，怎能谈到翻译"？更何况说是宏观研究了。

第三，短期与长期问题。谁都想在短期时间内出成果，都希望在探索过程中少走或不走弯路，能找到一条直通目的地的"捷径"。其实，在学术研究中，这样的好事是很难遇到的，至少我不曾有过如此"奇遇"。我以为，短期出成果，只能理解为长时期的厚积薄发，这中间是没有什么"捷径"可走的。短期与长期，这也是辩证的问题。在这方面我是有过深刻的教训的。我开始在考索《楚辞》异文时，感到已经有闻一多的《楚辞校补》、姜亮夫的《屈原赋校注》，特别是后者，对《楚辞》异文的考索，堪称独步古今，再也没有比它更完备的了，我似乎已无事可为。在纂写《离骚校诂》初稿时，在异文考索方面，不想花费时间，完全转录姜著，悉从其校，少有自己的独立见解，以为这是考索《楚辞》异文最简便的"捷径"。后来，我偶然发现姜校所列异文与民初刘师培《楚辞考异补》大致相同，再逐条与原书对勘，发现有不少错误。让人吃惊的是，二书竟错得一模一样。如，《太平御览》卷六九二引《离骚》"纫秋兰以为佩"一句，佩字作珮。刘、姜同引此书时，都将卷六九二并误作卷六九三。《艺文类聚》卷三〇引"怨灵修之浩荡兮"，刘、姜同谓灵字作零。今检影宋本、明刻本及四库本等都作灵字不误。

《路史後纪·疏仡纪》卷一三《夏后纪上》注引"夏康娱以自纵"一句,刘、姜并谓娱作豫。查四库本、备要本并作娱字。与闻一多《楚辞校补》对照,也有这种情况。如,《方言》卷四郭璞注引《九歌》"遗余褋兮澧浦",这句诗出自《湘夫人》。闻氏始误谓出自《湘君》,而姜校也误谓出自《湘君》。前后有一百二十多处。说明号称异文最全的《屈原赋校注》并没有认真地亲自到唐宋以前的文献资料中调查过,其所列异文是从刘、闻二书中转引过来的,实在不足为凭据。这件事给我一个深刻的教训:名家既迷信不得,学问更偷懒不得。于是我干脆自己从头做起,整日泡在图书馆里,花了七年多的时间,把唐、宋以前的各种文献资料差不多都翻遍了,不论刘、闻、姜引过还是未引过的,我都一一重新认真地调查一通。有些书,同是一句《楚辞》异文,因版本不同,也略有出入,我就斟酌各种版本,择善而从,不敢轻置一言。结果,其所得异文较姜校不啻多出十倍,而且纠正了姜校诸多失误。类此转抄的失误,后来我在金开诚《屈原集校注》(中华书局 1996 年版)、程嘉哲《天问新注》(四川人民出版社 1984 年版)等书中找出一些例子来,于是,我在短期内写出了一组系列性质的《楚辞异文校补》的文章。如果没有那七年多的泡图书馆的积累,绝对不可能有这种短期出成果的效应。所以学术研究,不能急功近利,来不得半点投机取巧,必须踏踏实实,有长期努力的打算,前人所说的"板凳甘坐十年冷,文章不著一字空""耐得寂寞,刊落声华"等等古训,仍然是我们今天做学问的座右铭,任何取巧的想法都是有害的。

第四,新时期的《楚辞》研究,必须充分占有和运用新材料。近几年,在两湖地区发掘出大量的战国时期的楚文物,尤其是出土于楚地的大批简帛文字,对《楚辞》研究来说,都极有重要的参考价值。这是新时代恩赐于我们的新条件,是前人想利用它而无法达到的事情,我们倒是沾了时代的光。如,《九章·怀沙》:"易初本迪兮,君子所鄙。"王逸注:"鄙,耻也。言人遭世遇,变易初行,远离常道,贤人君子所耻,不忍为也。"《史记·屈原列传》"本迪"作"本由",唐张守节《正义》引王注:"遭世不道,变易初行,违离常道,君子所鄙。"这"本迪""本由"是什么意思?王逸说"违离常道"。可是从字面看不出有"违离常道"的意思。朱熹《楚辞集注》说:"本迪,未详。"王夫之《楚辞通释》说:"易,变也。初本迪者,始所立志,本所率由也。"林云铭《楚辞灯》说:"改变初始本来之道,似匠人之常度替矣。"蒋骥《山带阁注楚辞》说:"易初本迪,谓变易其初时本然之道也。"戴震《屈原赋注》说:"迪,导也,达也,语之转,初之本迪,犹工有规画绳墨矣。"陈本礼《屈辞精义》说:"本迪,本于先人启迪之道。"马其昶《屈赋微》说:"本,常也。言人违离常道。"真可谓众说纷纭,莫衷一是。后来刘永济先生校"本"为"不",闻一多先生校"迪"为"道"，"本迪"即"不道"之讹。较之早说，当是通达多了。可是"易初""不迪"为对文，都是动宾结构，而"不迪"是偏正结构。可见刘、闻之说还有剩义。这"本迪"一直是研究《怀沙》的一个疑案。后来，我查证了近年出土于楚地的竹简文字，发现"不""本"二字的写法，楚简也并不相似。"本迪"，当是"怀本"之误。楚简的"倍"字写作"怀"，从人旁、不声。倍，背也。迪，道也。我以为"不迪"当作"怀迪"，犹说背道。"倍道"是动宾结构。王逸注作"违离常道"（今本作"远离常道"，远即违字之讹），恐怕也作"倍道"解释，可见其本未误。但古书没有"倍迪""倍由"这个词。盖本书作"怀本"，本、由同义，由为本字注文，后羼入正文，遂误作"怀本由"。后人不识"怀"字之义，遂删作"本由"了。如果没有楚简文字作参考，我能做出上述的解释吗？新发掘的楚文物所提供的内容是多方面，文字训诂特其一端耳。

"路曼曼其修远兮，吾将上下而求索。"我的人生之路已经走了一大半，虽然苦恼过，伤心过，积劳成疾，险些丢掉生命，却未曾后悔过，今后还将无怨无悔地继续走下去。在学术研究的漫漫修路上，我能走到哪一步？还能付出多少余力来？毕竟年至花甲，已是"强弩之末势不能穿鲁缟者也"，我将寄厚望于矢志于《楚辞》研究的后生。

（曾分别刊于 2003、2004 年总第 2、3 期）

我的学术梦

王嘉良

一

我在年轻的时候做过许多梦,考入中文系,当一个作家,便是最美妙的一个。可进入师范学院中文系以后,发现这里并不培养作家,你想进行创作尝试,反而被视为专业思想不巩固,为此我还同一位写作课老师吵过一架。这样一个闷棍敲下来,在心理上是难以承受的,于是我就有了"梦碎"似的感觉,心头的落寞之感是难以名状的。

当然,梦很快就醒了。只要认真进入专业课程的学习,明白"作家之路"是怎么形成的,当一个作家尤其是有成就的作家需要有多少积累与素养,就不难理解圆一个作家梦是何其不易,也才知道自己先前的想法有多么幼稚。那么,如果这辈子不想做一个平平庸庸的人的话,我的"出路"在哪里呢?

正如鲁迅所说,最可怕的是梦醒了又无路可走。当时我就处在这样的尴尬之中了。应该说,我在青年时期对"出路"的理解是片面的,我的"抱负"中也有许多不合理的成分和不切实际的幻想:那时我对师范专业的认识非常肤浅,不知道当一个好的中学教师也颇为不易,其价值并不在大学教师之下;而当时整个社会大环境中中小学教师地位很低,总觉得师范学院毕业后当一个中学教师是亏待了自己,也对不起爹娘。20世纪五六十年代的农家子弟进大学读书,有多么艰辛,这是今天的大学生难以想象的,但千辛万苦跳出了"农"门,却只谋到一个中学教书匠的职位,怎么说都是心有不甘。加上其时年少气盛又心高气傲,自以为中学时期写得一手好文章,总是受到老师、同学的夸奖,高考时选择文科,确确实实是出于对文学的喜好,并非其他课程学得一塌糊涂不得已才考文科的,如此拳拳之心,却缘何总是得不到文学的眷顾,考不上一个完全可以搞文学的高校呢?"心高于天,命薄如纸",便是当时生出的无穷感慨。

我面临的尴尬,并不止于专业本身,还有学校的背景。进高校后,不能实现作家梦,但倘若有所追求,还有一条学术路可走。我们的老师就常说,搞文学研究,如学有成就,也可以成为专家、学者,比如某某就是在学生时代脱颖而出的。这于我很有诱惑,但这可能更像是一个遥远的梦。环顾我们的学校,简直就没有提供这种条件的可能。今天的浙江师范大学早已今非昔比,省重点大学的地位,雄厚的师资,一流的图书馆,学术研究已蔚然成风,科研成果在全国都排得上名次。但 20 世纪五六十年代草创时期的"浙师院"却并非如此。当时学校的规模很小,图书、师资等条件都远不如人,学校在全省高校中的排位,只能敬陪末座。1961 年我进校读书时,中文系连一名副教授都没有,而离我们当时中文系所在地(杭州文三路上宁桥)仅一桥之隔的杭州大学中文系,却是教授满园、名流云集,两者相较,就越发见出寒碜,简直就是霄壤之别,于是我也就产生很多的自卑。那时候学校基本上没有科研的风气,甚至连师范院校要不要搞科研都是经常讨论的话题,更遑论有什么科研氛围了。所以,对于师范生来说,做学问都是非分之想。应该说,我对于文学有所追求,期望在专业学习上有更大的进取,本也无可厚非,但我面对的简直就是无路可走的窘境。

然而,机会总是有的,就看你如何去把握。

二

20 世纪 60 年代头三年,我们国家有一个相对宽松的政治氛围。当时陈毅副总理发表讲话,鼓励学生又红又专,并且把"专"放到很重要的位置,在高校引起强烈反响,高校中就有一个较好的学术环境。那时候,向科学进军,成为一个流行的口号,名教授的"治学经验"不时见诸报端,在我们师范生面前同样打开了一片新的天地。这终于使我们也不安分起来,颇有跃跃欲试之态。我与同班的陈增杰同学相约:他在古代文学方面颇有功底,就向古代文学研究方面发展;我对现代文学感兴趣,则在现代文学研究方面努力。总之,我们有了共同的目标,于是就在学术上结为好友,常常在一起谈论学习心得。那时我们最需要懂得的是做学术的方法,渴求名师指点迷津。我们学校没有名教授,治学的氛围当然也比较薄弱,而当时在报上发表治学经验的杭州大学的教授就近在咫尺,不妨向他们去讨教。我至今印象深刻的是与增杰相约,曾两次造访著名词学家夏承焘先生。增杰是温州人，与夏先生同乡，我们很顺利见到了夏先生；夏先生也并不嫌弃我们是来自一所小学校的中文系学生，总是有问必答，而他的博学、睿智，真使我有高山仰止之感。他讲过的话，我大都忘却了，但有两句却深印脑际，可谓受用终生。一句是讲"笨从本"，意思是做学问倘若自觉愚笨，就必须老老实实从"根本"做起。另一句是"案头书要少，心头书要多"，读书求知，固然需要有书，但更重要的是要将知识融化在心，方能做到融会贯通，学有所成。夏先生的教诲，使我们的心胸豁然开朗。这样的一段求知经历，虽说对以后的学术并不产生直接影响，但在潜意识中所起的作用却是非常之大。一个人的人生道路铸成，有时可能就取决于一念之间或一得之见。我们班上的同学，后来在学术上一直走下去的，就是我与增杰二人。他搞古代文学研究，终生不改，做出了很大成就；我则至今仍在现代文学道路上摸索、探求着。

正是在这样一股崇尚学术的风气中，我在大学读书期间就开始了我的学术梦。我从夏先生那里听来的"笨从本"，此时就用上了。我在大二时，硬是用一年的课余时间通读了10卷本的《鲁迅全集》，做了不少笔记，那可以算是我最初的"研究工作"。我阅读的1956年版的《鲁迅全集》，有详备的注释，读起来并不费力，当然也有些篇章似懂非懂的，特别是第1卷中的几篇文言论文，实在读不懂，就翻过去了。但此次的阅读，的确是获益匪浅，我不但对鲁迅作品有了整体感觉，而且还因鲁迅兼及了对一部中国文学史、文化史的了解，因为后者在鲁迅的文章和"注释"中都有详尽记述。徜徉在鲁迅这个奥妙无穷的艺术、知识世界中，我感到从未有过的充实，对学术产生了一种既仰慕而又敬畏之感；而且也只有在这时，学术才真正亲近了我，我也亲近了学术。20世纪90年代我在一篇短文中曾说过，是鲁迅"感召"我走向学术，此话是一点也不假的。通读鲁迅后，我读现代文学课程就很轻松了，而且还触类旁通，对其他课程的学习常常也小有见解，于是就很得老师青睐。当时我还尝试着用鲁迅之笔风写文章，竟小有所获。在大二、大三两年，接连在《浙江日报》文艺副刊"钱塘江"与《羊城晚报》文艺副刊"花地"发表文艺短论、杂文多篇，这算是我最初的"研究成果"。这些文字，在今天看来当然都是"小儿科"，尤对学术而言应不足为训，但在当时报刊甚少的情况下能够发表文章已是不易，更何况这还是出之于一位低年级的本科生之手，我所受到的鼓舞之大是可以想见的。这一段时间的学习，对于我以后走向学术产生了重要影响。后来我有能力从事真正的学术研究了，选择的第一个研究对象是鲁迅，便同这一时期的积累不无关系。

由于上天的眷顾，我的"私愿"竟在大学毕业以后不期然实现了。由于我在本科阶段书读得不错,又能写出一笔"老气横秋"的文字(高年级同学对我练笔文字的赞语),毕业以后我的工作岗位就被摆在高校了:留校任助教,稳稳当当当成了一个大学教师。那时,在我面前似乎展现了一条铺满鲜花的道路,潜心学术的意愿仿佛已触手可及,自己也是豪气万丈,自以为凭着我的才气和苦斗精神,仿佛马上就可施展拳脚,实现我的学术梦了。

但不幸的是,这样的美梦很快又被击碎了。20世纪60年代中期的政治大环境,已是"阶级斗争为纲"不绝于耳,真正的学术研究氛围却渐行渐远,而随之而来的更为波澜壮阔的"文化大革命",则终于把一切的学术梦彻底粉碎。我于1965年暑期大学毕业后,即奉命参加为期一年的"社教"(据说这是大学文科毕业生的"必修课");1966年夏,"文革"开始,我被急召回校,参加本校的"文化大革命"。此后,便是梦魇似的十年"文革"。在这样的政治阴影笼罩下,"学术"两字早已被抛到九霄云外。"文革"中,要说于学术有所收获的话,是我有机会重读了鲁迅,而且比过去读得更懂了些。因为"文革"是"罢黜百家,独尊鲁学","读一点鲁迅"曾是毛泽东的号召,不仅并不犯忌,而且还是大力提倡的。当然,那时"尊鲁"的目的是借助钟馗"打鬼",鲁迅是被当作工具使用,毫无学术可言,我从那时的"鲁迅研究"中并没有得到学术上的长进。"文革"中、后期,由于我的文字能力被人赏识,一度调离高校,去写一些宣传阶级斗争、继续革命的文章,那就同学术毫不相干了。

回顾这一段历史,我想说的是我们这一代人的悲剧。20世纪五六十年代政治运动不断,不可能有真正的学术,有时似乎记得学术了,可能会开出一扇小门,但又会因另一个政治运动到来,立即将小门关上,并且对前一段的"开门"进行无休止的清算。还有所谓"御用学术""遵命写作",学人的自我、自尊荡然无存,弄得搞学术的人手足无措,说不定什么时候就遭了厄运,这便是这一代学人的命运。回想当年的境遇,看看今天社会对学术的尊重,加之宽松的学术环境与氛围,学人能自由伸展自己的才能,作为一个"过来人",我深感真应该珍惜这个时代,珍惜这样好的学术环境,使自己有所作为。

<h2 style="text-align:center">三</h2>

我真正的学术生涯是从1979年重返大学教学岗位开始的。那时候正是郭沫若热情欢呼"科学的春天"来临之际,一切都在拨乱反正,在学人面前展现了一幅美好的图景,我做学术的念头又一次被燃炽起来。但面对再一次不期然而至的机遇,我忽然发现,在外面闯荡多年一事无成后,我与学术已相距甚远,而

投入真正的学术,需要知识,需要积累,需要养成学术思维头脑,需要把握课题研究能力,这一切,我都十分欠缺。

说起来,我的求学生涯也算得上是按部就班,十分正规:小学六年,中学六年,大学四年,从一个校门走到另一个校门,一年都没有脱节过,然后又是进大学教书,总之都是在知识和学术的环境中一步步走来。但就做学术而言,我总有一种底气不足的感觉,缘由就是先天的不足和后天的缺失。先天不足是指根底有限,没有受到过良好的教育。且不说 20 世纪五六十年代接受的教育,无论是学术观念还是知识结构,今天早已"背时",与现行学术理念很不一样,要实现已有知识与现代观念的有效对接,需要加倍的努力;就以当时的教育背景而言,我没有上过一所像样的小学,像样的中学,像样的大学(我这里指的是 20 世纪五六十年代草创期的浙师院),更无名师指点,找不准学术的切入点,难以发现有价值的研究课题,所以要走上学术门径是难乎其难。我曾揶揄,如果说我后来在学术上还算有所成就的话,那走的也是一条"自学成才"之路。后天不足,则是指我们这一代人的悲剧,无休止的政治运动耽误了我们太多的时间,我青年时代的大好年华都是在浪掷生命中度过的,从做学术的角度说,我至少有 15 年是白活了,当我置身在安静的校园中开始我的学术思考时,我已到了不惑之年。这可能就是人生中的大不幸了。

自知不足,可能也会成为一种动力。学术上的先天不足给予我的驱动力,是必须像夏先生所说的那样应"笨从本",一切从头做起,从根本做起,到这时才真正称得上是"埋头学术"了,因此也就有了克服愚笨的勇气和精力。我的兴趣和学术积累,主要在现代文学方面,这原本就无很深的功底,且所学大抵早已荒废,现在重新捡起来的确要花费很大的功夫。在头三年里,我的主要精力是放在教学上,一边是读书,读大量的书。对于现代文学,我稍稍熟悉一点的,其实也就是鲁迅,其他作家及其作品,大多是一知半解,于是就读作家文集,包括各种类型的作家,如《郭沫若文集》《茅盾文集》《巴金文集》《赵树理文集》等。这样的阅读,有利于对一个作家的整体把握,这对于我后来跳出单一作家研究,尽力拓展现代文学研究视野是大有助益的。此外,是收集各种研究资料,包括熟悉当时的学术研究状况,使自己尽早进入研究状态。同时也萌生了"赶快做"的念头,一定要把已经耽误了的时间尽快夺回来。"赶快做"是鲁迅先生在 45 岁以后"记得了自己的年龄"时说的话,由此,他在最后十年里的创作成果超过了前二十年。我每读鲁迅时,这一点总是使我感触颇深,这无形中成了我做学术时的一种重要鞭策力量。20 世纪 80 年代中期,我产生了写作《萧乾评传》的想法,并有幸结识20世纪30年代的著名作家萧乾先生(后来我们成了忘年之交),那时他已75岁,但依然笔耕不辍。萧老说,他也是在抢"被耽误"了的时间,因其错划右派被剥夺写作权利近20年之久。我当时还是盛年,相形之下,我自然更应努力。夺回被耽误了的时间,那时许多做学术的人都是这样说的,这并非豪言壮语,毕竟人生有涯,实在是其势不得不然耳。

我的学术研究是从鲁迅研究开始的。其实20世纪80年代出道的现代文学研究者,几乎都搞过鲁迅研究,因为鲁迅是中国现代文学的开山始祖,不熟悉鲁迅就无法把握现代文学。而就我自己而言,这一方面固然取决于我对鲁迅的喜爱,另一方面也因其时我的研究视野还很狭窄,我能研究的,也只有鲁迅。还有一个原因,则是因为躬逢其盛:1981年是鲁迅诞生一百周年,这前后掀起了一个鲁迅研究的高潮,"鲁迅热"几乎主宰了整个现代文学研究。我是在把握了这个机遇后,有计划地读书、研究、写论文,算是正式进入了学术界。第一个研究目标,是鲁迅小说。我在读鲁迅小说时,经反复琢磨、比较,总觉得《呐喊》和《彷徨》两本小说集的艺术方法是不尽相同的,且后者比前者更为精到,应有一个"鲁迅小说艺术发展"的题目可做。1980年暑期,我在教完一轮现代文学课程后,便开始了对这一论题的思考与研究,着重阅读与"小说艺术"有关的理论书籍,逐渐理清思路,经两个月努力,作成了论文。作此文时,我还收集到不少鲁迅论小说"讽刺艺术"的材料及在其创作中的表现,但这难以纳入文中,需另做一篇,这在下半年也完成了。料想不到的是,我的学术研究竟然开局良好,一炮打响。当时因名不见经传,这两篇文章发表当然都不会很顺利,文章寄出去后就石沉大海,杳无音信。但最后的结果却出奇的好:一篇刊发在《齐鲁学刊》1981年第5期,并且做了该刊的头条;另一篇在几个刊物"旅行"两年后,竟在本学科最高级别的《中国现代文学研究丛刊》1982年第3期发出了。这等于给我打了一针强心剂,也增添了不少自信心,至少说明,尽管我的学术功底并不深厚,但只要努力,我还是能做学术的。

被燃起的热情,终于再也难于遏制了。从1982年开始,我便将更多的精力投入于学术研究了。那时候我还在专科部教书,教学任务相对繁重,但科研渗透于教学,给予我的是更多的快乐。我一直认为教学与科研犹如车之二轮、鸟之双翼,是互相促进、相辅相成的。教材内容经过自己的研究、咀嚼,讲授给学生,就别有一种效果,我从学生的接受中能体察得出来,这无疑对我的科研积极性有很大的促进。此时我也努力注意扩大研究范围,从鲁迅逐渐移到其他作家和文学史研究。我以为这是突破自己所必需的,如果研究只囿于一点,要取得很大长进是不可能的。这样做，成效就很显著。1983 年一年，我就在国内各种刊物发表学术论文 15 篇，那是我早期研究取得成果最多的一年。此后每年都有不小收获。当时我还是一个小助教，有这样的成果在校内就颇为轰动，校报还对我作了专访、报道。1986 年，我从助教越级晋升为副教授，这是对我教学和学术研究成绩的肯定，这当然也成了又一种动力，由此使我的学术研究积极性被进一步激发起来了。

整个 20 世纪 80 年代我都是在紧张、繁忙的学术生活中度过的。我那时 40 多岁，年岁大了些，但尚可称年富力强，"赶快做"催促我犹如百米冲刺般读书作文。回想那时精力多么充沛，至今都不敢相信。上副高后，我定下的下一个目标，即向教授冲刺，而且要尽可能缩短时间距离（这个目标后来花了三年半时间达到了）。实现目标的途径，是要在学术上更上一个层次。20 世纪 80 年代末，我的论文发表数量已有近百篇，唯一不足的是缺少学术专著，因此还必须继续给自己加压。这时候我的勃勃雄心就是写书。虽然目下的学术环境中，好像已不太重视书了，但在 20 世纪 80 年代和 90 年代前期，写书却是衡量学术品位的最重要指标，因为那时一个学人能出书，往往是确定其学术地位的标志。然而，这也就增加了写书、出书的难度。于我而言，则毫无写书经验，不知该从何入手？这里，我就需要再一次感谢萧乾先生了。20 世纪 80 年代中期，我听从了萧乾先生的建议，要对自己的学术作个计划，围绕一个大课题做论文，然后朝成书方向发展。于是我就在三个方面努力，同时写着三本书。一是继续着鲁迅研究，但从小说转向了杂文，觉得鲁迅杂文的研究是个薄弱环节，尤其是学术界对其诗学意义的阐发是远远不够的，值得花工夫去做。二是茅盾小说研究，对这位小说大家的创作我也是情有独钟，不觉萌发了研究兴趣，此后竟然一发而不可收，在这方面竟是用力最多的。三是萧乾研究，这是资料积累中意外收集到一些有关萧乾的史料，又得到萧乾先生的直接指导与帮助，便有了写作《萧乾评传》的想法。这三个课题几乎是同步进行的，发表不少论文，并都于 20 世纪 80 年代末完成书稿。《茅盾小说论》于 1989 年由上海文艺出版社（列入该社"中国现代文学研究丛书"）出版，《萧乾评传》于 1990 年由国际文化出版公司出版。另一部书稿《鲁迅杂文的诗学意义阐释》，却因书稿被一位责编"丢失"，后来"失而复得"，延至 1997 年才出版。总之，我的研究计划都如期完成了，这是深感欣慰的。这时候我就特别感念我的学术引路人萧乾先生。为写作本文，最近我找出萧老寄给我的 20 余封信，其中一封恰恰是与"书"相关的，是我请萧老为我的《鲁迅杂文诗学意义阐释》写序，他给我的回信：

嘉良兄：

手示诵悉。您在众多鲁迅研究中独辟蹊径，真乃壮举。相信会在文艺界引起注意。预先向兄祝贺。

关于写序问题，弟不敢贸然承诺。主要是昨天弟心脏因故（读了《当代》这期王蒙小说激动了）出现了异状，昨晚还劳大夫抢救了好一阵，今天也是偷着写这一信，其次，弟对杂文毫无研究，比许多大家如邵燕祥、舒展等，均远远不如，怕写不成样子。

弟至今尚不知何日可以出院，出院后，医生准许不准许动笔写文。为此，弟建议正式的序请兄找一位杂文专业户（南北都不乏其人）。另外，将来倘有复制书稿能寄弟一份，而弟又准许动笔，也许会试一试，

匆颂

著安

弟乾上

这封信没有署日期，是作于 1997 年我的书稿《鲁迅杂文的诗学意义阐释》即将付梓之际。其时他已住进医院，此后他再也没有走出医院，直至 1999 年溘然长逝，终于没有了为我作序的机会。当年萧老已 87 岁高龄，且身患重病，仍如此关切一位学术后辈，在其生命攸关之际，对于我的请求仍表示倘准许动笔"也许会试一试"，怎不叫我感动得泣下！回望我的学术道路，一路走来，有曲折，有坎坷，但总体还算顺当，这其中就因为有不少学术前辈给我的扶掖、导引，前辈的恩师之情，此生终难忘怀。

当然，就我自己而言，为实现预定的目标，毕竟还有许多艰辛。"赶快做"是对自己的一种无形命令，然而终究由于学术功底有限，要认真去做，而且能够做好，到底并不容易，唯有苦读、苦练、苦写，总之是苦不堪言。那段时间里，为做学术，我没有节假日，不分白天黑夜，几乎是在拼命去做。记得写《萧乾评传》初稿是 1987 年暑期，书稿已列入当时朱正先生主持的湖南人民出版社的出书计划，朱正先生要求我在 10 月前交稿。如果这本书当年能出版，这将是我的第一部学术著作，我非常珍惜这个难得的机会，自然拼命去做。我给自己下了死命令，每天必须拿出五千字，否则就不能睡觉。当时身体尚健，思维也渐趋成熟，承担得起这个高压。难受的是其时正是三伏天，全家四口挤在仅 30 来平方米的小屋子里，没有空调，又不愿吹风扇（这会吹动稿子），真是奇热难熬。我打着赤膊在斗室内苦战，全身上下都长满痱子，每一个进我家门的人见之莫不感到惊讶。经过一番苦战，书稿是如期完成了。但因种种原因，朱正先生离开了出

版社,书稿的出版又成了问题。后来此书也是在几个出版社"旅行"两年后,终于为国际文化出版公司接纳,得以顺利出版。出书难,这时候就算有了切身体会,尤其对一个不知名的作者来说。

经过一段时间的艰难跋涉,我终于体验到了做学术的艰辛和甘苦。"知我者,谓我心忧;不知我者,谓我何求",个中滋味,唯有自知。1992 年 4 月,《浙江师范大学校报》开辟一个教授谈治学心得的专栏,第一个约稿对象是我。编者要求我写一篇短文,谈自己做学问体会最深的一点。接受任务后,我是思绪万千,但脑际中驱之不去的却是"甘苦"二字。恰在其时,我正读着当代作家路遥的一篇文章《从午夜到黎明》,这位英年早逝的作家其时已不在人世,他以刻苦写作感动过万千读者。他在这篇文章中说过这样一段话,大致意思如下:写作中最深的体验是苦和累,当自己写完一部小说,划上最后一个句号时,最想做的一件事,是把自己的笔扔到窗外去,从此不再写作。但他只是心里想想,实际并没有扔笔,写完一部小说,接着又是一部,终至一病不起。读到这里,我仿佛感同身受,一下子把我的"痛苦"也勾起来了。于是,我不假思索,几乎一气呵成一篇短文。文章不长,全文不足 500 字,不妨抄录如下。

依然别无选择

尽管禁锢书斋的生活使我感觉好苦好累,时时涌动着一种近似文化殉难者的悲剧心态,但思前想后,我依然别无选择。

做学问之苦,苦到简直没有生的乐趣。十平方米斗室,一叠要吸干你心血的稿子,在充满劣质烟草味的空间度过无穷苦思冥索的时日,这便是我生活的全部。说是乐在其中也可,但环顾周围热闹的世界,看着大款们潇洒地生活,不免悲从中来。

然而,至多是发几句牢骚,真要抛弃惯常的生活轨道,作别一选择,可也不那么容易。我发现,外面的精彩世界并不是属于我的,我已同它拉开很大的距离。有时也真想"潇洒地走一回",可囿于精力与能力,怎么也潇洒不起来。我以为,对于多数文化人来说,是命该如此,理该如此。社会总有分工,文化总要有人搞,一个文化贫乏的国家并不是一个富有的国家。因此,这样做,说是清贫自守也罢,说是为文化而献身也罢,这都会是一种听来像是唱高调但总觉有几分道理的解释。于是我想,面对这精彩而又迷乱的人生,一方面我必须走出孤独,善待生活,但同时也不应放弃自己曾经钟爱过的事业,因为这毕竟是我人生旅程中做出过的一次有价值的选择,今后也就不妨一条黑道走到底了。

写完这篇短文后,我曾伏在书案上抽泣不已,这可以说是我最动感情写下的一篇肺腑之言,是用了我多年的心血与生命写就的,所以一直珍藏于今。此文在校报发表后产生了不小影响,当年刘剑虹主持的浙江省高师师资培训中心,还将此文以"一个名教授的心意表白"为题,揭载于该中心的刊物《浙江高师教育简报》上,所以此文得以在一些高师院校中流传。我从外校一些老师中听到的反响是,此文说得真切、在理,这于我是一种莫大的安慰。

四

进入 20 世纪 90 年代,直至 21 世纪,我算是一步一步走入了学术门径,对于研究课题的把握、研究方法的驾驭,自然比过去成熟了许多;同时也因已有了一定的学术积累,研究工作可以变得稍为从容一些,不必如先前那样拼命,给自己的预设目标也有所改变,是尽可能做些稍有分量的东西来。然而积习总是难改,对于学术的孜孜探求仍一如既往地重续着,并未稍有懈怠,在此后二十余年里,做的东西并不比先前少,学术水平也有所提升,但总体而言仍不能尽如人意,达不到我曾预期的目标。聊以自慰的是,在复杂多变的学术环境中,我尽力保持着学术心态的平衡,始终做着努力适应新思维、新方法但又不随流俗、不失学术良知、尽量发挥自己独立思考精神的研究工作,总是期望着自己在学术上有新的长进。

从 20 世纪 80 年代后期开始,我国学术界(尤其是现代文学研究界)在改革开放背景下,整个学术环境、氛围和学术思想都发生了显著变化,重写文学史、重评现代作家作品,形成一股热潮,这对原有的研究格局形成不小的冲击。特别是现代主义被举为时尚,现实主义一统天下的局面被打破,许多卓有成就的现代作家被重评重估,我所着重研究的作家茅盾便是当时被"重评"的主要对象之一。在这样的学术氛围下,我既感到新鲜、好奇,也有不少的疑虑与困惑。1989 年 8 月,我的第一部学术专著《茅盾小说论》由上海文艺出版社作为当年该社的一个品牌丛书——"中国现代文学研究丛书"出版。按照这套丛书的出版规格,编者要求每本著作出版时,作者都需在该书的右勒口写下一段题词。我几乎不假思索,便写下了如此题词:

> 面对众说纷纭的现代文学世界,我从未感到如此困惑,但决不会因此而中止我的思索。

这本小书的出版,已过去了 23 年,如今翻检旧书,写下这段题词的情景依旧历历在目,读着它,仍使我有无限的感慨,因为题词的确反映了我当时复杂的心境。我在写完《茅盾小说论》后，曾想就此告一个段落，不再做茅盾的文章，觉得在这个研究领域里已再难深入，不如另找一个对象研究。但现实的情势却令我欲罢不能。在此后的"重评"风潮中，茅盾一直成为某些研究者轻薄的对象，直至 20 世纪 90 年代中期将其革出"十大小说家"的行列。我以为这是令人难以"容忍"的。在我看来，在中国 20 世纪文学史上，茅盾是一个曾对中国文学历史进程产生深刻影响的作家，其作为声望卓著文学大师，是文学史上无论如何都绕不过去的存在，这一重要研究对象的"出局"，无论是对于文学史还是对于作家本人，都是极不公正的。对茅盾的评价产生如此大的反差，倒是说明了：尽管以往学界已对茅盾作了较为深入的研究，但许多话题的探究并没有真正地深入，而且还因对茅盾评价的争议引发出新的话题，形成茅盾研究新的生长点。基于如此考虑，我并没有中止对茅盾的继续思索，20 世纪 90 年代以来，茅盾研究依然是我的一个重要研究视角，只不过拓展了研究范围，以更宏观视野审视茅盾，探讨诸如"茅盾传统"、茅盾"创作范式"之类的话题，以期从更深入的层次总结茅盾为中国新文学提供的经验，同时也表达我对那种不实批评的不满。

这里我想顺便说及的是：茅盾成为我长时期的主要研究对象，既是基于某种机缘，亦是出于对这位有着独特艺术成就的作家的理解与体认。我的作家研究的对象选择，鲁迅之后选茅盾，实非一时之念，乃取决于我对作家研究意义的认知。在我看来，对一个作家的思想与创作做出研究与评价，不只是为一个作家立功立德立言，更重要的是要透过对作家的研究，总结出于文学史更具观照意义的经验，因而越是在文学史上有影响的作家，就越具有研究价值。在中国现代文学史上，向来有"鲁郭茅"引领现代文坛之说，而我的文体研究重点又是小说，于是鲁迅之外，茅盾就是不二选择。当然，触发我对茅盾研究产生如此浓厚的兴趣，亦自有机缘存焉。1983 年 3 月，在茅盾逝世二周年之际，北京举办了规模盛大的首届"全国茅盾研究学术研讨会"。我有幸参加了这次盛会，亲身感受到会上的热烈气氛，感到这位文坛巨子在人们心目中的崇高地位。当时与会的 120 余位专家、学者、作家中，几乎包罗了其时健在的现代文学界最著名的研究专家和文艺理论家。在我至今保存的记录当年盛会的一帧珍贵照片中，就可以发现下列"重量级"人物的身影：周扬、张光年、沙汀、臧克家、周而复、姚雪垠、陈荒煤、戈宝权、黄源、吴组缃、唐弢、王瑶、罗荪、冯牧、林焕平、孙席珍、许觉民、吴奔星、廖子东、华忱之等等，这个名单还不包括在 20 世纪 80 年代初已在中国文坛特别是现代文学研究界崭露头角的众多学术新秀。这些几乎左右着当时中国文坛的"重量级"人物的与会，可以想见茅盾在中国文学界有着怎样的地位与影响。而且这些作家的报告、发言无不称颂"茅公"为中国现代文学做出的卓越贡献,有几位老作家(如臧克家、姚雪垠、黄源等)感念茅盾的功德,在发言中以至于声泪俱下。我从来没有经历过那样的场面,目睹此情此景,只能用"心灵震撼"来形容。这无疑对我此后移情茅盾,在茅盾研究中倾注很大心力,产生了深重影响。而在茅盾小说研究过程中,我通读了其全部小说和相关理论著述后,越发加深了对茅盾的理解,尤其激赏其独树一帜的现实主义小说样式,这与我认同的文学观念不谋而合,因此很容易产生心理共鸣。于是就有了写作《茅盾小说论》的念头,并力图对茅盾小说独具的价值做出尽可能完善、准确的评价。今天看来,这本小书论述茅盾小说,留下了我早期茅盾研究的痕迹,许多篇章所论不免"浅显"。但当年此书曾忝列于上海文艺出版社颇具影响的丛书——"中国现代文学研究丛书",因此把它当作有意义的"历史"存留,或许也说得过去。

20 世纪 90 年代我处在茅盾研究的"困惑"中而又不"中止我的思索"的具体显现,是继续着对茅盾小说的探索与思考,力图对茅盾小说的丰富内涵、独特形态、艺术价值等做出较为全面、深入的论述与评价,所论涉及茅盾小说对人生的"哲学研究"、经济学视角及其意义、论茅盾小说的政治叙事等,旨在部分弥补此前研究的不足,也尽可能使研究趋于深入。另一个研究重点,是"茅盾艺术范式论"研究,集中探讨茅盾的创作"范式"意义及其独特的审美理论建构,完成了又一部专著《艺术范型与审美品性——论茅盾的创作艺术与审美理论建构》(上海文艺出版社 2007 年版)。此书的写作,实为回应对茅盾的不实评价,与 20 世纪 80 年代后期以来,整个现代文学界学术环境的变化与对茅盾的评价出现严重倾斜有关。其时提出"重写文学史"的口号,现实主义文学被重评重估,茅盾首当其冲成为"重评"的对象,对其评价出现大幅度转弯。我以为,面对新兴文学潮流,检讨以往文学研究的缺失,适时调整文学观念,是很有必要的,因此提出"重写文学史"之类的口号,纠正以往政治君临文学或"独尊"现实主义造成对作家评价失误等现象,也有其合理性。然而,"重写""重评",选择茅盾作为典型,对其坚持现实主义的理论与创作做了不切实际的批评,有的评论文章甚至对《子夜》等创作做了否定性评价,这就既不符合事实,也不利于对文学历史经验的总结。基于如此考虑,我遂有专力写作《茅盾艺术范式论》的计划。从"范式"入手,意在强调茅盾创作的"范式"特征:注重理性化叙事的艺术思维独特形态、强调"社会批判"的现实主义创作范式、从经济视角切入的"社会剖析派"创作范型等,由此显示出其作为艺术"范型"的存在,以及对中国新文学产生的范式意义,由此可以显示其在中国现代文学史上有无可漠视的价值。20 世纪 90 年代中期,我还与我担任会长的浙江茅盾研究会的同仁们出版了一部茅盾研究专著——《茅盾与 20 世纪中国文化》(主编,天津人民出版社 1997 年版),试图从文化视角探寻“茅盾现象”产生的历史动因及其所具的独特意义。这些,大体上反映了我对茅盾继续思索的成果。我不敢夸言这些成果有多么大的学术价值,但在茅盾研究冷落期,这可能已是不小的收获了。

从 20 世纪 90 年代的茅盾研究中,我深切感受到,像茅盾这样的文学大家,本身就是一个丰富的库藏,有待于我们不断挖掘,从中开掘出新的东西来。因而对于茅盾的思索与探究,我一直延续到 21 世纪,且不断有所收获。发表于《学术月刊》2007 年第 11 期的《回眸历史:对茅盾创作模式的理性审视》一文,提出对茅盾的“理性审视”,便是就以往学界对茅盾的“误读”表达自己的看法,提出一些有利于深化茅盾研究的反思性意见。此文受到学界重视,被《新华文摘》全文转载(一万二千余字)。这说明科学评价茅盾问题是被学界普遍关注的,只要是认真、切实地探索与研究,一个不管多么“陈旧”的“老课题”也能有新的发现,其研究成果终究会引起人们的重视。2009 年 5 月,我以“中国 20 世纪文化语境中的茅盾研究”为题,申报国家社会科学基金项目,也一举中标,同样说明了这一研究对象的研究潜力所在。这是迄今为止我拿到的第三个国家社会科学基金项目。对于这一课题,因职责所在,我自当用心将其做好。尽管现在我已近老迈,精力已大不如前,然而慎终如始也应是做学问之道,倘若我能在最初投入研究且产出有影响成果的茅盾研究中,最终划上一个完美的句号,那将是人生中的一件幸事。

五

学术研究贵在出新,因此不断寻找新的学术生长点,在研究中努力寻求新的发现、新的突破,当是研究者尽力追求的目标。在 20 世纪 90 年代至 21 世纪头十年,我的主要研究工作已转向中国现代文学与传统文化、地域文学与文化研究,这可能是我学术研究中一次很有意义的选择。

促发地域文学研究最初的动因,也许仅仅是为了完成课题研究任务。20 世纪 90 年代以来一个新的学术研究动向,是科研管理部门强化了课题意识,获得省部级课题或国家课题,常常是衡量学术成就的一项重要指标,对研究者个人或一个学科,都是如此。对学术研究而言,按照课题的规范要求做学术,有利又有弊,如果刻意放弃自己的学术积淀与优势去服从课题研究,则分明是弊大于利。最初,我对申报课题并不感兴趣。但自 20 世纪 90 年代初主持省重点学科以来,加强了对学科的课题要求,于是我就把相当多的精力投入到课题的申报和研究工作中。20 世纪整个 90 年代和 21 世纪头十年,我获得和完成国家社会科学基金课题两项,省部级课题不下 15 项,这样我的主要研究精力便转移到课题研究中了。如果说,我最初申报课题和做课题,主要是基于学科建设的需要,有不少被动的成分,但当后来申报课题沉浸在一个相对集中的研究领域,课题研究和我个人的研究优势、研究兴趣较好地融合在一起时,我感到了做课题的乐趣,似乎找到了一个很有研究潜力、能充分发挥我学术特长的研究方向。从已完成的课题看,两个国家社会科学基金课题,一是 20 世纪 90 年代的"战时东南文艺运动研究",二是 21 世纪的"浙江新文学作家群与 20 世纪中国文学";还有浙江省社科规划重点课题中的"浙江 20 世纪文学史""'浙江潮'与中国新文学""浙江文学史"等,几乎都是从地域文学视角切入研究中国文学,有相对集中的对于地域文学的思考,于是便有渐次深入的有关中国新文学研究的新的学术发现。因为从地域文学研究角度说,我选取的是一个"典型的地域文学现象",浙江新文学作家群在中国新文学史上曾有过显赫地位,从这里入手,能深挖出很多有意义的东西来。正是意想不到的原因,我便在这个研究领域乐此不疲地干了十五六年,愈到后来投入的精力愈多,发表、出版的论著也主要集中在这个方面。2005 年,我主持的这个学科升格为浙江省高校人文社会科学重点研究基地,名称即为"中国现代文学与传统文化"研究基地,于是我的研究视角延伸到传统文化、地域文学更是顺理成章的了。

现在想来,我投入相当精力做地域文学的课题研究,主要原因还是课题选择与我的学术积累、研究兴趣的某种契合。"浙江潮"新文学现象研究,实际上是我留意较早的一个研究领域。以鲁迅、茅盾领衔的浙江新文学作家群,阵营壮观,声势显赫,长期引领中国新文学潮流。这一壮观的文学现象,我在以往的中国现代文学教学和研究中都深有感触,因此我总是萌生这样的愿望:倘若对其作整体观照,深入开掘"浙江潮"生成的历史动因及其积累的宝贵经验,必将有助于文学史意义的阐发和总结。这样的意愿藏于胸中,不时会呈现于学术研究之中。20 世纪 90 年代中期,我申报第一个国家社会科学基金项目"战时东南文艺运动"研究,便是有意识切入"浙江潮"文学现象研究的一次尝试。抗战时期主要发生在"东南半壁"(浙、闽、赣、皖诸省)的中国东南抗战文艺运动,在中国文学史上应有其特殊的意义,但这一运动长期以来为人们所遗忘,因而对其进行的研究就具有填补学术空白的意义。这是当初我选择这一课题进行研究的直接动因。研究的难度是显而易见的,因为此事前人没有做过,今天要将发生在半个世纪以前的一个地域文艺运动的史料搜罗齐全,又要从中寻觅出历史的运动轨迹并给予恰当的描述与评估,实在并非易事。课题研究的艰难,包括游走于几省间搜集史料的艰辛,我都在随后撰写、出版的《战时东南文艺史稿》(上海文艺出版社 1994 年出版)的“后记”中,有所记叙,此处不再赘述。做这一课题,曾耗费了我相当的时间与精力,有时感到很不划算。但过后思之,又感到并非毫无价值。我在做课题时发现,推动“战时东南文艺运动”的主导力量,是浙江新文学作家群,于是就将战时“浙江潮”作为重要内容之一加以评述,这对我其后深入研究“浙江潮”文学现象来说是一个有力的铺垫。另一方面,《战时东南文艺史稿》是对一个特定时期、特定地域的文学史现象的描述与评估,其所独具的文学史意义是不言而喻的。为完成课题,我曾走访过二十余位文坛老作家,包括两次拜访战时东南文艺运动的亲历者、“五四”老作家、华东师范大学教授许杰先生,听他们细数这一文艺运动的历史与功绩,感受特别深切。时年已93 岁高龄的许杰先生还为本书作序,序成后不久,许先生便溘然仙逝,这篇序文竟成了他的“绝笔”。感念这些老作家、老文化人为繁荣我国文化学术事业所做的贡献,我自然该特别珍视这项成果。

也许是受到做第一个国家课题的启发,此后我对“浙江潮”文学现象研究便有了较多的关注。20 世纪 90 年代后期,我的学术研究重心转移到“地域文化与文学”研究,21 世纪头十年,浙江省启动了“浙江历史文化工程”项目,对此的投入更多了。研究地域文化与文学,是我于此时确定的一个重要研究方向,原先的构想是将文化学、民俗学、文化人类学、社会学等多学科知识融入地域文学研究,这既是对地域文学研究的一种深化,同时也有助于探寻中国文学发生、发展规律,有助于深层揭示文学创作规律。但在实际的研究中,我仍偏重于具体的地域文学现象研究,做得较多的便是“浙江潮”新文学研究。于是就有专力于第二个国家课题“‘浙江潮’与 20 世纪中国文学”的研究。在此课题的研究上,我花了将近五年时间,的确下了一番苦功夫。在完成的书稿中,既作“作家群整体考察”,论述作家群体生成的地域历史文化背景、“浙军”对中国新文学建设的创造性建树、“浙江潮”引领新文学潮的地域文化意义、“浙军”创建新文学文体的创造性价值;又作“地域创作群体描述”,分别论述体现地域色彩的七个作家群体,阐述各个群体的地域色彩、精神品性、艺术诉求等对作家群体有更深入、具体的阐发。我相信,通过这样面与点的较为系统的描述与评估,对“浙江潮”新文学现象及其意义所在就有较切实的把握。

由于集中精力专注于一个领域的研究,倒是有意外收获:我的地域文学研究已在国内学界产生一定影响。在进行国家课题研究时,我曾写作、发表不少研究地域文学的论文,后结集成《地域视阈的文学话语》一书出版,着重阐述地域文化与文学,地域文化与作家群体、文学思潮等诸种关系。这些论文发表在国内最高级别的《中国社会科学》《文学评论》《文艺研究》《中国现代文学研究丛刊》等刊物上,完成的国家课题以"优秀"成绩结题,《中国社会科学报》和上海的《社会科学报》还作了专版介绍,这是颇能自慰的。

六

关于学术研究,我的另一种思考是:学术研究与教学相结合,会焕发出一种新的活力;对于老课题研究,则需确立"问题意识",以此去发现问题,寻求突破,获得研究的进展。

在我的后期研究工作中,另一个较有收获的是现代文学思潮研究,主要成果见于《现代中国文学思潮史论》(中国社会科学出版社 2008 年出版)一书。这是综合我十余年来为硕士研究生开设课程的教学所得,又结合对文学思潮的重新思考而产生的成果。

这本书的写作,缘起于我为硕士研究生的授课。最初开设中国现代文学思潮研究,目的是通过对现代中国文学思潮的讲授,让研究生对中国现代文学生成、发展的文学思潮背景有较为切实的理解,以便为以后深入地展开研究工作做理论的铺垫。在讲课与研究过程中,我感觉到,泛泛而论文学思潮有时会不着边际,学生也听得枯燥乏味,教学效果肯定不会好。由于授课的需要,我一度对文学思潮研究发生兴趣,阅读相关研究论著,就有了文学思潮研究的"问题意识"。我发现,以往文学思潮研究的理论形态,无论是"创作本体论",抑或是"精神潮流论",都只强调一端而显出片面性,因此提出一个新的研究视角,使文学思潮研究有所深化,已是势在必行。于是我就有了一种设想:不如寻找一个新的研究视角,也许会对思潮研究有所突破;而从文学形态角度切入,将文学思潮影响下形成的各种文学形态进行归类论析,有可能会将文学研究引向深入,也能使人加深对文学思潮的流布及其对中国现代文学产生影响程度的理解。这一理念,在教学实践和研究过程中日益趋于明晰,我终于在既定理论框架下对现代文学思潮史的重新建构设想,并以此写出一部思潮史论专著。就这样,这门课程十几年教下来,我的理论观念也逐渐成形,一部学术著作就随之而出。这部著作的学术意义就在于:对中国现代文学思潮史重作梳理,成书的结构体现了上述基本构想。全书上卷论现实主义文学思潮,着重揭示现实主义在现代中国文学中的主潮地位,并概括出七种形态的现实主义,给予分门别类的阐述;下卷为论述浪漫主义、现代主义文学思潮部分,重点论述浪漫主义、现代主义文学在现代中国的接受与走势,并梳理、阐述浪漫主义的五种文学形态和三种主要的现代主义文学形态。这样做,不仅仅有着研究思潮本身的意义,同时也有着采取新的研究视角重新认识、评估中国新文学现象和创作的意义。这样的研究思路和研究方法,是前人未曾做过的,提供了一个新的研究视角,应该有较大的理论创新意义。我所研究的几种主要文学形态,大多整理成论文在《文学评论》《文艺研究》《学术月刊》《天津社会科学》等重要学术刊物发表,有的还被《新华文摘》转载。所以我一直颇为自得,因为这毕竟反映了一种带有原创性的成果为社会所承认。而经过长时期的教学实践检验和研究积累,也当是此项研究有所成功的缘由之一。

学术研究与大学本科教学直接相关的,是实现科研成果向教学的有效转化。我在高校从事中国现当代文学教学与研究,已近40年,对此的深切体会是,教师教学水平的提高,有赖于科学研究,科学研究又应反哺于教学。在我看来,高校教师从事科学研究,不同于专门的研究机构(如社会科学院所之类),应是教学型研究者;也正因此,高校教师的科研活动就不应同教学活动相分离。倘若由教学的深度要求促发教师自觉的科研行为,科研所得又能转化、渗透在教学实践中,那就是一种理想的教学与科研的结合。这样的结合,其实是渗透在教学活动的各个环节中的,这里我想集中谈谈与科研相关的本科教材之编写。

我于20世纪80年代后期开始,投入相当精力,从事本科教材编写工作,曾先后主编、出版过四部现当代文学史:《中国现代文学史新编》(上海社会科学院出版社1990年出版)、《中国现当代文学》(浙江大学出版社1995年出版)、《中国现代文学史》(天津人民出版社1998年出版)、《中国现当代文学史》(上海教育出版社2004年出版)。这些史著的编写,既是教学实际的需要,编写一种适合于师范院校使用的"教学型"文学史是势在必行,同时我也一直把它当作是中国现代文学史研究的一部分工作去做,这样就有了较为理想的编写效果。上述史著的编写,大都出于我的理论构想,由我确定全书框架结构,设计详细的编写提纲,撰写重要的章节,可以说部分地体现了我的文学史理念。但我觉得最值得一说的,还是经过教学实践检验,于课程改革后出版的新版《中国现当代文学史》。将"现代""当代"两门课程打通,编著一部打通时代界线的文学史著的想法,也是在长期的教学实践和教材编写中日渐成型的。中国现当代文学作为两门课程开设,由来已久,但这里也存在不少问题:几千年的古代传统文学仅以"古代文学"名之,而不足一百年的现当代文学又要细分为两门课程,是否过于零碎烦琐? 以"新文学"的视角观照文学现象,将同一个文学传统的文学人为地分割成"现代""当代"两块,是否具有很严密的科学性? 对此的反思使我意识到:作为一门独立学科,中国现当代文学课程走过漫长的建设之路,已到了厘定课程的称谓,使之成为具有相对合理性的独立的文学课程的时候了。于是便有编著《中国现当代文学史》之举。这本教材从现当代文学的整合理念上叙述"中国现当代文学史",其历史范畴是从"五四"新文学革命起,至 20 世纪末,意在打破现、当代文学之间的障壁,以"新文学"的整体性对这一种文学作互相连接、前后启承的描述,这在国内同类教材中无疑是独创的,也是首创的。这本教材曾于 90 年代末期列入浙江省高校十部首批重点建设教材,出版后受到广泛好评。对于这样的文学史编著,我一直将其视为教学与科研相结合的成果,因为编著教材中产生新的构想与思考,是在不断调整、审视学科的性质、范畴以后做出的,同时也是从深化文学史的研究和教学需要着眼的,这便会在两个方面都得到收获。

谈到主要研究方向,还该说及我的鲁迅研究。鲁迅研究是我文学研究中起步最早、用力较多的研究领域之一。我曾经说过,我的学术生命是鲁迅"照亮"的,必会对鲁迅和鲁迅著作投注浓厚的学习、研究兴趣。我撰写的第一篇鲁迅小说研究论文的成功,激起我进一步研究的热情,使我乐此不疲地在学术研究的路上走下去。按照我原来的构想,在鲁迅研究方面如果我投入更多精力,也许会有更多收获,只是这一研究领域实在拥挤不堪,研究成果可谓汗牛充栋,几乎有关鲁迅的每一个领域、每一种创作,都被人们细细地梳理、研究过,觉得专注于此不可能有更多收获,这才转换了研究方向,把注意力移到别的研究领域去了,所以所得的成果就很有限。这是我至今都深以为憾的,显然是学术眼光的短浅,限制了我在一个丰富的学术库藏中做出深层突进。所幸在鲁迅研究领域,我未尝完全放弃,因为这毕竟是我曾经钟爱过的事业,所以对于国内外的鲁迅研究状况仍给予了较多的关注,偶有所得,不忘写出一些研究论文。小说研究以外,鲁迅杂文研究便是我一段时间的研究重点。在这个研究领域,由于强化了学术研究的现实效应,倒是取得了足以自慰的成绩。

将鲁迅杂文确定为研究重点,是基于学术界存在的一种鄙薄杂文的"问题意识"。在鲁迅研究已相当深化、鲁迅论著已是汗牛充栋之际,一个毋庸置疑的事实是,对鲁迅杂文的研究却是非常薄弱的——尤其是缺乏对杂文的诗学意义的研究。个中缘由很复杂,一个重要因素是把杂文排除在鲁迅"创作"之外,人们总是为鲁迅"专攻杂文"未能有大量"创作"而扼腕叹息,这里反映的便是杂文算不算"创作"、能不能入"文艺之林"仿佛始终是个不甚了然的问题。这显然有碍鲁迅作为"伟大的文学家"的全部价值的论定。须知,杂文是鲁迅全部创作中所占比重最大的一种文体,也是他毕生为之的一种创作文体。倘若他的"创作"仅仅是三本小说和两本散文集,那么他一生中的大部分时间是用于"非文学"活动,他的文学家的资格自然也值得怀疑了。顺着这样的思路想下去,真会让人惊出一身冷汗。正是在这样的急切心理地驱动下,我开始了鲁迅杂文研究,写出一篇篇研究论文,随后出版的专著《诗情传达与审美构造——鲁迅杂文的诗学意义阐释》(天津人民出版社 1997 年出版),就是在撰写、发表诸多鲁迅杂文研究论文以后整理成书的。这本书从鲁迅杂文诗学意识的自觉出发,探讨其杂文创作蕴涵的艺术思维特质及其独具的"诗情观念",对鄙薄鲁迅杂文的观念作了有力的匡正。此书出版后,曾受到学界的关注,著名鲁迅研究专家、中国社会科学院研究员张梦阳先生在其所著《中国鲁迅学通史》一书中以较大篇幅评价了这部著作,认为"90 年代以后,鲁迅杂文学最显著的进展是诗学领域的细致开掘",而在各种研究成果中,"最引人注目的当属王嘉良的《诗情传达与审美构造——鲁迅杂文的诗学意义阐释》"。如此评价,是我始料未及的,当然会受到很大鼓舞。

最后还想简略说一说我的论文写作。我的研究工作是从写作论文起步的,开初并无写书的宏愿,只是论文积累多了,许多论题又集中在同一个研究领域,这才有逐步成书的计划,所以论文发表的数量就颇为可观。整个 80 年代,以论文写作为主,已发表了近百篇;此后二十余年里,主要是做各种课题研究和写书,但也常把研究所得整理成文在刊物发表,所以累计的数量就很大,总计大约在 260 篇上下,发表在国内五十余家学术期刊上。重新翻阅这些论文,我仍有对其的特殊喜好,这不独因为论文写作同样倾注了我很大的心力,而且论文表述的许多观点往往是提取了课题研究中的精彩部分,其学术价值并不在专著之下。我的学术研究论文,大体上可分为"文学史论"和"创作论"两大块,前者侧重于文学史、文学思潮与流派、地域文化与文学问题的研究与探讨,后者则重于中国现当代作家、作品的研究与评论。我的体会是:做学术论文,仍需从最具研究优势、最有研究心得处入手,只有对相关研究领域有了足够的理论、知识储备,又凝聚了自己对论题的充分、深入的思考,方能在研究中有所发现,有所收获。

七

盘点我的学术研究历程,对一个年届七十的老者而言,说不上是什么重大成就,当然也不可能有惊人之论。上面拉杂写来,无非是想借此说明我的研究重点所在,以及我游弋于多个研究领域的来由、触发点和对一些学术问题的理解,或许对后来者有些启迪。

行文至此,我还要附带说及在我迈进 70 岁门槛时,由上海文艺出版社出版了《王嘉良学术文集》(12 卷)。这也是对我学术生涯的一个总结与交代。倘有兴趣阅读,当不难从中看出一个学人的艰难跋涉之路。文集 12 卷的编撰,是依据各个相对集中的研究领域而分类确定的,除后几卷稍带有"综合"性以外,其余各卷大抵是一个课题的集中研究,或专力于一个作家、一种文学现象的研究。这些成果,大体上反映了我几十年学术研究的成果。在总量上并不算少,但就学术价值而言,是很不平衡的,其间有用心研究,在学术上有所发见之论,当然也不乏较为粗浅,学术性较弱之作,这是明敏的读者一眼就可看出的。

为了表述清楚学术"总结"之意,关于文集的编选,有两点需要特作说明。一是作为对学术历程的"总结",录文力求其全,因此凡是与学术有关的论文、著作,已大都收录其内了。至于由我主编的各种著作,如《中国现当代文学史》《浙江文学史》《浙江 20 世纪文学史》《茅盾与 20 世纪中国文化》等,非为我个人专著,则一概不予收录。我之所以将过去个人所写文字收集起来编成集子出版,目的是为检视自己走过的学术足迹,故对于所写文字,除了敝帚自珍以外,也确乎感到它并非毫无存留的价值,至少借此可以看到在一个时期内我对于学术有着怎样的思考,映现出怎样一种学术理念,至于能否做到周全与完善,也就在所不计了。二是为保留学术之路的"痕迹",我对于所写文字一概不做修改。这并非出于我对所有研究成果都有着怎样的自信,也不是对自己研究的粗浅毫无自省、自察,实在是为准确反映学术面貌所做的考量。也许,"悔其少作"是多数学人都会有过的感觉,我亦如是。对于较早写出的一些论著,无论是学术观念、评价尺度乃至许多用语,都留下了那个时代特有的痕迹,很多表述今天读来就特别碍眼。但为保留"陈迹",我都没有做出改动。我以为这样做,对于展现"历史"是有必要的,而自己学术上的不足,事实上也难以掩饰、无须掩饰的,故大体一仍其旧。

我的研究范围只是局囿于中国现当代文学,又加以学术功底不深,我所能提供的成果也只能是如此了。如今我已年届七十,学术生命已快走到尽头。在即将告别学术界的时候,我有过做学术时取得些许成就的快慰,但留下的遗憾也是很多的,我的许多研究成果并没有达到应达到的水准,还有许多想做的事情没有做完,我的学术梦很难说已是"圆满"的。倘有余生,倘余生中身体还健康,我自然还想再做些事情,尽管再作努力,太多的遗憾已是无从弥补了,只望在我的学术生命中再留下一些我曾拼搏过的印记。

(曾分别刊于 2010、2012 年总第 7、8 期)

心系寰宇传承民族文化，攀登雅境谱写世纪乐章

——寒山拾得诗研究感言

陈耀东

2004年3月20日，复旦大学中文系博士生导师陈允吉教授大札函邀我为"博士答辩委员会委员"。《人文教坛》主编让我谈谈感想。我想，作为中国学者，一方面，深感有愧于列祖列宗；另一方面，"箭在弦上"，的确有一些话不得不发。我以为，学术研究，绝不是纯粹的学术问题，首先是民族感情、民族尊严和民族文化的问题。关于寒山诗集研究正是这样。

自从佛教传入我国之后，就逐渐被改造、汉化，成为具有中国特色的宗教。禅宗是中国佛教六大宗派之一。它创立于中唐，盛行于晚唐、五代和两宋，称雄中国佛坛千年之久。它的形成、发展、演化及所体现的佛学思想，在东方佛教思想史和文化史上占有光辉的一页。禅宗又可分为南、北两大派系。自慧能及其门下的努力，臻于完善的南禅宗独领风骚。寒山子虽非受戒的佛徒，却是南禅宗形成过程中具有特殊影响力的人物。寒山诗，植根于我国唐代灿烂文化的肥沃土壤中，富有浓郁的乡土气息，深邃的禅机玄理和无穷的感人魅力，融合了儒、道、释三大哲学体系，体现了诗人由儒入道、由道入佛、由佛入禅的思想历程。他的诗风独特，千余年来在社会各阶层和缁门羽流中广为流传，深受人们喜爱。在诗坛上有"寒山体"之称誉；在佛门禅林中，常常被用作"上堂"的法语，参禅的"话头"和悟道的工具；被后世文宗名流、高僧禅师们所模仿、拟作和赓和。他的诗又是唐代白话诗的典范，是一朵永开不败的禅苑"诗哲"之花。在中国及东方思想史、诗歌史、语言史、宗教史和文学史上，具有独特的意义和价值，是珍贵的研究资料。

寒山研究，是一项国际性课题。

20 世纪 50 年代,寒山诗被日本和西方国家"发现"以来,被炒得火爆,足足延续了半个世纪之久。寒山和寒山诗已成为他们研究东方传统文化和中日文化、中西文化交流中具有特殊意义的媒介,视为是一种"寒山现象"。寒山子在日本被公认为禅宗大诗人,文本及其生平事迹,研究著作和论文不下数十百种,成为艺坛画苑的翘楚;寒山子在美国,则成为许多青年大学生崇拜的偶像,掀起了一股超越文学范畴的颇具声势的"寒山热"。寒山诗已被译为日、美、英、法、德、荷、比等多种文学,他的诗集或选译、注本如雨后春笋般地涌现。若就这个意义而言,寒山子及其诗的影响远远地超越了我国古代任何一位诗人。

可是,近半个世纪以来,由于历史的原因,国内的寒山子研究始终比较沉寂。寒山子在我国学术文化界成了"被遗忘的角落"。所以,某些日本学者大言不惭地自诩:"寒山子的研究中心在我们日本。"

"墙内开花墙外红",此种反差何时了!

凡此种种,使寒山诞生地的中国学者的心灵产生了巨大的震动,增加精神上的压力。学者们深深地感到:寒山诗的研究,不仅仅是个纯粹的学术问题,也牵涉到一个民族感情、民族尊严和民族文化的问题。我本着要为中国大陆学者在寒山子研究领域中争口气,争一席地位的决心开始接触这个问题。1991 年至 1992 年,我以教授的身份在北京大学做学术访问。春节期间返回浙江临海老家过年,一则祭奠仙逝不久的老父亡灵,再则浏览乡邦有关人文典籍。在短短的几天逗留期间,有幸结识了天台山文化研究会会长、台州地区方志办主任、编辑方山、丁锡贤和临海市博物馆馆长徐三见诸先生,承蒙惠赠《东南文化·天台山文化专号》一册。其中涉及寒山、拾得其人其诗的文章达八篇之多,几乎是数十年来研究寒、拾论文的总和(新中国成立以来至 1980 年是一片空白,1980 年至 1990 年约有十篇左右论寒、拾诗之语言的文字)。但与海外上千篇论文相较,可谓是吉光片羽、凤毛麟角了!虽然如此,家乡父老的成果已属难能可贵,多少为中国学者争了一口气。我被乡邦仁人们庄重的历史感,崇高的使命感和强烈的责任感所鼓舞,于是萌发了一种为乡土文学、地域文化做些什么的强烈愿望,以报效江东父老的厚爱,亦可聊作对东西方学者挑战的小小回敬!

于是我从《寒山诗集》传本着手,以书目著录为线索,进行全面、系统的考察,陆续地搜集了古今中外及港台地区珍藏的刻、抄、校、注等《寒山诗集》版本一百一十多种(亲自过目者约 50 多种),"辨章学术,考镜源流",纵横比较,详加叙录,并制成版系图表,又将历代书目的著录和序跋、题识、评论汇辑成集,几乎囊括了《寒山诗集》有关版本方面的全部材料,成为《寒山诗集》版本研究的一个资料库。

海内外寒山诗研究中,大量地涉及思想史、文化史、宗教史、语言学史、文献学史等问题,而关于寒山诗集与传本的研究,他们往往是局部地或附带涉及的。如在论著中或论文中部分章节涉及者当然不乏其例,但专就其诗集版本角度切入,全面、系统地搜集散佚在古文献中的零星、分散的材料,使其具有"资料库"性质的专书,似乎还未曾有过。故而,我的论著将有助于寒山及寒山诗的研究,有助于弘扬中华优秀文化传统、增强民族自信心和精神文明的建设,使东方文化中的这颗明珠更为璀璨夺目。

1997 年 3 月,香港回归前夕,召开了一次"中国诗歌与宗教国际学术研讨会",参加的内地学者有十九人,我也在受邀之列。会上,我作了《唐代诗僧〈寒山子诗集〉传本研究》摘要发言,当即受到与会学者和大会主席的高度评价与激赏,一致认为此文所提供的大量新材料是一件"功德无量的事",有学者称"陈先生的论文,表明寒山子研究还在我们中国。在《寒山诗集》版本研究领域中,在国际上确立了领先的地位"。

1998 年 7 月,深圳大学钱学烈教授在其出版的新著《寒山拾得诗校评》中 4 次引用或评论拙作有关寒拾的论文和辑佚。例如"前言"中说:

> 到 90 年代初,……国内的寒山诗研究有迅猛的发展。……不论是内容的分析,年代的考证和资料的收集,都比以往更加广泛深入。其中浙江师大陈耀东先生……四川大学项楚先生的论文皆为近年来寒山诗研究中高水平的力作。这标志着我国学者在寒山诗研究的很多领域,已经赶上并超过了前人和海外学人。

2002 年 6 月我的"寒山、拾得诗集版本研究"被确定为国家课题,现已完成研究。

心系寰宇,传承民族文化;攀登雅境,谱写世纪乐章。这正是我学术研究的动力与追求。

(曾刊于 2006 年总第 5 期)

写在告别教坛的时候

胡尹强

　　还不到 18 岁,我就站上教坛。半年初中见习语文教师,半年小学教师,18 年中学教师,25 年大学教师,岁月如烟,到 2003 年 10 月,我 66 岁,要告别一站就是 44 年的教坛了。生命中最有热力的年华已经逝去,不免有一种淡淡的忧伤,挥之不去。就在这时,我参加了三个同学会。

　　第一个是金华二中 1980 届的同学会。我只在这个班将毕业的时候接教了他们一学期。当我在电话里听到陌生的声音邀请我参加同学会的时候,我的回答就很犹豫了。然而,对方说:胡老师,这是我们毕业后的第一次聚会,很想见到您,我们能考上名牌大学,有您的一份心血呐!您可一定要来啊!傍晚,一辆奥迪轿车把我接到今日大酒店一个包厢里,我被一群陌生的面孔包围住。争着和我握手,争着回忆当年。"胡老师,您还是当年的模样,就是头发苍白了。胡老师,我们永远不会忘记您给我们讲《狂人日记》的情景。您说,狂人是中国这间铁屋子里第一个觉醒的人。他发现铁屋子里的同胞人吃人,害怕被同胞吃掉,患了被迫害妄想症,写下了这些日记。您这一说,我们就懂了。胡老师,接着您给我们朗诵《狂人日记》。我们都听呆了,怎么会有这样好的朗诵!"我记起来了。那一年高三语文课本第一次选了鲁迅的《〈呐喊〉自序》和《狂人日记》,我也是第一次把《自序》创造的铁屋子意象和《狂人日记》联系起来,教学效果自然挺好。年轻的时候,我在普通话和朗诵上狠下过一点功夫,所以,23 年过去了,他们居然还记得我的朗诵。

　　第二次是金华二中 1964 届的同学会。我一口答应了。偏偏这天处理一些杂事,我颇疲惫,就打电话说我不能去了。晚饭的筷子刚放下,电话响了。是手机,好多个人同时说话。胡老师,40 年不见,我们一定要见到您! 胡老师,已经吃了晚饭,您也要过来啊! 胡老师,您肯定还记得我们! 您从金华师院调来二中做中学教师,教的第一班学生就是我们呀! 我被感动了,当即打车到望江宾馆。在一个大包厢里,两张餐桌拼在一起,围坐着三十来个学生,纷纷向我拥来。有几个我还叫得出名字,大部分细细辨认也还有 40 年前依稀的面影。谈话的主题自然是回忆。"胡老师,自从您教语文,我们就喜欢语文、喜欢作文了! 胡老师,您还给我们导演话剧呢! 胡老师,我们不会忘记您给我们朗诵刘真的《长长的流水》的情景! 您来之前,我们就在回忆你朗诵时的情景呢!"年轻的时候,我在教学上也常常自作主张。我订了一份《人民文学》,看到我以为值得一读的作品,就抽一节课,边朗读边插入一两句点评。这样的课是最受同学们欢迎的。刘真的《长长的流水》是那个年代最好的作品,采用第一人称的儿童视角来叙述,女孩子的天真中闪烁着成年刘真的机智和幽默,我朗诵着,教室里不时发出一阵阵会心的轻笑声。

生活中总有许多凑巧。没有凑巧,也就没有生活。两个同学会,正好是我在金华二中从教 18 个春秋的头和尾。在二中执教的 18 年,应该是我生命中最富于热情的时候,然而,却偏偏是我生命中最无奈的岁月。没想到在最无奈中,我也还能在同学们的灵魂里留下些许闪着微光的回忆。正是这点欣慰,催促我写了一篇 20 年前写过、却没有写成的文章——《语文就是语言和文学——再论文学教育》。

第三个是我自己的,锦堂师范 1955 届的同学会。已经举行了四次,这是第五次,由在金华的三个同学主办,我自然要尽东道主的责任。从全省各地赶来的 41 位老同学,都是退休多年的,而我也正要告别教坛。在茶话会上,挨个儿说说毕业后的生活。轮到我的时候,我说,我两次交上好运。一次是 1952 年 1 月初中毕业,全班集体保送到锦堂师范,和大家同窗三年;如果不是保送进师范,我不知道我的命运会怎样,因为那时我的家庭经济状况不可能让我上高中。第二次是 1956 年,国家动员小学教师报考大学,我考上了;如果犹豫一下,想明年再考,就和大学永远失之交臂,我也不知道这一辈子会是什么样子了。我感谢在我混沌初开的青少年时代,命运两次对我青眼相加。除此以外,我成了现在的我,都是我自己的选择。

年轻的时候谁都会做梦,老了就只剩下回忆了。而我,却还在梦和回忆之间徘徊。然而,既然一切都是我自己的选择,无论是挫折还是成功,痛苦还是欢乐,迷茫还是清醒,冷漠还是热情,义无反顾还是畏缩,真诚还是虚假,天真还是世故,守护还是放弃,我都没有什么可遗憾的。

要告别教坛了,我无怨无悔。

(曾刊于 2005 年总第 4 期)

我的教师生涯:挚爱、努力、认真

刘宏球

自从接受了傅惠钧先生要我写一点课程教学体会的东西以来,我一直为之踌躇,似乎想说的东西太多太多,然而又不知从何说起,因为"教学"是我一生的事业,因为要对自己几十年教育生涯进行回顾,所以这就不是本文所能"承受之重"了。

转眼之间,我的教学生涯已经走过 37 个年头,可以毫不夸张地说,我的大半生命,献给了我喜欢的教育事业,也献给了我从没有离开过的浙江师范大学。37 年的教师生涯中,有欢乐也有痛苦,有欣慰也有焦虑,如果用最简单的话语来归纳,那就是"挚爱、努力、认真"六个字。

或许是一种宿命,我从小就喜欢教师这个职业,即使在"文革"期间教师成为被人瞧不起的"臭老九"的时候,我也始终没有后悔,这不仅是因为我从小文弱内向的性格和喜欢读书的癖好,而且是因为我对"老师"有着一种格外的敬仰。在小学阶段,我钦羡老师知道得那么多,似乎世界上没有他们不懂的事情,除了父母亲之外,我认为他们是最"厉害"的人了。或许,这种从小就有的"教师情结"成为支配我一生并使努力成为一名好老师的原始动力。

我非常庆幸自己一辈子从事的是自己喜欢的职业,尤其庆幸自己一辈子从事的是自己喜欢的专业。37 年中,我讲授的课程从大的方面说是文艺学与电影学,如果加以细分,则包括文学概论、马列文论、西方文论、美学、影视文学、西方电影史、中国电影史、电影艺术概论、电影艺术研究、电影叙事学,等等。很难忘记高中语文老师在讲解鲁迅的《药》一文时对"铁铸一般站着"的乌鸦出神入化的分析,让我深深感受到了文艺理论的魅力,而从小对于电影的痴迷更是让我的父母亲甚至老师难以理解。几乎是一生的付出终于让我不仅进入了这些领域，而且懂得了其中的奥秘，收获了许多欢乐和满足。

当然，要成为一名老师，尤其是一名称职的老师，仅有热爱甚至痴迷是远远不够的，即使是一位很有做老师"天分"的人，对大学教师来说更是如此。一节课乃至一门课教学信息量的充盈、价值颇高，显然首先并不仅在于表达上的出色，而在于你的知识结构、知识面的广度和深度，而这些方面的获取，除了努力、除了勤奋并没有其他的路可走。一件事让我印象极为深刻。

我是一个在"文化大革命"前接受传统文学教育的人，20世纪80年代汹涌而入的西方文艺和哲学思潮让我迷惘，更让我焦虑，我感受到自己与时代的距离、与年轻教师的距离，更要命的是我发现自己"失语"了——在专业上甚至无法和"前沿"的理论及年轻的教师们"对话"，文学理论、电影理论让我感到异常地陌生和艰涩，符号学、叙事学、精神分析批评对我来说全是那样的"另类"，原先熟悉的内容与形式、典型、蒙太奇、长镜头似乎都不再是这些理论的全部，对于文学、电影的本质也有了另一种解释，而对一个文学文本或电影文本的解读也不再局限于主题、形象、艺术特色之类，总之，这一切都让我感到陌生与困惑。我知道自己落伍了，要想不被时代所淘汰，只有一条道路可以走，那就是补课。

然而，对于我这个长期接受传统文学教育的人来说，这绝对不是一件容易的事，由于时代的原因我已经失去了读研甚至进修的机会，"自我进修"成为唯一的选择。其中的艰苦自不必说，几十年的思维定式让我对新的理论有一种心理上的拒斥也不必说，最为困难的是：这些陌生的理论，其建构起点都是看上去和这种理论相距甚远的其他理论，如电影符号学运用的是结构主义语言学的理论，这种理论与索绪尔的语言学和列维—施特劳斯的人类学有着直接的联系，或者说是他们的理论在电影学中的运用；电影叙事学依据的是俄国普罗普的民间故事形态学和格雷玛斯的角色模式及语言方阵理论；精神分析学则是建立在弗洛伊德和拉康的精神分析理论之上的。很显然，要掌握新的专业理论，首先必须掌握与之相关的上述其他理论。对我来说这实在是一个巨大的挑战：要么放弃，那就意味着让自己永远处于新的理论门外；要么就是静下心来攻克难关。我选择了后者。

可以说，"补课"是一个痛苦的过程。任何一种理论都是"灰色"的，尤其对我这样已经上了一定年纪的人来说，其中的艰辛可想而知，看上去薄薄的《电影理论史评》《电影美学》曾经让我长时间踟蹰不前；而在索绪尔的《普通语言学教程》中的"语言和言语""能指和所指""组合与聚合""共时与历时"等四对概念前,我也曾经长时间地一无所获。然而俗话说一分耕耘就有一分收获,当我用几年时间逐渐掌握了它们的时候,确实有了豁然开朗、进入一片新天地的感觉。课堂上,讲课内容的深度与容量有了新的开拓,而一些影视专业选修课的开设如"电影叙事学"则完全得益于这些年的"自我进修"。这种变化或许更清晰地体现在科研上,我的那本小书《电影学》应是这次"脱胎换骨"的成果,而对一个电影文本的解读或对某一位导演的研究也进入了一个新的层次,如对谢晋的研究终于从对他作品的主题、人物、导演手法的研究进入到对其叙事手法和叙事策略的研究,《略论新时期谢晋叙事策略的调整》《女人—妻子—母亲:新时期谢晋电影的经典表述》等文相对于 20 世纪 80 年代的研究确实有了明显的深入;而《我们需要的是新鲜的嘴唇》《罗拉为什么不"打的"——论电影的游戏性》等文则对电影艺术的叙事问题做了相对深入的探讨。

要成为一位称职的教师,表达能力必然是一个重要的条件。我大学期间的文艺学老师王元骧先生在一次会议上曾带着玩笑的口吻说"理科靠的是脑子,工科靠的是双手,文科靠的是嘴巴",虽然王先生说的话带着某种调侃,但确实表明了教师表达能力的重要性。我性格内向,并不是一个表达能力很强的人,也特别害怕在人多的场合讲话或发言。我清楚地记得第一次上课的情景,因为我毕业于综合性大学,没有经过教育实习的环节,而我面对的学生却是有多年教学经验的中学教师,其中的一位足足比我大了 20 岁,这几乎使我手足无措。而这一次课最后能够顺利讲授并获得学生的称赞,完全是因为备课的充分和认真。第一堂课让我明白一个道理:"勤能补拙",这也成为我三十多年的教学生涯中始终牢记的信条。北京电影学院教授陈晓云先生在为我的那本小书《电影学》写的"序"中提到"已经教了三十多年书的刘老师,即使在今天,每次在上课前还是一如既往地认真备课,绝不疏忽任何一个细节,不管面对的是怎样的学生,始终留有一份奇怪的'不自信'……"这确实是一个最了解我的人才能发现的"秘密",也是多年来我上课能够得到学生欢迎的"秘密"。

陈晓云先生所说的"奇怪的不自信"其实正是我的"自知之明",明白自己某一方面的欠缺必须通过别的方面加以弥补,这就是"认真"。我教过的学生有研究生也有本科生,有专科生也有函授生,尽管对不同的学生应该因材施教,但"认真"却是共同的态度:课前认真地准备,课上认真地讲授。这些年里有些课因为讲过多遍,内容已经十分熟悉,但在课前我还会仔细加以准备,并把一些新的信息、较为前沿的理论或观点补充进讲课内容。我觉得唯其如此,面对学生时才能够坦然地说:我尽力了。

有了自知之明,虚心向别人学习就会成为提高自己的另一条渠道。学识上是如此,课堂教学上也是如此。我的"自我进修"就包括向专业上的同行学习,哪怕是比我年轻的学者,如陈晓云,他们成为我学业上的良师益友。听其他老师的课、善于发现其他老师的教学长处同样是提高自己教学能力的好方法。几十年里,我在比我年长的和比我年轻的老师身上学到了很多,还甚至包括自己的家人。我这个表达能力不强的人却娶了一位表达能力相当强的太太,她曾是我校中文系的汉语教师,在教师生涯的开始阶段,我其实向她学了不少的讲课技巧,记得当时讲授"中间人物"的"不好不坏、亦好亦坏"特点时,她是"口把口"地教我怎样加以表达的。我们常说"处处皆学问",我想,善于发现和学习能让我们获得许多。

我热爱教师的职业,终生不悔;我也为让自己成为好老师努力过,同样终身不悔;"认认真真教书"是我一生的信条。在即将离开我挚爱的讲台的时候,写下此文,既是对自己教育生涯的回顾,更希望能够给我的同行们一点小小的启示。

(曾刊于 2009 年总第 6 期)

教学杂忆

王加丰

我是 1985 年 1 月从原杭州大学获得历史学硕士学位后来到师大的。我硕士时的主攻方向是世界中世纪史,但由于当时师大历史系已有这方面的任教老师,所以我就任教当时尚缺老师的世界近代史,不想这门课就这样教了 26 年。我是所谓的"三届生"(1966 年初中毕业),所以来这里历史系任教时年纪也不小了(虽然年长的老师都叫我小王),不过论教学,我其实没有什么经验,在杭州大学读书期间,导师只让我们上过一次课,也算是实习吧。我来师大的第一个学期上法国史这门课,第二个学期上世界近代史。对我来说,第一步的工作就是备课。年轻老师上课必须备好课,这是老教师们的谆谆教导,不过刚刚开始上课时,自己很难体会到这一点。好在当时安排给年轻教师的课不多,一个学期好像也就是一门或最多是两门课,所以我有足够的时间来备课。我清楚地记得,法国史是选修课,每周三节,上一个学期;世界近代史是必修课,每周四节,上一个学年。第一年里,我的时间主要就备这两门课,每节课的备课时间一般需要一天多,准备三节课的法国史每周得花四天或四天半左右,世界近代史每周的备课时间一般都在五天以上。这样,在第一年里,看点其他书或试着写点文章的时间并不多。后来证明,这样备出来的课,比较扎实,多年后自己仍然觉得并不过时,只是在讲授时再充实一些新的内容就可以了。当然,这与历史专业的特点有关,它的知识更新相对较慢,大量内容可能在相当长的时间内无法推陈出新。

虽说是初次在大学讲课,但对如何讲授我还是有一些自己的想法。一个最基本的想法就是:不怕说不出来(口才不行),只怕不知道。因此要使授课常讲常新,需要不断地学习,充实自己的知识储备。

另一个想法是:教材里的重点要尽可能讲深、讲透,但每堂课的讲课顺序不能从头到尾与教材一样,所举的例子必须有许多来自教材以外的书籍;在突出重点难点的同时,高度关注知识性、趣味性的材料。使用知识性和趣味性的材料决非为了引起一些笑声,而是可以引起学生兴趣和思考,并不失时机地把一些与所教内容有关的前沿研究情况也略作介绍。这样,备课时最要紧的就是阅读较多相关的书或论文,形成自己对教材中所讲授的内容的总体看法,同时不遗余力地寻找最适合于说明教材的重要内容的知识性和趣味性的材料。我特别喜欢看人物传记,因为传记里这方面的材料是最为丰富的,有助于授课内容的生动和活泼。历史教材需要学生掌握的结论很多,但如果这些结论不与活生生的甚至是有趣的事实结合起来,是难以在学生头脑中留下深刻印象的。后来,我经常与已经毕业的学生们强调这一点:上好一节课或一堂课,最好看过相关的一本书或几本书;涉及重要的历史人物时,最好看过他们的传记。如果能做到这一点,加上充分备课,上好一堂课应该没有什么问题。当然,由于上课的时间有限,内容的取舍一定要十分注意,知识性和趣味性的东西要围绕着教材重点来进行,"说故事"的目的是为了加深学生对基础知识的印象。实际上,学生评价一堂课,既不在于你讲了多少故事,引起多少笑声,也不在于你是否旁征博引,主要看你讲的东西是否引起他们共鸣和思考,使他们感到自己所听到的东西是源于教材又高于教材的。

在备课中或在教学实践中,我还经常考虑这样一个问题:什么样的课才是最好的课?这里似乎有很多标准,如课堂气氛活跃、赢得许多笑声、深入浅出和简单明了、条理清楚,等等。我觉得还有一个关键的问题:教学的难易度如何掌握?同一种历史知识(比如法国大革命),向不同的学生(本科生或专科生)讲授有什么区别,给本科生讲的东西专科生真的听不懂吗?同理,一个教学班中,基础好的学生听得懂的,基础差一些的就真的听不懂吗?再如,关于俄国1861年改革和日本明治维新的经验总结,历史专业的学生听得懂,非历史专业的文科生就真的听不懂吗?由此引起的问题是:要不要给学生讲一些他们中一部分人一时还不太好理解的东西,要不要给他们也讲一些学科或某些历史问题的学术动态?

工业化以来的教育是一种大众化的教育,几十个人坐在课堂上,他们的水平参差不齐,学习优秀的学生与后进的学生水平相差很大,你如何尽可能让他们都感到满意?大学教学不像中学,中学教学是为高考服务,而大学老师的教学目标却是让每个学生掌握尽可能多、尽可能好的知识。上课内容太容易,优秀的学生会觉得学到的东西太少,也就是我们常说的学生"吃不饱";讲得太难又会使一部分或相当一部分学生一下子理解不了。相信老师们都碰到过这种情况,并都有自己的一套处理手法。我的追求是让优秀的学生尽可能学到多一些东西,可以让一部分学生对某些内容暂时不理解或不甚理解,有很多所谓难的内容,他们如果能多加思考或在下课后看些有关的书其实都是能弄明白的。我刚刚开始教学时,总是想起1978年徐迟发表的轰动一时的《哥德巴赫猜想》中的一个情节:陈景润中学时的数学老师是一个在数学上颇有造诣的人,他在讲课时也许是随便谈起了"哥德巴赫猜想",我想这不是中学数学教学的任务,他只不过是随便提一下,但这却引起了陈景润的兴趣,成为他终身从事的事业。根据这一点,我觉得我们可以在课堂上根据教材的内容随时插上一些相关的问题,即使比较难,但也许能引起一些学生的思考和兴趣。记得几年前看电视,偶然转到湖南卫视播放的一位外国经济学家在岳麓书院的一堂讲座,讲的是哈佛有一个经济学家,他上的课大部分人都听不懂,但人们依然喜欢听,他讲完课走后,大家就围起来讨论他今天到底讲些什么,直到讨论的时间相当于他讲课的时间,大家才弄明白他这一天讲的观念,于是都觉得很有收获。这里讲的其实是怎么样让学生真正有所收获的问题,尽管我们有时习惯上埋怨学生不用功,实际上大多数学生还是喜欢接受有深度的知识,我们不能为了"照顾"几个最不想读书的学生而窒息优秀学生的求知欲。当然,这里所说的"难"是相对的,是比较用功的本科生能接受的,对老师来说掌握这里的"度"需要有一个摸索的过程。实际上,这是一个终生都需要探索的课题。对教学来说,过难或过于容易都是失败的。但过难的弊病很容易暴露,而过易的弊病却不容易暴露,甚至一些优秀的学生自己都不容易知道自己能学的东西没有学到。我觉得老师的基本职责就是让尽可能多的学生学到尽可能多的东西,特别是要让优秀的学生感到学有所值。

在我的教学中,还有一件小事时时浮现在眼前。2001年历史专业招收第一届教育硕士生(入学时应该是第二年了),我负责指导的教育硕士中有一位是80年代我校历史系的毕业生,有一次我们聊天时他讲起他至今仍保存着我那时给他的一篇作业写的评语,当时我真的有些吃惊。记得我到师大时,我们系有一条规矩,那就是基础课每学期要组织一次课堂讨论。当时世界史的书出得极少(如果有现在这么多的书,学生们真要乐坏了,可惜有这么多书后一些学生却不喜欢看了),挑选讨论题是一个很费心思的事情,因为需要根据校图书馆的藏书情况和教学的需要来选择。所谓讨论课,当时我也没有什么经验,最基本的方法就是选择一些学生上讲台发言,如果碰到其他人有不同意见,就展开讨论。为了保证发言的质量,我们通常要每个学生们把发言稿事先交给老师看过,提出修改意见,这就是所谓的"评语"。我记起自己的中学语文老师总是在我的作文里写下不少评语(我当时非常喜欢那些评语),所以也就尽可能写些我认为有助于学生思考和修改的评语,想不到这样做真能在一些学生心中留下痕迹。不过,当我听到这位教育硕士谈起这件事时,很遗憾地对他说现在我也做不到了,虽然现在有正规的课程论文制度,但我现在不会再对他们的这些文章写些什么,看了之后打个分数就完了。这到底是教学的进步还是退步?我觉得是退步了。

由此我又想起,二十多年过来了,我们的教育理论和教学安排从总体上讲都已是今非昔比,但是不是现在教学的各个方面都比过去好?前些日子,网上议论纷纷,讲的是一些教育专家和家长都对 20 世纪 30 年代的语文教材感兴趣,给予很高的评价。我不由想起在教学上要慎言进步,古人或前人做过的许多东西可能比我们现在正在做的某些东西要好一些。教学这门学问与数学、物理、化学这些学科是不一样的,不一定都是现在比过去好,将来比现在好。由此我又想起不久前美国哈佛大学的一位学者有些气愤地指出:现在的育婴专家那么多,让年轻的母亲都不知道该如何带孩子,其实生孩子并把他们扶养成人是人类最基本的能力,而到了科学技术如此发达的今天,母亲们却不会带自己的孩子了。我觉得这样讲有些道理,就教学而言,我们是不是把一些简单的东西越弄越复杂了?

人在回忆过去时,容易记那些好的方面而不太愿意记那些不好的方面,我也是这样。20 世纪 80 年代的教学中,还有一些小事颇值得怀念,尽管那时物质条件很差,但大家都是满怀着希望,总是相信面包会有的,一切都会有的。老师们晚上聊天时,大多总是谈学问。当时的历史系还有一个规定,有老师到外面开过会,回来后要在教研室传达,介绍开会的见闻,说说自己的体会。老师们见面时也会互相问一下开会的情况,有什么收获,等等,带回来的论文也交公给系资料室,装订后保存供大家借阅。在开学术讨论会已经成为家常便饭及互联网如此发达的今天,这种安排似乎已经不需要了,但真的都不需要了吗?

(曾刊于 2010 年总第 7 期)

我思考我存在

一

　　刚参加工作不久,有一次县里搞青年教师教学比赛,我年纪轻,又刚毕业,学校就推荐了我。比赛搞得很正规,大家都是提前两个小时接到课文,关在一个房间里备课,没有任何资料。接到课文一看,是我从没有接触过的一篇议论文,看了一遍,觉得这篇课文实在选得不好,论点不集中,层次不清楚,语言不精练,不知道怎么讲。走进教室时,心里还没有什么想法,于是只好对学生说实话,我觉得这篇文章写得不好,然后就讲了一些看法,这堂课就这么上完了。我当时也知道这堂课绝对没有可能得奖,所以走出教室的时候,虽然也看到了评委们的脸色,但心想最多就是不得奖,也没什么的。回到学校不久,讲课比赛的结果出来了,所有参赛的老师,最差也有个优秀奖,但我连自己的名字都没看见。接着就是校长找我谈话,说年轻人要求上进,不能这样吊儿郎当。从此,学校就没有再派我参加过任何讲课比赛之类的活动了。

　　现在想起来,当然是轻率莽撞了。但当时我不这么想,心里满是不平。我说这篇课文不好,就是不求上进了?就是吊儿郎当了?一不满就要发牢骚,一发牢骚上面又传话来了,说这个年轻人,连教材都敢说不好,还怎么当语文教师。没有这个话还好,听了这个话我更不能接受了:我的这堂课也许的确没有上好,但我就不能说教材不好吗?教材就是上帝了?这和我们在大学里受的教育有很大的不同,大学里不是最提倡大胆质疑吗?难道是教材就不能质疑了?但这一次只是心里想想而已,再不敢说出来了。一日闲来无事,走进学校的图书室,随手翻开一本语文杂志,上面正在热火朝天讨论"有争议的课文怎么教"。好像一下子开了窍,我回到房间,提笔就写下一句话:有争议的课文怎么教?这个问题本身就有问题。一口气写了一千多字,冠了一个题目——"打破教材崇拜意识",算是影射了一下自己的遭遇,然后又附了一篇具体的教案,就给刊物投了过去。不久,这家刊物把这两篇文章同时发在一期上——我就这样走上了语文教学研究之路。

二

现在回想起来,刚参加工作的那几年,是我的教学生涯中最自由、最有激情的时候。一方面,20世纪80年代初,改革开放,整个社会意气风发,我们在课堂里上课也自然带上一些灵性之气;另一方面,刚参加工作,也没有什么理论,更没有什么经验,就是按照自己心目中的语文在教着语文,在课堂里实际上是由着自己的性子来,课本里的小说、诗歌、散文这些文学作品,自己喜欢就重点讲,讲得也很精彩,有时是大发议论;而对那些议论文、说明文之类,自己不喜欢,就少讲,讲得也不好,能带过也就带过。教研组老师向我提意见,我也基本听不进去,心想,你们那种教法,我还不想学呢。几年下来,学生倒是挺欢迎,但校长就不欢迎了,因为每次考试班上学生成绩总比别人差几分,我平时上课自己感觉很不错,但一到考试,我心里也没底了。尤其是后来教高三了,一不小心,搞了个全校倒数第一。这次校长倒是没批评我,但是我心里却暗暗想了几天。难道我真的不行?我的整个想法都是错的?虽然并没有想清楚,但却再也不敢造次了,虚心向老教师讨教,大致明白了一些套路和格式,也就亦步亦趋地搬进了课堂。一年下来,效果不错,学生成绩上升了许多,校长的表扬也多了一些。于是每年照样画葫芦,年年成绩也还可以,慢慢也有了自己的套路和格式,这课上得也很轻松了,慢慢也变成骨干教师了,甚至在当地还有点名气了。但是,随着时间的流逝,慢慢地我心里也积淀下一个很大的疑问,而且这疑问还越来越大,越来越深:这就是所谓的语文课?语文课难道就是这样的,就是这样天天主谓宾补定状、比喻比拟象征夸张借代?这样的语文为什么和我心中的语文不一样?我到底在我的语文课里该教给我的学生什么东西呢?——这是我的语文教学生涯的迷惘时代。

三

于是,我开始大量阅读语文教学杂志上刊登的文章,尤其是里面那些有名的老师的文章。看了一两年,最大的一个感觉是没有理论。我是带着疑问来看这些文章的,但这些文章都没有解释我心中最大的疑问:语文是什么,老师们都在说着他们自己每天怎么在上语文课,他们说的我都在我身边的老师身上看到了。但我想知道的是大家为什么要这么上,依据什么选择了这样的教学内容,选择这种教学模式,使用这种教学方法,这和你理解的语文有什么关系,你为什么说你的这些选择都是对的呢。我从这些文章里没有找到关于这些问题的答案,而且我慢慢也看出来了,老师们也根本没有想给出这个答案,这样的问题,根本就不在老师们的研究视野中。相反,我提的这样的问题及我这样提问题的方式,好像都很容易被老师们斥为理论脱离实际、学院气的闭门造车、不解决实际问题、夸夸其谈、空洞无物、虚无缥缈。但是,理论难道是没有用的吗? 语文教学难道不需要理论吗? 理论之所以是理论,不正是要为我们解决这些根本性的问题吗? 我们不把这些根本性的问题搞清楚了,我们用什么来分析、指导我们的教学实际呢? 我陷入痛苦的思考中。在大学,我的兴趣是哲学和美学,毕业以后,也主要是看这方面的书,现在转过来看语文教育方面的文章,很自然地就有一个对比。我的整体感觉是我们的语文教学研究在理论水平和学术规范方面与其他社会科学研究存在一个较大差距,我们普遍存在一种对理论的鄙薄,尤其是漠视基础理论研究。而任何科学的研究,如果缺乏基础理论的强有力的支持,是注定不可能真正走向成熟的。于是,我的语文教学研究,就从语文教育理论批判和理论反思开始。若干年后,当我把我的语文教学方面的论文集结出版的时候,我把这一部分文章冠以"理论的反思"。

四

并非理论欲的驱动,我批评了别人的理论,很自然地就想构建自己的理论。当我这样想的时候,语文教学界正在开展工具说和人文说的激烈争论。几乎没有做更多地考虑,我也加入了其中。1996 年,我发表了《语文工具论批判》一文。

我正面提出批判工具论,并非趋时,也非哗众,而的确是从我自己的教学实践出发立论的。十几年的语文教学经历,我最大的疑惑是,为什么在高考语文中,那些得高分的学生,常常并不是平时语文成绩最好的学生,相反,很多学生平时语文水平蛮好的,甚至是非常出色的,但在高考中却不一定获得最好的分数。我想是高考语文试卷出了问题。出了什么问题呢? 我曾认真研究过历年的高考语文试卷,从技术上来说,是很难找到多少漏洞的,有许多试题,不说是妙手偶得,也是殚精竭虑、呕心沥血之作,整体来看,应该说是很有水平的,甚至是很有智慧的。但是,从指导思想来看,它们恰好都是工具论的代表作。关于工具论的阐释有很多,但内涵其实就在强调语文知识在语文课中的主体地位,不管理论家们做多少阐释和限定,所谓工具论,就是说语文课要学的主要就是语文知识,不管是在理论上还是在实践上都是如此。迄今为止的高考语文试卷,也不断地在演变,但它始终没有走出语文知识的框架,实际上我们现在的高考语文试卷(也从而影响到全国各级各类学校的各式各样的语文考试),只凭语文知识就是可以基本做好的。因此照我看来,所谓高考对语文教学的影响,其实就是工具论对语文教学的影响,因为直到目前为止,高考试卷的立意,基本上也就是工具论的立意。问题在于,语文课的目的,就是在或主要是在教授语文知识上吗? 所谓语文课,就是这些语法概念、文章作法、文学常识吗? 为什么我教给学生这么多语文知识(我自信我自己还可能是教得比较好的),但学生的实际语文水平并不见得因此得到提高呢(也许他在高考中可能获取高分,但的确有高分低能现象的存在)?

我的这篇《语文工具论批判》遇到过批评,当然也受到过肯定。批评它的人可能把它说得一无是处,肯定它的人中也有人认为是言过其实。而在我自己的心里,我没有一刻停止过对自己的立论进行这样的反问:语文一点工具性都没有吗? 语文课程的教学目的中,一点都没有语文知识的位置吗? 如果有,那我的讨论又回归到一个"古老"的话题:知识与能力的关系问题。这让我痛苦地意识到,我的思考,也许还是笼罩在工具论所预设的思维域限中。

五

很自然地,我的思考被很多同志划归到当下正红火的人文论的阵营里。很长时间,我对此不加解释,被人理解为默认。但是,在我的心里,我从没有完全接受过人文论的理论过程。在《言语教学论》里,我从"语文课程性质研究方法"的角度初步表达了我对人文论的一些疑惑和不满足。说疑惑,是因为它在研究方法上与工具论基本是一样的。工具论的研究方法是一个三段论:语文是学语言的;语言是工具;所以,语文课具有工具性。人文论呢,也是这样一个三段论:语文是学语言的,语言不是工具,而是人的精神,是人的生命;所以,工具论是错的,语文课是人文性的课程。且不说它的大前提是否正确,仅从推理方法上来说,与工具论完全一样的,即根据语文课学什么来给语文课程定性。说不满足,因为说语文课是关于人的精神、人的生命的课程,那么历史课、政治课、艺术课等不都是关于人的精神、人的生命的课程吗? 那么语文课与这些课程有什么不同呢? 如果人文论区别不出语文课与其他课程的不同的话,那是否可以说人文论并没有揭示语文课之所以是语文课的本质特征呢？另外，我们可以说语文教育是一种精神教育、人性教育，正如我们可以说苹果是水果一样，但我们不能反过来说精神教育、人性教育就是语文教育，正如我们不能反过来说水果是苹果。这样的概念辨析说明什么呢？说明精神教育、人性教育并不是语文教育性质的最后定位，而只是它的上位范畴说明，如果我们要探寻语文教育的本质规定性，人文性肯定不是一个到位的概念。于是，我陷入了空前的孤独和更大的疑惑。如果说当年写《语文工具论批判》时，我的心里是充满自信和勇气的，但当我思考的触角探及人文论的理论命题时，我心里却满是徘徊。

六

语文，我究竟该如何描述你在我心中的模样！你从远处向我走来，似乎到了我触手可及的地方，但当我再一次擦亮眼睛，想看清你的真面目，当我伸出我的手，想真切地感受一下你的脉搏，你又倏忽一下，与我擦肩而过，从我的眼前走向更远的地方。

回首近二十年的思考历程，我似乎比当年更说不清楚什么叫语文，什么叫语文课。但是，每当再一次读课本上我心仪的文章，每当我拿着课本走进教室迎着学生们的目光站在讲台上，我心里的底气与当年绝对不可同日而语。也许我还不能清楚地说明白我一开始就想搞清楚的那些艰难的理论问题，但只要我站在讲台上，我心里就有底，我就知道我应该怎样讲好这堂课。思考，给了我一个语文教师的智慧，也给了我一个语文教师的职业崇高感。虽然，它耗尽了我的精力，毁坏了我的身体，占去了我宝贵的青春岁月，但是我无怨无悔。因为，我思考，我存在。

（曾刊于 2005 年总第 4 期）

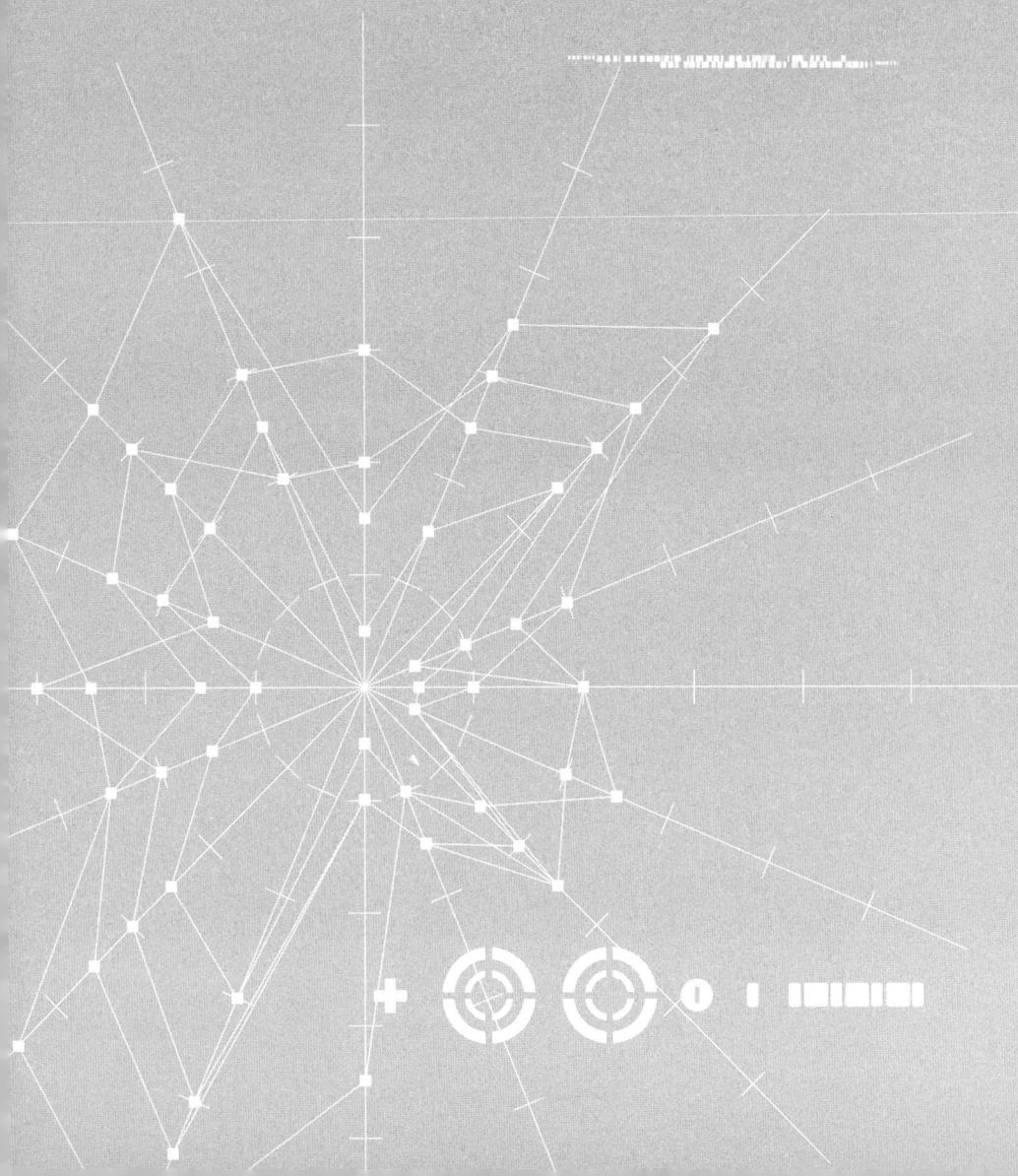

中学视角

入选语文课本的古诗文需要版本鉴定

黄灵庚

中学语文课本中每篇古诗文,首条注释均注明其选文之出处。如人教版新课程标准《实验高中语文》第一册选了王羲之的《兰亭集序》,首条注释说:"选自《晋书·王羲之传》(中华书局 1974 年版)。"①目的是告诉语文教师选文的出处,为其提供教学参考的依据。因为这是选文,所以内容就不是很完整。若要全面了解王羲之及其作《兰亭集序》的历史背景,很有必要参考一下《晋书·王羲之传》。同时,语文教师透过首条注释,了解到选文流传的版本情况,以及教材所选版本适当与否。所以,据其提供信息,教师备课时必须将《晋书·王羲之传》找来对照和参考。这需要语文教师具备一丝不苟的态度,认真对勘。这样做既有必要,又有好处。人教社高中语文课本收入陶渊明的《归园田居》,其中"草屋八九间",就出现过"草屋七八间"②这样低级的错误,若不与原书对勘,就不易发现。

中学语文教师必须具备一点版本知识。版本的选择是读古书的第一步,这一步没有走对,往后会出现一系列问题。选古诗文版本的原则是:选择比较早、内容相对完整可靠、讹误较少、没有经后人删改的版本。

入选中学语文课本的古诗文的版本,多是可靠、合理的,但也有不到位的例子。本文略举六例以说明之,若有悠谬之处,祈学者批评指正。

例之一:《谏太宗十思疏》这篇课文编入《普通高中语文》第二册,注释说"选自《魏郑文公集》"。③案:在明以前并不见有《魏郑文公集》流传,只有唐代王方庆辑录《魏郑公谏录》五卷与元代翟思忠辑《魏郑公谏续录》二卷,这两种书都未收《谏太宗十思疏》。《魏郑文公集》这部书最早见录于清王灏于光绪五年(1879)

编纂的《畿辅丛书》中，后又见于上海商务印书馆 1937 年出版的《丛书集成初编》。由此可见，明代以前根本不存在《魏郑文公集》，它是晚清时期辑录、拼合成书的。课文"选自《魏郑文公集》"就不很合适。事实也正是如此。课文里有"竭诚则吴越为一体，傲物则骨肉为行路"这样的话，注释说："吴国和越国，春秋时两个敌对的诸侯国"。④ 这篇文章的出处，发现收录在比较早的文献有，唐吴兢编纂的《贞观治要》、五代刘昫撰写的《旧唐书·魏征传》、北宋太平兴国七年李昉等编辑的《文苑英华》、南宋无名氏纂《增注策》、明初永乐十四年杨奇编纂的《历代名臣奏议》、清初朱轼编辑的《史传三编》、清初李卫等编录的《畿辅通志》、清初蔡世远编选《古文雅正》、康熙二十四年编选《御选古文渊鑑》、康熙四十九年编辑的《御定渊鑑类函》、乾隆三年编辑的《御定执中定宪》等书"吴越"皆作"胡越"。元代戈直《贞观治要》注："胡越者，极南北之间，言至异可同也。"魏征原文作"胡越"：胡，代表最北面的民族；越，代表最南端的民族。"胡越为一体"，说至远、极近皆可以成为一个整体，"胡越"与下句"骨肉"表示的至亲、至近成反对。改"胡"为"吴"，当是清人所为。清代的皇室是满族的血统，是属"胡""夷"。凡古书里出现"胡""夷""虏"等，清代都成为忌讳，一律删改。又，《谏太宗十思疏》这篇课文多有删节，如"承天景命"下，《贞观治要》等书原有"莫不殷忧而道著功成而德衰有"十三字，"克终者盖寡"下，《贞观治要》等书原有"岂其取之易而守之难乎昔取之而有余今守之而不足何也"二十四字。后来，将课文与清吴楚材、吴楚调编选的《古文观止》对勘，发现二者完全一样。说明课文选自《古文观止》，而非《魏郑文公集》，注释所提供给语文教师的信息是不真实的。又，粤教版《高中语文》（第四册）、苏教版《高中语文》（第二册）都选《谏太宗十思疏》，都将"胡越"作"吴越"。粤教版注说："选自《旧唐书·魏征传》（中华书局 1975 年版）。"⑤ 而《旧唐书·魏征传》（中华书局 1975 年版）明明作"胡越"。⑥ 而且，其所删改内容与《古文观止》完全一样，实际其所依据者，即是《古文观止》。这是闭着眼睛说瞎话，与学术造假有何区别？ 苏教版注说："选自《全唐文》。"⑦ 殊不知《全唐文》是清康熙时期董诰主持编纂的，所以也将"竭诚则胡越为一体"改作"竭诚则吴越为一体"，非其旧文原貌。为什么偏偏不选用比较可靠的《旧唐书》或《贞观政要》呢？ 编纂课本者怎么连这点基本的历史文献知识都没有呢？ 语文教师通过版本对勘，完全可以避免此类错误。

例之二：《劝学》这篇课文编入《普通高中语文》第二册，注释说"选自《荀子·劝学》"。⑧《荀子》是战国时期的著作，其版本流传于今已经较多了。课文注释没有标明是哪种版本，这本身就不符合学术规范。《荀子》这部书的好版本有

《四部丛刊》本、《诸子集成》本，都可以用来参校。但是，好版本是相对的，它们也会有问题。课文里有"非能水也而绝江河"这个句子，《四部丛刊》本、《诸子集成》本也相同。《大戴礼记》是汉代戴德编辑的礼书，其第六十四篇即收入荀子《劝学篇》。其中"非能水也而绝江河"即作"非能水也而绝江海"。清代王念孙说："'江河'本作'江海'，'海'与'里'为韵，下文'不积小流，无以成江海'亦与'里'为韵，今本'海'作'河'，则失其韵矣。《文选·海赋》注引此正作'绝江海'。《大戴礼记·劝学篇》《说苑·说丛篇》并同。《文子·上仁篇》作'济江海'，文虽小异，作'江海'则同。"⑨王先谦《荀子集解》说："《群书治要》作'江海'。"⑩《淮南子·主术训》："乘舟楫者不能游，而绝江海。"《说苑·说丛》："致千里，乘船楫，不游而绝江海。"皆化用《劝学篇》。说明汉代古本，"绝江河"作"绝江海"，今本皆讹，当据以校改。

　　例之三：宋柳永《雨霖铃》收入《实验高中语文》第五册和《普通高中语文》第二册，前者注说"选自《乐章集》"⑪，后者注说"选自《全宋词》"。⑫其中"留恋处兰舟催发"，别本多作"方留恋处兰舟催发"。"留"上有"方"字。如，胡云翼选注《唐宋词一百首》本(上海古籍出版社，1978 年版)，清朱彝尊《词综》本(上海古籍出版社，1978 年版)，皆在"留"上有"方"字。又，宋黄昇辑《花菴词选》本、清《御选历代诗余》本、《御定词谱》本等，皆作"方留恋处"。方者，正当之谓，处者，时也。岳飞《满江红》词"怒发冲冠，凭栏处，潇潇雨歇"，是说"凭栏远眺之时"，"处"作时间名词。若无"方"字，极易误解"处"为"处所"。

　　例之四：汉贾谊《过秦论》收入《实验高中语文》第三册和《普通高中语文》第二册，注释都说"选自贾谊《新书》，个别字句依《史记》和萧统《文选》改"。⑬似乎课文编写者颇费周折，版本有所选择，非主一本。课文有言："尝以十倍之地、百万之众，叩关而攻秦。"注释说："叩关，攻打函谷关。叩，击。"⑭《过秦论》版本出处甚多，其中较好的有《史记·秦始皇本纪》《汉书·项籍传》和梁萧统《文选》。而贾谊《新书》早已失传，今本是后世好事者从《史记》《汉书》辑录而成，"所载之文割裂其章段，颠倒其次序，而加以标题，殊瞀乱无条理"。而今存最早者是明刻本，又经"明人追改"，已非其旧观。⑮所以，《过秦论》选用《新书》版本，则是疏于捃择。查《新书》"叩关"作"仰关"，课文编纂者盖据《史记·秦皇本纪》《文选》李善注本改为"叩关"的。但是，李善注引或说："叩，或作仰，言秦地高，故曰仰攻之。"其两存之，应采取谨慎的态度。《文选》六臣本作"仰关"，刘良注："言诸侯与兵于秦什倍，百万仰函谷关。关高，故云'仰攻'也。"《汉书·项籍传》也作"仰关"，颜师古注："秦之地形高，而诸侯之兵欲取关中者皆仰向，故云'仰关'

也。今流俗书本仰字作卬,非也。"说明"卬"是错别字。仰的古字作"卬",讹为"卬"。仰,是向的意思。课文依据《史记》是误改。

例之五:《过秦论》"蹑足行伍之间,而倔起于阡陌之中。"注释说"阡陌,本是田间小道,这里指田野、民间。"⑯《史记·秦皇始本纪》"阡陌"作"什伯",《集解》:"骃案:《汉书音义》曰:'首出十长百长之中。'如淳曰:'时皆辟屈在十百之中。'"王念孙说:"阡陌,本作什伯。此因'什伯'误作'仟伯',故又误作'阡陌'耳。今本《汉书》及《史记·陈涉世家》《贾子》《文选》皆误作'阡陌'。唯《秦始皇本纪》作'什伯',《群书治要》引同。《集解》引《汉书音义》曰:'首出十长百长之中。'如淳曰:'时皆辟屈在十百之中。'据此,正文及如注本皆本作'什伯'明矣。《陈涉世家·索隐》亦作'什伯',注云:'谓在十人百人之长也。'今本'什伯'误作'仟伯','十人'误作'千人',与《匈奴传·索隐》不合。且下文云:'将数百之众。'则不得言'千'明矣。《匈奴传·索隐》引《续汉书·百官志》云:'里魁,掌一里百家;什,主十家;伍,长五家。'又引《过秦论》云:'俛起什百之中。'此皆其明证。上言行伍,故下言什伯。《淮南·兵略篇》所谓'正行伍,连什伯'也。或谓陈涉起于田间,当以作'阡陌'为是,不知陈涉起于大泽,乃为屯长时事,非为耕夫时事。上文先言'甿隶之人',后言'迁徙之徒',此文'行伍什伯',皆承迁徙之徒言之。下文'适戍之众',又承'行伍仟伯'言之。'蹑足行伍之间,而免起阡陌之中,率罢散之卒,将数百之众'四句,一意相承,皆谓戍卒也。若作'阡陌',则与上下文不类矣。"⑰其说极确。查《陈涉世家》说:"二世元年七月,发闾左适戍渔阳九百人,屯大泽乡,陈胜、吴广皆次当行,为屯长。"陈胜、吴广为"九百人"的"屯长",正与"十人、百人之长"者符合。

例之六:杜甫《咏怀古迹》:"画图省识春风面,环佩空归夜月魂。"此诗已选入人教版新课标《高中语文实验课本》第三册。课文注释说"选自《杜诗详注》(中华书局 1979 年版)。"⑱案:《杜诗详注》是清仇兆鳌所著,是一部研究杜诗的名著,选自此书应该是无可指责的。但是,诗中"夜月"这个词,不少版本作"月夜"。如,宋郭知达《九家集注杜诗》,宋黄希原、黄鹤《补注杜诗》,宋无名氏《集千家注杜工部诗集》,宋无名氏《分门集注杜工部诗》,宋王十朋《集百家注编年杜陵诗史》,宋鲁訔、蔡梦弼《杜工部草堂诗笺》,清钱谦益《钱注杜诗》等皆作"月夜"。此诗又见宋人各种文集、类书,如,宋祝穆《古今事文类聚》续集卷十二、明朱诚咏《小鸣稿》卷八、明高棅编《唐诗品汇》卷八十四、清陈敬廷编《午亭文编》卷五十、明曹学佺编《石仓历代诗选》卷四十五、清彭定求等编《全唐诗》卷二百三十、清《御选唐宋诗醇》卷十七、宋刘克庄《后村诗话》卷十、清吴景旭《历代诗话》卷四十等书收录此诗,也皆作"月夜"。只有仇兆鳌《杜诗详注》及清浦起龙《读杜心解》、宋潘自牧《记纂渊海》等三种书作"夜月"。尽管"月夜""夜月"于诗义无关大旨,遇到此类问题,需要明辨,求其原本旧貌。在杜诗里查考一下"辞例",即有没有"夜月"这个词。结果发现没有"夜月",而"月夜"则有四例,如,《月夜诗》《月夜忆舍弟诗》《东屯月夜诗》,三例题目皆作"月夜",又,《秋兴八首》:"织女机丝虚月夜,石鲸鳞甲动秋风。"也作"月夜"。通过明辨"辞例",证明杜诗的原貌作"月夜"而非"夜月",课文应该依据他本予以纠正。

语文教材是非常严肃的出版物,直接关系到我国青少年一代的文化素质,来不得半点马虎,更容不得任何差错。撰写本文目的,无非抛砖引玉,引起教材编写者和广大中学语文教师重视,入选于中学语文课本的古诗文在版本选择上下点真功夫,切不可以讹传讹,奉献给中学生的知识,必须是最可靠的,且准确无误的。

注释:

①《高中语文》(第一册),北京:人民教育出版社,2006 年,第 19 页。

②《高中语文》(第三册),北京:人民教育出版社,2002 年,第 63 页。

③《高中语文》(第二册),北京:人民教育出版社,2006 年,第 115 页。

④《高中语文》(第二册),北京:人民教育出版社,2006 年,第 115 页。

⑤普通高中课程标准实验教科书《语文》(第四册),广州:广东教育出版社,2004 年,第 103 页。

⑥《旧唐书》,北京:中华书局,1975 年,第 255 页。

⑦《高中语文》(第三册),南京:江苏教育出版社,2009 年,第 94 页。

⑧《高中语文》(第一册),北京:人民教育出版社,第 105 页。

⑨王念孙:《读书杂志·荀子第一》,南京:江苏古籍出版社,2000 年,第 630 页。

⑩王先谦:《荀子集解》(第二册),北京:中华书局,《诸子集成》,1998 年,第 3 页。

⑪《高中语文》(第四册),北京:人民教育出版社,2006 年,第 46 页。

⑫《高中语文》(第三册),北京:人民教育出版社,2004 年,第 32 页。

⑬《高中语文》(第三册),北京:人民教育出版社,2007 年,第 66 页;《高中语文》(第二册),北京:人民教育出版社,2007 年,第 92 页。

⑭《高中语文》(第三册),北京:人民教育出版社,2007 年,第 66 页;《高中语文》(第二册),北京:人民教育出版社,2007 年,第 93 页。

⑮《四库全书提要》,文渊阁四库全书本。

⑯《高中语文》(第二册),北京:人民教育出版社,2006 年,第 93 页。

⑰王念孙:《读书杂志》(第五册),1985 年,第 280 页。

⑱《高中语文》(第三册),北京:人民教育出版社,2007 年,第 38 页。

(曾刊于 2012 年总第 8 期)

"峥嵘岁月"辨

黄灵庚

毛泽东《沁园春·长沙》:"携来百侣曾游,忆往昔峥嵘岁月稠。"课文注:"不寻常的日子很多。峥嵘,山势高峻,比喻超越寻常,不平常。"(《高中语文》第一册,江苏教育出版社2009年版,第4页。)

案:峥嵘,于古诗文中确实有"山势高峻"之义。如李白《蜀道难》:"剑阁峥嵘而崔嵬"是也。但是,"峥嵘"一旦与"岁"或"岁月"连用,是指"岁月仓促""年命易逝"之义,而不再为"高峻""异常"之解。杜甫《敬赠郑谏议十韵》:"筑居仙缥缈,旅食岁峥嵘。"宋郭知达《九家集注杜诗》:"言为旅之时日危而易过。"释"峥嵘"为"易过"。清仇兆鳌《杜诗详注》:"峥嵘,谓年齿日高。"释"峥嵘"为"日高"。则皆以"峥嵘"为言"年岁易逝"也。李商隐《送千牛李将军赴阙五十韵》:"蕙留春婉晚,松待岁峥嵘。"清朱鹤龄注引南朝鲍照赋"岁峥嵘而催暮"为证。考鲍照原文出《文选·舞鹤赋》,李善注:"《广雅》:'峥嵘,高貌。'岁之将尽,犹物之高。"则以表时间易逝之"峥嵘"为表峻高之"峥嵘"的引申。二者虽互有关联,然终非一义也。

此等用法,在宋诗里更为普遍。如宋庠《念衰二首》:"岁序忽已高,峥嵘薄星斗。"《孟津岁晚十首》:"隐轸分河壤,峥嵘念岁华。"《岁晚感事》:"息偃君恩厚,峥嵘岁律迁。"《霜寓》:"霜寓澹秋光,峥嵘歇岁芳。"范仲淹《岁寒堂》:"不向摇落地,何忧岁峥嵘。"《冬日野外》:"梦晚流芳后,峥嵘急景前。"《秋兴》:"默然孤客思,年序共峥嵘。"《岁晚私感》:"已嗟官落魄,更值岁峥嵘。"《偶书》:"媒劳伤偃蹇,岁晏恨峥嵘。"梅尧臣《阳武王安之寄鱼兔》:"峥嵘岁亦晚,将驾归吾庐。"欧阳修《夷陵岁暮书事呈元珍表臣》:"萧条鸡犬乱山中,时节峥嵘忽已穷。"

《内直奉寄圣俞博士》:"犬马力疲恩未报,坐惊时节已峥嵘。"《酬圣俞朔风见寄》:"离别时未几,峥嵘岁再阴。"苏舜钦《依韵和王景章见寄》:"岁律峥嵘腊候深,一天风雪卷地阴。"白子仪《季冬立春后有雪呈诸公》:"南亩先曾集素霙,缤纷又拂岁峥嵘。"孔武仲《苦寒》:"岁律峥嵘催暮景,时光宛转逼新阳。"罗与之《始见》:"岁月峥嵘去,衰颓次第来。"蔡襄《送安思正之蜀》:"过从岂云厌,时节忽峥嵘。"《群玉殿赐宴有序》:"磊砢珠玑在,峥嵘岁月迁。"刘敞《雪中与长文景仁会西阁》:"梁山风与雪,岁暮自峥嵘。"《初雪》:"已看秋落漠,更逼岁峥嵘。"王安石《答孙正之》:"节物峥嵘催岁暮,溪山萧洒入吾庐。"范纯仁《寄谢师直》:"穷愁但急急,峥嵘岁还暮。"刘挚《汶上送黄任道游吴》:"峥嵘岁律南浦寒,早晚归艎橹声轧。"韦骧《谢郑州张资政惠书寄酥十四韵》:"峥嵘岁律垂更旧,鞠室萧然度清昼。"《放船一首》:"峥嵘岁月尽,泛鹢下岷江。"苏轼《次韵僧潜见赠》:"闭门坐穴一禅榻,头上岁月空峥嵘。"《侄安节远来夜坐三首》:"南来不觉岁峥嵘,坐拔寒灰听雨声。"《留别蹇道士拱辰》:"何时返吾真,岁月今峥嵘。"苏辙《次韵子瞻见寄》:"区区两郡守,岁月何峥嵘。"以上"峥嵘"皆指岁时易逝之义。类此书证,举不胜举。

毛公已作古,墓木拱矣,恨不能起于九京以质对之,然察其原诗本意,是说旧地重游,追忆往昔,而岁月替代,过之已多。今人以其为"伟人""领袖"故,强解"峥嵘岁月"为"不寻常的日子",何谀之甚耶!

(曾刊于 2010 年总第 7 期)

2009 年全国高考试卷中的几个语言问题[①]

傅惠钧

一

2009 年全国高考语文山东卷中有一道指错题：

> 或许连作者都没想到，由于这一篇哀悼家鹤的纪念文章刻在石上，使得文本的命运与石头的命运牵连在一起，为后人留下了诸多难解之谜。

其错误原因是"成分残缺"，"'使得''留下'的主语应该是'文章'，但前面加了'由于'，就成了介宾结构，没有了主语。"（见《语文学习》2009 年增刊）

这类考题在以往的高考试卷中也出现过，如 2007 年安徽卷中的指错题：

> 初始阶段，由于对滩海地区的地质条件整体认识存在误区，导致了勘探队多次与遇到的油层擦肩而过。

答案指出："'由于'一词的滥用导致本句主语残缺。"（见《语文学习》2007 增刊）

性质类似的考题在 1992 年的全国卷也曾有过：

> 经过老主任再三解释，才使他怒气逐渐平息，最后脸上勉强露出一丝笑容。

错误的原因也是"成分残缺"，用了"经过"，导致"使"字缺少主语。

---

① 本文又刊于《语文学习》2010 年总第 5 期。

"由于……使（致使、使得、导致）"一类句子，多被判为语病。从 20 世纪 50 年代始，各类批评意见便不时见诸报刊书籍。但是批评归批评，此类用法不仅没有被禁止，而且使用得越来越普遍。近日我从北京大学 CCL 语料库中作了检索，仅"由于……使"这一格式的用例在现代汉语库中就多达两千余条，可见其使用的广泛性。一种语言形式的普遍使用总是有它的原因的。一些学者已从学理上对这种用法存在的合理性进行了专门研究。特别是邢福义先生的研究，非常值得我们重视。邢先生在《江汉语言学论丛》1979 第 1 期上便发表了《论意会主语"使"字句》一文，之后又在《汉语复句研究》（国家"九五"社科规划项目，商务印书馆 2001 年 1 月版）中设"意会主语'使'字句"一章，讨论这类句子，多方论证其合法性。他认为："意会主语'使'字句是'合法'的句子。从事实上看，它已经取得合法地位；从作用上看，它应该取得合法地位；从理论上看，它也有理由取得合法地位。"他认为语法学家必须"面对事实"，"只能从语言事实中归纳出语法规则，而不能让语言实践来迁就自己的'语法理论'。"他把长期以来遭受批评的这类句子分为两大类十多种变式，如"由于……使""通过……使""在……上（下/中/里/后），使""经过……使""如果……使""只有……使"等，通过大量语言事实证明其被大众接受的程度。他提出，汉语的句子里，存在着语法主语和逻辑主语。两者之间有着复杂多样的关系。"逻辑主语和语法主语并不总是结合的。句子可以只有潜在的主语，而没有形式上的主语。""逻辑主语可以不表现为语法主语"，"而是'潜入'状语或前分句，成为潜在的主语，意念上的主语，即意会主语。"他通过丰富的语料证明，在汉语中，人们更注重的是逻辑主语，在交际中只要能意会得出逻辑主语，并不计较语法主语是否突现出来，是否清晰。他用这一理论解析了这种长期以来被说成是病句的句子，证明这只是"'缺'形式上的主语，但不是'缺主语'的病句"。他认为"使"字句意会主语有其特定的作用：可以在主谓关系的基础上，明显地强调出因果、条件等关系；可以通过使用不同的连词或介词，形成多种格式，使句法更加灵活多样，富于表现力；可以使逻辑主语模糊化，增强理解的灵活性。应该说，邢先生的研究是实事求是的，具有较强的说服力。以这种理论和观点来看上述考题中的句子，都不应判为病句。如山东卷的题目，其逻辑主语是"由于"后的"这一篇哀悼家鹤的纪念文章刻在石上"这一主谓结构，"由于"的使用强调了因果关系。另需指出，"'使得''留下'的主语应该是'文章'"的说法是不对的。2007 年安徽卷的题目，其逻辑主语是"由于"后的"对滩海地区的地质条件整体认识存在误区"这一主谓结构，"由于"同样有强调因果关系的作用。1992 年全国卷的句子，其逻辑主语是"老主任再三解释"。"经过"在句中有强调过程的作用。我们认为,把一种被普遍接受并具有独特表达功能的句子,作为病句来考学生是不合适的,希望今后的高考试卷中不要再把此类句子列为改错题了。退一步说,即使出卷的先生一时还未能接受这种观点,用一类尚有争议的句子来考学生也不是很合适。

二

2009 年高考语文全国卷 II 有一道指错题:

> 根据公司的战略发展规划,需要引进大批优秀人才,包括服装量体师、团购业务员、技术总监、高级设计经理等大量基层和高层岗位。

错误原因是"搭配不当","'包括服装量体师、团购业务员、技术总监、高级设计经理等大量基层和高层岗位'前后不一致,应为'包括服装量体师、团购业务员等大量基层岗位和技术总监、高级设计经理等高层岗位'。"(见《语文学习》2009 年增刊)

这道题目涉及"合叙"(或言"列举分承")句法的应用问题。合叙作为一种句法修辞的形式,其常规用法是,列举几项,分承也是几项,且前后对应。但这并不是绝对的,也可以有变式。例如诸葛亮《出师表》中云:

> 侍中、侍郎郭攸之、费祎、董允等,此皆良实,志虑忠纯,是以先帝简拔以遗陛下。

杨树达在《汉文文言修辞学》"合叙"一节中根据《三国蜀志》指出,"亮传侍中、侍郎者,侍中系郭攸之、费祎二人,侍郎系董允也"。可知这里的合叙前后不是严整对应的。王希杰先生在《汉语修辞学(修订本)》(商务印书馆 2004 年 10 月第 1 版)中讨论"列举分承"时特别指出,"要注意一种不严格的列举分承式或不完整的交错列举式",他举了季羡林《访鲁迅故居》的例子:

> 这里的每一块砖,每一寸土,桌子的每一个角,椅子的每一条腿,鲁迅都踏过,摸过,碰过。

句中前有"砖、土、角、腿"四个名词,后有"踏、摸、碰"三个动词。它们不是严格的一一对应关系。"它的要求是四个名词中的每一个,至少得同三个动词中的一个发生关系,不能有一样同后面的动作没关系,三个动词中的每一个至少也要同其中的一个名词发生关系。更精确的关系,句子本身没有提供相应的信息。"王先生通过实例进一步指出,"这种格式是常见的","表达者本来就没有准备提供更精确的信息,所以读者也不应当从这个句子本身去寻找精确的信息",

如果读者这样做，以致产生歧义和误解，"责任不在表达者"，那是读者的"一种过度阐释行为"。王先生的意见是有道理的。再看上引的这道题，句中列举了"服装量体师、团购业务员、技术总监、高级设计经理"四项内容，并以"基层和高层"两项来承接。在这个格式中，表达者无意提供哪几项属于"基层"哪几项属于"高层"的精确对应信息，只要这四项中既有"基层"也有"高层"并按序排列，句子就能够成立。与分别对应表达的格式相比，这种格式将次要信息模糊化，但让句子结构显得更加紧凑。因此，不应认为这个表达是错的。倒是句中"包括……岗位"的用法需要斟酌，"包括"后的词语应与前面的"人才"相对应。

三

2009 年高考语文北京卷有一道指错题：

> 疫苗的研制是工程浩大的项目，耗时数年的潜心研究不可或缺，而且绝不是一个人的战斗，而是一场指向整个人类的战斗。

错误原因是"搭配不当"。"'疫苗的研制是工程浩大的项目'应改为'研制疫苗是工程浩大的项目'。"（见《语文学习》2009 年增刊）

"项目"一词具有特定的语义特征，作为判断谓项的"项目"要求其主项必须具有动态性、过程性，事物名词不能与之直接搭配，如说成"研制的疫苗是工程浩大的项目"就不能成立。"研制疫苗"符合这一要求，因而"研制疫苗是工程浩大的项目"自然没有问题。但"疫苗的研制是工程浩大的项目"能不能说？这涉及对"N 的 V"结构的功能特点的认识。根据认知语法的观点，名词指称"事物"，动词陈述事物与事物之间的"关系"。但在自然语言中，两者的功能并非绝对的，在一定的条件下，动词也可以用来指称。一般认为，"N 的 V"结构具有指称化的特点，其中 V 的功能由陈述变为指称。动词由用来陈述"关系"变成了用来指称"关系"。"疫苗的研制"这类"N 的 V"结构把"关系"作为一个整体（包括"关系"和所关联的"事物"）加以凸现。动词"研制"本来陈述一个过程，这个过程随时间的进展而变化，指称化之后这个变化的过程隐退为背景，研制过程作为一个整体凸现出来成为指称的对象。（参见沈家煊、王冬梅《"N 的 V"和"参照体—目标"构式》，《世界汉语教学》2000 年第 4 期）尽管整个结构因此而具有了名词性的特征，但其动态性、过程性并未因为其指称功能的获得而消失。因而"疫苗的研制"作为这一判断的主项与"项目"搭配是符合这一特定结构的规律的，完全可以成立。不过，用"研制疫苗"还是用"疫苗的研制"，在表达效果上略有差异，前者是叙述这一过程，没有特别强调"研制"之意，后者是"指称"这一过程,有突出"研制"之意。另需指出,这个句子"指向"一词用得不当,应该删除。

（曾刊于 2010 年总第 7 期）

略说属对的语文教育价值^①

傅惠钧

属对，是指诗文对仗。由于它在汉语文学习中的特殊作用，后逐渐发展为对儿童进行语文训练的一种基本方法。宋苏洵《送石昌言使北引》言："吾后渐长，亦稍知读书，学句读、属对、声律，未成而废。"这一意义上的属对后来通常被称为"对课"。作为语文教育的一种方法，从中古一直沿用至清末。

属对之所以会成为传统语文教育的一种基本方法，是由汉语本身的特点所决定的。汉语语素以单音节为基本形式，音节界限分明，而且一个语素用一个方块汉字记录。便于创造出整齐对称的形式。汉语是声调语言，每个音节都有声调，或平或仄，非平即仄，可以形成语句在声音上的对称。汉语是一种非形态语言，在遣词造句上具有极大的灵活性。汉语的这些特点，是"对子"这种语言形式形成的客观基础。王力先生曾说："汉语的特点特别适宜于对偶。"^①说的也正是这个意思。我们不妨看一下清人崔学古作的一副增字对。他说："假如出一'虎'字，对以'龙'。'虎'字上增一'猛'字，对亦增一字，曰'神龙'。'猛'字上再增一'降'字，对亦增一字，曰'豢神龙'。'降'字上再增一'威'字，对亦增一字，曰'术豢神龙'。'威'字上再增一'奇'字，对亦增一字，曰'异术豢神龙'。"^②很难想象，别的语言可以如此属对！

汉语文使"对子"的创作成为可能；同时"对子"又可以充分展示汉语文的优越性和表现力。请看昆明黑龙潭的一副对子：

两树梅花一潭水，

---

① 本文又刊于《语文学习》2013 年第 1 期，人大复印资料 2013 年第 3 期全文转载。

　　四时烟雨半山云。

整副对子不见一个动词,只将几个名词进行排列组合,却把黑龙潭的自然景象描绘得如此富有诗意,如此让人神往! 这充分显示出汉语句法的灵活性以及它的诗性特征。读之让人赞叹!

　　由此可见,属对成为传统语文教育的一种重要方法,并不是偶然的,因为它植根于汉语文的土壤,对于认识汉语文,学习汉语文,展现汉语文的魅力,具有十分重要的意义,前人把它视为"通文理捷径"(崔学古),是不无道理的。尽管汉语本身有了发展,教学方法有了改进,但属对对于当今的语文教育仍然不无借鉴作用。因而有必要进一步认识它的价值。

　　属对的语文教育价值,主要表现在能让学生在动态的运用中综合学习语文知识,提高语文能力,并从中获得审美愉悦,同时得到思维训练。陈寅恪曾致书刘叔雅,力主大学国文考试要"对对子"。理由是:对子可以测试能否分辨虚实字;可以测试能否分辨平仄声;可以测试读书之多少及语藏之贫富;可以测试思想之条理。③张志公先生在总结前人经验的基础上进一步说:"属对是一种实际的语音、语汇和语法训练,同时包含修辞训练和逻辑训练的因素。可以说,是一种综合的语文基础训练。"④这些都是非常精辟的见解。

　　属对首先要读准字音,尤其是声调,只有辨清四声,才能做到平仄相对。比如,"操场"对"教室",语义和结构都能匹配,奈何"场"读上声,属仄声,与同属仄声的"室"相对,就不理想。有时,对声韵也有要求,如上联是双声或叠韵,下联相应的句法位置也得选用相应的词语。白居易的"烟波淡荡摇空碧,楼殿参差倚夕阳",上联用了双声词"淡荡",均为仄声,下联相同的句法位置也用了双声词"参差",同属平声,对得非常工整。如用"高下",则平仄和声韵就都对不起来了。这自然是一种语音知识的灵活运用。

　　属对要求上下两句在语义上必须相关,因而对句的用词应根据出句做出恰当选择,一般要选用词义相类、相反、相近、相关、相似的词语。比如,绿对黄,雁对鸿,雾对霞,戏曲对歌谣,翠柏对苍松,这是对类义词语的选择和运用;苦对甘,荣对辱,奇对偶,富裕对贫穷,快乐对忧愁,这是对反义词语的选择和运用;疾对快,怜对爱,慈对善,灵台对方寸,悬崖对峭壁,这是对同义词语的选择和运用。这种练习让学生在使用中学习词汇知识,丰富词汇仓库,提高用词能力。显然是一种有效的词汇训练。

　　属对还要求上下句词法与句法互相一致。在词法方面,不但要求做到名词、动词、形容词等大类各自相对,有时还要求做到各自内部的小类分别相对,如南对北、前对后,是方位名词相对;春对夏、今对古,是时间名词相对;出对进、来对去,是趋向动词相对;能对会、堪对可,是能愿动词相对;等等。鲁迅《为了忘却的记念》中有一联,原作"眼看朋辈成新鬼,怒向刀边觅小诗",后来改为"忍看朋辈成新鬼,怒向刀丛觅小诗"。从内容上看,"忍看"比"眼看"能更真切表达作者憎恨与同情交织的强烈情感;"刀丛"比"刀边"更能表现出白色恐怖的严峻和作者的无畏精神。从形式上看,"忍"和"怒"都属心理动词,"丛"和"辈"都是含集合义的名词,对仗更为工整。可见属对的过程也便是对词类进行选择的过程。在句法结构方面,上下句也要求相同。以简单的二字对为例:繁星对冷月,为偏正结构相对;虎啸对龙吟,为主谓结构相对;抛砖对引玉,为动宾结构相对;喜忧对荣辱,为联合结构相对;游来对飞去,为动补结构相对。这里便包含了汉语最基本的句法结构。白居易《寄韬光禅师》有两句诗:前台花发后台见,上界钟声下界闻。胡仔《苕溪渔隐丛话》载苏轼所见这两句诗乃作:前台花发后台见,上界钟清下界闻。仔细琢磨,觉得苏轼所作的诗句为优,这不仅在内容上着一"清"字写出了"钟声"的特点,而且属对也更为工整,"花发"是主谓结构,"钟声"为偏正结构,对得不工,而"钟清"则是主谓结构,正好相对。属对能让学生从运用中学习语法结构的规律。1987 年的高考试卷中有一道属对题,上联为"梨花院落溶溶月",要求选对出下联:

A 柳絮池塘淡淡风;B 榆荚临窗片片雪;C 带水芙蕖点点雨;D 丁香初绽悠悠云

出句是由三个名词性成分并列构成的小句,要求对句必须在结构上与之相同。提供选择的四个小句中,只有 A 是这种结构。B 中的"榆荚临窗"和 D 中的"丁香初绽"是主谓结构,C 中的"带水芙蕖"是偏正结构,均不能与并列结构的"梨花院落"相对。往细里说,"梨花"和"柳絮"都是偏正关系,"院落"和"池塘"都是并列关系,对得非常工整。但 B 中的"临窗"是动宾关系,与"院落"显然对不上;C 中的"带水"是动宾关系,与"梨花"也对不上;"芙蕖"是单纯词,与"院落"对得也不工;D 中的"初绽"是偏正关系,与"院落"同样对不上。可见,从词的内部结构到短语、句子的结构,都可以在属对中得到有效训练。

属对,往往需要运用修辞技巧,以增强语言的表现力,因而也是进行修辞学习的重要途径。比如"水作青罗带"对"山为碧玉簪",这是成功的比喻。"鹊噪鸦啼,并立枝头谈祸福"对"燕去雁来,相逢路上话春秋",这是新奇的拟人。"玉帝行兵,雷鼓云旗,雨剑风刀天作阵;龙王夜宴,月烛星灯,山肴海酒地为盘",这是大胆的夸张。"蚕作茧,茧抽丝,织就绫罗缎匹;兔生毫,毫作笔,写出锦绣文章",是顶真。"栗绽缝黄见;藕断露丝飞",是双关。"普天同庆,当庆当庆当当庆;举国若狂,情狂情狂情情狂",是拟声。"天上星,地下薪,人中心,字义各别;云间雁,檐前燕,篱边鸥,物类相同",是谐音。另外,借代、藏词、嵌字、回环、析字、设问、复叠、假言、映衬、列锦等修辞方式都是对子所常用的,在属对中都能得到有效训练。

属对不仅让学生在运用中综合学习语文知识,提高语文素质,而且还能使他们从中获得审美愉悦,增强审美能力。对子具有对称和谐之美,它是汉语文特有的美质与客观世界对称和谐之美相契合的一种创造。当学生通过自己的努力成功地对出一副内容和形式都很完满的对子时,他们心中会充满一种创造美的欢乐,从而更引起对语文学习的兴趣,更热爱祖国的语言文字。

属对也是对学生进行思维训练的有效手段。一般地说,属对总是要先对出句进行仔细地考量,并展开全方位的联想和想象,比如由特定的事物想到与它在性质上相同相似的事物,想到与它在性质上相反相对的事物,想到与它在空间时间上相近相连的事物,想到与它有某种条件因果联系的事物,等等,再进行比较、分析、综合、归纳,在诸多的对象中确定可供选用的语言形式,这就必须调动多种思维,如形象思维、类比思维、对比思维、发散思维、辐合思维、目标思维、迂回思维、逆向思维等等。可见属对在思维训练方面也是很有用武之地的。

总之,属对具有不容忽视的语文教育价值。正如张志公先生所言,"作为一种基础训练的方法,的确大有可取之处","值得作进一步的研究"。"如果我们能从前人进行属对训练这个办法中得到一些启发,研究出适合于我们需要的训练方式,也许能为我们的语文基础训练找到一条可行的道路。"⑤应该说,张先生的意见是值得重视的。

注释:

①《诗词格律》,北京:中华书局,1977 年,第 11 页。

②崔学古:《幼训》,见徐梓《蒙学要义》,太原:山西教育出版社,1991 年,第 83 页。

③陈寅恪:《与刘叔雅论国文试题书》,见陈美延编《陈寅恪集·金明馆丛稿二编》,北京:读书·生活·新知三联书店,2001 年,第 249 页。

④⑤《传统语文教育教材论》,上海:上海教育出版社,1992 年,第 98、101 页。

（曾刊于 2012 年总第 8 期）